Carsten Frerk
Violettbuch Kirchenfinanzen

„Religion gilt dem gemeinen Manne als wahr, dem Weisen als falsch und dem Herrschenden als nützlich." (Seneca)

„Die hohe reich dotierte Geistlichkeit fürchtet nichts mehr als die Aufklärung der unteren Massen." (Johann Wolfgang von Goethe)

Carsten Frerk

Violettbuch Kirchenfinanzen

Wie der Staat die Kirchen finanziert

Alibri Verlag
Aschaffenburg

2010

Carsten Frerk, geboren 1945, Chefredakteur des Humanistischen Pressedienstes (hpd.de). Er gilt als ausgewiesener unabhängiger Fachmann für die Finanzen der Kirche und Ansprechpartner für die Medien. Zahlreiche einschlägige Publikationen, darunter das Standardwerk *Finanzen und Vermögen der Kirchen in Deutschland* sowie *Caritas und Diakonie in Deutschland*.

Alibri Verlag
www.alibri.de
Aschaffenburg
Mitglied in der Assoziation Linker Verlage (aLiVe)

Erste Auflage 2010

Umschlaggestaltung: Claus Sterneck
Druck und Verarbeitung: GuS Druck, Stuttgart

ISBN 978-3-86569-039-5

Inhaltsverzeichnis

Einleitung

Es gibt kaum ein anderes Thema, das im Alltag so allgegenwärtig ist und über das gleichzeitig so wenige Bescheid wissen, wie die bestehenden finanziellen Verflechtungen von Kirche und Staat in Deutschland. Das ist jedoch nicht verwunderlich, da das Thema weit verzweigte Dimensionen hat, die nicht so einfach zu durchschauen sind. Zudem werden die finanziellen Transfers weder vom Staat noch von den Kirchen thematisiert. Aus gutem Grund, wie sich zeigen wird.

In Finanzfragen besteht ein Interesse der Kirchen, sich von den eigenen Gläubigen nicht in die Karten schauen zu lassen. Die Gut-Gläubigen könnten womöglich das ganze liebe Geld für die Armen in Afrika und Asien ausgeben wollen. Dabei wird es doch hier vor Ort gebraucht, um die vielen Bediensteten und die Gebäude der beiden Kirchengesellschaften zu finanzieren. Diese einfachen Mitglieder sind ja nicht nur theologische Laien, sondern manches Mal auch in Finanzfragen der Kirche unbedarft. So können sie auch nicht wissen, dass es gilt, ein personalintensives Unternehmen zu finanzieren.

Bei einer evangelischen Fachtagung zur Frage des kirchlichen Immobilienbesitzes sagte einer der anwesenden Kirchengemeindevorsteher zu den Immobilienmaklern: „Es ist ja gut gemeint, wenn Sie richtig sagen, dass unser schönes großes Pfarrhaus, das wir nicht mehr brauchen – weil der Pfarrer lieber in einer Mietwohnung wohnt, wo er nach Feierabend seine Ruhe hat –, einen Marktwert von zwei Millionen hat. Aber das werde ich meinem Gemeindevorstand nicht berichten. Es weckt sofort die verschiedensten Begehrlichkeiten, denn alle Aufgabenbereiche sind der Meinung, zu wenig Geld zu bekommen, und wir hätten umgehend einen sozialen Krieg der Missgunst unter den Mitgliedern. So geht es zwar nur schlecht und recht, aber wir haben Frieden in der Gemeinde."

Bei der Frage nach dem eigenen Vermögen ist von Seiten der Kirchen beinahe gebetsmühlenartig eine Antwort zu hören: „Unser Reichtum sind

die Armen!" Diese zuerst irritierende Aussage hat aber einen überraschenden Sinn, da sie das Marketing der Religionsgesellschaften exakt benennt.
Zum einen wird mit der negativen Bewertung des Materiellen der „geistige
Reichtum der Kirchen" positiv dargestellt – auch wenn man gläubig sein
muss, um diesen „Reichtum" zu erkennen. Andererseits sind es tatsächlich die Armen, die die primäre Kundschaft der Religionsgesellschaften
sind: „Not lehrt beten". Oder, wie es ein Philosoph und Ökonom formuliert
hat, zwar mit anderen Worten aber mit der gleichen Bedeutung: „Religion
ist das Opium des Volkes", mit dem es sich betäubt und in freundliche
Phantasien flüchtet. So ist es durchaus nicht überraschend, dass Karl Marx,
der das gesagt hat, und die Kirchen bei diesem Thema fast der gleichen
Meinung sind.

Es fällt zudem auf, dass alle Religionen die Welt, in der wir leben,
insgesamt als leidvoll bewerten. Christlich heißt das: „Die Erde ist ein
Jammertal." Wer würde sich auch sonst für die „Verheißungen eines
Lebens nach dem Tode", für die „Verlockungen des Paradieses" interessieren, wenn es einem hier in der Welt eigentlich ganz gut geht? Aber die
„Verlockungen des Paradieses" kann nach dem Tod auch nur der genießen,
der als Kirchenmitglied vorher die Kirchen anteilig finanziert hat.

Eine andere Strategie, den Gläubigen das Geld aus der Tasche zu ziehen, ist die der Prädestination. Das ist die Auffassung, dass alles auf der
Welt von Gott vorherbestimmt sei. Finanziell ist es der Schulterschluss der
Kirche mit den Wohlhabenden, denen Gott vorgeblich zeige, dass sie gott-
gefällig leben und arbeiten, wenn es ihnen hier auf der Welt bereits gut
gehe und sie die Kirchendiener monetär daran teilhaben lassen.

So sind die Kirchen als Unternehmen gut beraten, nicht über ihre
Finanzen zu reden, denn sonst würden sich vermutlich einige ihrer
Gläubigen fragen, wer hier eigentlich um „das goldene Kalb" der staatlichen Finanzierung tanzt? Es ist aus kirchlicher Sicht konsequent und klug,
auch den eigenen Mitgliedern Informationen dazu nur recht pauschal zu
geben und damit eigentlich zu verweigern.

Viele der öffentlich zugänglichen Informationen wurden für dieses Buch
zusammengetragen. Sie sollen den Leserinnen und Lesern einen Einstieg
ermöglichen und einen sachkundigen Überblick verschaffen.

1.   Über Finanzen wird nicht detailliert gesprochen

Beim Schweigen der Kirchen geht es nicht um spezielle Fragen, sondern
um eine Grundeinstellung, dass über Finanzielles prinzipiell nicht öffent-

lich gesprochen wird. Es sei denn, dass man darüber Klage führt, welch große finanzielle Probleme man habe (Klappern gehört zum Handwerk). Steigen die Einnahmen, ist wieder Ruhe.

Es geht anscheinend aber auch anders. Die *Evangelische Kirche in Deutschland* (EKD) hat mittlerweile eine umfangreiche Internetseite zu den „EKD-Kirchenfinanzen"[1] veröffentlicht. Alle Themen zu Finanzen und auch zum Vermögen werden benannt, da wird also Tacheles geredet. Der Eindruck täuscht jedoch.

Die Zahlenangaben sind so pauschal und allgemein, dass sie jeder anscheinend versteht, was seinen Zweck erfüllt. Warum sollte die EKD also in die Tiefe der Details gehen, die doch sowieso nur wenige Spezialisten interessieren oder verständlich sind?

So wird beispielsweise unter dem Stichwort Vermögen auch der Grundbesitz genannt und gleich zu Beginn mit der Zahl von ca. 325.000 Hektar beziffert. Dass dieser Grundbesitz dann auf landwirtschaftliche Flächen reduziert wird und als Ertrag aus der Bewirtschaftung rund 110 Mio. Einnahmen geschätzt werden, ist auffällig schief, da die lukrativen innerstädtischen Areale verschwiegen werden. Welchen Vermögenswert aber diese genannten landwirtschaftlichen Flächen haben – es geht in dem Artikel um das kirchliche Vermögen und diese Flächen lassen sich mit rund 3,5 Mrd. Euro bewerten –, das wird nur angedeutet. Vielleicht geht man davon aus, dass Details den eiligen Besucher wohl auch nur verwirren und weitere Fragen aufwerfen würden. So macht es natürlich auch keinerlei Sinn, darauf zu verweisen, dass der kleinere Anteil der Baugrundstücke in städtischen Lagen die größten Erträge erzielt. Die Kirche ist klug beraten, nur zwei Zahlen zu nennen, ansonsten mit vielen Worten wie immer zu schweigen und alle sind's zufrieden.

2. Vorsicht: Haushaltspläne

Der bisherigen Darstellung, dass die Kirchen nur selten und unwillig Auskunft über ihre Finanzen geben würden, wird gerne entgegengehalten, dass es doch reichlich Haushaltspläne gebe, gedruckte oder im Internet veröffentlichten. Das scheint richtig zu sein, denn gibt man bei einer Internetsuchmaschine für deutsche Internetseiten die beiden Begriffe Kirche und Haushalt ein, bekommt man (im September 2010) rund 900.000 Meldungen. Aber das täuscht. Und zwar gewaltig.

Es sei dringend davor gewarnt, diese Haushaltspläne als das wahrzunehmen, was sie darstellen sollen. Wenn über einer Darstellung steht „Der

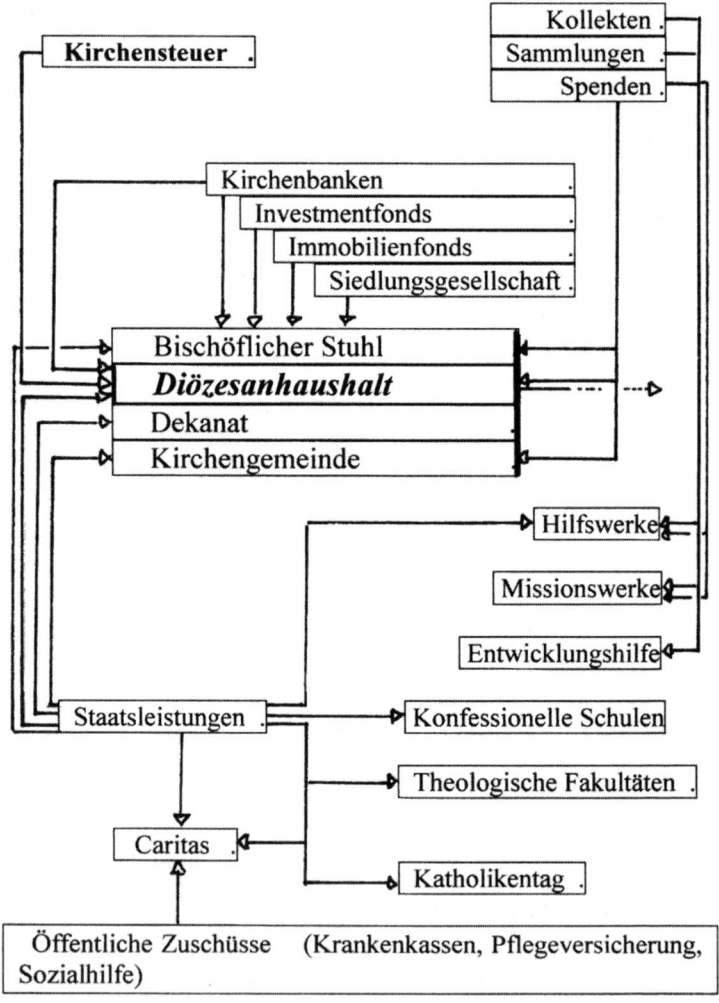

Abbildung 1: (Schematische) Geldflüsse in einem Bistum

Haushalt der [...] Landeskirche" oder „Der Haushalt des Bistums [...]"‚ geht jeder normale Mensch zu Recht davon aus, dass alle Einnahmen und Ausgaben der Landeskirche bzw. des Bistums darin enthalten sind, also als Gesamtübersicht zu betrachten sind. Das ist jedoch falsch. Dargestellt wird ausschließlich der Haushalt des betreffenden Rechtsträgers, d. h. nur das, was dieser Rechtsträger tatsächlich 'trägt'.

Da ein Bistum außer den Ausgaben der Priesterbesoldungen und dem Kirchenunterhalt nur Träger weniger Einrichtungen ist (neben den eigenen Verwaltungsgebäuden normalerweise nur noch das Priesterseminar, ein Wohngebäude für Kleriker und ein Bildungshaus), sind auch nur diese erfasst. Die Vielzahl aller anderen kirchlichen Einrichtungen, die wiederum eigene Rechtsträger sind, haben eigene, davon getrennte Haushalte, die eben nicht in den Haushalt des Bistums integriert sind. So haben in den Bistumshaushalten, ebenso wie in den Landeskirchen, die Ausgaben für Seelsorge (Gehälter und Gebäude) stets sehr hohe Anteile.

In einer Grafik schematisch dargestellt sehen die Geldflüsse so aus, dass es mehrere unterschiedliche, direkte Verbindungen zwischen der Geldquelle (z. B. dem Staat) und den verschiedensten Rechtsträgern gibt. Die Darstellung verdeutlicht beispielsweise, dass die Staatsleistungen für verschiedenste kirchliche Träger gar nicht im Haushalt des Bistums auftauchen. So ist es leicht erklärlich, warum im Bistumshaushalt diese staatlichen Finanzierungsanteile immer als sehr gering dargestellt werden. Das gleiche gilt entsprechend für die Haushalte der Landeskirchen, mit dem einzigen Unterschied, dass es einen Rechtsträger „Bischöflicher Stuhl" in der evangelischen Kirche nicht gibt.

Als ich in einem Gespräch im Kirchenamt einer evangelischen Landeskirche anmerkte, dass die Kirchen ihre Finanzen ziemlich gut verstecken würden, antwortete mir der Präsident des Kirchenamtes, dass er das nicht verstehe. Es sei auch nicht richtig, denn: „Sie können doch alle Haushalte der Kirchengemeinden, der Kirchenkreise und der Landeskirche öffentlich einsehen!" Das schien verblüffend richtig zu sein, aber eben nur vordergründig. Es hätte sich nur realisieren lassen, wenn ich mich auf den Weg gemacht und rund 280 Kirchengemeinden und 20 Kirchenkreise persönlich aufgesucht hätte, was vermutlich ein halbes Jahr beansprucht hätte. Das war unrealistisch. Es ist aber ein gutes Beispiel dafür, wie man für dumm verkauft werden soll.

3.   Empfindsamkeiten

Wie empfindlich kirchliche Stellen in konkreten Finanzfragen sind, zeigte
sich, als der Fraktionsvorsitzende der Grünen in Bayern im Landtag (im
Sommer 2008) forderte, dass die bayerischen Bistümer ihre Bischöfe doch
bitteschön selbst bezahlen und dafür nicht allgemeine Steuergelder erhalten sollten. Wohlgemerkt: nur die sieben Bischöfe. Ein klerikaler und konservativer Aufschrei ging durch Bayern. Der Untergang Bavariens schien
bevorzustehen, die Axt war an die religiösen Wurzeln des bayerischen
Selbstverständnisses angesetzt worden. Allerdings, der Betrag, um den es
sich dabei handelte, waren nur die rund 692.000 Euro, die der bayerische
Staat 2007 aus Steuergeldern für die Besoldung der Bischöfe in den sieben
Bistümern in Bayern ausgegeben hat. Eine hohe Summe? Die Antwort ist
relativ. Sicherlich sind rund 700.000 Euro für sich allein betrachtet schon
eine große Summe, aber im gleichen Jahr haben die sieben bayerischen
Bistümer alleine aus der Kirchensteuer zusammen 1,23 Mrd. Euro eingenommen. Die strittige Frage der Bischofsbesoldung wären nur 0,06 Prozent dieser Einnahmen gewesen.

Dieses Beispiel zeigt, dass es sich bei Finanzfragen stets um das eigentliche „Kerngeschäft" der Kirchen handelt, so gering die Beträge auch sein
mögen.

4.   Teile eines Finanzpuzzles

In jedem Bistum, jeder Landeskirche verhält sich die Situation anders. Von
der Vielzahl weiterer Rechtsträger einmal völlig abgesehen. Aufgrund dieser Verhältnisse erhebt dieses Buch keinen Anspruch, eine umfassende und
vollständige Darstellung der finanziellen Verflechtungen von Kirche und
Staat in Deutschland zu liefern. Nur einzelne, öffentlich zugängliche Teile
eines Finanzpuzzles können dargestellt werden.

Man müsste zudem ein eigenes semantisches System entwickeln, um
die verschiedenen Sachlagen anhand der Klärung von „Wem gehört es?",
„Wer ist Träger?", „Wer hat Nutzungsrechte?" und „Wer finanziert es?" in
Kurzform als Matrix beschreiben zu können.

Es ist dieses Durcheinander und Nebeneinander von historisch gewachsenen, neu entstandenen, kürzlich konstruierten, juristisch gesicher-
ten oder zur Disposition stehenden Rechtsansprüchen auf Eigentum, Besitz
und Verflechtungen, das bereits eine bloße Beschreibung der Facetten der
Geschäftspartnerschaft von Kirche und Staat so schwierig macht. Ein
solch verworrenes Dickicht kann man nicht vollständig entwirren, denn

auch im kirchlichen Bereich sind Formen und Strukturen, wenn auch langsam so doch beständig in Bewegung und Veränderung. Es ist nur möglich, Querschnitte anzubringen und einzelne Bereiche genauer zu betrachten, um sich dem Ganzen zu nähern.

So wird in diesem Buch auch nicht im Ansatz der Versuch unternommen, eine Art Bilanz der finanziellen Abhängigkeit der Kirchen vom Staat vorzulegen, also eine vollständige Übersicht der Einnahmen. Wenn eine derartig umfassende Bilanz möglich wäre, so stellt sich die einfache Frage, warum nicht die Kirchen (oder der spendable Staat) selbst der Öffentlichkeit eine Art Geschäftsbericht vorlegen.

Sie können es nicht, wäre eine freundliche Antwort, die sich auf die mehrgliedrigen Kirchenstrukturen bezieht und die Vielzahl des Nebeneinanders kirchlicher Träger bedenkt. Sie wollen es nicht, wäre die politische und wohl richtige Antwort. Sonst würde beispielsweise deutlich werden, wie sehr die großen Kirchen am finanziellen Tropf des Staates hängen und Jahr für Jahr Milliarden aus Steuergeldern für ihre ureigensten, rein kirchlichen Einrichtungen und Zwecke bekommen. Tatsachen, die mittlerweile einer kritischen Öffentlichkeit gegenüber nicht mehr leicht zu erklären sind.

5. Bundestag ohne Durchblick

Auch im politischen Raum besteht kaum Interesse, den finanziellen Zuwendungen des deutschen Staates an die Kirchen auf die Spur zu kommen.

Bereits 1990 hatten die Bundestagsabgeordnete Petra Kelly und die Fraktion der Grünen eine Kleine Anfrage an die Bundesregierung gestellt (BT-Drucksache 11/7894). Sie bezog sich auf „Wirtschaftliche Situation und Reichtum der Kirchen in der Bundesrepublik Deutschland und Kirchensteuersystem" und fragte insbesondere nach den staatlichen Zahlungen. Die Antwort der Bundesregierung (BT-Drucksache 11/8102)[2] bezog sich verständlicherweise nur auf die Themen, in denen „der Geschäftsbereich der Bundesregierung unmittelbar betroffen ist". So heißt es zu den 25 Fragen in 14 Antworten „Hierzu liegen der Bundesregierung keine Informationen vor". Genannt werden nur die bekannten Zahlen zum Kirchensteueraufkommen und der Militärsseelsorge.

Nun könnte man annehmen, dass rund 20 Jahre später dank EDV und Internet mehr Informationen bekannt sind, was jedoch nicht zutrifft. Vom Wissenschaftlichen Dienst des Deutschen Bundestages gibt es für „Verschiedene Fragen zur finanziellen Förderung der katholischen und evangelischen Kirche durch Bund, Länder und Gemeinden" eine interne Ausarbeitung,[3] die nur drei Zahlen nennt. Zum einen die Staatsdotationen im engeren Sinn. Als zweite Zahl wurden (nach Darstellung der EKD-Statistik 2004) allgemeine Fördermittel und Zuschüsse in der Höhe von 1,781 Mrd. Euro genannt. Hierzu konnte die katholische Bischofskonferenz dem Mitarbeiter des Wissenschaftlichen Dienstes des Bundestages nichts sagen. Die dritte Zahl sind die Steuermindereinnahmen aufgrund des Abzugs der Kirchensteuer von der Einkommensteuer als Sonderausgabe gemäß Subventionsbericht des Bundesfinanzministeriums. Das ist alles. Lapidar heißt es: „Die Einkünfte und Vermögenswerte der Kirchen werden den staatlichen Institutionen nicht mitgeteilt."

Alle anderen vorhandenen Informationen und kritischen Einwände gegen die staatliche Finanzierung der Kirchen wurden nicht akzeptiert. Die Begründung ist typisch und falsch zugleich:

„[...] abgesehen von den auf rechtlichen Verpflichtungen der Länder beruhenden Dotationen – [müssen] die übrigen Zuschüsse des Staates und Steuerbegünstigungen als partieller Kostenausgleich für die von den Großkirchen und ihren Einrichtungen unter finanzieller Selbstbeteiligung erbrachten Leistungen für die Allgemeinheit gewertet werden."

Diese sachlich haarsträubend falsche Generalklausel eines Kostenausgleichs ist eine kirchliche Argumentation. Der Verfasser konnte auf direkte, persönliche Nachfrage auch keinerlei Beleg oder Zahl nennen. Die Bundestagsabgeordneten bekommen somit zum Thema der finanziellen Verflechtungen zwischen Kirche und Staat keine Sachinformationen aufbereitet, obwohl belastbare Daten sehr wohl vorhanden sind. So braucht es einen auch nicht zu wundern, dass die Politiker, auch die so genannten Kirchenbeauftragten der Parlamentsfraktionen, keine Ahnung von der staatlichen Kirchenfinanzierung haben. Wie sollten sie auch?

6. Einheit der Kirche und Kirchen

Die Kirchen selbst stellen sich immer wieder als Einheit dar. So in der Wochenzeitung *Die Zeit*, in der im Juni 2009 über den kirchlichen Inseraten steht: „Nach dem Staat zweitgrößter Arbeitgeber: die Kirche". Unter dieser Überschrift werden dann für die nachfolgenden Stellenanzeigen nicht nur die „Pfarrerinnen und Pfarrer, die Priester, Vikare und Diakone" genannt, sondern ebenfalls die Arbeitsbereiche Krankenhäuser, Sozialstationen, Seniorenheime und Pflegeeinrichtungen, die kirchlichen Bildungseinrichtungen und Schulen, die kirchlichen Akademien und Hochschulen, die Medien und die Bereiche Musik und Kultur.

Entsprechend dieser Vorstellung einer Einheit müssen in diesem Buch also auch das Diakonische Werk und die Caritas behandelt werden – die beiden europaweit größten nicht-staatlichen Beschäftigungsunternehmen – für die im Detail eine eigene Untersuchung erforderlich ist, die bereits vorliegt.[4]

7. Zur Gliederung des Buches

Im ersten Abschnitt werden die Kirchensteuern und damit zusammenhängende Fragen behandelt. Dabei wird deutlich, wie sehr der Staat in dieser eigentlich ureigensten innerkirchlichen Thematik zugunsten der Kirchen agiert.

Im zweiten Abschnitt geht es um die Staatsleistungen im engeren und im weiteren Sinn. Einerseits sind es vertraglich vereinbarte Pflichten des Staates, andererseits Zuschüsse aufgrund gesetzlicher Regelungen, die jedoch nicht unbedingt rechtsverbindlich sind.

Im dritten Abschnitt (Sozialstaat und Kulturstaat) werden zuerst die beiden Wohlfahrtsverbände skizziert, die zwar weitestgehend öffentlich (Krankenkassen, Gesundheitsetats etc.) aber nur partiell direkt staatlich finanziert werden. Für das Ansehen der Kirchen spielen sie dennoch eine wesentliche Rolle. Im zweiten Teil dieses Abschnitts wird unter dem Stichwort „Kultur" schließlich recht detailliert dargestellt, wie fadenscheinig die Kirchen versuchen, sich als wesentlicher Kulturträger darzustellen, der staatlich finanziert werden muss.

Abschließend gibt es noch eine Schätzung, welche Ausbildungskosten der Staat den Kirchen in welchen Höhen schenkt und welche erfolgreichen Strategien die Kirchen zum Erhalt ihrer Privilegien einsetzen.

8. Bezugsjahre der Daten

So weit wie möglich wurde das Bezugsjahr 2009 gewählt, d. h. die bei Abfassung des Textes (2009 und 2010) jeweils aktuellsten Zahlen. Viele weitere Zahlen werden jedoch erst nach komplizierter Erfassung und Aufbereitung veröffentlicht. Dies kann manches Mal, und für Statistiker verständlich, mehrere Jahre dauern, so dass auch ältere Daten vorkommen, die aber jeweils benannt werden.

9. Zur Angabe der Quellen

Die Angaben zu den Quellen der Zahlen und Informationen sind im Anhang in den Anmerkungen aufgelistet. Personenbezogene Quellen werden
jedoch dann *nicht* genannt, wenn angenommen werden konnte, dass der
betreffenden Person dadurch persönliche, politische oder wirtschaftliche
Nachteile entstehen können. Schließlich beruht das Grundprinzip für die
Karrierechancen innerhalb der Kirchen wie bei jedem Wirtschaftsunternehmen u. a. auf der Verschwiegenheit zu finanziellen und personellen In-
terna. Dazu zählt alles, was nicht bereits veröffentlicht wurde, und manchmal selbst das.

Internetquellen werden nur dann genannt, wenn die Fundstelle kom-
pliziert zu finden ist. Alle anderen Quellen, z. B. die Internetseite von
Organisation, die man nach Eingabe des Organisationsnamens sofort im
Internet findet, wurden zur besseren Übersichtlichkeit weggelassen.

---- *** ----

Das Buch ist ein „Violettbuch", da es weder ein Schwarzbuch noch ein
Weißbuch ist, sondern ein realistischeres Bild der Kirchen zeichnet. Der
Zufall, dass Violett in der Kirche auch die liturgische Farbe der Buße und
des Fastens ist, kann dabei durchaus als sinnvoll betrachtet werden.

I. Kirchensteuern

Die Kirchensteuereinnahmen betrugen 2008 insgesamt rund 9,7 Mrd. Euro (4,6 Mrd. € für die Evangelische Kirche und 5,1 Mrd. € für die katholische Kirche). 2009 sanken die Einnahmen um rund 400 Mio. Euro auf 9,3 Mrd. Euro (4,4 Mrd. € evangelisch und 4,9 Mrd. katholisch). Durch die Abzugsfähigkeit der Kirchensteuer von der Einkommensteuer als Sonderausgabe verzichten Bund und Länder auf rund 3 Mrd. Euro Steuereinnahmen pro Jahr. Durch das staatliche Inkasso der Kirchensteuer, statt eigener Kirchensteuerämter, haben die Kirchen eine Kostenersparnis von rund 1,7 Mrd. Euro. Die Abführung der Kirchenlohnsteuer durch die Arbeitgeber sind weitere rund 300 Mio. Euro kostenlose geldwerte Leistung zugunsten der Kirchen. Das Gesamtvolumen beträgt also rund 5 Mrd. Euro. Insofern wird die Kirchensteuer 2009 in Deutschland zu mehr als 50 Prozent durch staatliche Maßnahmen gestützt.

Das Kirchensteuersystem in Deutschland ist auf der Welt einzigartig und die beiden Geschäftspartner Kirche und Politik sehen bisher keinen Grund, daran etwas zu ändern. (Ertragsschwächere Varianten davon gibt es noch in Schweden, Dänemark und, kantonal höchst unterschiedlich, in der Schweiz.)[5]

Die Geschichte der Kirchensteuern in Deutschland ist ein hervorragendes Beispiel für die effiziente juristische und politische Lobbyarbeit der Kirchen. Sie haben es vermocht, alle gesetzlichen Regelungen, die zu Beginn der ersten Demokratie 1919 in Deutschland formuliert worden waren, zu ihren Gunsten zu erweitern, umzuinterpretieren bzw. zu verändern und sich dabei jedes politische System nutzbar zu machen. Eine beispiellose Erfolgsgeschichte.

10. Entstehung der Kirchensteuer

Es wird zwar immer wieder so dargestellt, als hätten die Kirchensteuern etwas mit dem Reichsdeputationshauptschluss von 1803 zu tun (vgl. Staatsdotationen, S. 69). Das stimmt jedoch nicht. Auch die Darstellung auf den

Internetseiten des Bundesfinanzministeriums ist in dieser Hinsicht falsch.

Dort steht zur Geschichte der Kirchensteuer (im Rahmen der Kirchenfinanzierung) Folgendes:

„Die Reformation führte in den protestantischen Gebieten weithin zur Verweltlichung kirchlicher Hoheitsrechte und Güter, wonach die evangelischen Kirchen zunächst auf freiwillige Gaben angewiesen waren. Im Zuge der allgemeinen Säkularisation nach dem Reichsdeputationshauptschluss von 1803 ging den Kirchen neben ihren Gütern endgültig auch das Zehntrecht verloren, doch wurden die begünstigten Landesfürsten gleichzeitig zu finanziellen Ausgleichsleistungen an die Kirchen verpflichtet. In Ablösung dieser Verpflichtung kamen auf Landesebene Schritt für Schritt Regelungen zur Einführung der modernen Kirchensteuer zustande, mit Anfängen in Oldenburg 1831, gefolgt von Kirchensteuergesetzen in Hessen-Darmstadt 1875, Preußen 1875/1905, Württemberg 1887/1906, Baden 1888 und Bayern 1912. Durch Art. 137 Absatz 6 der Weimarer Verfassung von 1919 wurde das Besteuerungsrecht der 'Religionsgesellschaften, welche Körperschaften des öffentlichen Rechts sind', nach Maßgabe der landesrechtlichen Bestimmungen erstmals reichsrechtlich garantiert. Dieses Recht ist im Reichskonkordat von 1933, in Landeskonkordaten (Bayern, Baden) und in den evangelischen Kirchenverträgen beiderseitig bekräftigt worden. 1949 wurde der zitierte Weimarer Kirchenartikel Bestandteil des Bonner Grundgesetzes."[6]

Diese Darstellung enthält gedankliche und sprachliche Fehler hinsichtlich 1803. Neben den Begriffen der „allgemeinen Säkularisation" und „ihren Gütern" ist es die Verwendung des Begriffs Kirche im Allgemeinen. Es entspricht den geschichtlichen Fakten, dass 1803 die geistlichen Territorien aufgehoben und weltlichen Fürsten übereignet wurden. Aber in der weiteren Darstellung wird nichts dazu geschrieben, dass nur für diese ehemaligen geistlichen und weltlichen Herrscher (Fürstbischöfe etc.) und ihren, salopp gesagt, Hofstaat die weltlichen Fürsten zu deren *Lebzeiten* die Unterhaltszahlungen übernommen hatten. Das Vermögen und der Besitz der Pfarreien, Klöster und Stiftungen, die für die Bildung, Seelsorge und die Wohlfahrt zuständig waren, blieben auch 1803 und danach im Kirchenbesitz.

Diese ehemaligen „geistlichen Gebiete", für deren 'Verlust' die Bischöfe heute Staatsgelder bekommen, umfassten rund 3,2 Mio. Einwohner, also rund 12,5 Prozent oder ein Achtel der Bevölkerung des damaligen Reiches. Schon allein durch diesen relativ kleinen Flächenanteil wird deutlich, dass die daraus abgeleiteten Alimente für die höheren Geistlichen etwas anderes sind als die nationale, flächendeckende Kirchensteuer. Dazu später noch Ausführlicheres.

Vor Einführung der Kirchensteuer (auf der Gemeindeebene) finanzierten sich die Kirchengemeinden im Wesentlichen aus drei Quellen: Einen Teil musste sich der Pfarrer aus der eigenen Pfründe erwirtschaften (Garten, Acker, Vieh), einen weiteren gab es aufgrund von Kirchenstiftungserträgen und Gebühren (Stolgebühren – von Stola, die der Pfarrer sich für rituelle Amtshandlungen um den Hals hängte) sowie kommunalen Zuschüssen und der dritte Teil bestand aus Spenden. Mit der Industrialisierung begann eine große Arbeitsmigration, z. B. von polnischen Bergarbeitern ins Ruhrgebiet. Für diese Neuankömmlinge wurden auch neue Kirchengemeinden gegründet, die aber keinerlei Pfründe besaßen. In dieser Situation der Knappheit wurde in Preußen um staatliche Genehmigung einer zusätzlichen Umlage gebeten, die der Staat gewährte. Damit begann die Geschichte der Kirchensteuer, und zwar in unterschiedlichster Bedarfshöhe und als jeweilige Defizitfinanzierung, wenn die übrigen Einnahmen und Spenden nicht reichten. Diese Maßgabe verlief parallel zu einer im 19. Jahrhundert zunehmenden Loslösung des Staates aus der Verflechtung mit den Kirchen. Zuvor lag beispielsweise das Personenstandswesen, mit den Kirchenbüchern und der Beurkundung von Geburt, Heirat und Tod, ausschließlich in kirchlicher Hand. Erhalten hat sich diese ehemalige Verbindung noch in dem alten Begriff der kleinsten staatlichen Verwaltungseinheit, der politischen Gemeinde (modern: Kommune), die seinerzeit identisch war mit der Kirchengemeinde. In den verschiedenen Reichsländern zu unterschiedlichen Zeitpunkten installiert, wurde die Kirchensteuer schließlich 1905 in Preußen in allen Kirchengemeinden etabliert.

11. Freie Kirche im Freien Staat

Mit der Weimarer Reichsverfassung 1919 wurde die Kirchensteuer im gesamten Nationalstaat eingeführt. Zweck war die finanzielle Absicherung der Kirchen, die mit der Weimarer Verfassung von der staatlichen Kirchenaufsicht (als „Staatskirche") und damit auch der staatlichen Finanzierung befreit wurden („Freie Kirche" im „Freien Staat"). Ihnen sollte eine sichere eigene Einnahmequelle geschaffen werden. Der Staat war ihnen nur insoweit behilflich, indem er sich verpflichtete, den Kirchen die staatlichen Steuerlisten zur Verfügung zu stellen, aus denen hervorging, wer Mitglied im Steuerverband Kirche war und wie viel Einkommensteuer er bezahlte. Eine weitere Verbindung oder gar „Partnerschaft" war dabei nicht beabsichtigt. Ganz im Gegenteil war dies Bestandteil des Programms der *kompletten finanziellen Trennung* von Staat und Kirche.

Dass der Staat den Kirchen mit der Einführung der Kirchensteuer und den staatlichen Steuerlisten sehr großzügig zu einer neuen „Existenzgründung" verhalf, wurde nicht als Widerspruch dazu gesehen. Geplant und erhoben wurde diese nationale Kirchensteuer ursprünglich

(1) als Ortskirchensteuer (Empfänger waren die Kirchengemeinden),

(2) als vergangenheitsbezogen (erst nach Vorliegen der Steuerlisten konnten die Kirchen diese Steuer erheben) und

(3) ohne irgendeine weitere aktive Beteiligung des Staates oder gar der Arbeitgeber.

Alle drei Punkte konnten die Kirchen schließlich zu ihren Gunsten ändern und hatten – in historischer Kontinuität – keinerlei Skrupel, jedes politische System dafür zu nutzen.

Die Nationalsozialisten führten 1934 den Kirchensteuereinzug durch die Arbeitgeber (als „staatliche" Aufgabe) ab dem 1.1.1935 ein. Und zwar im zeitlichen Zusammenhang mit dem Reichskonkordat vom 20.7.1933 und der Zustimmung zum 'Ermächtigungsgesetz' (23.3.1933), mit dem die diktatorische 'Machtergreifung' der Nationalsozialisten tatsächlich stattfand.

Damit war die Lohn-Kirchensteuer zur Gegenwartssteuer umgewandelt, die sofort mit der Lohnsteuer berechnet und abgeführt wurde.

In der Bundesrepublik Deutschland wurde die Kirchensteuer schließlich bei den Landeskirchen und Bistümern zentralisiert, was offiziell mit dem nationalen Lastenausgleich nach dem Zweiten Weltkrieg begründet wurde. Einzig die evangelische Landeskirche des Rheinlands hat noch den ursprünglichen gemeindlichen Aufbau. Dort kommt die Kirchensteuer auf der Gemeindeebene an und von dort aus werden dann einige Prozent an die Kirchenleitung 'nach oben' abgegeben. Mit der Bistums-/ Landeskirchenregelung waren die Kirchengemeinden (außer in der Landeskirche Rheinland) entmachtet, da sie keinen direkten Zugriff mehr auf die Kirchensteuern besaßen.

Generell wurde zudem der automatische und damit höchst effiziente Einzug der Kirchensteuer durch die Finanzverwaltungen der Bundesländer vereinbart. Dieses staatliche Inkasso ist ein klarer Verstoß gegen das Prinzip der Trennung von Staat und Kirche, was jedoch dem rheinischen Katholizismus der CDU in der Gründungsphase der Bundesrepublik offensichtlich egal war.

12. Finanzverfassungsrechtliches Unikum

Kirchensteuerpflichtig wird man in Deutschland, egal wie alt man ist, mit der kirchlichen Taufe, durch die eine Mitgliedschaft in der entsprechenden Religionsgesellschaft begründet wird. Da die Kirchensteuer eine Annexsteuer ist, d. h. eine Zuschlagssteuer zur Lohn- und Einkommensteuer, sind alle Kirchenmitglieder, die staatlich steuerpflichtig sind – nach den Steuerordnungen der Diözesen bzw. Landeskirchen – auch verpflichtet, mit Bezug auf ihre Einkommensteuer ihre Kirchensteuer zu entrichten.

Bereits der Begriff der Kirchensteuer verdeutlicht, dass es zwar eine eigene Einnahme der Kirchen ist, die aber der erheblichen Staatshilfe bedarf. Mit allen Befugnissen der Hoheitsgewalt des Staates zur Steuereintreibung werden den Kirchenmitgliedern entsprechend den Kirchensteuergesetze diese den Kirchen zugesprochenen Gelder abgezogen.

Alle Darstellungen, es handele sich nur um einen Mitgliedsbeitrag oder ähnliches, sind beschönigend, da es sich um eine Zwangsabgabe für Kirchenmitglieder handelt, die nach Maßgabe der Steuertarife vom Arbeitgeber berechnet und überwiesen, vom Staat eingenommen und (nach Abzug einer Bearbeitungspauschale) an die Kirchen weiter geleitet wird und ggf. auch im Verwaltungsverfahren zwangsvollstreckt werden kann.

Staatskirchenrechtler haben für die Besonderheit der Kirchensteuer eine eigene Beschreibung formuliert:

„Zum allgemeinen Steuerbegriff kommt im Fall der Kirchensteuer noch das spezifische Merkmal, dass die Steuerhoheit einer Religionsgesellschaft zusteht, hinzu. Dies macht die Kirchensteuer zu einem 'finanzverfassungsrechtlichen Unikum', insofern als sie den einzigen Fall bildet, in dem Steuerhoheit von im Prinzip außerstaatlichen, gesellschaftlichen Korporationen ausgeübt wird."[7]

Die Kirchensteuer ist jedoch nicht nur eine Zuschlagssteuer zur Lohn- und Einkommensteuer, sondern ebenfalls zu der seit 2009 geltenden Abgeltungssteuer für Einkünfte aus Kapitalvermögen. Auch für Zahlungen von Abfindungen bei Kündigungen und Entlassungen gilt die Kirchensteuerpflicht und ebenso gibt es sie in einigen Bundesländern als Zuschlag zur Grundsteuer A (Agrarisch, für Grundstücke der Land- und Forstwirtschaft).

Doch die Kirche weiß kurz- und langfristige Interessen zu unterscheiden. Aus Sorge vor Kirchenaustritten bietet die Evangelische Landeskirche Bayern seit Sommer 2009 in besonderen wirtschaftlichen Situationen, z. B. Zahlungen von Abfindungen, Kirchensteuerrabatte an: Normalerweise müsste auf diese Beträge wegen der Steuerprogression ein verhältnismäßig hoher Kirchensteueranteil entrichtet werden. „Wir wollen die

Kirchenmitglieder da nicht über Gebühr belasten", betonte der Sprecher der Bayerischen Landeskirche, Johannes Minkus. Sie sollten nicht vor die Alternative gestellt werden, den vollen Steuersatz zu bezahlen oder aus der Kirche austreten zu müssen. Es sei auch ein vollständiger Steuerverzicht der Kirche möglich.[8]

13. Kirchensteuerzahler

In der Realität betrifft diese Steuer jedoch nur einen Teil der Kirchenmitglieder. Nach Angaben der EKD[9] (2001) sind nur 50 Prozent der evangelischen Kirchenmitglieder tatsächlich staatlich steuerpflichtig und nur 34 Prozent der Kirchenmitglieder zahlen Kirchensteuern. Informationen für die katholische Kirche gibt es dazu nicht.

Die evangelischen Freikirchen verzichten auf diesen Pakt mit dem Staat und bekommen normalerweise den klassischen „Zehnten" (des Einkommens vor Steuern) von ihren erwerbstätigen Mitgliedern. Das ist pro Kopf erheblich mehr als die Kirchensteuern der großen Amtskirchen.

Wie im Detail die Hoheitsbefugnisse des Staates für Kircheninteressen eingesetzt werden, das erlebte im Sommer 2010 ein Rentner (79 Jahre alt) in Remlingen/Bayern. Im Jahr 2000 hatte ihm das Finanzamt mitgeteilt, dass seine Steuernummer gelöscht worden sei und er keine Kirchensteuer mehr bezahlen müsse. 2004 bekam er dann eine Aufforderung zur Zahlung der Kirchengrundsteuer A (Agrarisch) für die vergangenen vier Jahre. Der Rentner weigerte sich, da er bereits die Grundsteuer A an die politische Gemeinde zahle und nicht einsehe, dass er noch einmal zehn Prozent davon an die Kirche zahlen solle. Nach einigen Gesprächen mit dem evangelischen Ortspfarrer überwies er schließlich die Hälfte – allerdings direkt an den Remlinger Kindergarten. Die andere Hälfte wurde ihm erlassen. Im November 2009 kam der nächste Kirchengrundsteuerbescheid. Der Rentner ignorierte ihn und trat verärgert aus der Kirche aus. Es folgten eine Mahnung und der erfolglose Besuch eines Gerichtsvollziehers, der niemanden antraf. Im Juli 2010 erfolgte die Vollstreckung und Kontopfändung durch das Finanzamt Würzburg.[10] Juristisch ist das korrekt.

14. Aufgaben der Kirchensteuer

Der evangelische Oberkirchenrat Dr. Jens Petersen, Kirchensteuerreferent im Kirchenamt der EKD, schreibt zur Aufgabe der Kirchensteuer:

„Die Kirche hat den Auftrag, das Evangelium in Wort und Tat zu verkündigen. [...] Zu der Verkündigung und Seelsorge kommen die Aufgaben in den Bereichen von Aus- und Fortbildung, Schulen und Akademien, Jugend- und Frauenarbeit, Telefon- und Krankenhausseelsorge, Öffentlichkeitsarbeit, Publizistik, Mission und Ökumene sowie Entwicklungshilfe. Zu finanzieren sind ebenfalls die Unterhaltung von Gebäuden, Verwaltungsarbeit, Versicherungen und sonstiges. Die diakonische Arbeit (z. B. Kindergärten, Diakonie- und Sozialstationen, Suchtgefährdetenhilfe, Krankenhäuser) ist ein weiteres großes Feld, in dem die Kirchen tätig werden. [...] Die Diakonie handelt stellvertretend für die öffentliche Hand. Darum wird sie aus den Mitteln unterstützt, die der Staat für diese sozialen Zwecke vorgesehen hat, um in freier Trägerschaft diese vom Staat für notwendig erachteten Aufgaben durchzuführen. Um all diese Aufgaben wahrnehmen zu können, brauchen Kirche und Diakonie die engagierte Mitarbeit von vielen Menschen und eine gesicherte Finanzierungsgrundlage. Diese solide Grundlage bildet die Kirchensteuer."[11]

Auch in einem Text zur Kirchensteuer aus dem Bistum Münster (aus dem Jahr 2007) wird ebenso konsequent Falsches dargestellt:

„Die Kirchensteuer macht die Kirchen unabhängig vom Staat; andererseits erfüllen sie zahlreiche Aufgaben, die sonst der Staat übernehmen müsste: in Kindertageseinrichtungen und Schulen, Krankenhäusern und Altenheimen."[12]

15. Vorsätzlich falsche Darstellung

Diese Passagen entsprechen den überall zu lesenden kirchlichen Darstellungen. Sie sind aber, was die Finanzierungsaufgaben der Kirchensteuern betrifft, schlicht falsch. Die üblichen staatlichen Zahlungen und andere Finanzierungen werden nur dezent angedeutet, die Bedeutung der Kirchensteuer für den Betrieb von konfessionellen Sozialeinrichtungen dagegen geradezu maßlos übertrieben. Diese als vorsätzlich zu bezeichnende Falschdarstellung findet ihre Erklärung wohl darin, dass es dem einfachen Kirchenmitglied moralisch möglichst schwer gemacht werden soll, aus der Kirche auszutreten, d. h. keine Kirchensteuer mehr zu bezahlen, da mit der Kirchensteuer doch „so viel Gutes" finanziert werde.

Nicht nur in den Kapiteln dieses Buches über Staatsleistungen werden die korrekten Finanzierungen dargestellt (Beispiel: Die Kosten von Caritas und Diakonie werden nur zu rund 2 Prozent von den Kirchen finanziert). Auch Norbert Feldhoff, heute Dompropst in Köln, hatte in seiner Amtszeit als Generalvikar des Erzbischofs von Köln, d. h. als Verwaltungschef des Erzbistums Köln, in einem Artikel zur Kirchensteuer[13] detailliert aufgelistet und vorgerechnet, wie viele der Mitarbeiter des Erzbistums aus

eigenen Mitteln der Kirche bezahlt werden: Es sind rund 19 Prozent
der Beschäftigten. Alle anderen werden über Leistungsentgelte der
Sozialversicherungsträger und staatliche Refinanzierungen entlohnt.
Legt man nun noch zugrunde, dass die Kirchensteuern nur etwa die
Hälfte der kirchlichen Einnahmen ausmachen, dann werden nur rund 10
Prozent oder jeder zehnte aller Mitarbeiter der Kirchen (inkl. Caritas und
Diakonie) auch tatsächlich aus Einnahmen der Kirchensteuer bezahlt.

16. Demografie der Kirchenmitglieder und der Kirchensteuer

Das Kirchensteueraufkommen basiert auf der Zahl der erwerbstätigen und
kirchensteuerzahlenden Kirchenmitglieder. (Die andere Bedingtheit der
Kirchensteuer ist ihre Berechnung als Annexsteuer, die wie ein Hündchen
an der kurzen Leine der Einkommensteuer läuft – dazu weiter unten.)

Nach dem Kriegsende gab es in Deutschland nicht nur ein
„Wirtschaftswunder" sondern auch eine ansteigende „Zeugungseifrigkeit".
Zudem waren so gut wie alle Elternpaare in der jeweils gleichen Kirche
(„religiös homogene Ehen") und ließen ihre Kinder mit an Sicherheit grenzender Wahrscheinlichkeit auch in ihrer Konfession taufen. Dann aber kam
die „Pille".

In Abbildung 2 (gegenüberliegende Seite) sind die Folgen dieser
Entwicklungen klar zu erkennen: 1964 werden in den homogenen religiösen
Ehen katholischer bzw. evangelischer Paare jeweils 400.000 also insgesamt
800.000 Kinder geboren (und mit größter Wahrscheinlichkeit) auch getauft.
Papst Paul VI. wusste sehr genau, warum er die Anti-Baby-Pille 1968 in der
Enzyklika *Humanae vitae* als recht sichere Empfängnisverhütung verboten
hat: Die Anzahl der Kinder (und damit der Täuflinge / Kirchenmitglieder)
aus den religiös homogenen Ehen verringerte sich von Jahr zu Jahr.

Anfang der 1980er Jahre war dieser Pillenknick zwar beendet, aber die
Geburtenzahlen (und damit die Zahlen der wahrscheinlichen zukünftigen
Kirchenmitglieder und Kirchensteuerzahler) hatten sich auf die Hälfte
und weniger verringert. 1990/1991, bei dem vorerst letzten Maximum der
Geburtszahlenkurve, zeugten Eltern, die beide evangelisch waren, noch
150.000 Kinder, die 'religiös homogenen' Katholiken dagegen mehr, aber
auch nur noch 200.000 Kinder.

Dieser Unterschied ist in seiner Relation erhalten geblieben, so dass
die katholische Kirche mittlerweile deutlich mehr jüngere und erwerbs-
tätige Kirchenmitglieder in ihren Reihen hat als die evangelische Kirche,
die stärker überaltert ist. Entsprechend ist das Kirchensteueraufkommen

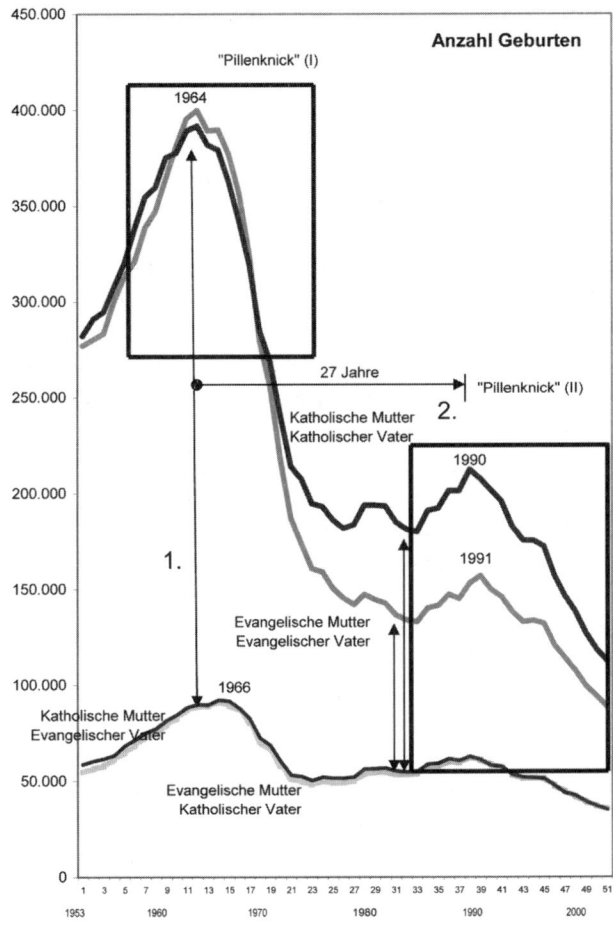

Quelle: Statistische Jahrbücher und Fachserie 1   Bearbeitung, Grafik, Copyright: fowid / CF

Abbildung 2: Zahl der Geburten nach Religionszugehörigkeit der Eltern

In den religiös homogenen Ehen (beide Eltern katholisch bzw. evangelisch) wurden 1964 noch jeweils 400.000 Kinder geboren (und vermutlich getauft). Durch den „Pillenknick" verringert sich die Anzahl bis 1984 auf 150.000 „evangelische" und 200.000 „katholische" Kinder. Der Anstieg der Geburten bis 1990/1991 ist nur der um eine mittlere Geburtsfolge (27 Jahre) versetzte Gipfel von 1964. Da sich die Kinderzahl pro Partnerschaft ebenfalls verringert hat, wird sich diese Welle weiter fortsetzen.

der katholischen Kirche mittlerweile pro Jahr jeweils um mehrere hundert Mio. Euro (2009 um rund 500 Mio. €) höher als das der Evangelischen Kirche.

17. „Kappung" der Kirchensteuer

Die Regelungen der Kirchensteuer werden stets als gerecht dargestellt, da sie sich (angeblich) an der finanziellen Leistungsfähigkeit der Kirchenmitglieder orientieren würden. Das stimmt so jedoch nicht, da die Kirchensteuer an allen Ungerechtigkeiten und Schieflagen der staatlichen Einkommensteuer beteiligt ist. Die Bevorzugung derjenigen Mitglieder, die mit hohen Abschreibungen ihre Einkommensteuerschuld und damit auch die Kirchensteuer reduzieren, ist nur ein Beispiel dafür, wie die normalen Lohnempfänger relativ stärker belastet werden. Ein anderes Beispiel ist die so genannte „Kappung" der Kirchensteuer.

Da die Einkommensteuerschuld die Bemessungsgrundlage der Kirchensteuer ist, führt dies auch zu einer Progression der Kirchensteuerbelastung. Ab einer bestimmten Einkommenhöhe wird von Seiten der Kirchen jedoch auf die Progressionsspitze verzichtet. Dieser Vorgang wird als *Kirchensteuer-Kappung* bezeichnet. Während sich die Kirchensteuer im Normalfall aus einem Prozentsatz der festgesetzten Einkommensteuer ergibt (je nach Bundesland 8 oder 9 Prozent), wird die gekappte Kirchensteuer aus einem bestimmten Kappungs(Prozent)satz des zu versteuernden Einkommens ermittelt. Ist die Kappungsschwelle erreicht, bleibt der Betrag, der zu zahlen ist, konstant.

Beispiel (Berlin): Jahreseinkommen 100.000 €, Steuer nach Grundtarif 2004: 36.155 €, 9 Prozent Kirchensteuer davon: 3.253,95 €. Kappungssatz Berlin 3 Prozent, d. h. bei 100.000 € belaufen sich die Kirchensteuern maximal nur auf 3.000 €.[14]

Die Begründung für die Vorzugsbehandlung ist einfach. Die Kirchen möchten verhindern, dass die Vermögenden aus der Kirche austreten, um die Kirchensteuerzahlung zu vermeiden und kommen ihnen deshalb entgegen.

18. Staatliche Verwaltungspauschale

Für das staatliche Inkasso haben die steuerberechtigten Kirchen mit den Bundesländern einen pauschalen Satz vereinbart, der für den Fiskus zwischen 2 und 4,5 Prozent des Kirchensteueraufkommens liegt.

Im Bundesland Freistaat Bayern gibt es jedoch eine andere Regelung. Nur die Kirchensteuer auf die Lohnsteuer wird staatlich eingezogen. Für alle Einkommensteuerpflichtigen bestehen dagegen seit 1942 eigene Kirchensteuerämter der Kirchen, in denen die Konten der Einkommensteuerpflichtigen verwaltet werden und die man auch nach dem Ende des Dritten Reichs bestehen ließ. Der Staat bekommt in Bayern, weil er die Einkommensdaten der Steuerpflichtigen zur Verfügung stellt, nur zwei Prozent des Kirchenlohnsteueraufkommens. Für die Beibehaltung der eigenen Kirchensteuerämter gibt es eine interessante Begründung aus Kirchenkreisen:

Die Kirche „kann nämlich im persönlichen Gespräch mit den Selbständigen und anderen Einkommensteuerpflichtigen der Nation wesentlich mehr Kirchensteuern bekommen, als wenn sie nur den Anteil von der Steuerschuld bekommt, zu der sich diese gegenüber dem Fiskus 'arm' gerechnet haben".[15]

Man kennt also seine Schäfchen und stellt sich geschickter an als der Fiskus.

19. Erlass der Kirchensteuer

In Zeiten der Wirtschaftskrise haben Landeskirchen ihren Mitgliedern durchaus angeboten, bei wirtschaftlichen Schwierigkeiten des Kirchensteuerzahlungsverpflichteten (was für ein Wort!) einen Erlass zu erwägen. Vermutlich, um zu vermeiden, dass das Kirchenmitglied austreten würde und die Kirche zukünftig gar nichts mehr bekäme. Als konfessionelle Wirtschaftsunternehmen denken die Kirchen in langfristigen Perspektiven und sind durchaus bereit, kurzfristige Einnahmeverluste hinzunehmen.

Solche Fragen werden normalerweise hinter geschlossenen Türen verhandelt; sei es, um die Betroffenen zu schützen, sei es, um anderen kein Beispiel zu geben. Generell heißt es dazu: „Durch einen Erlass verzichtet der Gläubiger ganz oder teilweise auf eine ihm zustehende, noch offene Forderung." Das ist dann nicht mehr rückgängig zu machen.

In der Parallelität von staatlichen Steuergesetzen und Kirchensteuergesetzen heißt es in § 227 der staatlichen Abgabenordnung:

„Die Finanzbehörden können Ansprüche aus dem Steuerschuldverhältnis ganz oder zum Teil erlassen, wenn deren Einziehung nach Lage des einzelnen Falls unbillig wäre; unter den gleichen Voraussetzungen können bereits entrichtete Beträge erstattet oder angerechnet werden."

Und was für die Finanzbehörden gilt, ist auch der Rahmen für die Finanzgremien der Kirche: Sie können auf Antrag Ansprüche aus dem Steuer-

schuldverhältnis erlassen, wenn ihre Einziehung *unbillig* wäre. Unbillig-
keit bedeutet, dass eine dem Wortlaut des Gesetzes entsprechende
Steuererhebung für den Antragsteller eine besondere, nach den Umständen
des Einzelfalls, nicht zumutbare Härte bedeuten würde.

Nach diesen finanzrechtlichen Erörterungen nun wieder zurück in die
'Fülle des Lebens'. Hier gibt es die Reduzierung der Kirchensteuerschuld
für „außerordentliche Einkünfte".[16]

Im Januar 2004 ließ die Richterin im so genannten Mannesmann-
Prozess nicht locker. Es ging vor allem um die Frage, ob der vormalige
Vorstandsvorsitzende der Mannesmann AG, Klaus Esser, im Jahr 2000
Honorar und Abfindung von insgesamt rund 60 Millionen DM zu Recht
bekommen hatte. In dem spektakulären Prozess wurde auch bekannt, dass
Klaus Esser hatte prüfen lassen, ob er das Geld überhaupt zu versteuern
habe, da es sich um eine Abfindung für seine zukünftige Arbeitslosigkeit
handeln würde.[17] Er musste. Entsprechend hatte Esser dann mit dem
Erzbistum Köln auch über eine Reduzierung der Kirchensteuer verhandelt.
Im Prozess wurde zwar bemerkt, aber nicht hinterfragt, was Esser meinte,
als er sagte: „Ich bin mit mir, der Kirche und dem lieben Gott im Reinen."[18]
Gemeint war damit wohl die Tatsache, dass ihm das Erzbistum die Hälfte
seiner zu zahlenden Kirchensteuer erlassen hatte: rund 500.000 Euro.

Das Beispiel zeigt, dass unbillig zu Recht teuer heißt. Auch biblisch/
theologisch ist es absolut korrekt, heißt es doch in der Bibel: „Denn wer
hat, dem wird gegeben, dass er die Fülle habe" (Matthäus 13,12). Was
wäre zudem die Alternative gewesen? Esser hätte die Auszahlung seiner
Abfindung zeitlich verschieben lassen, wäre aus der Kirche ausgetreten
und das Erzbistum hätte gar nichts bekommen. So sind beide zufrieden.
Sehr viele gleichwertige Nachahmer sind wohl auch nicht zu befürchten.

Es sei denn, in der Presse tauchen fragwürdige Meldungen auf. So
schrieb eine Tageszeitung im November 2009 in dem Artikel „Steuertipps:
Abfindung steuersparend kassieren":

„Arbeitnehmer erhalten mehr von der Extrazahlung [der Abfindung, CF], wenn
sie beantragen, die Kirchensteuer auf die Abfindung auf 50 Prozent zu reduzieren. Steuerzahler müssen einfach einen Brief an das Kirchensteueramt der
Diözese beziehungsweise der Landeskirche schreiben und eine Kopie des letzten
Gehaltsnachweises oder des Steuerbescheides beilegen. In dem Schreiben fordern
Sie, die Kirchensteuer 'aus Billigkeitsgründen' um 50 Prozent zu erlassen. Dem
müssen die Kirchen zustimmen."

Der Kirchenbeamte im Kirchensteueramt der Landeskirche, befragt, ob
dem so sei, schien etwas irritiert zu sein. „Müssen tun wir nun ja schon mal

gar nicht. Wir können, wenn wir wollen, und häufig wollen wir es ja auch." Es ist also Ermessenssache. Entsprechend § 34 Absatz 2 des Einkommensteuergesetzes (Außerordentliche Erträge) kann auf Antrag die Einkommensteuer, und entsprechend auch die Kirchensteuer, halbiert werden, wenn der Steuerpflichtige älter als 55 Jahre oder im sozialversicherungsrechtlichen Sinne dauerhaft berufsunfähig ist oder die Erträge seiner Altersversorgung dienen. Und zudem: Eine derartige Ermäßigung „kann der Steuerpflichtige nur einmal im Leben in Anspruch nehmen". Das alles schien auf Esser zuzutreffen.

So regelt sich alles wieder im Sinne des römischen Grundsatzes: Quod licet Iovi, non licet bovi. (Was einem Gott erlaubt ist, ist dem Ochsen noch lange nicht gestattet.)

20. Kirchensteuer und „Kirchenaustritte"

Im Verlaufe der Jahre 2008 und 2009 schnellte die Zahl der Kirchenaustritte wieder nach oben. Die Kirchen hatten die Erklärung dafür sofort zur Hand und es brauchte keine weiteren Analysen: Schuld war natürlich die Wirtschaftskrise. Die treffe auch die Kirchen, da die Mitglieder sich gezwungen sähen, gegen ihren Willen auch die Kirchensteuer einzusparen und aus der Kirche auszutreten.

Dass die Kirchen mit solchen Auffassungen die Augen vor der Realität verschließen, ist ihre eigene Entscheidung. Sie ändern dadurch aber nichts daran, dass nur diejenigen Mitglieder mit einer finanziellen Begründung die Kirche verlassen, deren Kirchenbindung so schwach geworden ist, dass sie keinen Sinn mehr in einer Kirchenmitgliedschaft sehen.

Weiterhin sind gerade die Jüngeren, wenn sie aus der Kirche austreten, meist noch gar keine Kirchensteuerzahler, so dass hier wohl andere Gründe vorhanden sein müssen.

21. Kirchenaustritt

Als Kirchenmitglied kann man sich dieser Steuerpflicht nur durch den Austritt aus der Kirche entziehen, indem man diesen Wunsch bei der dafür zuständigen staatlichen Stelle (Amtsgericht bzw. Standesamt) erklärt.

Der Begriff Kirchenaustritt ist jedoch sachlich falsch, denn wie man Mitglied einer Glaubensgemeinschaft wird und ob man daraus wieder austreten kann, das entscheiden die Religionsgemeinschaften in eigener Kompetenz und hat den Staat nicht zu interessieren. Da jedoch mit der

Kirchensteuerpflicht in Deutschland derzeit auch das staatliche Inkasso verbunden ist, wird in dieser Hinsicht auch eine staatliche Sphäre berührt. Die Beendigung der Mitgliedschaft im „Steuerverband Kirche" und damit das Ende des staatlichen Kirchensteuereinzugs, kann und muss der Staat *im Sinne der Religionsfreiheit* feststellen.

Von den deutschen Bischöfen wird mit diesem Austritt aus dem Steuerverband Kirche allerdings auch der Austritt aus der Glaubensgemeinschaft Kirche verbunden und damit erfolgt die Exkommunikation, d. h. der Ausschluss von den Sakramenten, wie es von der katholischen Kirche in Deutschland automatisch als Kirchenstrafe gehandhabt wird. Mit dem Kirchenaustritt wird diese Erklärung ins Taufbuch eingetragen und dadurch die Taufe implizit gelöscht. Diese Exkommunikation ist seit Sommer 2009 wieder Gegenstand eines Rechtsstreits, den das Erzbistum Freiburg gegen den pensionierten Professor für katholisches Kirchenrecht Hartmut Zapp ausficht. Dieser betrachtet sich weiterhin als Mitglied der Glaubensgemeinschaft, obwohl er 2007 aus der „Körperschaft des öffentlichen Rechts" ausgetreten ist. Er vertritt damit die Auffassung von Papst Benedikt XVI., demzufolge eine Erklärung vor staatlichen Stellen die Kirche nicht interessiert.

Die deutsche automatische Exkommunikationsfolge und der unzutreffende Begriff Kirchenaustritt sind in dieser Hinsicht eine „Abschreckungsregelung" (E.G. Mahrenholz), um den „Austrittswilligen" diesen Schritt zu erschweren.

Diese Frage war bereits Anfang der 1970er Jahre intensiv diskutiert worden, als die Zahlen der „Kirchenaustritte" erstmalig in der Bundesrepublik stark anstiegen. Die Kirchenmitglieder, die aus diversen Gründen keine Kirchensteuer mehr bezahlen wollten, sahen sich veranlasst, eine „modifizierte Austrittserklärung" abzugeben, in der sie erklärten, aus der Kirche auszutreten, aber weiterhin Mitglied der Glaubensgemeinschaft zu sein. Nach ausführlichen Kontroversen wurden solche Zusatzerklärungen schließlich in allen Bundesländern untersagt und, um die finanziellen Geschäftsinteressen der Kirchen auf den Punkt zu bringen, wurde das Fehlen (!) solcher Zusatzerklärungen als Voraussetzung für die Feststellung des „Kirchenaustritts" angesehen. Darum geht es jetzt wieder, in der nächsten juristischen Runde. Es ist eine rechtliche Frage, die in dieser Form und in ihren finanziellen Konsequenzen nur in Deutschland – mit der Kirchensteuer und dem staatlichen Inkasso – diese grundsätzliche Bedeutung hat. Ein Streitfall, der pikanterweise von einem Deutschen als Papst ausgelöst wurde.

Anfang Mai 2010 hat der zuständige Verwaltungsgerichtshof von Baden-Württemberg in der Berufungsverhandlung gegen Prof. Zapp entschieden und dem Erzbistum Freiburg Recht gegeben, dass die Zapp'sche Austrittserklärung (mit Zusatz) ungültig sei und er weiterhin Mitglied der kompletten, ungeteilten katholischen Kirche sei. Zapp weiß jedoch sowohl das katholische Kirchenrecht als auch den „Päpstlichen Rat für die Gesetzestexte" auf seiner Seite und wird jetzt möglicherweise den innerkirchlichen Rechtsweg beschreiten müssen, um in Rom schließlich gegen die deutschen Bischöfe Recht zu bekommen.

Vor allem die katholischen Kirchenmitglieder werden bei Austritt aus dem konfessionellen Steuerverband traditionell mit Kirchenstrafen wie dem Ausschluss von den Sakramenten und folglich dem Höllenfeuer bedroht. Der Bischof von Regensburg, Gerhard Ludwig Müller, hat 2009 dieses Bedrohungsszenario jedoch zeitgemäß säkularisiert, indem er bei einem Ansteigen der Kirchenaustritte und Verlusten an Kirchensteuereinnahmen Hunderttausende von Arbeitsplätzen gefährdet sah. Da nur die Arbeitsplätze gemeint sein können, die tatsächlich aus der Kirchensteuer finanziert werden, kann es sich nur um einen geringen Teil der Arbeitsplätze bei den Kirchen selbst handeln, und auch nur dann, wenn alle Kirchensteuerzahler plötzlich den Steuerverband Kirche verlassen würden – ein mehr als unwahrscheinliches Szenario.

Eine eindeutige Lüge also, wohl um zu verhindern, dass Mitglieder dem Steuerverband den Rücken kehren und um das Geschäftsprinzip 'Wehret den Anfängen!' zu vertreten. Andererseits ist es bemerkenswert, dass ein hoher Funktionsträger der katholischen Kirche offensichtlich Angst davor hat, dass der Kirche die Mitglieder weglaufen, wenn die Androhung des Ausschlusses von den Sakramenten und imaginärer Höllenqualen nicht mehr funktionieren sollte.

22. Kirchensteueraufkommen

Das Kirchensteueraufkommen (vgl. Abbildung 3 auf der folgenden Seite) aller evangelischen Landeskirchen bewegte sich bis 1984 durchgehend oberhalb des Aufkommens aller katholischen (Erz-)Bistümer. 1984 bis 1997 liegen die Erträge dann einige Jahre in etwa auf gleicher Höhe.

Seit 1998 liegt das katholische Kirchensteueraufkommen dann deutlich über den evangelischen Einnahmen. In dieser Entwicklung zeigen sich die innerkirchlichen Veränderungen in der Mitgliederentwicklung: In der ersten Phase (bis 1988) gleicht sich allmählich die Mitgliederzahl der katholischen

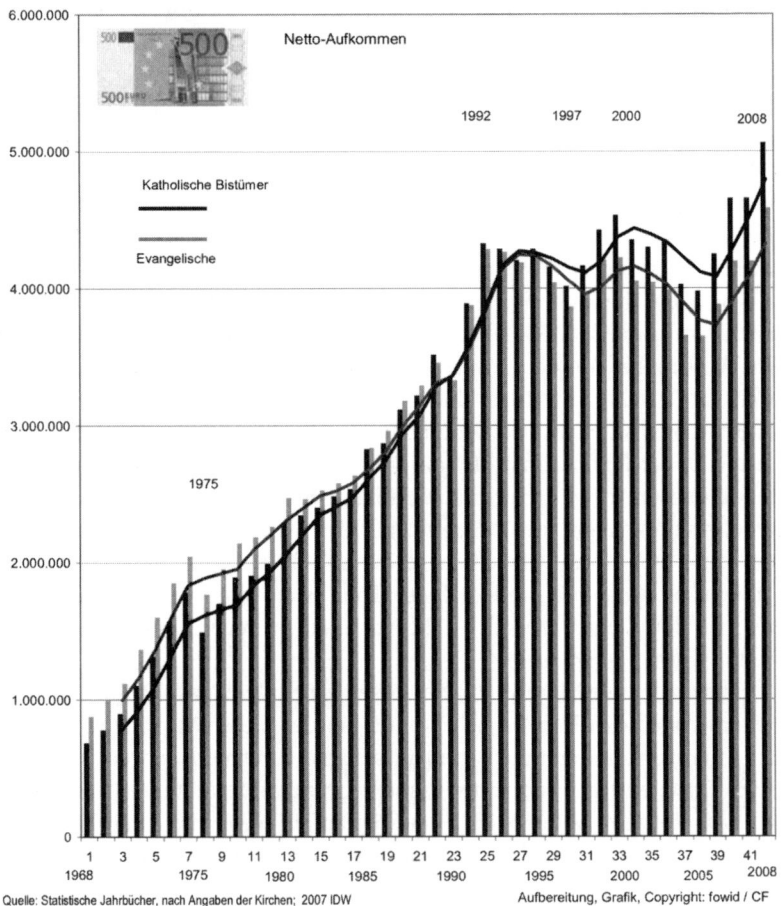

Abbildung 3: Kirchensteueraufkommen der Evangelischen (dunkle Linien) und der Katholischen Kirche (graue Linien) in Deutschland, 1968-2008.

Bistümer – durch eine höhere Zahl der katholischen Geburten / Taufen – der der evangelischen Landeskirchen an. In der zweiten Phase (seit 1989) kommt der dadurch entstandene jüngere Altersaufbau der Katholiken allmählich als ein Mehr an erwerbstätigen Kirchensteuerzahlern zum Tragen. In der dritten Phase (seit 1998) wird dieser Unterschied immer ausgeprägter und führt zu erheblichen Unterschieden im Kirchensteueraufkommen.

Im Jahr 2009 erhielten die katholischen Bistümer rund 500 Mio. Euro mehr an Kirchensteuern als die evangelischen Landeskirchen (4,9 Mrd. zu 4,4 Mrd. €).

23. Rasterfahndung

Wie sehr die Kirche den Staat für ihre finanziellen Interessen in die Pflicht nimmt, kann beispielsweise selbst erleben, wer nach Berlin umzieht. Dort bekommt man – wenn man irgendwann einmal getauft wurde – vom Finanzamt/Kirchensteuerstelle die Aufforderung seine Kirchenzugehörigkeit nachzuweisen oder zu dokumentieren, dass man aus der Kirche ausgetreten sei. Nicht die evangelische Kirche muss beweisen, dass man bei ihr Mitglied ist, sondern man selber muss seinen Kirchenaustritt beweisen. Das kann man aber nur, wenn man seine Kirchenaustrittserklärung vorlegt.

Die Rechtslage beschreibt der Auszug aus einem Schreiben der Kirchensteuerstelle in Berlin an einen Zugezogenen:

„Die Nachweispflicht liegt bei den Ausgetretenen, um die dauernde Befreiung von allen Verpflichtungen, die auf der persönlichen Zugehörigkeit zu der Religionsgemeinschaft beruhen, belegen zu können. Die Kirchensteuerstelle beim Finanzamt Spandau können wir erst dann davon verständigen, dass Sie die Mitgliedschaft in der evangelischen Kirche beendet haben, wenn uns der Nachweis über Ihren Kirchenaustritt vorliegt. Sollten wir keinen solchen Nachweis innerhalb der kommenden 4 Wochen erhalten, müssen wir Sie aufgrund der durch die Taufe begründeten Mitgliedschaft den zuständigen Behörden als der evangelischen Kirche zugehörig melden."[19]

Für diese Vorgehensweise wird seit einigen Jahren der Begriff der Rasterfahndung angewandt. Horst Groschopp, seinerzeit Präsident des *Humanistischen Verbandes*, erläutert das Prinzip:

„Der Begriff Rasterfahndung kam in den 1970er Jahren auf. Wegen der erfolglosen vergeblichen Fahndung nach RAF-Terroristen entwickelte der damalige BKA-Präsident Horst Herold ein Verfahren zur vernetzten Durchsuchung von Dateien. Dabei wurden Angaben bestimmter Personengruppen aus öffentlichen oder privaten Datenbanken herausgefiltert. Dabei suchte man nach Merkmalen, von denen man annahm, dass sie auch auf die gesuchte Person zutreffen. Es war wohl [die Wochenzeitung] *Der Freitag*, der diesen Vorgang 2003 auf das Verfahren bezog, wie die evangelische Kirche in Ostdeutschland nach Kirchensteuersündern Ausschau hält.

Es wird [...] nach erwachsenen Personen gesucht, auf die zwei Merkmale zutreffen: Sie sollen erstens evangelisch getauft sein [...]. Zweitens soll auf diese Personen das Merkmal der Nichtkirchensteuerzahlung zutreffen.

Wer von diesen Leuten, die beides vergessen haben, viele sucht, wird wenigstens einige finden! Der bekannteste Fall ist der des heutigen Ministerpräsidenten Brandenburgs Matthias Platzeck im März 2004, der wieder in die Kirche eintrat, worauf die Kirche mitteilte, man 'werde auf eine Nachzahlung der Kirchensteuer wie in anderen ähnlichen Fällen verzichten'."[20]

Anfangs betraf diese Rasterfahndung zuerst vor allem ehemalige DDR-Bürger, die aufgrund der unterschiedlichen Regelung und Handhabung des Kirchenaustritts in der DDR nach der 'Wiedervereinigung' in Erklärungsnot kamen oder nicht daran gedacht hatten, die Kirchenaustrittserklärungen aufzubewahren. Sie mussten, wenn sie nun konsequenterweise noch einmal aus der Kirche austraten, teilweise einige Tausend Euro Kirchensteuer 'nachzahlen'.

Inzwischen betrifft das jeden, der nach Berlin umzieht, und der damit in die Maschen dieser Rasterfahndung gerät. Allerdings gibt es eine Änderung. Bekam man bis Ende 2009 ein Schreiben z. B. des „Finanzamt Berlin Mitte/Tiergarten - Kirchensteuerstelle -", das einen eindeutig staatlichen Eindruck vermittelte, so ist jetzt die Reihenfolge geändert worden und es heißt: „Kirchensteuerstelle im Finanzamt Mitte/Tiergarten". Es sieht immer noch eindeutig staatlich aus und verrät mit keiner Zeile, dass es sich um eine Außenstelle des evangelischen Konsistoriums handelt, deren Räumlichkeiten sich allerdings im Finanzamt befinden.

Etikettenschwindel einmal in umgekehrter Richtung: Steht ansonsten Kirche drauf, wo staatliche Steuergelder drin sind, steht jetzt Staat drauf, wo Kirche drin ist.

Kirchensteuer als Sonderausgabe

Durch die Absetzbarkeit der gezahlten Kirchensteuer als Sonderausgabe, die das zu versteuernde Einkommen und damit wiederum die zu zahlende Einkommensteuer reduziert, verzichtete der Staat (2008) auf 3,1 Mrd. Euro Steuereinnahmen.

Wie sehr der deutsche Staat den Kirchen als Geschäftspartner unmerklich aber reichlich unter die Arme greift, zeigt sich auch und insbesondere bei der Kirchensteuer.

Das Einkommensteuergesetz (EStG) listet in § 10 über mehrere Seiten eine Vielzahl von Aufwendungen auf, die in der Berechnung der Lohn- und Einkommensteuer von dem zu versteuernden Einkommen als Sonderausgabe abgezogen werden können. Während für die meisten Aufwendungen zahlreiche Präzisierungen zu lesen sind, z. B. bis zu welcher

Höhe Aufwendungen für die Berufsausbildung geltend gemacht werden können, stehen unter Punkt 4 nur zwei Worte: „gezahlte Kirchensteuer".

Diese Abzugsfähigkeit der Kirchensteuer in gezahlter Höhe als Sonderausgabe ist eine Besonderheit (die sonst, bis 2006, nur für die privaten Steuerberatungskosten galt), da alle anderen Sonderausgaben begrenzt oder an Bezugsgrößen gebunden sind. Der damit verbundene Steuerverzicht und somit verbundene Steuereinnahmeverlust des Staates stellt eine erhebliche Steuerbegünstigung der Kirchenmitglieder dar und damit ebenso der Kirche.

1994 stellte das Magazin *Der Spiegel* in einer Umfrage[21] die Frage, ob die Menschen bereit wären, die Kirchensteuer zu bezahlen, wenn die Kirchen sie selber erheben würden und wenn gleichzeitig die staatliche Begünstigung als Steuerersparnis wegfallen würde. 50 Prozent der Befragten antworteten mit einem klaren „Nein".

24. Steuermindereinnahmen

Zur Abzugsfähigkeit der Kirchensteuer als Sonderausgabe gibt es die genaue Information dazu, um welche Summe es sich dabei jeweils handelt und wie sie begründet wird, im „Subventionsbericht" der Bundesregierung,[22] in dem auch die Steuermindereinnahmen aufgelistet sind.

2007 hatte diese staatliche Steuervergünstigung ein Volumen von fast 33 Prozent des Kirchensteueraufkommens: Bei einem Kirchensteueraufkommen in Deutschland von rund 9 Mrd. Euro werden durch die Kirchenmitglieder 5,95 Mrd. Euro (67 %) bezahlt, durch die Verringerung der Einkommensteuer sind 2,96 Mrd. Euro (33 %) jedoch von allgemeinen Steuergeldern getragen. 2008 sind es bei einem Kirchensteueraufkommen von 9,8 Mrd. Euro dann 3,1 Mrd. Euro (32 % der Kirchensteuer).

Da die Einkommensteuer zwischen Bund und Ländern aufgeteilt wird, trägt der Bund (in 2008) 1,3 Mrd. Euro dieser Maßnahme, während die ebenfalls überschuldeten Bundesländer so kollegial sind, auf 1,8 Mrd. Euro an Steuereinnahmen zu verzichten.

Begründet wird diese Maßnahme mit einem lapidaren Satz: „Begünstigung anerkannter Religionsgesellschaften und ihnen gleichgestellter Religionsgemeinschaften aus kirchen- und sozialpolitischen Erwägungen."

Überraschend ist bereits der erste Teil der Begründung, denn es gibt in Deutschland keine *Anerkennung* von Religionsgesellschaften. Wenn damit die Zuerkennung des Körperschaftsstatus gemeint sein sollte, so wird dies nicht deutlich. Das würde jedoch ein Zwei-Klassen-System von quasi anerkannten und nicht-anerkannten Religionsgesellschaften implizieren.

Mit dem zweiten Teil der Begründung schließt sich wieder der Argumentationszirkel, dass „die übrigen Zuschüsse des Staates und Steuerbegünstigungen als partieller Kostenausgleich für die von den Großkirchen und ihren Einrichtungen unter finanzieller Selbstbeteiligung erbrachten Leistungen für die Allgemeinheit gewertet werden müssen".

Denn nach dieser Logik eines „partiellen Kostenausgleichs" müssten die Kirchen ja ein entsprechend noch höheres Mehrfaches für ihre Einrichtungen aufbringen, was jedoch keinesfalls so ist. Der deutsche Staat verzichtet auf drei Milliarden Euro Steuereinnahmen, die Kirchen zahlen jedoch nur 800 Mio. Euro für Caritas und Diakonie aus eigenen Kassen.

Kirchensteuer als Annexsteuer

Die Kirchensteuer steht als Zuschlagssteuer (Annexsteuer) zur Einkommensteuer in direkter Abhängigkeit zum Einkommensteueraufkommen. Um es mit einem Bild zu verdeutlichen: Ist die staatliche Einkommensteuer der Zugwagen, dann ist die Kirchensteuer der Anhänger, der jede Bewegung, jedes Beschleunigen und jedes Bremsen des Zugwagens mitmachen muss. Diese steuertechnische Gefangenschaft der Kirchensteuer war ein Erfolgsrezept, solange es mit der Gesamthöhe der Einkommensteuer aufwärts ging. Die Kirchen brauchten sich um nichts zu kümmern, die fleißige Wirtschaft und Vater Staat sorgten für gute Einnahmen.

Der Gesamttrend der Einkommensteuer – dargestellt in den jährlichen Veränderungen (vgl. Abbildung 4 auf der gegenüberliegenden Seite) – entwickelt sich in den letzten Jahren jedoch dahingehend, dass die Zuwachsraten sich immer weiter verringern.

25. Steuerpolitik und Religionsfreiheit

Die generelle Entwicklung auf europäischer Ebene geht weg von den direkten Einkommensteuern hin zu den indirekten Steuern (Mehrwertsteuer und sonstige Verbrauchssteuern). Mit anderen Worten: Die Politik wird „wählerfreundlich" die direkten Einkommensteuern verringern und damit auch das Aufkommen aus der Zuschlagssteuer zur Einkommensteuer reduzieren. Salopp gesagt sind die Kirchen mit der Kirchensteuer als Zuschlags-

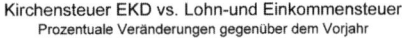

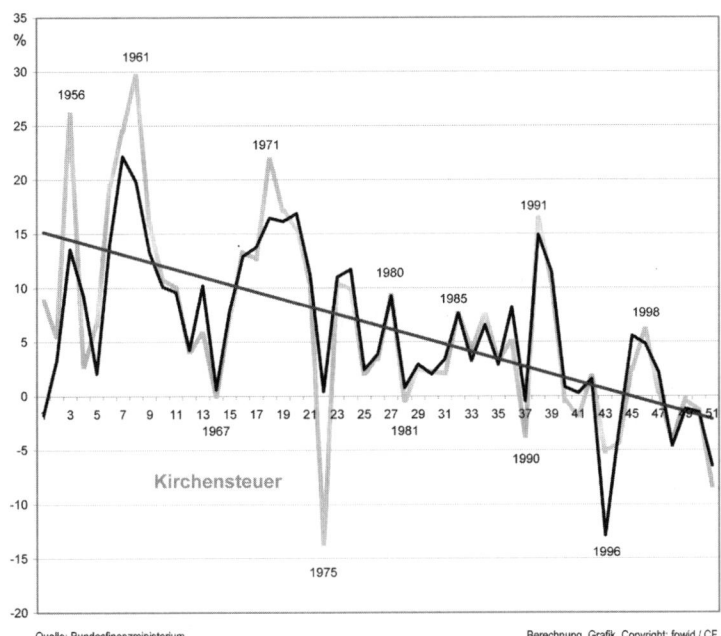

Abbildung 4: Kirchensteuer als Annexsteuer zur Einkommensteuer Kirchensteueraufkommen/Einkommensteuer 1968-2004, Prozentuale Veränderungen gegenüber dem Vorjahr. Linearer Trend

steuer zur Einkommensteuer die Gekniffenen, denn der Staat kann seine Steuern aus anderen Kanälen bekommen, die Kirchen jedoch nicht.

So ist zu prüfen, wie es bei allen möglichen Zusammenhängen zu Äußerungen der Kirche immer angeraten ist, ob damit finanzielle Fragen oder finanzielle Folgerungen für die Kirchen verknüpft sind. Scheint es auf den ersten Blick manchmal nicht so zu sein, so ist in Fragen der staatlichen Einkommensteuer dieses kirchliche Eigeninteresse immer vorhanden.

Im Bundestagswahlkampf 2009, als vor allem die FDP im Wahlkampf Steuersenkungen versprochen hatte, äußerte sich umgehend der Vorsitzende der katholischen Bischofskonferenz und kritisierte die im Wahlkampf versprochenen Steuererleichterungen. „Ich stelle die Frage, wie sie finanziert werden sollen", sagte er im *Deutschlandfunk*.

Seine eigentliche Sorge galt etwas anderem: Sinken durch Steuererleichterungen die Einkommensteuereinnahmen des Staates, so sinken parallel dazu die Einnahmen aus der Kirchensteuer. Das war seine, aus fiskalischer Gefangenschaft berechtigte Sorge, aber anscheinend traute er sich nicht, das öffentlich auch so zu sagen. Der Vorwurf, dass sich die Kirche nur um das Geld ihrer Mitglieder kümmern würde, diese sich aber ansonsten ziemlich alleingelassen fühlen würden, wäre damit wahrscheinlich bestätigt worden.

26. Fiskalische Gefangenschaft

Religionsfreiheit als „Freiheit vom Staat" könnte (und müsste) fiskalisch genau hier beginnen.

Im Wechselspiel zwischen den Partnern Kirche und Staat („Schweige, so wirst du bekommen") vermeidet die Kirche aus taktischen, d. h. opportunistischen Gründen häufig eine klare und offene Kritik an staatlichen Entscheidungen, die ihrem behaupteten kirchlichen Selbstverständnis nach sehr angebracht wäre (zu Hartz IV, Subventionierungen, Steuerpolitik etc.), um die ihnen Wohlgesonnenen in den politischen Gremien nicht zu irritieren.

Insofern befindet sich die Kirche in einer Art fiskalischer Gefangenschaft – in der Abhängigkeit von politischen Regeln, die prinzipiell zur Disposition stehen und auch zum Nachteil der Kirchen geändert werden können. Allerdings ist es eine selbstverschuldete Gefangenschaft, aus der die Kirchen sich sehr wohl befreien könnten – wenn sie es denn wollten.

Es ist immer wieder erfrischend, wenn Kirchenfunktionäre von einer USA-Reise nach Deutschland zurückkehren und mit leuchtenden Augen von dem vielfältigen und aktiven Gemeindeleben und Gottesdiensten in US-amerikanischen Kirchengemeinden berichten. Der Preis allerdings, der dafür zu zahlen sei, ist ihnen jedoch stets zu hoch: Keine Finanzierungen vom Staat, aktives Spendensammeln und unterwegs sein, um die Menschen und die Gemeindemitglieder für sich zu gewinnen. Dann lieber in der bequemen, weil gut gepolsterten Gefangenschaft der berechenbaren und staatlich eingezogenen Kirchensteuern bleiben und die Vorteilsnahme diverser Regelungen zum finanziellen Nutzen der Kirchen und der Kirchenbeamten genießen.

27. Andere Möglichkeiten der Kirchenfinanzierung?

Ein anderes Steuermodell, das in Deutschland manchmal diskutiert wird, ist eine Kultursteuer (auch Mandatssteuer genannt) wie in Italien und Spanien. Alle Steuerpflichtigen zahlen in Italien 0,8 % (OPM = otto-per-mille) und in Spanien 0,52 % der Lohn- und Einkommensteuerschuld als Kultursteuer. Dabei können sie selbst entscheiden, wer das Geld bekommt. Der Staat verzichtet also auf diesen Prozentsatz bei der Steuereinnahme. In der dafür vorgesehenen Auswahlliste finden sich neben den Kirchen (Katholiken, Lutheraner, Waldenser) auch nichtkirchliche Gruppen. Rund die Hälfte der Bürger gibt keine Entscheidung ab, wohin ihr Anteil gehen soll. Diese Beträge werden nach dem Proporz der angekreuzten Empfänger verteilt. Da den Kirchen nicht bekannt ist, wer ihnen Geld zukommen lässt, können sie die Mitgliedschaft in der Kirche auch nicht an die Zahlung zu ihren Gunsten knüpfen.

In Deutschland vertritt der *Dietrich-Bonhoeffer-Verein* eine ähnliche Variante eines „Bürgerguthabens".

Das alles sind jedoch nur fromme Übungen, denn die Realität beschrieb der amtierende Ratsvorsitzende der *Evangelischen Kirche in Deutschland*, Nikolaus Schneider. Auf dem 2. Ökumenischen Kirchentag (München, 2010) lobte er das Kirchensteuersystem in der Bundesrepublik ausdrücklich. Er sagte, es sei fair, gut kalkulierbar und kostengünstig. In den USA, wo es keine Kirchensteuer gibt, müssten die Kirchen ihre Budgetkalkulierung „auf Hoffnung" vornehmen. „Achtet die Kirchensteuer nicht zu gering", warnte Schneider. Solange es genügend Menschen gebe, die mit dem System einverstanden seien, „wären wir mit dem Klammerbeutel gepudert, es abzuschaffen".[23]

Staatlicher Einzug der Kirchensteuern

Durch den staatlichen Einzug der (Lohn-)Kirchensteuer in Deutschland vermeiden die Kirchen Kosten für eigene Kirchensteuerämter in der Größenordnung von 1,6 bis 2 Mrd. Euro, also rund 1,8 Mrd. Euro.

In Art. 137 Abs. 6 der Weimarer Reichsverfassung, durch den Artikel 140 in das Grundgesetz übernommen, verpflichtet sich der Staat, den steuerberechtigten Kirchen und Religionsgesellschaften die „Steuerlisten" bekannt zu geben. Darin steht, welche Steuer die jeweiligen Kirchenmitglieder zahlen. Mehr ist nicht erlaubt. Art. 137 Abs. 6 WRV lautet:

„Die Religionsgesellschaften, welche Körperschaften des öffentlichen Rechtes sind, sind berechtigt, auf Grund der bürgerlichen Steuerlisten nach Maßgabe der landesrechtlichen Bestimmungen Steuern zu erheben."

Nach Inkrafttreten der Weimarer Reichsverfassung ermöglichte dann die Reichsabgabenordnung von 1919 und das Einkommensteuergesetz von 1920 (und in der Folge die entsprechenden Landesgesetze) den Kirchen, auf Antrag die „Verwaltung der Kirchensteuer" gegen ein Entgelt durch die staatliche Finanzverwaltung eintreiben zu lassen.

Diese Regelungen verstoßen jedoch (mangels einer ausdrücklich abweichenden Regelung) gegen den Grundgedanken einer Trennung von Staat und Kirche. Diese sieht das institutionelle Zusammenwirken, d. h. eine Kooperation von Staat und Kirche über das Bereitstellen der bürgerlichen Steuerlisten hinaus nämlich nicht vor. Die heute in vielen kirchlichen Darstellungen gewählte Formulierung, dass die Kirchensteuer unter „Mithilfe des Staates" erhoben werde, verschleiert die ausschließliche Arbeit des Staates sowie der Arbeitgeber und formuliert eine Art der Partnerschaft, die ursprünglich so nicht vorgesehen war und ist.

28. Beauftragung des Staates

Dass die Kirchen ein Interesse an einer kircheninternen Regelung haben, versteht sich von selbst, sparen sie dadurch doch eine kostenaufwändige kircheneigene Steuerverwaltungsbürokratie. Diese kirchliche Sichtweise drückt sich auch darin aus, wie das Bundesministerium des Innern 2010 die Rechte beschreibt, die sich u. a. aus dem Körperschaftsstatus ableitet:

„Er räumt den Gemeinschaften, die ihn besitzen, bestimmte Vorzüge ein, wie z. B. das Recht, Kirchensteuern von ihren Mitgliedern zu erheben und den Staat zu beauftragen, diese bei ihren Mitgliedern einzuziehen und dann an die Kirchen weiterzuleiten."[24]

Die Kirche beauftragt den Staat? Seit wann ist denn der Staat der Handlungsbeauftragte der Kirchen? Schießt da das Selbstbewusstsein der staatlichen Kirchenlobbyisten nicht doch etwas sehr ins Kraut?

Mitnichten. Aus dem Angebot, dass die Kirchen bei den staatlichen Stellen wegen dieser Dienstleistung anfragen können, ist mittlerweile eine staatskirchenvertragliche Verpflichtung der Länder geworden. So heißt es im Vertrag der evangelischen Kirche mit Brandenburg in Artikel 15 zur Kirchensteuerverwaltung: „Auf kirchlichen Antrag ist die Verwaltung (Festsetzung und Erhebung) der Kirchensteuer den Finanzämtern zu übertragen." Mit anderen Worten: Wenn die Kirche es so will, hat der Staat es so zu tun.

Das hat seinen finanziellen Grund. Wie teuer eine kircheneigene Beibringung ihrer „Mitgliedsbeiträge" wäre, lässt sich aber nur schätzen. Erfahrungen aus Österreich, wo die Kirche eigene Steuerämter hat, verweisen darauf, dass es durchaus rund 20 bis 25 Prozent des Kirchensteueraufkommens sein können. Das würde auf Deutschland übertragen bei 9,3 Mrd. Euro Kirchensteuereinnahmen eine Größenordnung von 1,9 bis 2,3 Mrd. Euro bedeuten. Demgegenüber sind die rund 280 Mio. Euro, die der deutsche Fiskus den Kirchen als Pauschale berechnet, eine weitere Begünstigung der Kirchen in der Größenordnung von 1,6 bis 2 Mrd. Euro, also durchschnittlich 1,8 Mrd. Euro.

29. Europäischer Datenschutz

Diesem bequemen und reibungslosen Funktionieren des staatlichen Kirchensteuereinzugs über die Finanzämter drohte vor geraumer Zeit (1995) von unerwarteter Seite der Garaus. Im Entwurf der Regelungen zur Datenerhebung der Religionszugehörigkeit in der EG-Datenschutzrichtlinie[25] war nämlich ein uneingeschränktes Verbot der Erfassung von Daten vorgesehen, aus denen religiöse Überzeugungen ersichtlich sind. Eine für die Religionsfreiheit sinnvolle Begrenzung, denn den Staat geht die Religion nichts an. Jedoch:

„Erst nach massiven Interventionen der deutschen Großkirchen ist das in Art. 8 I der Richtlinie nach wie vor enthaltene Verbot der Erhebung und Verarbeitung von Daten über religiöse Überzeugungen durch die Ausnahmeregelung des Art. 8 II lit. 2 der Richtlinie eingeschränkt worden. Danach findet das generelle Verbot keine Anwendung, wenn die Erhebung und Verarbeitung 'auf der Grundlage angemessener Garantien durch eine politisch, philosophisch, religiös oder gewerkschaftlich ausgerichtete Stiftung, Vereinigung oder sonstige Organisation erfolgt, die keinen Erwerbszweck verfolgt'."[26]

30. Unentgeltliche Leistung der Arbeitgeber

Durch die kostenlose Berechnung und Abführung der Kirchensteuer durch die Arbeitgeber vermeiden die Kirchen rund 280 Mio. Euro an weiteren eigenen Kosten.

Das 1921 eingeführte Lohnsteuerabzugsverfahren durch die Arbeitgeber kannte noch keine Religionsangabe.

Die Nationalsozialisten führten zum 1.1.1935 die kostenlose Berechnung der Kirchensteuer der Mitarbeiter durch den Arbeitgeber anhand des Eintrags „Religion" auf der Lohnsteuerkarte ein. Diese Regelung erschien dem Bundesverfassungsgericht[27] 1977 trotz damals kontroverser Debatten so problemlos, dass es eine Verfassungsbeschwerde noch nicht einmal annahm. Die Begründung: Das Kirchenlohnsteuerverfahren sei verfassungsgemäß (eine vom Bundesverfassungsgericht und der herrschenden Meinung noch nie überprüfte These). Die Arbeitgeber seien lediglich Beauftragte des Steuerfiskus.

Auch diese Aussage zeigt, dass die kirchlichen Darstellungen, die Kirchensteuern seien eine Art „Mitgliedsbeitrag" für das deutsche Kirchenfinanzierungssystem nicht zutrifft. Nach der praktischen Funktion handelt es sich zwar um einen Mitgliedsbeitrag (dessen Zahlung man durch Kirchenaustritt vermeiden kann), der aber in der Form einer mit staatlicher Zwangsgewalt verknüpften Steuer erhoben wird.

Wenn die Kirchen dieses schon durchaus zweifelhafte Recht der Übertragung der Steuerverwaltung auf den Staat erhalten haben, haben sie aber wohl nicht das Recht, mittelbar einen sogar unvergüteten Arbeitsaufwand bei den Arbeitgebern zu erzwingen. Dessen ungeachtet formuliert aber das Bundesverfassungsgericht, der Arbeitgeber unterstütze dabei „im Rahmen seiner sozialstaatlich gebotenen Fürsorgepflicht zugleich seine Arbeitnehmer in der vereinfachten Erfüllung der ihnen obliegenden Kirchensteuerpflicht". Eine recht seltsame Auffassung von Fürsorgepflicht. Der Eintrag sei zudem unbedenklich, da er nur eine geringe Belastung des Arbeitnehmers darstelle, aber für die Durchführung einer geordneten Besteuerung im Lohnsteuerabzugsverfahren unerlässlich sei.[28] Der Gedanke, dass dieser staatliche Zwang für einen nicht-religiösen Arbeitgeber mit seinem Grundrecht der negativen Religionsfreiheit kollidieren könnte, scheint den zuständigen Instanzen fremd.

Auch zwei weitere Aspekte scheinen nicht zu interessieren. Zum einen, dass der seit 1919 bestehende Verfassungsgrundsatz der Trennung von Staat und Kirche durch das nationalsozialistische Regime durchbrochen worden war, sowie die Tatsache, dass die unmissverständliche Bestimmung des Art. 136 Abs. 3 der Weimarer Verfassung rechtsstaatlich verletzt wurde. (Art. 136, 3 lautet: „Niemand ist verpflichtet, seine religiöse Überzeugung zu offenbaren. Die Behörden haben nur soweit das Recht, nach der Zugehörigkeit zu fragen, als davon Rechte und Pflichten abhängen oder eine gesetzlich angeordnete statistische Erhebung dies erfordert.")

Zudem werden Mitgliedsbeiträge für Religionsgemeinschaften eingezogen, die frei über das Geld verfügen. Das bedeutet: Eine Indienstnahme
Privater (der Arbeitgeber) für öffentliche Aufgaben mag zwar unter
Umständen möglich sein. Aber nicht, wenn bei ihrer Erfüllung ein wichtiges
Verfassungsprinzip (institutionelle Trennung von Staat und Religion) missachtet wird und sogar ein andersgläubiger oder religionsloser Arbeitgeber
gezwungen wird, für eine von ihm abgelehnte Glaubensgemeinschaft tätig
zu sein, was mit einer Tätigkeit lediglich für den Staat „begründet" wird.

Eine derartige Regelung mochte zu einer Zeit (1935 bis 1970), als
mehr als 95 Prozent der Bevölkerung Mitglied in einer der beiden großen Kirchen waren, zumindest noch pragmatisch gewesen sein. In einer
Zeit, in der jedoch nur noch 60 Prozent der Bevölkerung (mit stetig weiter
absinkenden Anteilen) Kirchenmitglieder sind, wird das Grundrecht, seine Religionszugehörigkeit nicht offenbaren zu müssen, für immer mehr
Betroffene in Mitleidenschaft gezogen.

Bei der Arbeitssuche, bei der man auch seine Lohnsteuerkarte vorlegen
muss, erhält ein Arbeitgeber eine Information über die Bewerber, die ihm
verfassungsrechtlich nicht zusteht. Diese Religionsangabe ist zumindest
bei kleineren Betrieben dem Arbeitgeber direkt zugänglich.

Wenn man jedoch die finanziellen Vorteile für die Kirchen betrachtet, wird es wiederum verständlich, warum die „dritte Gewalt" der
Verfassungsgerichtsbarkeit in den Finanzfragen zugunsten der Kirchen blind
zu sein scheint. In unzähligen Betrieben wird monatlich die Kirchensteuer
der Lohnabhängigen errechnet und an das Finanzamt überwiesen – ein
Aufwand, der nur deshalb so beiläufig erscheint, weil er sich auf Millionen
von Buchhaltungsvorgängen verteilt.

Die Arbeitgeber sind verpflichtet, die Kirchen durch die kostenlose
Berechnung der Kirchensteuer zu subventionieren. Legt man bezüglich
der Höhe zugrunde, dass die Arbeitsleistung der Finanzämter, die diese
Überweisungen „nur" nach Konfessionen zusammenfassen und weiterlei-
ten, eher geringer ist als die der Arbeitgeber, so ist zumindest der gleiche
Betrag anzusetzen, den die Finanzämter für ihre Arbeit bekommen. Es handelt sich im Durchschnitt um drei Prozent des Kirchensteueraufkommens,
was bei 9,3 Mrd. Euro Kirchensteuern rund 280 Mio. Euro bedeutet.

31. Nationalsozialisten und Kirchensteuereinzug

Nach dem Zweiten Weltkrieg wurde geprüft, welche Gesetze und Verord-
nungen der Nationalsozialisten verworfen und was beibehalten werden

sollte. Zu den Regelungen, die unter den Nazis eingeführt worden waren
und nun beibehalten wurden, gehörte nicht nur, dass das Funkenmariechen
seitdem im Karneval von einer jungen Frau getanzt wird (und nicht, wie
vor dem „Dritten Reich" – wie „undeutsch" – von einem schlanken jungen
Mann). Auch der 1. Mai blieb als Feiertag und „Tag der Arbeit" erhalten.
Ebenso, was auch weitestgehend unbekannt ist, der Eintrag der Religionszugehörigkeit auf der Lohnsteuerkarte, den es erst seit 1935 gibt. Erst dieser Eintrag ermöglicht es, dass der Arbeitgeber Kenntnis von der Religionszugehörigkeit seiner Mitarbeiter erhält und deren Kirchensteuer
berechnen und abführen kann. Eine Darstellung hierzu von 1981 gilt auch
heute noch:

> „Durch § 19 Abs. 2 der neuen Reichsabgabenordnung und weitere Gesetze von 1920
> wurden die kirchlichen Behörden ermächtigt, den Antrag zu stellen, die Verwaltung
> der Kirchensteuern auf Reichsbehörden zu übertragen. [...] Das 1921 eingeführ-
> te Lohnsteuerabzugsverfahren bezog die Arbeitgeber nicht in diesen Prozeß mit
> ein. Dies geschah erst nach Abschluß des Reichskonkordats am 20. Juli 1933 zwi-
> schen dem Vatikan und der Hitlerregierung. Das Muster der Lohnsteuerkarte sah
> bis zum Erlaß des Reichsfinanzministers vom 9. Juni 1933 (Reichssteuerblatt S.
> 565) noch keine Konfessionsangabe vor; aber schon ein Erlaß vom 4. September
> 1933 (Reichssteuerblatt S. 898ff.) führte für 1934 erstmals eine Rubrik „Religion"
> auf der Lohnsteuerkarte ein. [...] Hiermit wurde in Teilen des Reiches wie Hamburg
> und Bremen 1934 begonnen."[29]

Warum auch anders? Schließlich hatte es sich für die Kirchen doch hervor-
ragend bewährt, dass die Religionszugehörigkeit der Mitarbeiter in der Firma und in der Buchhaltung bekannt ist. Wer würde sich denn da so einfach
trauen, aus der Kirche auszutreten? Das würde doch gleich die Runde in
der ganzen Firma machen.

Darstellungen, dass die Nationalsozialisten „Kirchenfeinde" gewesen
seien und die Kirchen sich im Widerstand gegen das „gottlose Regime" be-
funden hätten, erscheinen unter diesem Blickwinkel eigentümlich unhisto-
risch. Auch die Tatsache, dass diese Einfügung der Religionszugehörigkeit
auf der Lohnsteuerkarte, die jedem Arbeitgeber die Religionszugehörigkeit
des Mitarbeiters bzw. Bewerbers offenbarte – auch den Aspekt Christ bzw.
Nicht-Christ – im Vorfeld der so genannten Nürnberger Gesetze 1935/1936
stattfand, wurde bisher nicht thematisiert.

Zumindest wurde den Kirchen mit dem zeitnahen Kirchenlohnsteuer-
abzug eine weitaus bessere Planbarkeit der Einnahmen ermöglicht
und die Kirchensteuer als zeitnahe Gegenwartssteuer etabliert. Und,
so einmal ein Generalvikar, warum sollte die Kirche auf Verträge und

Gesetzesregelungen verzichten, die nun einmal bestehen? Schließlich sind diese Vorgehensweisen auch so wenig bekannt, dass die Glaubwürdigkeit der Kirchen darunter nicht zu leiden hat.

Nach Umfragen wissen rund 40 Prozent der Lohnkirchensteuerzahler nicht einmal, wie viel Kirchensteuer monatlich von ihrem Lohn/Gehalt abgezogen wird. Man hat sich daran gewöhnt und inmitten der Liste der anderen Abzüge ist es im Vergleich zu Lohnsteuer oder Krankenkassenbeitrag ein geringer Betrag.

32. Fazit: Mehr als 50 Prozent Vergünstigungen

Die Kirchensteuereinnahmen in Deutschland haben eine Größenordnung (2009) von 9,3 Mrd. Euro. Davon erfolgt staatlicherseits durch die Absetzung der Kirchsteuer als Sonderausgabe eine Steuerbegünstigung von rund 3 Mrd. Euro (Einnahmeverzicht des Staates). Zusätzlich werden die Kirchen durch den staatlichen Einzug der Steuer begünstigt, da die staatlichen Bearbeitungspauschalen erheblich niedriger sind, als es die Kosten der Kirchen für eine komplett eigene Kirchensteuerverwaltung wären. Somit sparen die Kirchen zwischen 1,6 bis 2 Mrd. Euro an eigenen Kosten, also im Mittel 1,8 Mrd. Euro. Ebenso kommt den Kirchen die kostenlose Berechnung und Weiterleitung der Kirchensteuer durch die Arbeitgeber mit rund 280 Mio. Euro jährlicher Ersparnis zugute.

Insofern werden die Kirchen neben ihren Kirchensteuereinnahmen durch damit zusammenhängende Steuerbegünstigungen bzw. Subventionen in Höhe von mehr als 50 Prozent der Kirchensteuereinnahmen gestützt: 30 Prozent als Verzicht auf Einnahmen (Sonderausgabe) und weitere mehr als 20 Prozent Kostenersparnis aufgrund des Kirchensteuereinzugs durch den Staat und der Berechnung durch die Arbeitgeber.

Besonderes Kirchgeld

An „Sonstiger Kirchensteuer" wurden von den Kirchen (2006) insgesamt 2,3 Mio. Euro eingenommen bzw. (2007) 2,25 Mio. Euro. An „Besonderem Kirchgeld" waren es (2006) 31,5 Mio. Euro bzw. (2007) 27,3 Mio. Euro.

Neben den Kirchensteuern erheben die Kirchen von Mitgliedern, die keine Kirchensteuer bezahlen, ein „Kirchgeld", das nicht anhand der Einkommens- oder der Lohnsteuer berechnet wird. Es gibt verschiedene Varianten, wobei das Ortskirchgeld als freiwillige Abgabe erbeten wird.

Die bemerkenswertere Variante ist das „Besondere Kirchgeld in Glaubensverschiedenen Ehen", da sich hier die Finanzinteressen der (vorwiegend) evangelischen Landeskirchen mit ihren Glaubensgrundsätzen auf direktem Kollisionskurs befinden. Durchgesetzt hat sich, wer hätte es anders erwartet, das Finanzinteresse.

33. Besonderes Kirchgeld in Glaubensverschiedenen Ehen

Entstanden ist diese Idee aus der Situation, dass es immer mehr Ehen gab, in denen der Mann zwar nach einem konservativ-klerikalen Weltbild der alleinige Ernährer als „Vater der Familie" ist, aber – natürlich nur, um die Kirchensteuerzahlung zu vermeiden – aus der Kirche austritt bzw. niemals Kirchenmitglied war, während die Ehefrau (ohne eigenes Einkommen) und die Kinder Mitglied der Kirche sind. In der Praxis haben die Kinder, über die Mutter, also Anspruch auf einen Platz in einer konfessionellen Kindertagesstätte, ohne dass der Herr Papa Kirchensteuern zahlt.

Dieses Beispiel gibt den Kirchen anscheinend eine zumindest moralische Berechtigung, diesen „Sozial-Schmarotzern" das Geld doch noch aus der Tasche zu ziehen. Doch wer so denkt, übersieht den Aspekt, dass die Kirchen 'ihre' Kindertagesstätten nur zum allergeringsten Anteil selbst finanzieren, wenn noch überhaupt. Sie hätten also keinerlei Berechtigung für eine derartige moralische Beurteilung mit finanziellen Folgen.

Das Besondere Kirchgeld ist zudem auch eine besondere Art der Kirchensteuer. Wie die Kirchensteuer selbst wird es im Zuge der Erhebung der Einkommensteuer durch den Staat für die Kirche eingezogen. Für die Bemessung des Besonderen Kirchgeldes wird der so genannte „Lebensführungsaufwand" des Kirchenmitglieds berechnet. Liegt das gemeinsame Einkommen unter 30.000 Euro im Jahr wird dieses Kirchgeld nicht erhoben.

Das Bundesverfassungsgericht hatte Mitte der 1960er Jahre den Kirchen den Weg gewiesen. Auch von juristischen Personen (d. h. Firmen) verlangten die Kirchen seinerzeit beispielsweise eine Kirchenbausteuer, was das Bundesverfassungsgericht mit Urteil vom 14.12.1965 für unzulässig erklärte. Der Staat dürfe den Kirchen keine Hoheitsbefugnisse über Personen verleihen, die ihnen nicht angehören.[30] Die Kirchensteuerpflicht sei keine „staatsbürgerliche Pflicht", solche müsse nämlich mit der Verfassung „formal und inhaltlich voll" vereinbar sein. Gleichermaßen sei es verfassungswidrig, wenn ein nicht der Kirche angehörender Ehegatte für seine

Partnerin zur Kirchensteuer herangezogen werde, da diese Pflicht eine höchstpersönliche sei. In einer anderen Entscheidung vom gleichen Tag führte das Bundesverfassungsgericht aus: Bei einer glaubensverschiedenen Ehe besteht keine gemeinsame unbeschränkte Steuerpflicht gegenüber demselben Steuergläubiger. Ein zulässiger Weg sei jedoch, den der Kirche angehörenden Ehegatten nach dem Lebensführungsaufwand heranzuziehen. Die Kirchensteuer müsste „dann ihrer Höhe nach in angemessenem Verhältnis zu dem tatsächlichen Lebenszuschnitt des steuerpflichtigen Ehegatten stehen". Was dann vermeintlich so geschah.

Das Vermeintliche besteht darin, dass zum einen zur Vereinfachung der Berechnung des Lebensführungsaufwandes des Kirchenmitglieds dann doch wieder die Hälfte des finanziellen Einkommens der Ehepartner zugrunde gelegt wird, und zum anderen hat das Nicht-Kirchenmitglied das Besondere Kirchgeld an die Kirche zu bezahlen. Daran ändert nichts, dass der Steuerbescheid an den kirchenangehörigen Partner geht.

34. Kollisionen

Die glaubenspolitische Kollision besteht darin, dass die Kirchen einerseits den besonderen Schutz von Ehe und Familie proklamieren, andererseits aber eben nur auf diese von ihnen geschützten familiären Ehepartner zugreifen kann. Und das auch nur dann, wenn diese eine gemeinsame Steuererklärung abgeben (Ehegattensplitting).

Aber, wie jeder korrekte und erfahrene Schäfer und Hirte weiß: Man kann nur die eigenen Schafe scheren.

Die juristische Kollision zeigt sich in der Tatsache, dass die Kirchen auf die Daten von Bürgern zugreifen (lassen) können, die definitiv nicht Mitglieder ihrer Religionsgemeinschaft sind. Dass sie es nicht selbst machen, sondern diese Arbeit durch die staatlichen Finanzämter erfolgt, ändert nichts daran, dass die Kirchen die finanziellen Nutznießer dieses Übergriffs sind – ein Verfassungsverstoß, den sie selbst auf Hinweis des Bundesverfassungsgerichts eingefädelt haben. Aber wie schon im Mittelalter bei Kirchenprozessen werden die Delinquenten dem Staat zum Vollzug der Strafe übergeben, d. h. dieses Besondere Kirchgeld wird über den Fiskus eingezogen.

Seit 1965 hat es bisher keine weiteren Gerichtsentscheidungen gegeben, die an der Berechtigung und Logik dieser Regelungen etwas auszusetzen hätten. Wie sollte es auch, wenn das Verfassungsgericht selbst diese Vorgehensweise gebilligt zu haben scheint. Das Besondere Kirchgeld wurde seither in weiteren instanzgerichtlichen Urteilen in verschiedenen Bundesländern bestätigt.

Zur Begründung der Einführung dieses umstrittenen Kirchgelds schreibt das katholische Offizialat Vechta: „Die Not in Deutschland nimmt zu und damit wächst unsere Verantwortung zu handeln und noch mehr zu helfen. Gleichzeitig werden die finanziellen Spielräume der Kirche immer enger."[31] Ist das eine Berechtigung oder wäre ein 'Abspecken' der Kirchen eine glaubwürdigere Schlussfolgerung?

35. Konfessionsverschiedene Ehen

Neben den glaubensverschiedenen Ehen gibt es auch noch „konfessionsverschiedene Ehen", bei denen beide Ehepartner einer weltanschaulichen Körperschaft des öffentlichen Rechts angehören. Ehepartner der Mitglieder von Weltanschauungsverbänden sind insofern von diesen Zugriffsregeln ausgenommen, sofern diese Körperschaften des öffentlichen Rechts sind. Der *Bund für Geistesfreiheit* in Bayern, einige Landesverbände des *Humanistischen Verband Deutschlands* u. a. m. sind (nach Art. 140 GG / 137,7 WRV) als Weltanschauungsgemeinschaften den Religionsgesellschaften gleich gestellt, sozusagen als nicht-religiöse „Konfession". Für sie gelten die Regelungen bei „Konfessionsverschiedenen Ehen", in denen die Ehepartner unterschiedlichen Konfessionen angehören und der jeweils eine nicht von den Konfessionsverpflichtungen des anderen betroffen ist. Die Mitgliedsbeiträge dieser Weltanschauungsgemeinschaften sind gewissermaßen als Parallele zu den Kirchensteuern zu sehen und dürften zudem mit an Sicherheit grenzender Wahrscheinlichkeit geringer sein als der monatliche Kirchensteuerabzug.

Abgeltungssteuer

Über die pauschalisierte Kirchensteuer auf Kapitalerträge nehmen die Kirchen derzeit rund 100 Mio. Euro an Kirchensteuern ein.

Mit Wirkung zum 1. Januar 2009 wurde die Besteuerung von Kapitalerträgen gesetzlich neu geordnet. Ab diesem Zeitpunkt wird auf alle einem Steuerpflichtigen zufließenden Kapitaleinkünfte eine pauschale Abgeltungsteuer in Höhe von 25 Prozent erhoben und von den Banken „anonym" an die Finanzämter abgeführt.

Mit diesem Steuerabzug ist die Einkommensteuer auf Kapitaleinkünfte grundsätzlich abgegolten. Das Abzugssystem umfasst auch den Solidaritätszuschlag und, soweit Steuerpflichtige einer Religionsgemeinschaft angehören, den Einbehalt der Kirchensteuer. Die steuermindernde Wirkung des Sonderausgabenabzugs durch die Kirchensteuer bleibt dabei erhalten und wird mit berücksichtigt. Die Abgeltungsteuer verringert sich dadurch bei einem Kirchensteuerhebesatz von 8 Prozent auf 24,51 Prozent, bei 9 Prozent auf 24,45 Prozent.[32]

Abgesehen von der Verfassungswidrigkeit, dass man als Bürger, wenn man den direkten Weg wählt, einem Geldinstitut seine Religionszugehörigkeit (oder seine Konfessionsfreiheit) mitteilen muss, kommt mit dieser Regelung wieder die Geschäftspartnerschaft von Kirche und Staat zum Tragen: Der Staat macht sich einerseits zum Büttel der Kirchen und verzichtet zum anderen wiederum auf eigene Steuereinnahmen. Denn schließlich entsteht aufgrund der Absetzbarkeit der Kirchensteuer von der Abgeltungssteuer auch eine um die Kirchensteuer reduzierte Steuer auf Einkommen.

Es ist zudem zu fragen, ob der Bund sich verfassungswidrig eine ihm nicht zustehende Gesetzeskompetenz anmaßt, denn die Regelung der Kirchensteuer fällt ausschließlich in die Kompetenz der Bundesländer.

Die zudem ab 2012 geplante Zentraldatei mit den Konfessionsdaten aller Bürger, auf die die Banken dann direkten Zugriff haben sollen, verletzt erneut den Verfassungsgrundsatz, dass niemand offenbaren muss, was er glaubt oder was er nicht glaubt und wo er Mitglied ist. Der Staat, der ggf. für seine Aufgaben diese Information erfragen darf, ist nicht befugt, sie an Dritte, sei es an Arbeitgeber oder Banken weiterzugeben.

Zudem ist die Pauschalisierung der Abgeltungssteuer auf 25 Prozent, die besonders denen finanziell zugute kommt, die mehr als 25 Prozent Einkommensteuer zahlen (und die deshalb geneigt sind, das Kapital ins Ausland zu verschieben) eine Karikatur auf die kirchliche Darstellung, dass die Höhe der Kirchensteuer sich auf die individuelle Leistungsfähigkeit des Kirchenmitglieds beziehen würde.

Schließlich ist ein weiterer Verstoß gegen das Prinzip der Trennung von Kirche und Staat die staatliche Verpflichtung, dass die privaten Geschäftsbanken diesen Kirchen-Service, ebenso wie die Arbeitgeber bei der Lohnkirchensteuer, gebührenfrei zu erbringen haben.[33]

Selten ist ein Gesetz verabschiedet worden, das derart viele Verfassungsgrundsätze missachtet wie die Regelung zur Abführung der Abgeltungssteuer. Der Grund liegt vermutlich darin, dass die Kirchen durch diese Kirchensteuer auf Kapitalerträge rund 750 Mio. Euro einnehmen sollen, ein erheblicher Betrag.

In der Bundestagsdrucksache 17/2865 (vom 3.9.2010), dem „Bericht über die Auswirkungen des vorläufigen Verfahrens der Erhebung der Kirchensteuer auf die Kapitalertragsteuer [...]" mit dem die Bundesregierung den Bundestag unterrichtet, wird ausdrücklich festgestellt, dass es eine zuverlässige Datengrundlage für 2009 erst 2011 geben wird.

„Gleichwohl ist derzeit ein signifikantes Missverhältnis zwischen dem Kapitalertragsteueraufkommen und dem Aufkommen an Kirchenkapitalertragssteuer festzustellen. Das Aufkommen der Abgeltungssteuer auf Zins- und Veräußerungsgewinne für 2009 betrug 12.442.160.000 Euro. Dem gegenüber steht das Aufkommen aus der Kirchenkapitalertragssteueraufkommen für 2009 in Höhe von 113.785.606,55 Euro (0,91 Prozent bezogen auf die Abgeltungssteuer). Das Kirchensteueraufkommen ist damit unstreitig zu niedrig. So wird beispielsweise in der Literatur von einem Anteil von 6 Prozent der Abgeltungssteuer ausgegangen [...]."

Statt der für die Kirche 2009 eingenommenen 113 Mio. Euro an Kirchenkapitalertragsteuern belaufen sich die ursprünglichen Erwartungen also auf 6 Prozent von 12,4 Mrd. Abgeltungssteuern und das wären 747 Mio. Euro an Kirchenkapitalertragsteuern. Das ist immerhin eine um 634 Mio. Euro geringere Einnahme als erwartet und beruht vermutlich darauf, dass die Steuerpflichtigen eine gewisse „Zurückhaltung gegenüber dem neuen Verfahren zeigen". Was ist also zu tun, um den „verfassungsrechtlichen Aspekt der Vermeidung eines Vollzugsdefizits zu berücksichtigen"? Denn der Staat ist verpflichtet, die Kirchensteuern auch beizutreiben.

Dazu gibt es derzeit verschiedene Optionen, wie man zu zahlende Kapitalertragssteuer, die Religionszugehörigkeit des Steuerpflichtigen, den Wohnsitz und seinen Kirchensteuerhebesatz in einem detaillierten „Kirchensteuergläubiger-scharfen Religionsschlüssel" beim Bundeszentralamt für Steuern (BZSt) fixieren kann, den die Banken automatisiert abrufen können. Auch eine Koppelung des „Religionsschlüssels" mit der Steueridentifikationsnummer ist angedacht. Man wird sehen, was umgesetzt wird. Grundlage aller Regelungen ist: „Damit wird den Kirchen das Aufkommen der Kirchensteuern dauerhaft gesichert."

Pauschalsteuer und Pauschsteuer

Über Pauschal- und Pauschsteuern werden von den beiden großen christlichen Kirchen Kirchensteuern in der Höhe von rund 18 Mio. Euro eingenommen – auch von Konfessionsfreien und Muslimen.

36. Pauschalsteuer

Es gibt im Steuerrecht auch zu versteuernde „geldwerte Leistungen", z. B. Sachaufwendungen an Mitarbeiter oder Sachgeschenke an Geschäftsfreunde. Diese Sachleistungen sind in § 37b des Einkommensteuergesetzes erfasst und werden von einem Steuerberater wie folgt kommentiert:

„Zu beachten ist, dass auf die Pauschalsteuer nach § 37b EStG vom Unternehmer auch Solidaritätszuschlag und pauschale Kirchensteuer zu erheben und abzuführen sind. Dies gilt nicht nur für Sachzuwendungen an Arbeitnehmer, sondern auch für die Pauschalsteuer, die auf Geschenke etc. an Geschäftsfreunde entfällt. Kann bzw. will der Unternehmer – was der Regelfall sein dürfte – die Kirchenzugehörigkeit der Geschäftspartner nicht feststellen, so hat er für alle Empfänger die Kirchensteuer nach einem *ermäßigten* Steuersatz zu berechnen. Für Geschäftsfreunde, für die der zuwendende Unternehmer die *Nicht*zugehörigkeit zu einer steuererhebenden Religionsgemeinschaft *nachweisen* kann, braucht insoweit keine pauschale Kirchensteuer abgeführt werden; in diesem Fall ist aber für die übrigen Empfänger der allgemeine Kirchensteuersatz anzuwenden."[34]

Es könnte weltanschaulich vielleicht unkomplizierter sein, wenn man auf die Geschenke von Geschäftsfreunden verzichtet oder ihnen bei Übergabe dankend gleich mitteilt, welcher Religionsgemeinschaft man angehört. Anderenfalls sollte man seine Kirchenaustrittserklärung stets bei sich tragen, bei Annahme des Geschenkes vorzeigen und dem Geschäftsfreund als Kopie für seine Steuerunterlagen übergeben.

37. Pauschsteuer

Zur Verringerung der Schwarzarbeit und gleichzeitig auch sozialversicherungsrechtlichen Absicherung von zeitlich geringfügig Beschäftigten wurden die so genannten 400-Euro-Jobs oder Minijobs geschaffen. Ende 2009 bestanden rund 6,8 Mio. solcher Beschäftigungsverhältnisse.

Zur Vereinfachung der bürokratischen Abwicklung wurde eine einheitliche Pauschsteuer von 2 % des Arbeitseinkommens festgelegt. Von dieser Pauschsteuer werden wiederum 5 % als pauschale Kirchensteuer abgeführt.

Die Mini-Job-Zentrale bei der Berufsgenossenschaft Knappschaft-Bahn-See verwaltet diese Beschäftigungsverhältnisse und vereinnahmt neben den Beiträgen zur Renten- und Krankenversicherung auch die einheitliche Pauschsteuer auf das Arbeitseinkommen. Im Jahr 2009 handelte es sich dabei um 352,6 Mio. Euro an Pauschsteuern. Davon 5 % an Kirchensteuern belaufen sich auf 17,6 Mio. Euro.

Da es sich bei diesen Beschäftigten vermutlich – wie in der Bevölkerung insgesamt – um ein Drittel Konfessionsfreie handelt und ein überproportionaler Anteil dieser Beschäftigten Musliminnen sein werden (Putzjobs), bereichern sich die beiden großen christlichen Kirche in diesem Fall tatsächlich und verfassungswidrig an den Geldern von Arbeitenden, die nicht Mitglied in einer der beiden Kirchen sind. Von der Möglichkeit, die Konfessionsfreiheit oder nicht-christliche Religionszugehörigkeit einzeln dem Finanzamt zu melden, dürften nur die wenigsten Arbeitgeber Gebrauch machen.

II. Staatsleistungen

Im Folgenden werden verschiedenste Bereiche dargestellt, in denen der Staat kirchliche Einrichtungen und Organisationen finanziert oder begünstigt. Insofern ist es angebracht, den Kapiteln zu den einzelnen Finanzleistungen eine allgemeine Betrachtung zum Verhältnis von Kirche und Staat voranzustellen.

Kirche und Staat

Das übereinstimmende Verständnis mancher kirchlicher Vertreter und Politiker zum Verhältnis von Kirche und Staat zeigt sich hin und wieder mal öffentlich. Besonders prägnant zum Beispiel im Sommer 2009: Der konservative Ex-General und CDU-Innenminister von Brandenburg, Jörg Schönbohm, hatte eine Wiederbelebung des Christentums in Ostdeutschland gefordert, um eine weitere „Verwahrlosung und Entbürgerlichung" zu verhindern.

Die katholische Kirche zeigte in ihrem Kommentar dazu Zurückhaltung, man könne den Menschen ihren Glauben nicht verordnen. Zustimmung bekam Schönbohm hingegen von den Protestanten. „Wir sind froh, dass er das Thema aufgegriffen hat", sagte Volker Jastrzembski, Sprecher der Evangelischen Kirche Berlin-Brandenburg. Über Jahrzehnte hinweg habe der Staat die Entkirchlichung gefördert. Das habe auch negative Auswirkungen auf die Demokratie gehabt. Allerdings sei die Mission Aufgabe der Kirchen, nicht des Staates. „Der Staat muss die Rahmenbedingungen für kirchliches Leben schaffen." Dazu gehöre auch der Religionsunterricht in der Schule.[35]

Diese fordernde Haltung, dass der Staat die Pflicht habe, etwas für die Kirche zu tun, ist durchaus als typisch anzusehen. Sie beruht auf langen Traditionen im westlichen Nachkriegsdeutschland u. a. auf jener immer wieder zitierten und anscheinend in diesem Zusammenhang von kirchlicher Seite unvermeidlichen Äußerung des ehemaligen katholischen Verfassungsrichters Ernst-Wolfgang Böckenförde („Der freiheitliche Staat lebt von Grundlagen, die er selbst nicht garantieren kann, ohne seine Freiheitlichkeit aufzugeben"[36]). Hierfür sei, wie es von kirchlichen Lobbyisten nicht anders zu erwarten ist, die Kirche notwendig, denn sie sei die organisierte Gegenwart des „Schöpfergottes", in dem alles (!) seine Ursache habe. Welche der Weltreligionen dafür die geeignetste sei, bleibt offen. Beschränkt man sich bei der Suche auf das Christentum, stehen zur Auswahl: orthodox – russisch oder griechisch? – katholisch! – römisch-katholisch oder alt-katholisch oder Pius-Brüder? Oder evangelisch! – lutherisch oder reformiert, oder vielerlei freikirchlich? Fest steht nur, dass anscheinend jede dieser Weltanschauungen meint, im Besitz der göttlichen Wahrheit zu sein, und die ihrer Ansicht nach einzig richtigen Werte vertritt.

Insbesondere evangelische westdeutsche Staatskirchenrechtler erinnern in ihren Auffassungen an das Verständnis eines protestantischen Staatskirchentums in Preußen. Damals bedurften staatliche Macht und majestätische „Piefkes", wie der Soziologe Max Weber den Kaiser Wilhelm II. stets nannte, als „Wir von Gottes Gnaden" noch kirchlicher Weihen und religiöser Überhöhung.

Viele der weit gefächerten kirchlichen Privilegierungen stammen aus dieser Zeit und den damaligen Vorstellungen eines „christlichen Staates", denen jedoch bereits in der Weimarer Verfassung von 1919 (Art. 137,1 WRV über Art. 140 im Grundgesetz) eine eindeutige Absage erteilt wurde: „Es besteht keine Staatskirche." Aber, so muss man ergänzen, die problematische Fortführung einer bewährten Geschäftspartnerschaft besteht sehr wohl.

So wird auch hinsichtlich des bereits erwähnten unvermeidlichen, wenngleich die Aussage in der Schlussfolgerung grob verfälschten Zitats von Böckenförde, auch manches Mal geflissentlich übersehen, dass er selbst diese Aussage ein paar Jahre später (1978) in einem liberalen und pluralistischen Kontext präzisiert hat. Er schrieb, es sei verfehlt „die geistige Grundlage des Staates in einer gemeinsamen Gesinnung zu suchen". Vielmehr sei „daran zu erinnern, daß es zum geistig-sittlichen Gehalt des neuzeitlichen Staates gehört, daß er darauf verzichtet hat, einheitliche politische Gesinnung, einheitlichen Glauben, einheitliche Weltanschauung als seine Grundlage verbindlich zu machen".[37]

38. Heimstatt aller Bürger oder Pastoraldemokratie?

Das Bundesverfassungsgericht hatte zu dieser Frage bereits 1965 unmissverständlich festgestellt:

„Das Grundgesetz legt [...] dem Staat als Heimstatt aller Bürger ohne Ansehen der Person weltanschaulich-religiöse Neutralität auf. Es verwehrt die Einführung staatskirchlicher Rechtsformen und untersagt auch die Privilegierung bestimmter Bekenntnisse."[38]

Doch die Rechtspraxis verkehrt diesen Satz häufig ins Gegenteil. Diese Verfassungsverbiegung hat der Verfassungsrechtler und ehemalige Bundesverfassungsrichter Hans H. Rupp bereits 1969 wie folgt beschrieben:

„Die staatskirchenrechtlichen Artikel der Weimarer Reichsverfassung, vom Grundgesetz en bloc rezipiert, wurden mit Hilfe höchst fragwürdiger und bis dahin in der Rechtswissenschaft unbekannter Methoden mit neuen Inhalten gefüllt und dem neuen staatskirchenrechtlichen Verständnis dienstbar gemacht. Diese Umdeutung fand in atemberaubender Schnelligkeit allgemeine Anerkennung und Eingang in die Rechtsprechung. Besorgte oder kritische Stimmen [...] blieben entweder ungehört oder gingen in beißender Kritik unter [...]. So entstand auf dem Boden der Bundesrepublik ein eigenartig autoritär-kirchenfreundliches Staatsgebilde, das heute gelegentlich mit dem Schlagwort der Pastoraldemokratie gekennzeichnet wird."[39]

Pastoraldemokratie? Eine treffende Bezeichnung für dieses deutsche Geschäftsmodell von Kirche und Staat plus Rechtsprechung. Trotz erheblicher Wandlungen in den rechtlichen und gesellschaftlichen Details erscheint dieser Begriff auch heute noch durchaus passend.

Allerdings sind auch hier die Sichtweisen in Bewegung. So referierte der neue Leiter des Kirchenrechtlichen Instituts der EKD, Prof. Hans Michael Heinig, in seiner Antrittsvorlesung im Mai 2008:

„Der skizzierte Strukturwandel der Religion hat im deutschen Staatskirchenrecht seine Spuren hinterlassen. Zwar ist der Normbestand auf der Ebene des Verfassungsrechts unverändert geblieben. Aber das Verständnis dieser Normen hat sich verschoben. Bisher diente die in der wechselseitigen, kooperativen Zuwendung zum Ausdruck kommende Idee gleicher Freiheit für und Förderung von Religionsgemeinschaften als orientierender Horizont für die Verfassungsauslegung und Verfassungsanwendung. Doch inzwischen hat sich manch ehedem selbstverständliche Perspektive auf die Religionsfreiheit, auf das Gebot religiöser Gleichbehandlung und auf die institutionellen Gewährleistungen der Verfassung verschoben, freilich ohne dass sich mittlerweile eine neue Zentralperspektive gefunden hätte. So ist der Verlust staatskirchenrechtlicher Selbstverständlichkeiten quer durch alle an der Materie interessierten Kreise zum Signum unserer Zeit geworden."[40]

Seine Schlussfolgerungen verbleiben zwar noch im Konventionellen, aber die Problematik wurde anerkannt.

39. Kirchenautonomie

Zu den Besonderheiten des Verhältnisses zwischen Staat und Kirchen in Deutschland gehört, dass die Kirchen das grundgesetzliche Recht haben, ihre Angelegenheiten selbständig und ohne staatliche Eingriffe zu ordnen und zu verwalten.

Diese Freiheitsgarantie wird allerdings von den Kirchen sehr einseitig verstanden. Es ist einerseits das Abwehrschild dafür, dass die Kirchen beispielsweise jegliche politische Kritik an ihrem Verhalten als unzulässige „Einmischung in ihre inneren Angelegenheiten" scharf zurückweisen, sich aber andererseits selbst nicht die gleiche Selbstbeschränkung auferlegen. Für sie gilt dieses Gebot der Fairness nicht, denn sie nehmen sich ständig die Freiheit, politisches oder staatliches Handeln zu kritisieren. Natürlich ist das ihr gutes Recht, wie es jeder Organisation und jeder Person zusteht, aber wer austeilt, muss auch einstecken können.

Im Übergang von der Monarchie (und der dazugehörenden legitimierenden Staatskirche) zur Demokratie hatte die Bürgerliche Mitte der Weimarer Nationalversammlung 1919 den Grundsatz „Freie Kirche im Freien Staat" formuliert. Den Grundsatz der „Freien Kirche", d. h. einer Kirche, die autonom wurde und keiner staatlichen Aufsicht mehr unterstand, akzeptierten die Kirchen gerne. Im Gegenzug aber den Grundsatz anzuerkennen, dass der „Freie Staat" zu seiner Legitimation auch keine Kirchen mehr braucht, fällt dem kirchlichen Lobbyismus nicht nur schwer, sondern er bestreitet dies grundsätzlich. Die Kirchen müssen das allerdings auch bestreiten, weil sie sonst ihre beanspruchte Berechtigung zur weitgehenden Finanzierung durch den Staat verlieren würden.

40. Das „Selbstbestimmungsrecht" der Kirchen

Artikel 137 der Weimarer Reichsverfassung (WRV), der über Art 140 GG in das Grundgesetz eingeführt (inkorporiert) wurde, lautet in seinen ersten drei Absätzen:

(1) Es besteht keine Staatskirche.

(2) Die Freiheit der Vereinigung zu Religionsgesellschaften wird gewährleistet. Der Zusammenschluss von Religionsgesellschaften innerhalb des Reichsgebiets unterliegt keinen Beschränkungen.

(3) Jede Religionsgesellschaft ordnet und verwaltet ihre Angelegenheiten selbständig innerhalb der Schranken des für alle geltenden Gesetzes. Sie verleiht ihre Ämter ohne Mitwirkung des Staates oder der bürgerlichen Gemeinde.

Insbesondere der Absatz 3 ist zu einer Art Freifahrtschein für die Kirchen in Deutschland geworden. Kurz gefasst wird dieser Absatz das Selbstbestimmungsrecht der Kirchen genannt.[41]

Mit dieser kleinen sprachlichen Verschiebung von Selbstverwaltungsrecht zu Selbstbestimmungsrecht verändert sich aber die Bedeutung des Verfassungstextes. Das hat auch Folgen für das eingegrenzte Recht, dass die Religionsgesellschaften ihre (eigenen) Angelegenheiten selbständig ordnen und verwalten. Was damit gemeint ist, steht im zweiten Satz: ohne Mitwirkung des Staates oder der bürgerlichen Gemeinde. Was ist jedoch durch diese kleine sprachliche Verschiebung geschehen?

Den Kirchen wird – in ständiger Rechtsprechung – vom Bundesverfassungsgericht über das „Selbstbestimmungsrecht" des Art. 137,3 WRV auch das Recht eingeräumt, selbst zu bestimmen, was nach ihrem eigenen Selbstverständnis (!) zu ihren (eigenen) Angelegenheiten zählt, die sie dann selbständig ordnen und verwalten – ohne staatliche Aufsicht oder andere Mitwirkungen.

Damit entstand eine Situation, in der die Kirchen in der vom Bundesverfassungsgericht 'abgesegneten' Rechtsprechung nach Belieben und Bedarf und Gutdünken selbstherrlich bestimmen, was zu ihren eigenen, nur ihrer eigenen 'Verwaltung' unterworfenen Einrichtungen zählt, zum Beispiel das Diakonische Werk oder der Caritasverband. Das ist schwer mit rechtsstaatlichen Grundsätzen vereinbar.

Gestützt wird diese von der herrschenden Rechtsprechung abweichende Auffassung, dass die Kirchen kein „Selbstbestimmungsrecht" besitzen, durch Art. 138 Abs. 2 WRV, in dem „Anstalten" erwähnt werden und der lautet:

„Das Eigentum und andere Rechte der Religionsgesellschaften und religiösen Vereine an ihren für Kultus-, Unterrichts- und Wohltätigkeitszwecken bestimmten Anstalten, Stiftungen und sonstigen Vermögen werden gewährleistet."

Es werden hier sehr eindeutig und ausschließlich die formalen Eigentumsrechte der Religionsgesellschaften benannt, da der Art. 138,1 auch die Ablösung (d. h. Beendigung) von staatlichen Zahlungen an die Kirchen verfügt, die auf Gesetz, Vertrag oder besonderen Rechtstiteln beruhen.

41. Eigene Angelegenheiten?

Die Kernfrage ist, was hinsichtlich der Religionsgesellschaften „ihre Angelegenheiten" bedeutet.

Um zu klären, was darunter zu verstehen sei, ist weiter oben bereits durch den Zusatz in der Klammer „ihre (eigenen) Angelegenheiten" kenntlich gemacht worden.

Ihre (eigenen) Angelegenheiten, die die Religionsgesellschaften selbstständig nur ordnen und verwalten dürfen, sind dabei mit zwei Bedingungen verbunden:

(1.) Angelegenheiten, die zum Wesenskern der Kirchen gehören, wie innere Verwaltungsordnung, Organisationseinheiten, Verleihung der kirchlichen/liturgischen Ämter, Bestimmungen zur Liturgie und Theologenausbildung etc.

(2.) Diejenigen Einrichtungen, Werke, Organisationen etc., die zum Bestand der „eigenen Angelegenheiten" gehören – und für die den Religionsgesellschaften ein Selbstverwaltungsrecht eingeräumt wird –, müssen sich im juristischen und ökonomischen Eigentum der Religionsgesellschaften befinden, d. h. ausschließlich von ihnen auch selbst finanziert werden.

Sofern eine der beiden Bedingungen, oder sogar beide, nicht zutreffen, unterliegen diese Einrichtungen, Werke und Organisationen demnach nicht dem vom Grundgesetz eingeräumten Recht zur Ordnung und Verwaltung der eigenen Angelegenheiten. Nur, was die Kirchen selber finanzieren (beispielsweise ein Priesterseminar oder ein anderes kirchlich finanziertes Ausbildungsinstitut), gehört auch entsprechend zu ihren (eigenen) Angelegenheiten. Dass auch dort die allgemeinen Gesetze gelten, dürfte selbstverständlich sein. Zum Verwalten und Ordnen gehört kein rechtseigener Raum. Das die Demokratie konstituierende Prinzip, die Gleichheit aller Staatsbürger, unabhängig von Religion und Weltanschauung, gilt auch in den Einrichtungen der Kirchen. Oder nicht?

42. „...innerhalb der Schranken des für alle geltenden Gesetzes"

Artikel 137,3 WRV beginnt mit:

(3) Jede Religionsgesellschaft ordnet und verwaltet ihre Angelegenheiten selbständig innerhalb der Schranken des für alle geltenden Gesetzes.

Wer jetzt meint, dass das allgemeine gewerbliche Arbeitsrecht (z. B. das Betriebsverfassungsgesetz und die Tarifautonomie) für Caritas und Diakonie als „für alle geltenden Gesetze" wirksam ist, der irrt. Ebenso gilt das

Hochschulrahmengesetz oder die Hochschulautonomie nicht für die Theologischen Fakultäten an den Universitäten usw. usf.

Nach der herrschenden Rechtsprechung ist entsprechend der „Jedermannformel" ein für alle geltendes Gesetz nur ein solches, das die Religionsgesellschaft „wie jedermann betrifft".

Was kompliziert klingt, ist wiederum einfach, und hat eine ähnliche sprachliche Auslegungslogik wie das bereits erwähnte angebliche Selbstbestimmungsrecht.

Damit ein Gesetz für alle gilt, muss es für alle gelten. Sofern also in einem Gesetz (oder in einem Vertrag) Ausnahmen benannt sind, für wen dieses Gesetz nicht gilt, dann gilt es folglich nicht für alle.

So einfach geht das in diesem Fall: Da im Allgemeinen Gleichbehandlungsgesetz (AGG) in § 9 Ausnahmen für die Religionsgesellschaften formuliert sind, gilt es nicht für die Kirchen und ihre selbst bestimmten eigenen Angelegenheiten (also auch nicht für Caritas und Diakonie). Auch die Hochschulautonomie ist kein für alle geltenden Gesetz, da u. a. in den Staat-Kirche-Verträgen das Mitwirkungsrecht der Kirchen formuliert wurde. Das Versammlungsstättengesetz ist ebenfalls kein Gesetz, das für alle Veranstalter gilt, denn in § 2 werden u. a. die Räume, die vorwiegend für Gottesdienste gedacht sind, davon ausgenommen etc. pp. Ein perfekter Argumentationszirkel, der die Ergebnisse als Voraussetzungen definiert und deshalb die entsprechenden Ergebnisse hat.

Insofern sollte man nicht immer an der Kirche herummäkeln, sondern sich bei den Kirchenfunktionären herzlich bedanken, dass sie den bekanntermaßen überforderten Politikern und den Juristen schwierige Arbeit selbstlos abnehmen, indem sie klären und definieren, was Angelegenheiten der Kirchen sind. Das wissen die davon Betroffenen schließlich aufgrund ihres „eigenen Selbstverständnisses" selbst immer am Besten.

Allerdings darf man dieses Prinzip nur so moralisch integren Institutionen wie den Kirchen überlassen, denn nach der gleichen Logik dürften sonst Straffällige nach ihrem eigenen Selbstverständnis bestimmen, was nicht strafbar ist.

43. Ultimatum der katholischen Kirche

Insofern war es – insbesondere für die katholische Kirche – ein hartes Erwachen, als die Bundesjustizministerin Sabine Leutheusser-Schnarrenberger (FDP) im Frühjahr 2010 kritisierte, dass die katholische Kirche sich nicht besonders engagiert an der Aufklärung von Missbrauchsfällen innerhalb katholischer Einrichtungen beteilige. Das war aus katholischer Sicht eine Anmaßung und in völliger Verkennung der moralischen und rechtlichen Situation stellte der Vorsitzende der katholischen Bischofskonferenz der Bundesjustizministerin ein 24-Stunden-Ultimatum, diese Äußerung zurückzunehmen. Schließlich war über Jahrzehnte hinweg akzeptiert worden, dass Missbrauch in kirchlichen Einrichtungen „eigene Angelegenheit" der Kirche sei und es war ihr überlassen worden, wie sie innerkirchlich in diesem „rechtseigenen Bereich" selbstbestimmt damit umging. Bereits bekannt gewordene und nachgewiesene Missbrauchsfälle wurden nur selten der staatlichen Justiz überantwortet. Dass die Strafgesetze in Deutschland auch unmittelbar für kirchliche Mitarbeiter und Priester gelten, das war nun eine arg neue Erkenntnis für die katholische Kirche. Sie konnte ihr – zumindest in dieser Einzelfrage – auch nur durch öffentliche Empörung und mediale Öffentlichkeit verdeutlicht werden.

44. Konkordate: Ein Ministerpräsident erinnert sich

Ein wesentlicher Unterschied zwischen den beiden großen Amtskirchen besteht in ihrer jeweiligen Einstufung als Rechtssubjekte und darin, welchen Charakter die zwischen ihnen und dem Staat abgeschlossenen Verträge haben.

Die katholische Kirche ist der Auffassung, dass die zwischen ihr und Staaten abgeschlossenen Verträge (Konkordate) völkerrechtlich verbindliche Staatsverträge sind. Hintergrund dafür ist der Staat Vatikanstadt, Enklave und Zwergstaat innerhalb des Stadtgebiets von Rom mit rund 550 Staatsbürgern. Der „Heilige Stuhl", ein nichtstaatliches, eigenständiges und vom Staat der Vatikanstadt zu unterscheidendes Völkerrechtssubjekt, besitzt international einen entsprechenden Rang. Bei der UNO hat der Vatikan jedoch nur Beobachterstatus.

Allerdings ist die Rechtsnatur aller dieser Verträge strittig, auch derer, die nicht dem so genannten Heiligen Stuhl, sondern mit den Diözesen getroffen werden. Unstreitig ist, dass alle Verträge mit dem deutschen Verfassungsrecht in Einklang stehen müss(t)en und dass unabhängig davon die Parlamente, die die Verträge als staatliches Recht übernehmen, diese jederzeit auch ohne Einverständnis der Kirchen wirksam ändern können – wenn sie sich das trauen.

Die Evangelische Kirche (Landeskirchen bzw. EKD) schließt nach traditioneller Meinung dagegen nur einfache Staatsverträge, von bloßen Verwaltungsvereinbarungen abgesehen.

Was dieser Unterschied für das Auftreten der Gesandten des so genannten Heiligen Stuhls bedeutet, zeigt sich in der politischen Praxis. Das Ergebnis der Verhandlungen zwischen Kirche und Staat kann jeder in den veröffentlichten Staat-Kirche-Verträgen und den Konkordaten nachlesen. Was sich hinter den Kulissen abspielt, liegt, wenn es denn überhaupt protokolliert wurde, in den Archiven und hat eine zeithistorische Sperrfrist von Jahrzehnten. Es ist selten, dass sich an den Verhandlungen Beteiligte zeitnah und öffentlich zitierbar äußern. Deren wenige Schilderungen lassen sich jedoch mit an Sicherheit grenzender Wahrscheinlichkeit verallgemeinern.

Bernhard Vogel (katholisch, CDU) war von Februar 1992 bis Juni 2003 Ministerpräsident in Thüringen. Seinen Kultusminister (der ihm als Ministerpräsident nachfolgende) Dieter Althaus beschrieb Vogel wie sich selbst als „den christlichen Kirchen eng verbundenen Ministerpräsidenten und Kultusminister". Bereits zwei Monate nach Amtsantritt boten sie den beiden Religionsgesellschaften den Abschluss von „Staat-Kirche-Verträgen" an.

In einem Vortrag vor der Bayerischen Akademie der Wissenschaften hat Bernhard Vogel 2008 die Verhandlungen mit der katholische Kirche in großen Zügen beschrieben.[42] Als ehemaliger Kultusminister und Ministerpräsident von Rheinland-Pfalz hatte er schon Erfahrungen in Verhandlungen mit der katholischen Kirche.

„Ich ahnte also, dass auch für Thüringen schwierige und langwierige Verhandlungen zu erwarten waren. Ich ahnte allerdings nicht, dass sie so schwierig und so langwierig sein würden. Jedenfalls wiederholte sich meine Erfahrung, dass der Staat, dass die Politik in Jahrzehnten, oft auch nur in Legislaturperioden, die Katholische Kirche aber gelegentlich in Jahrhunderten zu denken pflegt."

Die Verhandlungen zogen sich insgesamt über elf Jahre hin – fünf Jahre für das Konkordat, sechs Jahre für den Staatsvertrag über die Errichtung einer Katholisch-theologischen Fakultät an der Universität Erfurt. Eine Zeitdauer, die den katholischen Ministerpräsidenten durchaus befürchten ließ, er könne es nicht mehr gewährleisten, für 'seine' Kirche günstige Regelungen abzuschließen. Umständlich war auch immer wieder, dass alle Fragen in Rom vorgelegt werden mussten und dort entschieden wurden, aber man kam voran.

„Schwierigkeiten bereitete allerdings, dass die Kirchen ihre finanziellen Ansprüche auf alte Rechtstitel stützen – angesichts ihrer katastrophalen Finanzlage durchaus verständlich, deren Erfüllung aber die finanziellen Möglichkeiten des Landes völlig überforderten. Dem von den Kirchen errechnet Betrag von 52 Millionen DM stand ein vom Finanzminister berechnetes Volumen von 20 Millionen gegenüber."

Ausbezahlt wurden dann als Abgeltung älterer Titel und für Baulasten an die evangelische Kirche 19,3 Mio. DM und an die katholische Kirche 6,1 Mio. DM.

Im Rückblick sinnierte der Ministerpräsident a. D., der alles, was politisch und finanziell zugunsten der katholischen Kirche möglich gewesen war, durchgesetzt hatte:

„Nicht zum ersten Mal musste ich die Erfahrung machen, dass meine Kirche mit ihr angehörigen Politikern keineswegs umsichtiger umzugehen pflegt als mit ihr Fernstehenden. Nach Abschluss der Konkordatsverhandlungen in Rheinland-Pfalz und Niedersachsen waren der niedersächsische Ministerpräsident und Kultusminister [beide in der SPD] mit vatikanischen Orden ausgezeichnet worden, nicht die rheinland-pfälzischen."

Die Frage, die sich Bernhard Vogel nicht stellte, lautet: Warum soll man willfährige Diener belohnen?

45. Kirchenvertrag: Ein Ministerpräsident lobt die Kirchen

Roland Koch (katholisch, CDU), bis Sommer 2010 Ministerpräsident in Hessen, hat im Juni 2010 anlässlich des 50-jährigen Bestehens des Staat-Kirche-Vertrages zwischen Hessen und den evangelischen Landeskirchen den Beitrag der evangelischen Kirche zum Gemeinwohl gewürdigt. Das gelte sowohl für die seelsorgerische Arbeit als auch für zahlreiche gesellschaftliche Aufgaben, erklärte Koch.

„Von der Erziehung und Integration von Kindern über die vielen sozialen Dienste bis zur Hilfe und Begleitung von Menschen in hohem Alter – die Kirchen leisten einen Dienst, auf den wir nicht verzichten können."

Der scheidende Regierungschef dankte auch für die gute Zusammenarbeit in seinen elf Amtsjahren. Er wies darauf hin, dass es in seiner Regierungszeit keine Vereidigung eines Kabinettsmitgliedes ohne religiöse Formel gegeben habe und fügte an: „„Das ist in einer Zeit, in der Manches ins Wanken geraten ist, eine politische Aussage." Und: Mit dem Staatsvertrag habe das Land Hessen den Auftrag aus Artikel 50 der Hessischen Verfassung erfüllt, die staatlichen und kirchlichen Bereiche klar gegeneinander abzugrenzen.

So ist die regierungsoffizielle Darstellung. Aber in der Hessischen Verfassung steht in Art 50:

„Es ist Aufgabe von Gesetz oder Vereinbarung, die staatlichen und kirchlichen Bereiche klar gegeneinander abzugrenzen. Die Kirchen, Religions- und

Weltanschauungsgemeinschaften haben sich, wie der Staat, jeder Einmischung in die Angelegenheiten des anderen Teiles zu enthalten."

Der Kirchenvertrag regelt dagegen umfangreich die Zusammenarbeit von Kirche und Staat. (Ämterbesetzung, Theologische Fakultäten, Kirchensteuern etc. etc.).

Koch verkehrte den Verfassungsauftrag mit der gleichen Unverfrorenheit ins Gegenteil wie Staatskirchenrechtler, die hinsichtlich der realisierten Zusammenarbeit von Kirchen und Staat von einer „positiven Trennung" sprechen. Auf jeden Fall positiv für die Kirchen.

Staatsleistungen (im engeren Sinn)

Der Begriff Staatsleistungen wird in einem weiteren Sinn gebraucht, indem alle auf Gesetzen oder Verträgen beruhenden Zahlungen des Staates gegenüber den Kirchen erfasst werden (ca. 19 Mrd. Euro pro Jahr). In einem engeren Sinn geht es nur um die Zahlungsverpflichtungen, die sich aus angeblich historischen Rechtstiteln herleiten, die über Artikel 140 in das Grundgesetz inkorporiert wurden (insgesamt rund 550 Mio. Euro). Um die mögliche Begriffsverwirrung etwas zu entflechten, sollen die Staatsleistungen (im engeren Sinn), die aus zwei Teilen bestehen, genauer benannt sein: Die Zuschüsse zur Besoldung von Geistlichen werden im Folgenden als Staatdotationen bezeichnet, die Unterhaltpflicht für Kirchengebäude als Kirchenbaulasten.

Staatsdotationen

2009 zahlten die deutschen Bundesländer (außer Bremen und Hamburg) an die beiden großen Kirchen für Personalzuschüsse und „Kirchenregiment" 442 Mio. Euro.

46. Entstehung und Eigenart

Die historische Herleitung und damit auch die Begründung für diese Staatsdotationen ist eine Geschichte für sich. Auch ich selbst habe bis vor relativ kurzer Zeit das akzeptiert, was in vielen wissenschaftlichen und kirchlichen Darstellungen verbreitet wird. So heißt es staatskirchenrechtlich in einem Satz formuliert:

„Staatsleistungen bilden einen 'Säkularisations-Ausgleich' (Isensee), insbesondere im Hinblick auf die Geschehnisse im Zusammenhang mit der Reformation und auf 'die' Säkularisation zu Beginn des 19. Jahrhunderts."[43]

Diese Darstellung hat leider den Schönheitsfehler, dass sie nicht den historischen Tatsachen entspricht. Sie ist aber ein bemerkenswertes Beispiel für den Erfolg des kirchlichen Lobbyismus und die Phantasie der Staatskirchenrechtler.

Dass die Bischöfe enteignet worden sein sollen, ist bereits eine Legende. Die betreffenden Gebiete gehörten der katholischen Kirche gar nicht, sondern es handelte sich weitestgehend um Reichslehen. Insofern kann auch von keiner Entschädigung – wofür auch? – die Rede sein. Von einer Säkularisation *der* katholischen Kirche zu sprechen, ist zudem mehrfach übertrieben und auch sachlich falsch. Alle katholischen Einrichtungen, die der Seelsorge und der Wohlfahrt dienten, verblieben im Kirchenbesitz und wurden zum Teil (wie das Vereinigte Stift in Trier) sogar finanziell noch besser ausgestattet.

Was genau in der Reformation angeblich entschädigungspflichtig säkularisiert worden sei, darüber wird geschwiegen. Zudem war der weltliche Landesherr als evangelischer Landesbischof auch Teil der Staatskirche. Kann man sich selbst enteignen, wenn einem etwas weiterhin gehört?

47. Konfessionsteilung / Reformation

Die religiöse Situation in Deutschland ist in Europa insofern einmalig, weil es in Deutschland kein dominierendes religiöses Bekenntnis gibt. Während in Nordeuropa die evangelischen Lutheraner dominieren, sind es in Mittel- und Südeuropa die Katholiken, neben denen es nur religiöse Minderheiten gibt. Deutschland ist mit zwei gleich starken Bekenntnissen (aktuell ca. 29,9 Prozent Katholiken und 29,7 Prozent Evangelische) ein Sonderfall. Entstanden ist diese Situation im 16. Jahrhundert.

Im Augsburger Religionsfrieden (1555) versuchten die katholischen und evangelischen Territorialfürsten für die entstandene Situation der konfessionellen Spaltung des Heiligen Römischen Reiches einen Kompromiss zu finden, der für beide Seiten eine akzeptable Verfassungsordnung und Kräftebalance formulierte. Der wichtigste Grundsatz dabei war „cuius regio, eius religio" („Wessen Gebiet, dessen Religion"), womit der Landesherr seine eigene Religion den Untertanen vorgab.

Aus diesem Grundsatz waren jedoch auf Anordnung des (katholischen) Kaisers die so genannten geistlichen Territorien ausgenommen. Das hieß für alle geistlichen Territorien: Wenn ein katholischer Bischof oder Abt zum Protestantismus übertrat, musste er alle weltlichen Herrschaftsansprüche aufgeben, da dieser weltliche Anspruch sonst an den (protestantischen) Landesherren und Landesbischof gefallen wäre.

48. Stärkere Trennung von Kirche und Staat

Der moderne Gedanke einer Trennung von staatlicher und kirchlicher Gewalt, die durch das biblische Wort: „Gib dem Kaiser, was des Kaisers ist, und Gott, was Gottes ist" (Matthäus 22,21; Markus 12,17; Lukas 20,25), theologisch legitimiert wurde, blieb jedoch unvollendet. Der altertümliche „Caesaropapismus" (weltliche und geistliche Herrschaft in einer Person) in Deutschland bestand teilweise noch weiterhin, und zwar in den katholischen Territorien der (Erz-)Bischöfe in Köln, Trier, Mainz, Münster, Paderborn etc. Dies entsprach einer mittelalterlichen Herrschaftsform, wie sie heute nur noch im Vatikan vorhanden ist.

Reformation und die stärker werdende katholische Gegenreformation führten zu einer Konfessionalisierung Deutschlands, d. h. zu einem Gegensatz zwischen katholischen und protestantischen Fürsten, der auch nicht mehr durch die Reichsgewalt oder den Kaiser ausgeglichen werden konnte. Es war nun, dreihundert Jahre später, an der Zeit, die veralteten territorialen Restbestände in einem weiteren Schritt zu reformieren, den deutschen Flickenteppich der Kleinstaaterei neu zu ordnen und die Machtansprüche der katholischen Kirche aus der weltlichen Herrschaft herauszunehmen.

Die französische Revolution, die Ausgangspunkt für eine grundsätzliche Modernisierung des französischen Staatsverständnisses war und den Weg zu einer Formulierung der bürgerlichen Rechte (code civil) fand, bewirkte die Beendigung dieser vielfältigen Facetten des Mittelalters auch in Deutschland.

Im August 1789 hatte die französische Nationalversammlung alle bestehenden Lehnsverbände beseitigt und Napoleon konnte diese Modernisierung auf das Heilige Römische Reich deutscher Nation übertragen, indem die beiden maßgeblichen deutschen Territorialmächte Österreich (katholisch) und Preußen (evangelisch) die französischen Maßnahmen übernahmen. So wurde neben anderen Reformen, wie der Abschaffung der Reichsritterschaft u. a. m., die Existenz geistlicher Territorien in Deutschland 1803 endgültig beendet. Staatsrechtlich war das in allen Fällen korrekt, sofern es sich bei diesen geistlichen Territorien um Reichslehen handelte, die der Kaiser auch wieder zurücknehmen und anderweitig verleihen konnte.

49. Reichslehen

Wie diese geistlichen Territorien als kaiserliche Lehen entstanden waren,
sei an einer kurzen Zusammenfassung der Gründungsgeschichte des Bistums Bamberg dargestellt (hier in der aktuellen Darstellung des Bistums
selbst):

> „Das Bistum Bamberg wird auf die Initiative von König Heinrich II. hin bei der
> Reichssynode in Frankfurt [1007] gegründet. Heinrich will einerseits die Tradition
> seiner Vorgänger bezüglich der Bistumsgründungen fortsetzen, andererseits
> von Bamberg aus die Slawen am Obermain missionieren und einen politischen
> Gegenpol zu den Markgrafen von Schweinfurt setzen. Die Bistümer Würzburg und
> Eichstätt mussten dem neu gegründeten Bistum Land abtreten. Den Grundstock der
> Ländereien des Bamberger Bistums bildeten die Königshöfe im Rangau, Volkfeld
> und Radenzgau mit den Orten Langenzenn, Herzogenaurach, Büchenbach, Fürth,
> Forchheim und Hallstadt. Außerdem kamen im Norden die ehemaligen Lehen der
> Markgrafen von Schweinfurt Amberg, Hersbruck, Rötz-Schwarzfeld, Beilngries
> und Schlopp dazu."[44]

Auch wenn das Bistum Bamberg durch eigene Aktivitäten in der Ostkolo-
nisation das Herrschaftsgebiet erweitern konnte, wäre in jedem Fall zu prüfen, inwieweit die Gewährung der Lehen durch die Oberhoit des Reiches
und des Kaisers dafür die Basis und Rechtsgrund waren.

Zumindest stellt sich bereits in der offiziellen Gründungsgeschichte
klar heraus, dass das Herrschaftsgebiet des Bischofs von Bamberg primär
ein Konglomerat von Lehen war und sich somit zwar im Besitz aber eben
nicht im Eigentum der katholischen Kirche befand – und demnach also
auch nicht enteignet werden konnte.

50. Herrschaftssäkularisation

Mit der Herrschaftssäkularisation waren die Kurfürstentümer (Kur)Köln,
(Kur)Mainz und (Kur)Trier erloschen und damit der direkte Einfluss der
Kirche bei der Wahl des Kaisers beendet. Die Bischofssitze waren bis dahin ausschließlich Adeligen vorbehalten. Es handelte sich also um eine politische Auseinandersetzung innerhalb des deutschen Adels, das Volk wech-
selte nur die Herrscher.

Als Ausgleich gab es nichts, außer, dass die weltlichen Fürsten ihren
gleichfalls adeligen Kollegen auf den Bischofssitzen und deren engerem
Hofstaat eine Apanage „ad personam" aussetzten. Es wäre nicht standesge-
mäß gewesen, die adeligen Bischöfe als Bettler vor die Tür zu setzen, wo
sie den nicht-adeligen Mönchen und Nonnen der säkularisierten Klöster

begegnet wären, die mittellos als Bettler auf die Straße verwiesen wurden. Dazu heißt es im Reichdeputationshauptschluss:

„§ 48. Allen abtretenden Regenten bleibt ihre persönliche Würde mit dem davon abhangenden Range und dem Fortgenusse ihrer persönlichen Unmittelbarkeit."

„§ 50. Den sämmtlichen abtretenden geistlichen Regenten ist nach ihren verschiedenen Graden auf lebenslang eine ihrem Range und Stande angemessene freie Wohnung mit Meublement und Tafelservice, auch den Fürstbischöfen und Fürstäbten des ersten Ranges ein Sommeraufenthalt anzuweisen; wobei sich von selbst versteht, dass dasjenige, was ihnen an Meublen eigenthümlich zugehört, ihnen gänzlich überlassen bleibe, das aber, was dem Staat zugehört, nach ihrem Tode diesem zurückfalle."

Auf die zeitgemäße Willkürlichkeit der Entscheidungen verweist auch die unterschiedliche Behandlung der Reichsritter und des höheren Klerus.

Die Reichsritterschaft war eine Gemeinschaft freier Adeliger (etwa 350 Familien des niederen Adels mit ungefähr 450.000 Untertanen). Sie unterstanden direkt dem Kaiser, hatten aber keinen Sitz im Reichstag. Ihre Herrschaftsgebiete wurden mediatisiert, d. h. den größeren Territorien einverleibt, ohne dass sie irgendwelche Entschädigungen dafür bekamen.

Diese Beispiele verweisen darauf, dass historische Bedingtheiten zu beachten sind. Auf der Basis gegenwärtiger Vorstellungen und Regelungen legitimer Staatsgewalt mag es uns heute schaudern lassen, wie individuell und willkürlich seinerzeit Fürstinnen und Fürsten ihr Recht setzten, schacherten, annektierten, plünderten und vertraglich übereinkamen, wie es ihnen machtpolitisch beliebte, und der Unterlegene das Nachsehen hatte. Trotzdem stellt sich die Frage, ob sich eine rechtliche Kontinuität aus den seinerzeitigen Rechtsauffassungen zu unseren heutigen Regelungen herstellen lässt. Denn nur die Fortschreibung bestehender Verträge zugunsten abgesetzter Feudalherren durch die verschiedenen deutschen Staatsformen hindurch kann wohl kaum ein heute noch bindender Rechtsgrund sein.

1918/19 wurde in Deutschland der politische Übergang von der Monarchie zur parlamentarischen Demokratie erreicht, d. h. die Ablösung des Adels als Herrscher. Dabei wurde jedoch der parallele Übergang von einer Staatskirche zu einer vom Staat abgelösten Kirche nicht vollständig realisiert. Und dass in der heutigen Demokratie noch Rechte bestehen, die nur aus den Feudalprivilegien der Feudalstrukturen einer vergangenen Zeit zu erklären sind, spricht schon allein für den Erfolg des Klerus bei der Verteidigung dieser Feudalrechte.

51. „Evangelische" Staatsdotationen

Da es keinerlei „geistliche" Territorien gab, die von evangelischen Pastoren regiert worden waren, war die evangelische Kirche von „1803" nicht betroffen. Sofern es jedoch dazu gekommen sein sollte, beträfe es zudem auch eine juristisch kniffelige Frage, ob ein evangelischer Landesherr (wie in Brandenburg), der auch gleichzeitig als Landesbischof das Kirchenoberhaupt war, seine eigene Landeskirche überhaupt hätte nachteilig behandeln können.

In Deutschland gilt eine eigentümliche Parität. Bekommt die eine Kirche etwas, hat die andere auch Anspruch darauf. Es ist Ausdruck der religiösen Durchmischung der im 19. Jahrhundert entstandenen Territorialstaaten – das evangelische Preußen bekam nach 1803 und 1815 katholische Territorien als Staatsgebiet. Die auf Ausgleich bedachten Könige und Fürsten sahen sich veranlasst, beide Konfessionen 'paritätisch' zu behandeln.

Die heutigen Staatsdotationen an die evangelischen Landeskirchen leiten sich jedoch aus dem Anspruch der Beamten der ehemaligen evangelischen Staatskirche ab (auch nach der Revolution 1918/19 und der Abschaffung der Staatskirche durch die Weimarer Verfassung). Infolge dieser nicht zurückgewiesenen oder zumindest auf eine Übergangsphase begrenzten Ansprüche müssen die „zweckgebundenen Zuschüsse zu den kirchlichen Personalkosten und für den allgemeinen Bedarf der kirchlichen Verwaltung (Pfarrbesoldung und Kirchenregimentliche Zwecke)" weiterhin – wie vorher für Staatskirchenbeamte – vom Staat bezahlt werden, auch wenn es keine evangelische Staatskirche mehr gibt.

52. Personalzuschüsse und Anpassungsklauseln

Da es sich weitestgehend um Personalzuschüsse handelt, sind diese Vereinbarungen – mittlerweile alle (grundgesetzwidrig, da sie abgelöst werden müssten) in Staat-Kirche-Verträgen und Konkordaten fixiert – an die Bezüge der Landesbeamten gekoppelt. Die Staatsverträge mit den Kirchen haben alle eine so genannte „Anpassungsklausel", die besagt (am Beispiel Mecklenburg-Vorpommerns):

„Ändert sich die Besoldung der Beamten im Landesdienst, so ändert sich der Gesamtzuschuss entsprechend. Als Berechnungsgrundlage dient das Eingangsamt für den höheren allgemeinen Verwaltungsdienst (Besoldungsgruppe A 13 des Bundesbesoldungsgesetzes, 7. Dienstaltersstufe)."

Was das in der Realität bedeutet, wird im Haushaltsplan 2009/2010 von Schleswig-Holstein genau benannt. Einzelplan 03 03, Titel 684 01:

„Die Nordelbische Ev.-luth. Kirche erhält aufgrund des Staatskirchenvertrages vom 23.04.1957 einen Grundbetrag von 1.483.000 Euro. In Angleichung an die jetzige Beamtenbesoldung hat sich dieser Betrag um mittlerweile (2009) 9.821.600 Euro bzw. (2010) 10.315.400 Euro erhöht, d. h. die auszuzahlende Summe (2009) ist 11.304.600 Euro bzw. (2010) 11.798.400 Euro."

Von 1,5 Mio. auf 11,8 Mio. in gut fünfzig Jahren. Respekt. Das ging dem Landesrechnungshof in Schleswig-Holstein jedoch entschieden zu weit. In einer Situation, in der das hoch verschuldete Bundesland erhebliche Kürzungen im Haushalt vorzunehmen hat, bemängelten die Landesrechnungsprüfer bereits in ihren Bemerkungen von 2007,[45] dass die Mitgliederzahl der Nordelbischen Kirche sich kontinuierlich verringere, die Staatsdotationen sich aber beständig erhöhten. Zumindest, so der Landesrechnungshof, müsse die Anpassungsklausel ausgesetzt werden. Im Bericht 2010[46] des Landesrechnungshofes wurde dann festgestellt, dass die Landesregierung und das Landesparlament sich nicht darum gekümmert hatten:

„Der Schleswig-Holsteinische Kirchenvertrag gilt seit 1957 unverändert fort. Die Staatsleistungen an die Nordelbische Kirche sind nicht gekürzt worden. Die Berechnungsgrundlage für die Staatsleistungen muss geändert werden."

Damit hat der Landesrechnungshof von Schleswig-Holstein ein Thema benannt, das auch in keinem anderen Staat-Kirche-Vertrag oder Konkordat geregelt worden ist: die Kopplung der Personalzuschüsse an die Kirchen mit der zu betreuenden Mitgliederzahl der Kirchen. Sinken die Mitgliederzahlen müssten auch parallel dazu die Dotationen sinken.

53. Besoldung der Bischöfe und der hohen Geistlichkeit

Kernbestandteil dieser Staatsdotationen war ursprünglich der Unterhalt der zur politischen Legitimation benötigten hohen Geistlichkeit, der, wie sie auch heute noch heißen „Hochwürdigsten Herren".

Wenn man normale Gläubige z. B. in Köln befragt, von wem das Gehalt des Erzbischofs bezahlt werde, dann sind beinahe alle der Befragten der Meinung: „Aus der Kirchensteuer!" Dem ist jedoch nicht so – oder doch? Ist dort etwa die Trennung von Kirche und Staat bereits vollzogen und keiner hat etwas davon gemerkt? Also noch einmal: Wer bezahlt den Erzbischof von Köln?

Dazu hat der Amtsinhaber selbst, Joachim Kardinal Meisner, im Dezember 2008 in einem Interview Folgendes gesagt:

„Hohe katholische und evangelische Geistliche werden nicht aus Kirchensteuermitteln bezahlt, aber auch nicht – wie in Bayern – direkt vom Staat. Die

Kirchen erhalten vom Land NRW eine pauschale 'Dotation'. Grundlage ist eine Ausgleichsverpflichtung für die komplette Enteignung von Kirchengütern in der Säkularisation. Für das Erzbistum Köln sind das rund 1,4 Millionen Euro im Jahr – das entspricht 0,3 Prozent der Kirchensteuereinnahmen. Der Berechnung liegt ein Personalschlüssel zugrunde, nach dem der Erzbischof von Köln Anspruch auf ein Gehalt vergleichbar einem Staatssekretär in der Besoldungsgruppe B 11 (Grundgehalt 10.653,81 €) hätte."[47]

Abgesehen von der sachlichen immerwährenden Falschdarstellung der „kompletten Enteignung", ist der Sachverhalt für Bayern klar: Erzbischof Marx erhält Besoldungsstufe B 11 (Grundstufe, unverheiratet, keine Kinder, Ortszuschlag 2), wie es weiter unten („Zahlungen in Bayern") aufgelistet wird. Und im Erzbistum Köln? Klar ist, Kardinal Meisner bekommt nach eigenen Angaben 127.845,72 Euro pro Jahr – aber von wem? Wenn er auf seinen Kontoauszug schaut, steht dort als Auftraggeber, der das Geld überwiesen hat, nicht wie bei Erzbischof Marx in München die Landeskasse, sondern die Finanzkasse des Erzbistums? Falsch? Richtig! So ist ganz eindeutig, dass er nicht vom Staat bezahlt wird, denn dann müsste der ja auch als Auftraggeber auf seinem Kontoauszug stehen. Tut er aber nicht.

Jetzt kann man sich natürlich an den Kopf fassen und über diese Camouflage (Tarnung) lächeln, wenn sich darin nicht ein heuchlerisches Grundprinzip ausdrückte. Der Kardinal meint nämlich ernsthaft, er werde nicht „direkt vom Staat" bezahlt, wenn technisch noch eine kirchliche Überweisungsstelle dazwischen geschaltet wird.

Dass diese Darstellung in katholischen Führungsetagen jedoch üblich ist, zeigte sich auch, als in der ARD-Sendung Hart aber fair (vom 17.3.2004) der Politiker der Grünen und damalige stellvertretende Ministerpräsident Michael Vesper (bekennender Katholik; sein Bruder ist Generalsekretär des Zentralkomitees der deutschen Katholiken) ebenfalls betonte, dass der Erzbischof nicht vom Staat bezahlt werde. Als der Moderator Frank Plasberg lächelnd in die beiden Außentaschen seines Jacketts griff und kommentierte „Ja, ich weiß: rechte Täsch und linke Täsch!", hatte er die Lacher auf seiner Seite.

Allerdings ist diese eigenartige Sichtweise, bei der man anscheinend vor sich selbst leugnet, dass man sein Gehalt aus Steuergeldern vom Staat bekommt, nicht nur eine typische Sichtweise des katholischen Erzbischofs. Der seinerzeitige evangelische Landesbischof in Bayern, Hermann Dietzfelbinger, damals auch Ratsvorsitzender der EKD, wurde 1969 in einem Spiegel-Gespräch nach seinen Bezügen gefragt und er antwortete freimütig:

„Dietzfelbinger: Das Gehalt eines Landesbischof ist eine Staatsleistung, die im Staatsvertrag gegeben ist und pauschal an die Landeskirche bezahlt wird. Ich bekomme also mein Geld nicht vom Staat...

Spiegel: ... nicht direkt vom Staat ...

Dietzfelbinger: ... sondern von der Landeskirche. Das Gehalt eines Landesbischofs entspricht dem eines Beamten der Besoldungsgruppe B 9, also früher eines bayerischen Staatsrats. Das Grundgehalt beträgt [DM] 52.734,60 [im Jahr]..."[48]

Nach Artikel 4a des aktualisierten bayerischen „Gesetzes über die Bezüge der Erzbischöfe, Bischöfe und Mitglieder der Domkapitel sowie über die Zuschüsse zum Personalaufwand" (ErzbischofBezG BY) erhält der evangelische Landesbischof die Dienstbezüge eines Beamten der Besoldungsgruppe B 10. (2010 ist das ein Grundgehalt von 10.614,88 € monatlich.)

54. Zahlungen der Bundesländer

Diese Staatsdotationen werden in den Haushaltsplänen der Bundesländer aufgelistet, normalerweise (nur) als Gesamtsumme pro Großkirche. Hier sind sie zusammengefasst. Die Zahlen in Mio. Euro jeweils für 2009: Baden-Württemberg: 98,9 / Bayern: 86,6 / Berlin: 10,6 / Brandenburg: 11,2 / Hessen: 41,8 / Mecklenburg-Vorpommern: 9,8 / Niedersachsen: 38,2 / Nordrhein-Westfalen: 20,7 / Rheinland-Pfalz: 47,8 / Saarland: 0,7 / Sachsen: 19,4 / Sachsen-Anhalt: 25,4 / Schleswig-Holstein: 12,0 / Thüringen: 19,1. Die Gesamtsumme beläuft sich auf 442 Mio. Euro. (Genaue Zahlen im Anhang, Übersicht 1.)

Zur Beantwortung der Frage, welches Bundesland bei diesen direkten Personalzuschüssen am spendierfreudigsten gegenüber den beiden christlichen großen Kirchen ist, kann man den Zahlbetrag dieser Staatsdotationen auf die Kopfzahl der Einwohner umrechnen. Der Spitzenreiter (mit 11,88 € pro Einwohner) ist dann nicht, wie manche wohl angenommen hätten, der Freistaat Bayern, sondern das Bundesland Rheinland-Pfalz. Na ja, wird man sich denken, altes katholisches Gelände. Aber das täuscht, denn das Bundesland, das auf dem zweiten Platz folgt, ist das überwiegend atheistische Sachsen-Anhalt (10,67), als drittes Bundesland folgt Baden-Württemberg (9,21), als viertes Thüringen (8,42) und dann erst, auf Platz fünf, kommt Bayern (mit 6,92). Der Bundesdurchschnitt beläuft sich auf 5,40 Euro pro Einwohner in Deutschland.

Einerseits sind diese Summen in Anbetracht der gesamten Staatsleistungen zugunsten der Kirchen, ihrer Einrichtungen und Mitglieder anscheinend nicht viel. Andererseits: Gehen Sie einmal durch die Straßen und lassen sich von jedem Bundesbürger fünf Euro in die Hand drücken, dann haben Sie die 442 Millionen zusammen.

Die Bundesländer Hamburg und Bremen zahlen in hanseatischer Tradition (bisher) keine Staatsdotationen. Als das Erzbistum Hamburg 1994 neu gegründet wurde und die katholische Kirche informell anfragte, wie es denn wohl mit einer staatlichen Finanzierung oder Zuschüssen aussähe, soll der damalige Hamburger Bürgermeister Henning Voscherau gesagt haben: „Wir haben in den letzten 800 Jahren noch nie freiwillig an Dritte finanzielle Leistungen gegeben."

55. Zahlungen in Bayern

Nur im Bundesland Freistaat Bayern werden die Zahlungsempfänger der rund 87 Mio. Euro bayerischer Staatsdotationen detailliert im Haushaltsplan aufgelistet. Die Ansätze für 2010[49]:

Katholische Kirche: Jahresrenten der 7 Erzbischöfe und Bischöfe € 788.500 / Gehaltszulagen für 12 Weihbischöfe € 114.500 / Jahresrenten der 14 Dignitäre € 1.018.500 / Jahresrenten der 60 Kanoniker € 4.215.000 / Jahresrenten der 42 Domvikare € 2.277.500 / Dienstentschädigung für die 7 Generalvikare € 29.500 / Dienstentschädigung für die 2 haupt- und 5 nebenamtlichen bischöflichen Sekretäre € 50.500 / Ergänzung des Einkommens der 7 Ordinariatsoffizianten € 182.000 / Ergänzung des Einkommens für 7 Mesner an den Domkirchen € 172.500 / Beiträge zur Ergänzung des Einkommens der 15 Leiter und 33 Erzieher an den bischöflichen Priester- und Knabenseminaren € 688.500 / Leistungen an Pfarrer, Prediger, Benefiziaten und Kapläne € 570.000 / Leistungen an Mesner und sonstige Kirchendiener € 16.000 / Zuschüsse an die Eremitenanstalten € 10.369.000 / Versorgungen und Unterstützungen an Geistliche ohne Anspruch gegenüber der Eremitenanstalt € 3.370.000 / Zuschuss zur Besoldung der Seelsorgegeistlichen € 39.660.000 / Beiträge zum Sachbedarf der Ordinariate € 332.300 / Beiträge zum Sachbedarf der Domkirchen € 1.500.00 / Beiträge zum Unterhalt der bischöflichen Priester- und Knabenseminare € 163.600 / Pflichtgemäße Reichnisse an Kirchenstiftungen € 1.600 / Beiträge zum Sachbedarf der Kirchen € 14.700 / Außerordentliche Bedürfnisse einzelner Kirchenstiftungen und Pfarreien (Orgeln, Glocken, Uhren usw.) € 130.000. Gesamtsumme: 65.664.200 €.

Evangelische Kirche: Personalaufwand – Pauschbetrag – des Landeskirchenrates € 1.695.000 / Versorgungsregelung der Kirchenbeamten des Landeskirchenrates € 339.000 / Leistungen an Pfarrer, Prediger und Vikare € 112.200 / Leistungen an Kirchendiener € 900 / Zuschuss zur Besoldung der Seelsorgegeistlichen € 14.835.000 / Zuschuss für die Ruhestands- und Hinterbliebenenversorgung der Seelsorgegeistlichen € 4.385.000 / Zuschuss für die Kosten der Landessynode und des Landessynodalausschusses € 10.300 / Sachbedürfnisse – Pauschbetrag

– des Landeskirchenrates € 112.500 / Außerordentliche Bedürfnisse einzelner Kirchenstiftungen und Pfarreien (Orgeln, Glocken, Uhren usw.) € 76.000. Gesamtsumme: 21.565.900 €.

Insgesamt zahlt das Bundesland Bayern 2010 nur an Staatsdotationen an die römisch-katholische und die evangelisch-lutherische Kirche in Bayern zusammen rund 87 Mio. Euro (87.230.100).

An weiteren Staatsleistungen werden in Bayern 2010 für den Unterhalt, die Bewirtschaftung und den Erhalt kirchlicher Gebäude im Staatsbesitz und im Kirchenbesitz 32.464.100 Euro ausgegeben. (Details dazu im folgenden Kapitel Kirchenbaulasten.)

Insgesamt gibt der Freistaat Bayern 2010 rund 120 Mio. Euro (119.694.200) an die Religions- und Weltanschauungsgemeinschaften im Lande, von denen die beiden großen Amtskirchen den Löwenanteil von 119,7 Mio. Euro (99,6 %) erhalten. (An acht kleinere weitere Religions- und Weltanschauungsgemeinschaften werden noch zusammen weitere 505.500 Euro ausbezahlt.)

In anderen Bundesländern, wie in Hessen unter dem CDU-Ministerpräsidenten Roland Koch, werden seit 2006 im Haushaltsplan des Kultusministeriums keine Differenzierungen nach Religionsgesellschaften mehr veröffentlicht. Es wird nur noch eine Gesamtsumme genannt. Wer will die Einzelsummen denn schon so genau wissen?

56. Flurbereinigung zwischen Staat und Kirche

Anfang Oktober 2009 ließ eine Meldung in der *Süddeutschen Zeitung* aufhorchen: Die Überschrift und Zusammenfassung lautete: „Flurbereinigung zwischen Staat und Kirche. Bayern muss Bischöfen und Mitgliedern der Domkapitel künftig keine Wohnungen und Amtssitze mehr bezahlen."[50] Und im Text ging es weiter:

„Der bayerische Staat und die katholische Kirche wollen einen Teil ihrer historisch gewachsenen Beziehungen entflechten. In dreijährigen Verhandlungen wurde dazu ein Paket mit Verträgen und einem Gesetzentwurf vorbereitet, das zum Jahreswechsel wirksam werden soll. Am Dienstag wurde das Thema in den Landtag eingebracht. [...] Der Vatikan hatte der freiwilligen Vereinbarung nach Auskunft von Kirchenkreisen bereits zugestimmt."

Wer jetzt aber meint, damit würden die Beziehungen zwischen Kirche und Staat entflochten, d. h. beendet, liegt vollkommen falsch, denn im Text heißt es der Realität entsprechend weiter:

„Weil der Staat sich dauerhaft seiner Pflicht zur Bereitstellung von Wohnraum entledigt, nimmt er künftig bei der Besoldung der höheren Geistlichen keine Abzüge mehr für deren Dienstwohnungen vor. Die staatlichen Ausgaben für die Bezüge der Bischöfe und Mitglieder der Domkapitel in Höhe von derzeit etwa 8,4 Millionen Euro pro Jahr erhöhen sich damit um gut eine halbe Million Euro. Zum Ausgleich für diese Mehrkosten bringt die Kirche in das Gesamtkonzept eine Einmalzahlung von 14,5 Millionen Euro ein. Diese wird allerdings mit Ausgleichszahlungen des Staates verrechnet. Die Verhandlungspartner auf beiden Seiten sprachen von einer ausgewogenen Lösung."

Also – wer versteht bei so vielen Worten noch worum es geht? Hier zur vereinfachten Wiederholung: Die Kirchen erhalten die bisher vom Staat bezahlten Häuser und Wohnungen geschenkt und statt der Berechnung und des Abzugs der geldwerten Leistungen des überlassenen Wohnraums zahlt der Staat jetzt die Mieten in Höhe von zusätzlichen 500.000 Euro an die höheren Geistlichen. Was daran ausgewogen ist, wissen wohl nur die Kirchen.

57. Verwaltungsaufwand

Diese Zahlungen kommen nicht von 'irgendwo her'. Sie müssen berechnet und geprüft werden, man verhandelt darüber mit den Zahlungsempfängern, spricht miteinander. Mit anderen Worten, es braucht dafür eine geordnete Verwaltung auf der staatlichen Seite.

Das Land Berlin hat in seinem Haushaltsplan dazu eine „Produktdarstellung für Leistungen an die Kirchen, Religions- und Weltanschauungsgemeinschaften" veröffentlicht. Darin sind die Staatsdotationen, die Zuschüsse für kulturelle Arbeit, die staatlichen Zahlungen für den Religions- und Weltanschauungsunterricht und, das ist das Neue, die Verwaltungskosten für diesen „Produktbereich" enthalten. Die Kosten dieses Bereiches belaufen sich (2008) auf eine Gesamtsumme von 71 Mio. Euro (71.702.162), darin sind auch die Verwaltungskosten von 950.881 Euro enthalten. Mit anderen Worten: Zu den ausgewiesenen staatlichen Zahlungen in Berlin müssen diese Verwaltungskosten hinzugerechnet werden.

In Hessen, das ebenfalls auf diese neue Buchführung des Landeshaushalts („Doppik") umgestellt hat, sind es 235.000 Euro an Verwaltungskosten, die durch die Religionsgesellschaften verursacht wurden.

Diese Kosten sind in den anderen Bundesländern anders, aber es werden vermutlich insgesamt etwa 8 Mio. Euro sein. Das verdeutlicht, dass es diese staatlichen Zahlungen auch nicht für umsonst gibt und Verwaltungskosten entstehen, die der Staat bei einer vollständigen Trennung von Kirche und

Staat so nicht zu finanzieren hätte. Bis 2013 sollen alle Bundesländer auf diese Doppik umgestellt haben. Dann wird man Genaueres sehen.

Kirchenbaulasten

Anhand einer unvollständigen Übersicht werden für diesen Teil der Staatsleistungen der Bundesländer jährlich mindestens rund 100 Mio. Euro ausgegeben. Allerdings sind nicht alle Objekte zu erfassen und zudem variieren die Unterhaltskosten in den Jahren.

58. „Cura religionis"

Man kann der Auffassung sein, dass mit Beginn der parlamentarischen Demokratie 1918/19 in Deutschland, mit dem Ende der Staatskirche auch die „cura religionis" (obrigkeitsstaatliche Sorge) der Landesherrscher für die Kirchen beendet worden sei, da sie einem feudalen, vordemokratischen Verständnis entspringt. Mit dieser Auffassung steht man aber zurzeit recht alleine, da die herrschende Meinung unter den Staatskirchenrechtlern das Gegenteil vertritt. So wurde aus dem Ablösungsauftrag der Staatsleistungen eine Bestandsgarantie geformt, denn man kann schließlich nur beenden, was auch besteht.

Zu den Staatsdotationen, die auf historischen Rechtstiteln beruhen und für die derzeit angeblich eine Zahlungsverpflichtung des Staates besteht, gehören neben den dargestellten Personalzuschüssen auch noch die so genannten Baulasten, d. h. Kosten, die der Staat für den Unterhalt, die Renovierung wie den Erhalt von Kirchengebäuden zu zahlen hat. (Freiwillige Zahlungen sind im Kapitel Denkmalpflege (Seite 194 ff.) und Bauzuschüsse (Seite 198 ff.) dargestellt.)

Die Rechtsgrundlagen dafür sind sehr unterschiedlich. Ein Teil geht tatsächlich auf die Säkularisation 1803 zurück (staatliche Pflicht zur Erhaltung der Domkirchen), ein Teil wurde in den späteren Staat-Kirche-Verträgen vereinbart, ein Teil ist die Fortführung „fiskalischer Patronate" durch die seinerzeitigen Landesherren. Der Bayerische Oberste Rechnungshof schreibt dazu in seinem Jahresbericht 2005:

„Grundlagen der staatlichen Baupflicht: Der Staat hat die Baulast an Kirchen und sonstigen kirchlichen Gebäuden (Pfarrgebäude etc.) infolge der Säkularisierung 1803 übernommen. Die maßgeblichen Festlegungen gehen zum Teil zurück auf das Konzil von Trient (1545 bis 1563), auf die Ansbacher Konsistorialordnung von 1594, auf das Bayerische Landesrecht oder das Preußische Allgemeine Landrecht.

Zum Teil sind örtliches Gewohnheitsrecht (Observanzen), gerichtliche Vergleiche/ Entscheidungen oder spezielle Regelungen früherer Landesherren zu beachten."[51] Das ist auch ein Hinweis darauf, warum es heißt, dass die Kirche in Jahrhunderten denkt und offensichtlich in ihren Archiven die Papiere aufbewahrt, die seitdem in jedem politischen System den Verantwortlichen erneut als Verpflichtungen vorgelegt werden: „Grüß Gott, Verträge müssen eingehalten werden."

In der historischen Patronatsverfassung – der Herrscher war der Patron der Kirche – sorgte der Patron (heute die Landesregierungen) auch für die Erhaltung der Kirchengebäude, d. h. er trug die Baulasten.

In den Staatskirchenverträgen geschehen nun zwei gegensätzliche Argumentationen gleichzeitig: Zum einen wird vereinbart, dass der Staat „anstelle aller Geld- und Sachleistungen aufgrund staatlicher Baulastverpflichtungen an Gebäuden im kirchlichen Eigentum" nun pauschal pro Jahr eine bestimmte Summe zu zahlen hat. Gleichzeitig wird vereinbart: „Die bestehenden Patronatsrechte werden aufgehoben."

59. Zahlungen der Bundesländer

Bayern listet die Zuschüsse für Kirchenbaulasten gegliedert auf. Zum einen nach Kirchengebäuden im Staatsbesitz und zum anderen nach kirchlichen Gebäuden (im Kirchenbesitz), „an denen aufgrund besonderer Rechtstitel dem Staat die primäre oder subsidiäre Baupflicht obliegt". 'Primär' heißt, dass der Staat alles zahlt, 'subsidiär' bedeutet, dass der Staat erst dann zahlt, wenn die Kirche es nicht selbst finanzieren kann. 2009 sind dafür insgesamt 38,5 Mio. Euro ausgegeben worden.

Darin enthalten sind 163.000 Euro für die Bezahlung der „Grundsteuern; Straßenreinigungsgebühren; Brandversicherungsverträge; Kaminkehrergebühren; Wassergebühren; Ausgaben für elektrischen Strom etc." sowie weitere 5,9 Mio. Euro vereinbarter Pauschalzahlungen und 3,6 Mio. Euro veranschlagter Kosten für Instandsetzungsarbeiten an den Domen in Augsburg (460.000), Bamberg (650.000), Eichstätt (100.000), München (500.000), Passau (495.000), Regensburg (1,2 Mio.), Würzburg (25.000) sowie für den Dom in Freising (160.000).

9,7 Mio. Euro zahlt Bayern für Hochbaumaßnahmen bei staatseigenen kirchlichen Gebäuden und 7,6 Mio. Euro als Zuschüsse für Bauverpflichtungen an einzelnen kirchlichen Gebäuden. Darunter fallen die Generalsanierung der Klosterkirche in Altomünster, die Instandsetzung der Katholischen Pfarrkirche in Attel und die Gesamtinstandsetzung der

Katholischen Pfarrkirche in Berndried. Insgesamt 43 Kirchen, zu denen auch die Generalsanierungen der evangelisch-lutherischen Stadtkirche in Bayreuth und der evangelisch-lutherischen Kirche in Kulmbach gehören. Und außerhalb von Bayern? Kennen Sie den Dom zu Fulda? Ein prachtvoller Bau, u. a. die Grabstätte des „Bischofs der Deutschen", Bonifatius. Wem gehört die Kirche? Der Dom ist eine eigene juristische Person, vertreten durch das Domkapitel, also er gehört „sich selbst". Hat er denn das Geld, um die Kosten für Unterhalt und Erhalt zu bezahlen? Nein, hat er nicht und braucht es nicht. Die Baulast liegt vorrangig beim Staat.

„Im Jahr 2000 erreichten wir an unserem Objekt eine Projektsumme von 15,6 Millionen DM, die lange jeweils zu einem Drittel getragen wurde durch die Bundesrepublik Deutschland, das Land Hessen und die katholische Kirche."[52]

Dieses Beispiel lässt sich auf manche weitere große Kirche in Deutschland übertragen. Es ist kein Sonderfall, dass Restaurierung und Erhalt von Kirchen ausschließlich vom Staat bezahlt werden.

Weitere Beispiele sind der Dom in Limburg, die Theatinerkirche und die Salvatorkirche in München, die Kirche des Kloster Andechs und der Turm der Nikolaikirche in Hamburg. Das gilt ebenso für ehemalige Kirchen, von denen der Normalbetrachter von außen annimmt, es seien immer noch Kirchen mit Gottesdiensten: Der „Deutsche Dom" auf dem Gendarmenmarkt und die Nikolaikirche im Nikolaiviertel von Berlin sind beide mittlerweile im Staatsbesitz und Ausstellungsgebäude bzw. Museum.

Weitere Bundesländer zahlen auch immer noch aufgrund vertraglicher Verpflichtungen. Baden-Württemberg zahlt 11,1 Mio. €, darunter 1,8 Mio. € Jahresrate für die Instandsetzung des katholischen Münsters in Konstanz, dessen Gesamtkosten auf 31,8 Mio. € geschätzt werden. Brandenburg zahlt 2,9 Mio. €, Mecklenburg-Vorpommern 3,3 Mio. €, Niedersachsen 22.000 € und Rheinland-Pfalz 460.200 € (als Jahresrate für die 4,2 Mio. € teure Sanierung und Restaurierung des Doms in Speyer). Das ist die Momentaufnahme von 53,7 Mio. € für 2009, die für andere Jahre unterschiedlich anfällt.

60. Kirchen und Pfarrhäuser

Dabei handelt es sich nicht nur um Kirchengebäude. Zur Seelsorge gehört ja auch der Pfarrer und so hatte sich der seinerzeitige Patron auch um den Erhalt der Pfarrhäuser zu kümmern.

Baden-Württemberg

In Baden-Württemberg bestehen (2008) Bauverpflichtungen für rund 1.100 „Kirchliche Lastengebäude", 533 davon bewohnte Pfarrhäuser mit staatlicher Baupflicht. Rechtsgrundlagen sind u. a. das Badische Bauedikt von 1808 und das Komplexlastenablösegesetz von 1865. Im Landesarchiv Baden-Württemberg sind viele dieser Ablösungen und Streitigkeiten aus der Mitte der 19. Jahrhunderts dokumentiert.[53] Für die Baulast an den Pfarrhäusern wendet das Land jährlich rund vier Millionen Euro auf. Es geht dabei um die Pfarrgebäude „in Dach und Fach" und die fünf meistbenutzten Räume. Alle Modernisierungen muss die Landeskirche jedoch selber finanzieren.

Um diese Baulast zu verringern, hat die Landesregierung begonnen, wo es auf Zustimmung stößt, diese Bauverpflichtungen abzulösen, d. h. zu beenden. Sie stellt dafür im Landeshaushalt pro Jahr 300.000 Euro bereit. Die Landeskirche ist allerdings, so heißt es, nicht allzu geneigt, darauf einzugehen. Warum soll sie auch einen „Ewigkeitsanspruch" für eine Einmalzahlung aufgeben?

Bayern

In Bayern ist die Situation nicht viel anders. Um welches Volumen es sich hier handelt, hat der Bayerische Oberste Rechnungshof in seinem Jahresbericht 2005 zusammengezählt:

„Insgesamt unterliegen 1.783 kirchen- und 126 staatseigene Gebäude der staatlichen Baupflicht. Darunter sind 649 Kirchen, 648 Pfarrhöfe sowie sonstige kirchliche Gebäude wie Mesnerhäuser, Dekanatsgebäude, Nebengebäude und Garagen einschließlich Einfriedungen. Die Gebäude umfassen eine Nutzfläche von rd. 600.000 m² und einen umbauten Raum von rd. 7.000.000 m³."

Der bürokratische Aufwand des Freistaates, so der Oberste Rechnungshof, sei immens, da die Materie juristisch kompliziert ist. Er gab der Staatsregierung die Empfehlung, die Baulasten abzulösen. In Bayern geht so etwas übersichtlich vonstatten und nach mehrjährigen Verhandlungen hatte man sich geeinigt. Die katholische Kirche bekommt (seit 2007) jährlich einen Pauschalbetrag von 2 Mio. Euro und eine Ablösesumme von 100.000 Euro pro Pfarrhof. Die evangelische Landeskirche erhält (seit 2010) einen jährlichen Pauschalbetrag von 1,5 Mio. Euro, der Ablösebetrag pro Pfarrgebäude beläuft sich auf 85.000 Euro. Zusätzlich zahlt der Freistaat eine Million Euro (in vier Jahresraten) für die Behebung von Schadstoffbelastungen und Verbesserungen des baulichen Wärmeschutzes.

Von dieser Ablösemöglichkeit wird Gebrauch gemacht und so wurden im Jahr 2009 insgesamt 6 Mio. Euro eingesetzt, um die Baulast von 53 Gebäuden zu beenden.

61. Personalaufwand des Staates

Der sächliche Finanzaufwand ist in den Haushalten der Bundesländer bereits enthalten, nicht jedoch der staatliche Personalaufwand. In seiner sorgfältigen Recherche hat der Oberste Rechnungshof in Bayern ermittelt, welcher personelle Aufwand erforderlich ist, um diese vielen Vorgänge zu bearbeiten:

„Personalaufwand des Staates: Mit Aufgaben der staatlichen Baupflicht waren 2001 bei den Bauämtern 358, den Regierungen 35 und den Bezirksfinanzdirektionen 7 Bedienstete (ohne die Mitarbeiter an den kirchlichen Stellen) befasst. Der Arbeitsumfang entspricht insgesamt 78 Vollzeitkräften und ist deutlich höher als bei den sonstigen staatlichen Baumaßnahmen. Eine Vollzeitkraft betreut durchschnittlich 380.000 Euro an Bauausgaben gegenüber 500.000 Euro im sonstigen staatlichen Bereich."[54]

Mit anderen Worten: Dieser staatliche Personalaufwand ist als staatliche Leistung zu den sächlichen Baulastverpflichtungen hinzuzurechnen. Für Bayern wären das bei 78 Vollzeitstellen (je 60.000 Euro) noch einmal 4,7 Mio. Euro im Jahr. Für Baden-Württemberg ist eine ähnliche Größenordnung anzunehmen.

62. Kommunale Kirchenbaulasten

Ende 2003 hatten manche den überraschenden Eindruck, der christdemokratische Ministerpräsident von Hessen, Roland Koch, wolle Ärger mit den Kirchen. Das Land Hessen erklärte nämlich, dass die kommunalen Kirchenbaulasten abgegolten und damit beendet werden sollten. Dabei handelte es sich um staatliche Baulasten für 1.200 Kirchen und Pfarrhäuser in Hessen. Doch bei solchen Aktionen müssen stets die Alarmglocken des Skeptikers läuten und man sollte sich fragen, was tatsächlich damit bezweckt wird.

Der Auftrag, die Kirchenbaulasten als Teil der historischen Staatsleitungen abzulösen, bezieht sich religionsverfassungsrechtlich eindeutig nur auf die Länder, die diese zahlen, und auf den Bund, der für die Ablösung die Grundsätze formulieren soll. Von den Gemeinden/ Kommunen ist dabei nicht die Rede, und so gibt es zu den historischen Staatsleistungen auch nur Staatsverträge mit den Bundesländern. Für die kommunalen Baulastverpflichtungen gibt es keinen Automatismus. Nach verschiedenen Gebietsreformen in den alten Bundesländern, bei denen größere 'Samtgemeinden' gebildet wurden, gab es immer wieder Streitigkeiten zwischen Kirchen und Kommunen über die Frage, ob die neue Gebietskörperschaft die Altverpflichtungen und Verträge zu übernehmen habe.

Auch in Hessen waren die kommunalen Kirchenbaulasten und die „Inanspruchnahme" der Kommunen und die Finanzierung durch die Städte und Gemeinden zunehmend konfliktbehafteter geworden. Also einigte man sich im Dezember 2003 auf eine Rahmenvereinbarung,[55] um weiteren Rechtsstreitigkeiten aus dem Weg zu gehen „und die Kostenträgerschaft für die Erhaltung der rd. 1.200 Kirchen und Pfarrhäuser einvernehmlich und verbindlich" abzulösen.

Die Kirchen hatten für diese Gebäude ein Baulastvolumen von 315,1 Mio. Euro ermittelt und waren bereit, bei den Baulasten von Pfarrhäusern auf 75 Prozent und bei sonstigen kirchlichen Gebäuden auf 50 Prozent der kapitalisierten Werte zu verzichten. Das allein war schon überraschend und weist darauf hin, dass sie keinen klaren Rechtsanspruch hatten. Die sich aus der neuen Vereinbarung ergebende Ablöseleistung von bis zu 150 Mio. Euro an die Kirchen wird zur Hälfte über eine Finanzierungshilfe von 56,3 Mio. Euro aus dem Kommunalen Finanzausgleich und von 18,7 Mio. aus hessischen Landesmitteln unterstützt. Diese Ablösung soll in einem Zeitraum von zehn Jahren realisiert werden, was jährlich im Schnitt eine Belastung des Staates von rund 15 Mio. Euro bedeutet. Das Ganze hat den Zweck, dass die Kirchen in Zukunft nichts mehr bekommen werden.

63. Beispiele der Rechtsprechung

Auch für die Neuen Bundesländer wurde diese Frage bereits höchstrichterlich verhandelt. Nach einer Entscheidung des Bundesverwaltungsgerichts in Leipzig (im Dezember 2008) sind beispielsweise die vertraglich begründeten Kirchenbaulasten der ehemaligen Gemeinden in der späteren DDR nicht auf die nach der Wende errichteten Gemeinden übergegangen, sondern mit dem Inkrafttreten des Einigungsvertrages erloschen. Das Urteil hatte sehr klar die Voraussetzungen dargestellt:

„Aus welchen Gründen auch immer gemeindliche Kirchenbaulasten ursprünglich begründet worden sein mögen, haben sie doch einen Hintergrund gemeinsam: Die Einwohner der Gemeinde waren zumeist vollständig oder weitgehend identisch mit den Mitgliedern der Kirchengemeinde. Es gab regelmäßig keine oder nur äußerst wenige konfessionsfremde Einwohner. Dass sie über die Lastentragung für die Gemeinde mittelbar zur Finanzierung aus ihrer Sicht konfessionsfremder Gotteshäuser beitragen mussten, konnte unter diesen Verhältnissen vernachlässigt werden. Insoweit haben sich die Verhältnisse in der Bundesrepublik Deutschland und in der DDR vollständig anders entwickelt. In der Bundesrepublik ist zwar, bedingt zunächst durch Flucht und Vertreibung aus dem Osten, später durch die allgemeine Mobilität, die konfessionelle Geschlossenheit in den Gemeinden einer stärkeren konfessionellen Durchmischung gewichen. Das ist aber nicht zu vergleichen mit der Entwicklung in der DDR. Wie die Beteiligten für Thüringen übereinstimmend vorgetragen haben, liegt dort die Zahl der Mitglieder einer Kirche deutlich unter einem Drittel der Gesamtbevölkerung. In anderen Bundesländern auf dem Gebiet der ehemaligen DDR ist der Rückgang sogar noch stärker. Das wirft die Frage auf, ob vertraglich vereinbarte Kirchenbaulasten nicht wegen einer wesentlichen Änderung der Verhältnisse bei Abschluss der Verträge weggefallen sind, weil ein Festhalten an den Verträgen dem Verpflichteten unzumutbar geworden ist."[56]

Der Bevollmächtigte des Rates der Evangelischen Kirche in Deutschland bei der Bundesrepublik Deutschland und der Europäischen Union, Prälat Dr. Bernhard Felmberg, hat dafür keinerlei Verständnis, denn:

„Damit ist die Erhaltung vieler denkmalgeschützter Kirchen nicht nur in Thüringen in Frage gestellt. Denn die Erhaltung der Kirchengebäude allein den Kirchengemeinden zu überlassen, wird diese definitiv überfordern. Das Pikante daran: Die DDR ist trotz ihrer kirchenfeindlichen Politik in der Regel den kommunalen Baulastverpflichtungen, die seit dem 19. Jahrhundert gelten, nachgekommen. Das Urteil des Bundesverwaltungsgerichts hat ausgerechnet die friedliche Revolution von 1989 und den Übergang der Neuen Bundesländer zu Demokratie, Rechtsstaat, Freiheits- und Eigentumsschutz zum Anlass genommen, um dem Verhältnis zwischen Staat und Kirche hinsichtlich des Bestands kirchlichen Vermögens einen tiefen Bruch zuzufügen. Es ist nicht nachvollziehbar, dass die Baulasten ausgerechnet infolge des Übergangs in den Geltungsbereich des Grundgesetzes untergegangen sein sollen. [...] Dass der Staat in dieser Sache vollkommen aus der Pflicht genommen werden soll, halte ich für untragbar."[57]

Diese Auffassung könnte man beispielhaft dem ganzen Thema des Verhältnisses von Kirche und Staat voran stellen. Sie zeigt in beeindruckender Klarheit das kirchliche Anspruchsdenken, die Ignoranz gegenüber historischen Veränderungen, die unbeirrte Forderung nach staatlichen Leistungen aus allgemeinen Steuergeldern und die Fremdheit jeglicher Idee, dass auch die Kirche für ihre eigenen Angelegenheiten selbst und mit ihren Mitgliedern verantwortlich ist und sich selbst etwas dazu – selbstbestimmt – einfallen lassen sollte.

Es braucht nicht viel Phantasie, um sich vorzustellen, mit welcher Mentalität dieser Mann, als Chef-Lobbyist der EKD, im politischen Berlin und Brüssel auftritt.

Es gibt eine Vielzahl von Rechtsstreitigkeiten um die kommunalen Kirchenbaulasten. Die Rechtsgrundlagen sind sehr kompliziert, denn das Bundesverwaltungsgericht hatte 2009 einerseits entschieden, dass die vor der Gründung der DDR vereinbarten Kirchenbaulasten nicht auf die neu errichteten Gebietskörperschaften übergegangen seien – womit alle Kommunen der Neuen Bundesländer von diesem Rechtsanspruch auf Übernahme kirchlicher Baulasten befreit wurden. Das gleiche Gericht entschied jedoch zwei Monate später, dass in Baden-Württemberg die kommunale Baupflicht für Kirchengebäude weiterhin besteht. Die Stadt Brühl hatte sich geweigert, eine Million Euro für eine Kirchensanierung zu übernehmen, da die gesellschaftlichen und politischen Verhältnisse sich seit 1868 so stark verändert hätten, dass diese Lasten heute nicht mehr zumutbar seien.

Wie ausführlich und detailliert auch diese Fragen juristisch durchgearbeitet wurden, zeigen einige weitere Beispiele durch die Jahrzehnte. 1957 urteilte das OLG Celle:

„Hat der Staat nach der Säkularisation die laufende Bauunterhaltung und die laufenden Kultuskosten einer Domkirche übernommen, so ist darin die Verpflichtung zu sehen, dem Bischof ständig eine für seinen Gottesdienst geeignete Kirche zur Verfügung zu halten. Dies bedeutet für den Fall der Totalzerstörung der Domkirche, dass der Staat die Kosten des Wiederaufbaues zu tragen hat. Die tridentinische Baulast und entsprechende Regelungen umfassen auch Zerstörungen des zweiten Weltkrieges."[58]

Das Oberverwaltungsgericht Münster urteilte 1967 zum Umfang der Pfarrhausbaulast:

„Die kirchliche Baulast nach Preußischem Allgemeinen Landrecht verpflichtet den Patron nicht, die Kosten für eine Ersatzwohnung des Pfarrers während der Zeit des notwendigen Umbaus einer Pfarrwohnung zu tragen."

Und der Bayerische Verwaltungsgerichtshof urteilte 1973 zur Fortgeltung der Patronatsbaulast:

„Die Bestimmungen des Preußischen Allgemeinen Landrechts über die subsidiäre Kirchenbaupflicht des Kirchenpatrons sind in den ehemals preußischen Gebieten Ansbach-Bayreuth geltendes Recht soweit nicht Rechte des Fürstentums Ansbach-Bayreuth, insbesondere die Ansbacher Konsistorialordnung vom 21. Januar 1594 anwendbar sind."

Allerdings klärte das Verwaltungsgericht Würzburg 1991 klar und kurz zur Kaminkehrergebühr:

„Der Träger der Pfarrhausbaulast ist nicht verpflichtet, die Kaminkehrergebühren zu übernehmen."

Es sind gerade diese Kleinigkeiten, in denen sich Mentalitäten offenbaren. So ein bemerkenswertes Detail ist auch, wenn der Oberste Rechnungshof Bayern schreibt:

„Hand- und Spanndienste: Nach den Baupflichtrichtlinien besteht bei kirchlichen Rechtsträgern die Verpflichtung z. T. Hand- und Spanndienste zu erbringen. Zur Abgeltung dieser Verpflichtung tragen die Kirchen 5 % der Baukosten selbst. Auf staatlicher Seite ist teilweise nicht bekannt, bei welchen Objekten diese Verpflichtung besteht. Unnötige Ausgaben für den Staat sind die Folge."[59]

Die Vielzahl der gezahlten Baulasten auf der kommunalen Ebene wäre ein eigenes Forschungsgebiet. Als Illustration seien hier die Zahlen für Frankfurt am Main aufgeführt. Die Stadt zahlt im Zeitraum 2008 bis 2011 für „Kirchliche Angelegenheiten"[60]: 3 Mio. Euro für die Außeninstandsetzung und 6,5 Mio. Euro für die Innensanierung der St. Leonhardskirche, für den Orgelneubau der Liebfrauenkirche 780.000 Euro und als Zuschuss zum Umbau der St. Peterkirche als Jugendkulturkirche 1,6 Mio. Euro. Die Dach- und Fassadensanierung der Dreikönigskirche schlägt mit 2,2 Mio. Euro zu Buche, die Dachsanierung des Dom St. Bartholomäus (im 2. Bauabschnitt) mit 300.000 Euro. Das sind für vier Jahre insgesamt 14,4 Mio., also im Schnitt 3,6 Mio. Euro pro Jahr. Für 2008 ist noch Weiteres zu finanzieren: 114.500 Euro für die Hälfte der laufenden Kosten der Domschatzkammer und 84.500 Euro für weitere Dotationsverpflichtungen. Dazu kommt dann noch ein jährlicher Aufwand von 1,6 Mio. Euro für die Versicherungen, Grünflächenpflege, Strom- und Heizungskosten des Dominikanerklosters, des Pfarrhauses am Dom, des Pfarrhauses Bonames und der St. Leonhardskirche. Für das Jahr 2008 bedeutet das insgesamt eine Summe von 5,4 Mio. Euro für die Stadt Frankfurt, aufgrund von Dotationsurkunden aus den Jahren 1830 und 1854.

64. Fazit Kirchenbaulast

Die ausgewiesenen Baulastzahlungen der Bundesländer und Kommunen an die Kirchen betragen 94,1 Mio. Euro. Da nur wenige Bundesländer und Kommunen erfasst wurden, können sie allerdings auf rund 100 Mio. Euro pro Jahr aufgerundet werden. In diesem Betrag sind die Kosten der Denkmalpflege und die einmaligen staatlichen Zuschüsse für einzelne besondere kirchliche Projekte nicht enthalten.

Ablösung der Staatsdotationen

Die Schieflage im Verhältnis von Staat und Kirchen lässt sich an der Frage der Ablösung der Staatsdotationen besonders gut darstellen, denn gleichzeitig mit der Abschaffung der Staatskirche formulierte die Weimarer Nationalversammlung im Jahre 1919 den Verfassungsauftrag: Diese Staatsleistungen sind abzulösen. Der betreffende Verfassungstext lautet (WRV Art. 138 1):

„Die auf Gesetz, Vertrag oder besonderen Rechtstitel beruhenden Staatsleistungen an die Religionsgesellschaften werden durch die Landesgesetzgebung abgelöst. Die Grundsätze hierfür stellt das Reich auf."

Dieser Auftrag ist eindeutig, umfassend und unmissverständlich. Alle Interpretationen, wie das im Interesse der Kirchen anders zu verstehen sei, verbiegen dessen Inhalt und Intention.

65. Ablösebefehl

Jüngere Staatskirchenrechtler wie Michael Droege sprechen sogar von einem unmissverständlichen „Ablösebefehl" und betrachten die bisher nicht erfolgte Realisierung als „ärgerliches Versäumnis".[61]

In der revolutionären Übergangszeit von der Monarchie zur Demokratie (1918/19) hatten die Parlamentarier wahrhaftig andere Probleme und formulierten eine vorläufige Übergangslösung. Man verschob das Thema auf ruhigere Zeiten, denn auch die Kirchen würden ja ein paar Jahre brauchen, bis sie sich auf ihre Finanzierung durch die Kirchensteuern eingestellt haben würden. Um die Kirchen vor revolutionären Veränderungen in den Reichsländern zu schützen, sollte das Reich die Grundsätze der Ablösung dieser Ansprüche festlegen.

Den Lobbyisten der katholischen Kirche war es dann, Jahre später, doch noch ein Anliegen, einen etwas schwammigen Begriff in der Ablösungsdirektive, den der „besonderen Rechtstitel", mit einem noch schwammigeren aber juristisch einklagbaren zu präzisieren. So wurde im Reichskonkordat von 1933 ausdrücklich im Artikel 18 vereinbart: „Zu den besonderen Rechtstiteln zählt auch das rechtsbegründete Herkommen." Auf Hochdeutsch heißt das „Gewohnheitsrecht" und hat eine Bedeutung wie: Alles, aber auch garantiert alles, was bisher gezahlt wurde, wird auch weiter bezahlt – egal ob der Rechtsanspruch legal, korrekt, gültig oder überhaupt nicht nachweisbar ist.

66. Freie Kirche im Freien Staat

Um den Sinn einer Rechtsnorm zu verstehen, ist es häufig ratsam, einen Blick in die Verhandlungsprotokolle bei der Entstehung dieser Formulierung zu werfen. Den Zweck dieser einzigen Verfassungsnorm, in der die Frage der finanziellen Trennung von Staat und Kirchen direkt thematisiert wird (WRV Art. 138 Abs. 1), kommentierte der liberale Abgeordnete Friedrich Naumann 1919 im Verfassungsausschuss der Nationalversammlung folgendermaßen:

„Nun zur Finanzfrage. Die Konsequenz des Antrages Gröber Nr. 91 ist die, daß der Staat in Zukunft, nachdem einmal Inventur gemacht und Ablösung erfolgt ist, keine Mittel mehr für die Kirchen aufzuwenden hat. Diese Konsequenz ist unser aller Wunsch."[62]

Das ist unmissverständlich. Aber 2010 war der mittlerweile 91. Jahrestag dieses bisher nicht umgesetzten Verfassungsauftrages von 1919. 2019 ist dann 100-jähriges Jubiläum. Es sei jedoch, wie der SPD-Bundestagsabgeordnete Dieter Wiefelspütz es 2008 formulierte, ein „Verfassungsauftrag, ohne aber eine Sanktion für das Untätig bleiben zu enthalten, so dass die Entscheidung zur Ablösung der Staatsleistungen letztlich der politischen Opportunität unterliegt". So kann man als Politiker einen Verfassungsauftrag bewerten. Geschehen ist dementsprechend bisher nichts, außer der Darstellung von Kirchenjuristen, dass, sofern diese Zahlungen beendet werden, immense Ablösesummen an die Kirchen fällig würden.[63] Es werden diffuse Größenordnungen in den Raum gestellt – niemals konkret geschätzt oder benannt – und dann festgestellt, „daß damit in Anbetracht der Summen, um die es geht, eine Totalablösung nie zu erreichen sein wird, daß also in der Tat nur die Umstellung auf eine 'ewige Rente' vollzogen werden könnte".[64]

Diese Behauptung einer immensen Ablösesumme, von der im Verfassungstext keineswegs die Rede ist, wurde auch nach 1989 in den Neuen Bundesländern der Bundesrepublik Deutschland dazu benutzt, Staat-Kirche-Verträge und Konkordate mit eigentlich zu beendenden Staatsleistungen neu zu vereinbaren.

Derartig abwegige Darstellungen gehören auch zum Repertoire der offiziellen Regierungspolitik. In der 17. Legislaturperiode des Bundestages, im Dezember 2009, stellte der Bundestagsabgeordnete Raju Sharma die Anfrage:

„Wie und wann beabsichtigt die Bundesregierung den seit 1919 bzw. 1949 bestehenden Verfassungsauftrag aus Art. 140 des Grundgesetzes, GG, in Verbindung mit Art. 138 Abs. 1 Satz 2 der Weimarer Reichsverfassung, WRV, zu erfüllen?"

Die Antwort des Parlamentarischen Staatsekretärs im Bundesministerium des Innern, Dr. Ole Schröder, ist zunächst sehr interessant:

„Nach herrschender Auffassung in der Literatur setzt eine Aufhebung durch die Länder erst eine bundesrechtliche Grundsatzregelung im Sinne des Art. 138 Abs. 1 Satz 2 WRV voraus. Anstelle einer solchen landesgesetzlichen Regelung ist nach ebenfalls herrschender Auffassung jedoch auch eine Ablösung durch Vereinbarung zwischen Land und Religionsgesellschaft zulässig."

Das heißt, dass der Bund diese Grundsätze gar nicht mehr aufzustellen braucht, sondern dass die Bundesländer das auch selber erledigen können, wenn sie es denn wollen. Was dann jedoch abschließend erklärt wird, lässt einen nur noch ungläubig den Kopf schütteln:

„Der Bund hat bisher Grundsätze im Sinne des Art. 138 Abs. 1 WRV nicht erlassen. Dabei waren vor allem folgende Überlegungen maßgebend: In den neueren Kirchenverträgen der Länder sind die Staatsleistungen einvernehmlich neu und in vereinfachter Form geregelt. Insoweit wird für den Bundesgesetzgeber kein Handlungsbedarf gesehen. Die finanziellen und volkswirtschaftlichen Schwierigkeiten einer Ablösung sind nicht zu unterschätzen. Die Länder haben es bei der Anwendung ihrer Pflicht zur Rückgabe von säkularisiertem Grundvermögen stets vorgezogen, eine Geldrente zu leisten."[65]

Woher sich diese „Pflicht zur Rückgabe von säkularisiertem Grundvermögen" ableiten könnte, wird leider nicht erwähnt. Das ist aus gewisser Sicht wiederum klug, da eine solche Pflicht nirgendwo vereinbart wurde und eine Phantasievorstellung darstellt.

67. Ablösesummen und Reichsdeputationshauptschluss

Hinsichtlich der Frage der Ablösesumme, falls man die Meinung vertritt, dass überhaupt noch etwas zu bezahlen ist, wird juristisch sehr Kompliziertes formuliert. Die Literatur füllt Regale mit Behauptungen über teilweise verstiegene oder nicht weiter benannte Größenordnungen, die die finanzielle Leistungsfähigkeit der Bundesländer nicht hergeben würde.

Ein genaues Lesen des Originaltextes dieses Reichsdeputationshauptschlusses[66] gibt jedoch einer anderen Interpretation Raum, die sicherlich noch einer weiteren historischen und juristischen Überprüfung bedarf.

Der Text ist detailliert und in den umfangreichen Feststellungen wird beschrieben, welcher Fürst welche bisher „geistlichen Territorien" bekommt. Gleich im § 1, Absatz 1 wird festgelegt, was

„Sr. Majestät dem Kaiser, Könige von Ungarn und Böhmen, Erzherzoge von Oesterreich" zusteht: die Bistümer Trient und Brixen, „mit ihren sämmtlichen Gütern, Einkünften, eigenthümlichen Besitzungen, Rechten und Vorrechten, ohne irgend eine Ausnahme". Als Ausgleich wird festgelegt: „[...] unter der Verbindlichkeit jedoch, sowohl für den lebenslänglichen Unterhalt der beiden jetzt lebenden Fürstbischöfe und der Mitglieder der beiden Domkapitel, nach einer mit solchen zu treffenden Uebereinkunft, als auch für die hierauf erfolgende Dotation der bei diesen beiden Diöcesen anzustellenden Geistlichkeit, nach dem in den übrigen Provinzen der Oesterreichischen Monarchie bestehenden Fuße zu sorgen."

Kurz ausgedrückt: Die beiden ehemaligen Fürstbischöfe, die Mitglieder des Domkapitels und die bei den Diözesen beschäftigten Geistlichen erhalten bis an ihr Lebensende eine zu vereinbarende Dotation. Mehr nicht. Mit dem Tod des letzten Bediensteten sind diese Dotationsverpflichtungen erloschen. Nachfolger oder Erben werden nicht genannt und nicht finanziert.

Zu ihren Lebenszeiten sollte für die säkularisierten adeligen Bischöfe alles angenehm bleiben, einschließlich einer standesgemäßen Sommerresidenz und des Tischgeschirrs, das jedoch nur für die Fürstbischöfe und Fürstäbte. Nach ihrem Tod war damit Schluss und auch die ihnen vom Staat überlassenen Möbel und die Tafelservice aus Staatsbesitz gingen an den Staat zurück. Da wurden keine Nachfolger erwähnt, die beispielsweise die Möbel als Dauerleihgabe hätten behalten dürfen.

Die einzige längerfristige Verpflichtung bestand nach Artikel 35 des Reichsdeputationshauptschlusses in der festen und bleibenden Ausstattung der Domkirchen. Es geht dabei um die Übernahme von speziellen Baulasten, wie sie heute noch vom Freistaat Bayern bezahlt werden.

Insofern gibt es aufgrund des Reichsdeputationshauptschlusses keinerlei Begründung für Entschädigungen oder gar Personalzuschüsse, wie etwa die fortdauernde Zahlung von Bischofsgehältern und Pensionen.

68. Historische Kontinuität

Der Reichsdeputationshauptschluss ist als eine Art Protokoll zu betrachten, in dem alle Gebietsveränderungen und Regelungen präzise erfasst wurden. Er besagt nichts über die damals zeitgemäßen juristischen Grundlagen dieser Veränderungen. Dazu lassen sich sechs Anmerkungen machen, die alle darauf hinauslaufen, dass auch hieraus keinerlei langfristiger Entschädigungsanspruch des Klerus abzuleiten ist.

Erstens. Der Hauptschluss ist das letzte große Gesetz des Heiligen Römischen Reiches Deutscher Nation, das im März 1803 vom Reichstag verabschiedet und im April 1803 vom Kaiser unterzeichnet wurde. Es ist also ein korrekt zustande gekommenes Gesetz innerhalb der seinerzeit geltenden Staatsordnung.

Zweitens. Die säkularisierten geistlichen Territorien waren zum größten Teil Reichslehen, die vom Kaiser nach seinem institutionellen Gutdünken verliehen und zurückgenommen wurden. Es war also kein katholisches Eigentum, sondern nur den jeweiligen Besitzern zur Nutzung überlassenes Reichseigentum, das nun neu verteilt wurde.

Drittens. Die Säkularisationen in Deutschland fanden unter französischem Einfluss statt. Sie waren gleichsam die Fortsetzung der bereits in Frankreich durchgeführten Komplettsäkularisation – im Heiligen Römischen Reich deutscher Nationen blieb dagegen der Besitz der Pfarreien und der Wohlfahrtseinrichtungen erhalten. Insofern lassen sich Verträge, die in Frankreich vereinbart wurden, durchaus auch auf das Heilige Römische Reich übertragen und so hätte es dafür eine entsprechende Bedeutung, dass der Papst in dem so genannten „Napoleon Konkordat" von 1801 in Artikel 13[67] auf die Eigentumsrechte an den in Frankreich säkularisierten Kirchengüter verzichtete, den neuen Eigentümern einen ungestörten Besitz garantierte und damit diese Politik sanktionierte.

Viertens: Im Frieden von Lunéville (1801)[68] wurden in Artikel 7 die Prinzipien geregelt, wie die deutschen Fürsten für ihre linksrheinisch an Frankreich verloren gegangenen Gebiete entschädigt werden sollten und die dem Reichsdeputationshauptschluss zugrunde lagen. Der Artikel 7 lautet in wörtlicher deutscher Übersetzung:

„Art. 7. Anlässlich der Veräußerungen, die das (germanische) Reich an die französische Republik leistet, wurden zahlreiche Prinzen und Staaten des Reiches zur Gänze oder teilweise enteignet, wohingegen es jedoch eine Kollektivverantwortung des germanischen Reiches sein sollte, die Verluste der gegenwärtigen vertraglichen Vereinbarung zu tragen. Es wurde somit vereinbart zwischen S.M. dem Kaiser und König, in dessen Namen sowie im Namen des germanischen Reiches und der französischen Republik, dass nach den Prinzipien, welche formal auf dem Kongress von Rastadt festgelegt worden sind, dass das germanische Reich angehalten ist, den enteigneten Erbprinzen auf dem linken Flussufer des Rheins eine Entschädigung zukommen zu lassen, welche aus dem Schoße des besagten Reiches kommend, nach folgenden Abmachungen, die zu einem späteren Zeitpunkt zu treffen sind, stammen."

Da werden die Entschädigungen der weltlichen Herrscher angesprochen, nicht die der klerikalen Fürstbischöfe. Und mit den Entschädigungen „aus dem Schoße des Reiches kommend", sind die kaiserlichen Lehen gemeint, die vom Kaiser (dem „Schoß des Reiches") zurückgenommen und neu verteilt werden sollen.

Fünftens. Aus demokratisch-aufgeklärter Sichtweise, wie sie im *Brockhaus Lexikon* von 1824 veröffentlicht wurde, heißt es:

„Die Säcularisation enthält, aus rechtlichem Gesichtspunkt betrachtet, durchaus nichts Ungerechtes, da die geistlichen Regenten nicht durch den Willen der von ihnen regierten Völker, sondern durch bloße Anmaßung zu ihrer Herrschaft gelangt waren, mithin kein wohlerworbenes Recht [...] hatten."[69]

Und *Meyers Conversations-Lexikon*, das wohl auch keiner revolutionären Ideen verdächtig ist, formuliert 1851, dass die

„geistlichen Regenten in der Regel wider den Willen der von ihnen regierten Völker durch Anmaßung, Erbschleicherei, List und Betrug u. dgl. zu ihrer Herrschaft und zu ihren Reichthümern gelangt sind", und deshalb „für die Herrschaft der Geistlichen weder ein vernunftrechtlicher noch ein positivrechtlicher Grund angeführt werden kann."[70]

Hier wird den (Fürst)Bischöfen sogar jegliche moralische Berechtigung auf Entschädigungen abgesprochen.

Sechstens. Unter der vernunftbetonten Regierung von Kaiser Joseph II. (1741-1790) gab es verschiedene Reformen. Unter anderem die Abschaffung von Folter, Leibeigenschaft, Zunftzwang und Pressezensur. Sein Augenmerk galt der Förderung von Wissenschaft, Technik und Erziehung. Die auf seine Anweisung durchgeführten Klosteraufhebungen ab 1782 hatten zur Grundlage, dass diese schlicht nutzlos seien und nichts zum Wohl der Gesellschaft beitragen würden. Dies führte in den habsburgischen Erblanden zur Auflösung all jener Klöster, die „weder Schule halten, Kranke betreuen, predigen oder den Beichtstuhl versehen, in den Schulen sich hervortun". Es betraf also ausschließlich die Klöster, in denen die Mönche bzw. die Nonnen eine Art „Lotterleben" führten. Dementsprechend wurden in mehreren Wellen in Österreich rund 700 Klöster aufgelöst.

Diese Klosteraufhebungen ab 1782 gelten, nach (1.) der Reformation sowie dem Augsburger Religionsfrieden und (2.) dem Westfälischen Frieden, als weitere (3.) Phase der Säcularisation in Deutschland. Der Reichsdeputationshauptschluss stellt dann das Protokoll der (4.) abschließenden Phase eines bereits Jahrhunderte andauernden Bestrebens der weltlichen Mächte dar, sich von geistlich-religiöser Bevormundung und Einmischung zu befreien und damit überflüssigen Ballast abzuwerfen.

69. Modernisierung und Traditionsbestände

Wie sich in der historischen Situation von 1803 Aspekte der Modernisierung und Traditionen vermischen, zeigt sich an dem Beispiel des Kurfürsten und Erzbischofs von Mainz, Karl Theodor von Dalberg. Er hatte den größten Teil seines linksrheinischen geistlichen Territoriums verloren und hätte nun, wie seine Kollegen, auch die weltliche Herrschaft über den verbliebenen rechtsrheinischen Rest verlieren müssen. Das geschah jedoch nicht, sondern, ganz im Gegenteil, er erhielt sogar ein neues „geistliches Territorium" eines eigenen „Staates". Dieser setzte sich im Wesentlichen aus dem kurmainzischen Fürstentum Aschaffenburg, der Grafschaft Wetzlar und dem Fürstentum Regensburg zusammen.

Die Erklärung dafür ist einfach, denn dieser spezielle Erzbischof war auch der Reichserzkanzler des Heiligen Römischen Reiches Deutscher Nation und zuständig für die Krönung und Salbung des Kaisers. Er wurde gebraucht, solange das (erste) Kaiserreich existierte. Nach Abdankung von Kaiser Franz II. und dem Ende des Reiches 1806 bestand auch dieses letzte geistliche Territorium nicht mehr lange. Es wurde nach 1806 nicht mehr benötigt und fiel 1814 an das Königreich Bayern.

70. Nützlichkeitsdenken und Bayerisches Konkordat von 1817

Entsprechend der Regelungen im Reichsdeputationshauptschluss wurden die Pensionen an die ehemaligen geistlichen Herrscher bis zu ihrem Tode korrekt weiter bezahlt, dann war es damit zu Ende.

Die (Erz-)Bischöflichen Stühle verwaisten nach dem Tod der Amtsinhaber, da es keinerlei Regelung gab, wie sie finanziell ausgestattet werden sollten. Von den 20 „depossedierten" Bischöfen lebten 1817 nur noch drei. Das Heilige Römische Reich war Vergangenheit, die Territorialstaaten hatten sich ebenso etabliert wie abgesichert: Bayern, Sachsen, Preußen und Hannover waren Königreiche „von Gottes Gnaden" geworden, andere Staatsgebilde wurden Großherzogtümer etc.

Für diese neuen Könige bedurfte es dann jedoch wiederum, Rolle rückwärts, der religiösen Weihen und der „Partnerschaft" mit dem Klerus. So wurde beispielsweise in Bayern im Konkordat von 1817[71] festgelegt, dass der hohe Klerus staatlich alimentiert werde. Der absolutistische, adelige Staat brauchte die Kirchen, denn außer dieser göttlichen / kirchlichen Einsegnung hatten die adeligen Herrscher keine andere Legitimation ihres Anspruchs, mehr Rechte zu besitzen als andere Menschen. So etwas gibt es natürlich nicht umsonst und nach dem alten Prinzip „Do ut des"

(Ich gebe, damit du gibst) gab es aus „Fürsorge" Alimentierung gegen Legitimation. So wurden Staatsdotationen vereinbart – die heute immer noch gezahlt werden. Wofür ist schon allein deshalb unklar, weil ein heutiger Ministerpräsident – soweit öffentlich bekannt ist – weder gesalbt noch gekrönt wird. Die Einordnung der Bischöfe in Bayern in die politischen Erfordernisse zeigt sich u. a. im Treueeid der Bischöfe auf den König im Artikel XV des Konkordats:

„Die Erzbischöfe und Bischöfe werden in die Hände Seiner Königlichen Majestät den Eid der Treue in folgenden Worten ablegen: 'Ich schwöre und gelobe auf Gottes heilige Evangelien Gehorsam und Treue Seiner Majestät dem Könige. Eben so verspreche ich, keine Communication zu pflegen, an keinem Rathschlage Theil zu nehmen, und keine verdächtige Verbindung weder im Innlande, noch auswärts zu unterhalten, welche der öffentlichen Ruhe schädlich seyn könnte, und wenn ich von einem Anschlage zum Nachtheile des Staates, sey es in meiner Diöcese oder sonst irgendwo Kenntniß erhalten sollte, solches Seiner Majestät anzuzeigen.'"

Dass diese Nützlichkeitserwägungen eine vorrangige Rolle spielten, zeigte sich auch im Umgang mit einer anderen religiösen Betroffenengruppe, den Mönchen und Nonnen. In einer katholischen Untersuchung heißt es dazu:

„Zugunsten der Mitglieder aufgehobener Konvente setzte, sofern sie keinen Unterhalt in der Seelsorge fanden, auch das Kurfürstentum Bayern in Übereinstimmung mit den §§ 55 ff. RDHS [Reichsdeputationshauptschluss] nur kümmerliche Pensionen fest. Die Klosterfrauen, aber auch die Kapuziner und Franziskaner wurden in 'Zentralklöstern' zusammengeführt; 'Crepieranstalten für die halsstarrigen klostertreuen Individuen', hat ein kurfürstlicher Kommissar solche Einrichtungen genannt und hierdurch die tatsächliche Absicht drastisch zum Ausdruck gebracht."[72]

Wer nicht gebraucht wurde, konnte also verhungern. Nur wer nützlich war, bekam Alimente. Entsprechend Artikel VII des Bayerischen Konkordats 1817 ...

„[...] erklärte sich König Maximilian bereit, 'in Anbetracht der Vorteile, welche die religiösen Orden der Kirche und dem Staate gebracht haben und in der Folge auch noch bringen könnten, [...] einige Klöster der geistlichen Orden beiderlei Geschlechts entweder zum Unterricht der Jugend in der Religion und den Wissenschaften oder zur Aushilfe in der Seelsorge oder zur Krankenpflege im Benehmen mit dem heiligen Stuhle mit angemessener Dotation herstellen zu lassen.'"[73]

In Parallele zu den Pfarrern am Beginn des 19. Jahrhunderts, die ihr Einkommen aus kirchlichen Pfründestiftungen bezogen, entsprach ihre Bezahlung „dem gehobenen Durchschnitt der Einkommensverhältnisse in der Bevölkerung".[74]

Zu weiteren Konkordaten ist es im 19. Jahrhundert nicht mehr gekommen. In zwei Fällen, in Baden und in Württemberg, wurden geschlossene Konkordate von den Ständeversammlungen nicht gebilligt.[75] Auch in Hannover konnten sich König und Papst nicht einigen.

Das heißt aber, dass die historische Begründung von Staatsdotationen noch dürftiger wird. Außerhalb Bayerns können Kirche und Rechtslehre sich nicht einmal auf staatskirchenrechtliche Rechtstitel berufen.

Welche Rechtsqualität die einseitige päpstliche Bulle *De salute animarum* hat, wäre zu prüfen. Zum Sachverhalt:

„Auch Preußen strebte zunächst ein Konkordat an, 'um die Eingliederung der im Osten und Westen ... neu gewonnenen beträchtlichen katholischen Gebietsteile ... in die Monarchie zu erleichtern, zumal die neuen katholischen Untertanen, etwa zwei Fünftel der Bevölkerung, dem preußischen Regiment vielfach mit ... Ablehnung gegenüberstanden'. Die Verhandlungen zogen sich bis 1820 hin. Schließlich kam aufgrund einer entschiedenen Intervention des Staatskanzlers Hardenberg (nur noch) eine Zirkumskriptionsbulle De salute animarum zustande, die am 23.08.1821 als staatliches Recht publiziert wurde. Gleichwohl kam es über die 'Bischofswahlen' immer wieder zu Streitigkeiten."[76]

71. Ende der Staatskirche, Demokratie, Bayern-Konkordat 1924

Dieser legitimatorische Dienst des Klerus für die Monarchien war mit den demokratischen Veränderungen in Deutschland (1918/19) beendet. Für die weitere Alimentierung des Klerus gab es fortan keine Gründe mehr: Die Volkssouveränität ist grundlegendes Prinzip der Legitimation demokratisch-politischer Herrschaft. So heißt es in Art. 20 Abs. 2 des Grundgesetzes: „Alle Staatsgewalt geht vom Volke aus. Sie wird vom Volke in Wahlen und Abstimmungen und durch besondere Organe der Gesetzgebung, der vollziehenden Gewalt und der Rechtsprechung ausgeübt."

Mit dem Ende der Monarchien in Deutschland wurde jedoch versäumt, auch das Verhältnis von Staat und Kirchen zu demokratisieren.

Die Folge: Das Selbstverwaltungsrecht und die eigene finanzielle Basis durch die Kirchensteuern wurde von den Kirchen zwar gerne akzeptiert, die gleichzeitig verfügte Ablösung, d. h. Beendigung der als Übergangslösung weiter gewährten Staatsdotation, aber bis heute erfolgreich verhindert.

Das soll noch einmal für Bayern dargestellt werden, denn das Bayern-Konkordat von 1924 war das erste Landeskonkordat nach der Demokratisierung Deutschlands und galt als richtungsweisend für die Konkordate in Preußen (1929), Baden (1932) und auch für das Reichskonkordat (1933).

Was in der demokratischen Republik Bayern geschah, als das Konkordat verhandelt wurde, schildert die katholische *Tagespost* so:

„Die Verhandlungen mit wechselnden bayerischen Regierungen zogen sich über Jahre hin. Papst Benedikt XV. hatte bereits 1917 seinen begabtesten Diplomaten, den damals 41-jährigen Pacelli [den späteren Papst Pius XII.], nach Bayern entsandt. Gewandt im Umgang, aber unerbittlich in der Sache begegnete er seinen Partnern im bayerischen Kabinett, das ihm offensichtlich nicht gewachsen war. Mit dem Konkordat erhielt die Kirche in Bayern wesentlichen Einfluss auf das staatliche Schul- und Bildungswesen, während der Staat auf jegliche Einmischung in kirchliche Angelegenheiten verzichtete."[77]

Am 22. Juni 1920 wurde die Bekenntnisschule in Bayern wieder zur Regelschule erklärt. Parallel dazu war die katholische Kirche des Erzbistums München gegen demokratische Veränderungen eingestellt. 1917 war Michael von Faulhaber Erzbischof in München geworden und 1921 wurde er zum Kardinal erhoben (bis 1952 war er Erzbischof von München und Freising). Er stand Eugenio Pacelli in seiner Haltung als Antimodernist, Antidemokrat und kompromissloser Verteidiger katholischer Interessen in Nichts nach. So äußerte er einmal nach dem Ende der Monarchie:

„Könige von Volkes Gnaden sind keine Gnade für das Volk, und wo das Volk sein eigener König ist, wird es über kurz oder lang auch sein eigener Totengräber."[78]

Nach Abschluss des Reichskonkordates 1933 behielt er – trotz Vorbehalte gegen den Nationalsozialismus – das Ziel der Unabhängigkeit kirchlicher Institutionen im Auge und gratulierte Hitler in einem Telegramm:

„Was die alten Parlamente und Parteien in 60 Jahren nicht fertig brachten, hat Ihr staatsmännischer Weitblick in 6 Monaten weltgeschichtlich verwirklicht. […] Uns kommt es aufrichtig aus der Seele: Gott erhalte unserem Volk unseren Reichskanzler".

Die katholische Kirche schien demnach also schon seit Beginn des Kaiserreiches 1870/71 auf ein Reichskonkordat gewartet zu haben.

Doch zurück nach Bayern und damit zu Konfessionsschulen, Kirchlichem Religionsunterricht, Katholisch-Theologischen Fakultäten, Katholischer Universität Eichstätt, der staatlichen Finanzierung des höheren Klerus und der Eremitenanstalten, der Ernennung der Bischöfe ausschließlich durch den Vatikan usw. Es gab kaum etwas, was Faulhaber und Pacelli nicht zugunsten der Kirche im „Konkordat zwischen seiner Heiligkeit Papst Pius XI. und dem Staate Bayern vom 29. März 1924" hätten durchsetzen können. Sie setzten damit Maßstäbe für weitere Vereinbarungen.

1924 in Bayern – man muss sich vergegenwärtigen, was in diesen Jahren in Bayern aus der Perspektive vieler Menschen ins Wanken geraten war: Die Monarchie gestürzt und Vergangenheit, die Räte-Republik an der Macht, der Gegenterror der Freikorps, Kapp-Putsch, der Marsch der Nazis auf die Feldherrenhalle, die Inflation, Kriegsversehrte, Arbeitslosigkeit. Da erschien die katholische Kirche als der einzig verbliebene Garant für Tradition und Beständigkeit. Was sollte man einer derartigen Institution verweigern können?

Der päpstliche Nuntius Pacelli, wohl wissend um die wechselnden Geneigtheiten von Regierungen, die finanziellen Interessen der Kirche zu befriedigen, vereinbarte im Konkordat von 1924 – also fünf Jahre nach dem „Ablösungsbefehl" in der Weimarer Reichsverfassung – nach detaillierten Fort- und Festschreibungen gerade dieser eigentlich abzulösenden Dotationen, am Schluss des entsprechenden Artikels 10 eine Generalklausel, die den Ablösebefehl der Reichsverfassung ad absurdum führte:

„Im Falle einer Ablösung oder Neuregelung der auf Gesetz, Vertrag oder besonderem Rechtstitel beruhenden staatlichen Leistungen an die Kirche sichert der Bayerische Staat die Wahrung der kirchlichen Belange durch Ausgleichszahlungen zu, die entsprechend dem Inhalt und dem Umfange des Rechtsverhältnisses unter Berücksichtigung der Geldwertverhältnisse vollen Ersatz für das weggefallene Recht gewähren."

Diesen doppelten Verfassungsbruch – einerseits die Fortschreibung der Dotationen und andererseits die Festschreibung der Zuwendungen, falls abgelöst wird – als Recht und gültigen Vertrag zu bezeichnen, dazu gehört schon eine große Portion Schamlosigkeit oder Unverschämtheit. Im Wissen, dass eine Vereinbarung gegen eine übergeordnete Rechtsnorm verstößt – „Reichsrecht/Bundesrecht bricht Landesrecht" – wurden sie dennoch explizit und ausführlich trotz bewusstem Rechtsbruch formuliert. Dazu bedarf es einer Auffassung der eigenen Rechtsposition, die nicht bereit oder mental in der Lage ist, andere Rechtsauffassungen anzuerkennen oder gar zu respektieren. Die in dieser Hinsicht getroffenen Vereinbarungen sind deshalb nur Ausdruck eines deklamatorischen Wunsch- oder Anspruchsdenkens, dessen Formulierungen schon im Stadium der Entstehung rechtswidrig und damit hinfällig waren.

Im Bayern-Konkordat von 1924 taucht erstmals auch die Formel vom „vollen Ersatz für das weggefallene Recht" für den Fall der Ablösung auf, die zwar umstritten blieb, aber von kirchennahen Kreisen stets wiederholt wird.

72. Legendenbildung

Mit dem ersten Konkordat in Deutschland, das mit einer demokratisch gewählten Regierung vereinbart wird, beginnt auch die Legendenbildung um
historische Verpflichtungen und Bezüge: Der Verweis auf eben diese an-
geblichen Verpflichtungen soll vermutlich gegen die demokratische Diskussion über dieses Thema immunisieren.

Die Texte der bayerischen Konkordate enthalten dabei in keiner einzigen Formulierung Ansprüche, die als Entschädigungen für Enteignungen
oder ähnliches deklariert wurden.

Allerdings ist in diesem Bayern-Konkordat von 1924 zum ersten Mal
von „vermögensrechtlichen Verpflichtungen" die Rede, die angeblich im
Konkordat von 1817 festgelegt worden seien. Und wenn diese sachlich
falschen Bezüge, die weit auf das Heilige Römische Reich zurückgreifen, nicht reichen sollten, wird sich auf die Verfügungen des Bayerischen
Königs von 1817 bezogen, die seiner huldvollen „Fürsorge" und der
Nützlichkeit der Kirche für die Monarchie entsprangen und das einfach-
ste Gegenargument gegen solche staatlichen Zahlungen durch ein de-
mokratisches Gemeinwesen sind. Was einem König nützt, braucht einen
Demokraten nicht zu interessieren.

Seitdem wird unter dem Kürzel „1803" diese historische
„Schuldverpflichtung" des Staates behauptet, in neue Verträge übertragen
und munter werden weitere Zahlungen vereinbart wie geleistet.

73. Güter und Fonds

Die behauptete „Entsprechung der vereinbarten Staatsleistungen mit den
Artikeln IV und V des Konkordats von 1817" stellt sich beim Nachlesen als
glatte Falschdarstellung heraus. Gleich zu Beginn des Artikel IV heißt es
im Konkordat von 1817:

„Die Einkünfte zum Unterhalt der Erzbischöfe und Bischöfe werden auf Güter und
ständige Fonds gegründet werden, welche der freyen Verwaltung der Erzbischöfe
und Bischöfe übergeben werden. In gleicher Weise werden auch die erzbischöf-
lichen und bischöflichen Capitel, und die bey denselben angestellten Vicare und
Präbendirten ihre Ausstattung mit dem Recht der Selbstverwaltung erhalten."

Und nach der detaillierten finanziellen Aufzählung, wem wie viel zusteht,
heißt es schließlich ausdrücklich: Diese Güter und Fonds sollen „weder
veräußert, noch in Geld-Besoldungen verwandelt werden können".

Es sind jedoch weder Güter noch ständige Fonds angelegt worden, aber
die Umwandlung in „Geld-Besoldung" ist mit und seit dem Konkordat

1924 erfolgt und steht somit nicht in Nachfolge der feudalen Regelungen von 1817. Die Kirchenlobbyisten behaupten jedoch davon unberührt unbekümmert das Gegenteil.

74. „Bestandsgarantie"?

Der klare Verfassungsauftrag zur Beendigung dieser Zahlungen wird von den Kirchenlobbyisten sogar in eine gegenteilige Bestandsgarantie umgedeutet: Da bisher ja nichts geschehen sei, gehöre es zum Gewohnheitsrecht der Kirchen (Reichskonkordat 1933: „rechtsbegründetes Herkommen"), dass diese Gelder als „Ewigkeitsrente" weiterhin unbefristet zu zahlen seien. Das nennt sich dann staatskirchenrechtlich die „dialektische Verschränkung von Ablösungsdirektive und Bestandsgarantie".[79]

Eine gegensätzliche Auffassung verweist darauf, dass Entschädigungszahlungen, um die es sich bei diesen Staatsdotationen vorgeblich handeln würde, politisch oder juristisch immer begrenzt werden, entweder in der Höhe der Zahlungen oder im Zeitraum der zu leistenden Entschädigungen. Dazu steht die clevere Idee einer „Ewigkeitsrente" im direkten Widerspruch. Der Jurist Johann-Albrecht Haupt ist auch in dieser Frage präzise:

„Die historische Begründung für die Staatsleistungen wirkt, nahezu zweihundert Jahre nach der Säkularisation, anachronistisch. Kriege und Vertreibungen haben gerade in den letzten zweihundert Jahren hunderttausenden von Menschen und vielen Institutionen wiederholt die Existenzgrundlage geraubt, ohne dass der Staat in vergleichbarer Fürsorge den Betroffenen mit 'Staatsleistungen' auf Dauer zur Seite gestanden hätte. Die Kirchen, die wegen ihres noch immer umfangreichen Grundbesitzes ohnehin zu den reichsten Institutionen in Deutschland gehören, bedürfen der Staatsleistungen am allerwenigsten. Jedenfalls aber dürften die seit 1919 von den Ländern an die Kirchen geleisteten Zahlungen eine mehr als ausreichende Kompensation für die zu Beginn des 19. Jahrhunderts erfolgte Enteignung darstellen. Daher kann heute auch für die Zahlung einer einmaligen 'Ablösesumme', wenn sie denn kirchlicherseits gefordert würde, keine Veranlassung bestehen."[80]

Und der Jurist Gerhard Czermak betont: „[…] seltsamerweise wird die sich bei solchen Dauerschuldverhältnissen aufdrängende Frage des zwischenzeitlichen Erlöschens der Staatsleistungen (Stichworte: wesentliche Änderungen der Verhältnisse, Fortfall der staatlichen Religionsfürsorge, Paritätsfragen infolge starker örtlicher Verschiebungen, Kündigung aus wichtigem Grund, Abgegoltensein durch erbrachte Leistungen)"[81] noch nicht einmal politisch erörtert.

Aber auch unter Staatskirchenrechtlern gibt es Sichtweisen, die die bisherigen Regelungen in Frage stellen. So schreibt Michael Droege:

„Der Ablösebefehl des Art. 138 Abs. 1 WRV ergreift die am 11. August 1919 rechtsbegründeten Leistungen des Reiches und der Länder an Religionsgemeinschaften, die in der vorsäkularen Einheit von Staat und Kirchen wurzeln. Die Norm zielt bezüglich dieser auf Entflechtung ab. Zu diesem Zweck reaktivierte der Weimarer Verfassungsgeber das Verfahren der Ablösung von Rechten. [...] Diese unter dem Grundgesetz sonst in Art. 15 GG angesiedelte Form der Aufhebung von Rechtsverhältnissen, die den gesellschaftlichen Gegebenheiten der Zeit nicht mehr entsprechen, zeitigt vor allem zwei Konsequenzen: Zum einen [... eine angemessene Entschädigung ...]. Zum anderen schließt das Entwährungsprogramm des Art 138 Abs. 1 WRV insbesondere Rentenzahlungen als die vermögensrechtliche Bindung dauerhaft aufrechterhaltendes Ablösungsmittel aus. Die zwischenzeitliche staatskirchenvertragliche Überführung der Staatsleistungsverpflichtungen in eine dynamisierte wiederkehrende Pauschalleistung kann insoweit nicht mehr sein als eine Übergangslösung."[82]

75. Gesetzentwurf zur Ablösung der Staatsleistungen

Anfang 2010 hat der Jurist Johann-Albrecht Haupt den Entwurf eines Bundesgesetzes zur Ablösung dieser Staatsleistungen vorgelegt:

„Gesetz über die Grundsätze zur Ablösung der Staatsleistungen an die Kirchen

§ 1 Für die Ablösung der Staatsleistungen nach Art. 140 Grundgesetz in Verbindung mit Art. 138 Abs. 1 der deutschen Verfassung vom 11. August 1919 gelten folgende Grundsätze:

1. Die auf Gesetz, Vertrag oder besonderen Rechtstiteln beruhenden Ansprüche gegen die Länder auf Staatsleistungen gelten als durch Zahlung seit 1919 bis zum Inkrafttreten dieses Gesetzes abgelöst.

2. Bestimmungen in Vereinbarungen zwischen den Ländern und den Kirchen, durch welche Staatsleistungen begründet, erneuert, bestätigt oder näher bestimmt werden, sind aufzuheben.

3. Neue allgemeine Staatsleistungen an Religions- und Weltanschauungsgemeinschaften sind unzulässig.

§ 2 Dieses Gesetz tritt in Kraft am …

In den Einzelbegründungen zu den Paragraphen schreibt Haupt:

1. Zu § 1 Nr. 1

Die weitere Zahlung von Staatsleistungen entspricht nicht der grundsätzlichen Trennung von Staat und Kirchen. Staatliche Aufgaben sind vom Staat, kirchliche Aufgaben von der jeweiligen Religionsgemeinschaft eigenverantwortlich zu erledigen. Die allgemeine Finanzierung kirchlicher Aufgaben gehört nicht zu den staatlichen Aufgaben. Dem Staat ist es nicht erlaubt, unter

Verstoß gegen das Gebot der religiösen oder weltanschaulichen Neutralität bestimmten Religionsgemeinschaften Vorteile zu gewähren. Die verfassungsrechtliche Rechtfertigung der Weitergewährung von Staatsleistungen für einen Übergangszeitraum ist durch Zeitablauf entfallen, jedenfalls seitdem dieser Übergangszeitraum jetzt mehr als 90 Jahre beträgt. Die Ablösung trifft die betroffenen Religionsgemeinschaften auch nicht unverhältnismäßig hart, da der allgemeine Finanzbedarf der Kirchen überwiegend durch Kirchensteuermittel und andere Einnahmen aus kirchlichem Vermögen (Zinserlöse, Vermietung, Verpachtung) sowie Spenden gedeckt wird. Der Beitrag der Staatsleistungen zur Bedarfsdeckung der Kirchen liegt weit unter 5 v. H. der Gesamteinnahmen.

Die weitere Gewährung eines „Übergangszeitraums" ist nicht erforderlich, da die bisherigen Leistungsempfänger sich seit langem auf die Beendigung der Zahlungen einstellen konnten. Die Zahlung eines besonderen Abschluss-Entschädigungsbetrages kommt nicht in Betracht, da bereits in den jahrzehntelang erfolgten Leistungen der Länder die mit dem Begriff der Ablösung möglicherweise verbundene Entschädigung liegt.

Unberührt vom Verbot der Staatsleistungen bleibt, wie auch bisher praktiziert, die staatliche Gewährung von Zuwendungen (Zuschüssen, Subventionen) zur Erreichung eines öffentlichen Zwecks an die Kirchen und ihre Einrichtungen, etwa für soziale, kulturelle, Entwicklungshilfe- und Bildungsmaßnahmen oder entsprechende Einrichtungen in kirchlicher Trägerschaft nach Maßgabe der jeweiligen Gesetze und unter Beachtung des Grundsatzes der Gleichbehandlung, wenn der Staat (Bund, Länder und Gemeinden) an der Erfüllung durch solche Stellen ein erhebliches Interesse hat.

2. Zu Abs. 1 Nr. 2

Aus der bundesverfassungsrechtlichen Unzulässigkeit von allgemeinen Staatsleistungen an Religionsgemeinschaften ergibt sich, dass entgegenstehende landesrechtliche Bestimmungen in den Kirchenverträgen bzw. Konkordaten gegen das Grundgesetz verstoßen; dieser Verstoß ist durch Aufhebung der entsprechenden Bestimmungen in den Verträgen zu beseitigen. Sollte eine einvernehmliche Vertragsänderung nicht zu erzielen sein, ist eine Vertragskündigung unter dem Gesichtspunkt der Veränderung der Vertragsgrundlagen auch ohne Kündigungsklausel im Vertrag möglich.

3. Zu Abs. 1 Nr. 3

Das Verbot der Neubegründung von allgemeinen Staatsleistungen ergibt sich aus dem verfassungsrechtlichen Grundsatz der Trennung von Staat und Religionsgemeinschaften. Zur weiteren Zulässigkeit von Zuwendungen des Staates (Bund, Länder, Gemeinden) gem. §§ 23, 44 Bundeshaushaltsordnung bzw. der entsprechenden Vorschriften der Landeshaushaltsordnungen zur Erfüllung bestimmter Zwecke siehe oben zu Nr. 1 am Ende.

4. Zu § 2

Eine weitere Übergangsfrist könnte abweichend von dem oben Gesagten (Begründung zu § 1 Nr. 1 zweiter Absatz) faktisch dadurch gewährt werden, dass ein Hinausschieben des Inkrafttretens vorgesehen wird."[83]

Da von diesem Vorschlag die Bundesländer betroffen sind, für die der Bund nur die Grundsätze aufstellt, ist die politische Bundesebene an solchen Fragen bisher recht uninteressiert. Wie sich 2009 in einem persönlichen Gespräch mit dem Kirchenbeauftragten einer Bundestagsfraktion herausstellte, wusste dieser noch nicht einmal, dass in Deutschland Staatsdotationen an die Kirchen bezahlt werden.

76. Staatskirchenrecht

In dem Konzert kirchlicher Lobbyisten haben diejenigen Fachjuristen des Öffentlichen Rechts entscheidenden Anteil, die das Fachgebiet des so genannten Staatskirchenrechts in Lehre, Forschung, Publikationen und Gutachten vertreten. Diese Juristen bilden den Chor der herrschenden Meinung, der bei allen Gerichtsentscheidungen zugunsten der kirchlichen Interessen eine Rolle spielt. Dass 1918/19 mit der Abschaffung der Staatskirche (Weimarer Reichsverfassung, Art. 137 Abs. 1: „Es besteht keine Staatskirche") nicht auch das Staatskirchenrecht für beendet erklärt wurde, sollte sich als wirkungsvoller Bumerang zugunsten der Kircheninteressen herausstellen. Jedenfalls klaffen beim Religionsverfassungsrecht (so der heute meist bevorzugte Begriff) Verfassungsrecht und Verfassungswirklichkeit weit auseinander, was viele einfach nicht sehen wollen.[84] Aus Steuergeldern finanzierte Kirchenlobbyisten des Staatskirchenrechts verkehren durch ihre erfindungsreichen Interpretationen die ursprünglichen politischen Intentionen der Verfassungsgeber in ihr Gegenteil.

Falls dies in der derzeitigen vorherrschenden Meinung unter den Fachjuristen anders aussieht, dann könnte man sich fragen, ob Juristen, die ihr Fachgebiet selbst auch heute noch „Staatskirchenrecht" nennen, überhaupt in der Lage sind, von ihrem Kirchenlobbyismus des 19. Jahrhundert abzusehen und eine neutrale Auffassung zu vertreten. Würde man das bejahen, wie es die bisherige Rechtspraxis überwiegend tut, dann ist das beinahe so, als ob man bei einer Gerichtsverhandlung den Verteidigern der Täter die Urteilsfindung überlässt.

In Diskussionen mit evangelischen Staatskirchenrechtlern, bei denen ich persönlich anwesend war, hat sich zudem gezeigt, dass man bei Kritik an den derzeitigen Regelungen des Staatskirchenrechts häufig durchaus aggressiv als „Kirchenfeind" bezeichnet wird. Diese Bezeichnung trifft zwar nicht zu – und wenn es so wäre, was täte es zur Sache? Auf derartige Diffamierungsversuche muss man sich in Diskussionen mit einigen Staatskirchenrechtlern und Theologen durchaus gefasst machen. Diese Anfeindungen sind rein kirchenlobbyistischer Natur, denn juristisch sind die Staatskirchenrechtler nicht unbedingt verfassungskonform. In Urteilen des Bundesverfassungsgerichts heißt es:

„Nach dem Grundgesetz gewährleistet die Glaubensfreiheit dem Einzelnen einen von staatlicher Einflußnahme freien Rechtsraum, in dem er sich die Lebensform zu geben vermag, die seiner Überzeugung entspricht; mag es sich dabei um ein religiöses Bekenntnis oder eine irreligiöse – religionsfeindliche oder religionsfreie – Weltanschauung handeln" (BVerfGE 12, 1/3; 33, 23/28; 44).

Manche Staatskirchenrechtler sind jedoch wahre Meister der phantasievollen Interpretationen und Umkehrungen von Sachverhalten und Begriffen. Sie sprechen von einer „positiven Trennung", wenn sie die Förderung der Kirchen durch den Staat meinen. Das im Grundgesetz vorgeschriebene Verhältnis von Staat und Kirche besteht jedoch in einer grundsätzlichen Trennung. So ergeben sich aus dem Grundgesetz auch nur wenige Ausnahmen. Ausnahmen einer gesetzlichen Regelung sind jedoch nicht extensiv, sondern restriktiv auszulegen. Überdies hat das Bundesverfassungsgericht wiederholt erklärt, dass gegenüber einer verfassungsrechtlichen Neuordnung die „Berufung auf die Tradition, ja sogar auf eine jahrhundertealte Überlieferung versagt"[85] sei. Es kommt daher auch im Bereich des Staatskirchenrechts nicht auf eine historische Ehrwürdigkeit an.

77. Verfassungswidrigkeit falls keine säkulare Begründung

Im Staatskirchenrecht gibt es jedoch auch Auffassungen, die den gängigen Rückbezug auf historische, vorsäkulare Identitäten („1803") verneinen und eine zeitgemäße Begründung fordern:

„Zusammenfassend ist somit festzustellen, dass das Ablösungsgebot des Art. 138 Abs. 1 WRV i.V.m. Art. 140 GG das Rechtsinstitut der Staatsleistung, die auf der vorsäkularen Identität staatlicher und religionsgemeindlicher Zwecke beruht, liquidiert. Art. 138 Abs. 1 WRV stellt damit die Neubegründung von Staatsleistungen unten den Vorbehalt ihrer Legitimation durch säkulare, aus der Verfassung zu gewinnende Zwecksetzungen des heutigen Verfassungsstaates. Wird diesem Vorbehalt nicht entsprochen, sind neubegründete Leistungsverpflichtungen des Staates mit Art. 138 Abs. 1 WRV i.V.m. Art. 140 GG unvereinbar und damit verfassungswidrig."[86]

Insofern könnte man sich die folgenden Darstellungen von Ablösungsvarianten ersparen, da für alle in der Bundesrepublik Deutschland abgeschlossenen Staat-Kirche-Verträge und Konkordate keine entsprechende Begründung aus der gegenwärtigen Zwecksetzung erfolgt ist. Die Varianten sollen jedoch kurz dargestellt werden, da sie immer wieder im herrschenden Staatskirchenrecht und in der Politik genannt werden.

78. Ablösung nach Reichskonkordat

Schaut man trotz der historisch mit „1803" unbegründeten Ansprüche der Kirchen nach dem Maximum dessen, was möglicherweise aufgrund der in ihren finanziellen Absprachen verfassungswidrigen Staat-Kirchen-Verträge von den Kirchen staatskirchenrechtlich geltend gemacht werden könnte, so geraten die Vereinbarungen seit 1919 („Ablösebefehl") ins Blickfeld. Dazu gehört z. B. das besonders kirchenfreundliche Reichskonkordat von 1933, in dem zu den Ablösungen der Staatsleistungen Präzises formuliert wurde. In Artikel 18 heißt es:

„Zu den besonderen Rechtstiteln zählt auch das rechtsbegründete Herkommen. Die Ablösung muß den Ablösungsberechtigten einen angemessenen Ausgleich für den Wegfall der bisherigen staatlichen Leistungen gewähren."[87]

Geht man also von den „bisherigen staatlichen Leistungen" aus, dann sind das im Jahre 2009 die 442 Mio. Euro, die die Bundesländer an die beiden Kirchen bezahlt haben. Der „angemessene Ausgleich" wäre nun, sehr freundlich zu Gunsten der Kirchen gerechnet, der Kapitalstock der Summe, die für die Verzinsung einer „Ewigkeitsrente" in Höhe der bisherigen staatlichen Leitungen nötig wäre: Das wären rund 6,3 Mrd. Euro.

Die Errechnung dieser Summe ist übersichtlich. Bei den meisten kirchlichen Banken in Deutschland gibt es seit Jahren sieben Prozent Zinsen auf die Gesellschaftereinlagen. Das heißt, legt man die 6,3 Mrd. Euro als eine solche Einlage auf eine Kirchenbank und diese werden mit den sieben Prozent verzinst, ergibt das 442 Mio. Euro pro Jahr.

Für die Bundesländer hieße es, dass sie nach rund 20 Jahren diese Einmalzahlung (inklusive Verzinsung der vorgezogenen Ausgabe) rechnerisch ausgeglichen hätten und dann für immer davon befreit wären. Für ausgewählte Bundesländer würde das als Einmalzahlung bedeuten: Baden-Württemberg 1,4 Mrd. €, Bayern 1,2 Mrd. €, Berlin 152 Mio. € etc. Allerdings wäre dabei zu berücksichtigen, dass die Länder seit 91 Jahren bereits einiges an Milliarden Reichsmark, DM und Euros bezahlt haben und wie viel davon an- bzw. abzurechnen wäre.

Wahrscheinlich werden die Kirchenvertreter dann argumentieren, dass diese Summe zu gering sei, denn es würde etwas Entscheidendes fehlen:

die Anpassungsklausel, d. h. die so gut wie jährliche prozentuale Steigerung in Parallele zu den Beamtenbesoldungen im Öffentlichen Dienst.

Wer einwendet, die Kirchen wären nicht so gierig, verkennt die Realitäten sowie das finanzielle Anspruchsdenken von konfessionellen Rechtstitelbewahrern.

79. Ablösung nach Preußenkonkordat

Sofern man das Reichskonkordat von 1933 nicht zu Rate ziehen will, da es nicht demokratisch zustande gekommen ist und die Formulierungen des „Hitler-Konkordats" in der Übereinstimmung zwischen katholischer Kirche und Nationalsozialisten für beide Seiten überaus günstig sind, kann man beispielsweise das Konkordat von Preußen aus dem Jahr 1929 zur Hand nehmen. Auch hier stößt man auf weitere Anspruchsbegrenzungen für die Ablösesumme.

In diesem Preußen-Konkordat (1929) werden in Art. 4 Abs. 1 die Staatsleistungen neu vereinbart, sie werden verdoppelt. Aber im 3. Absatz heißt es korrekt: „Für eine Ablösung der Staatsleitungen gemäß Artikel 138 Abs. 1 der Verfassung des Deutschen Reiches bleibt die bisherige Rechtslage der Diözesandotation maßgeblich."[88]

Korrekt daran ist, dass die Ablösungen dieser Leistungen sich ausschließlich auf Rechtstitel beziehen, die ggf. noch 1918/1919 galten, also auf keine späteren Vereinbarungen. Das bedeutet, dass alle später vereinbarten Zahlungen nicht in die Ablösungssummen einbezogen werden dürfen. Ein Teil der heutigen Staatsleistungen würde also ganz wegfallen (z. B. für Schleswig-Holstein, für alle Neuen Bundesländer). Alle ehemals preußischen Gebiete wären womöglich in den Ansprüchen mindestens zu halbieren. Alle Ansprüche, die 1919 nicht bestanden haben und die beispielsweise erst durch Paritätsregelungen vereinbart wurden, spielen zudem für eine Ablösung keinerlei Rolle. So würde die zu avisierende Größenordnung mit Sicherheit erheblich niedriger ausfallen, als die 442 Mio. Euro für 2009. Vermutlich wären es deutlich unter 100 Mio. Euro pro Jahr und eine einmalige Ablösesumme von insgesamt entsprechend weniger als 1,5 Mrd. Euro.

80. Warum keine Ablösung der Staatsdotationen?

Diese ausführliche Erläuterung, dass es für den Staat (Bund und Länder) politisch und finanziell umsetzbar wäre, die Zahlung dieser Staatsdotationen zu beenden, führt zu der Frage, warum das nicht geschieht.

In der Rückbetrachtung, wie diese Zahlungsverpflichtungen überhaupt in die Verfassung gekommen sind, verweisen die Positionen in der Weimarer Nationalversammlung auf etwas ganz Anderes, das normalerweise in den Diskussionen übersehen wird. Diese Regelungen sind ein Kompromiss zwischen den Vorstellungen von KPD/USPD und SPD, die Religion und Religionsgesellschaften damals als Privatangelegenheit betrachteten, und den Mitte-Rechts-Parteien, die das ablehnten.

Der einflussreiche Liberale Friedrich Naumann („Freie Kirche in einem freien Staat") formulierte als Vorsitzender des Verfassungsausschusses, zwei Eckpfeiler: Zum einen keine Staatskirche (und damit die Selbstverwaltung der Kirchen sowie die Gleichstellung von Religions- und Weltanschauungsgemeinschaften) und zum anderen: eine Entflechtung von Staat und Kirche. Und zwar auf der Basis korporationsrechtlicher Beziehungen, d. h. keine Verdrängung der Kirchen aus der „Öffentlichkeit" ins Privatrecht, als „Privatsache".

Das kleine Zauberwort, das sich nur dem Juristen in seiner weitgehenden Bedeutung erschließt, ist der Begriff korporationsrechtlich. Diejenigen Religionsgesellschaften, die „Körperschaften des öffentlichen Rechts" (KdöR) waren, sollten es weiterhin bleiben.

81. Religiös-weltanschauliche Gemeinschaften als Körperschaften

Mit diesem speziellen Körperschaftsstatus werden Kirche und Staat aus staatkirchenrechtlicher Sicht als Korporationen *nebeneinander* gestellt, Religionsgesellschaften als „Privatsache" wären als eingetragener Verein dem staatlichen Recht untergeordnet. Mit anderen Worten, die vormalige „Staatskirche", in der die (evangelische) Kirche dem „Kirchenregiment" des jeweiligen Landesherrn unterworfen war, wird davon befreit („Freie Kirche", die sich selbst verwaltet). Sie behält aber „korporationsrechtlich" die Parallelstruktur zum Staatsaufbau als „Körperschaft des öffentlichen Rechts" mit beispielsweise eigenen Kirchenbeamten, eigener ziviler Kirchengerichtsbarkeit etc. In den Kirchenverträgen wird beinahe gebetsmühlenartig vereinbart: „Kirchlicher Dienst ist öffentlicher Dienst."

Entsprechend heißt es in den Definitionen des Statistischen Jahrbuches zur Frage, wer als Beamter gezählt wird und wer nicht:

„Beamte und Beamtinnen (auch in Altersteilzeit) des Bundes (auch Berufs- und Zeitsoldaten und -soldatinnen, Beamte und Beamtinnen der Bundespolizei, Wehrdienstleistende), [...] auch Richter und Richterinnen, Geistliche sowie Beamte und Beamtinnen der Evangelischen Kirche und der Römisch-Katholischen Kirche. Geistliche sowie Sprecher und Sprecherinnen anderer Religionsbekenntnisse sind als Angestellte erfasst."[89]

Das könnte man jetzt als juristisch-politische Spitzfindigkeiten betrachten und mit der Frage „Wen interessiert das denn?" beiseite schieben. Aber man sollte sich angewöhnen, alle kirchenrechtlichen Fragen immer auch unter einem finanziellen Gesichtspunkt zu betrachten und nach finanziellen Vorteilen oder Nachteilen der Kirche bei einer eventuellen anderen Regelung zu fragen.

Denn dass auch die Frage, ob Religion öffentlich oder privat sein soll, von finanzieller Bedeutung ist, zeigt sich nicht nur darin, dass die Kirchenbeamten über die „Anpassungsklausel" die gleichen Besoldungserhöhungen erhalten wie die Staatsbeamten, sondern auch in weiteren Regelungen.

Beispielsweise haben die Kirchen und der Staat (hier: die Bundesländer und Kommunen) „Zusatzversorgungskassen" über die man, entsprechend der Länge der Dienstzeit, einen finanziellen Zusatz zur Altersversorgung erhält. Alle kirchlichen Versorgungskassen sind Mitglied der *Arbeitsgemeinschaft kommunale und kirchliche Altersversorgung e.V.* Unter deren Dach fanden 45 Versorgungseinrichtungen mit über 5,5 Mio. Pflichtversicherten und beitragsfrei Versicherte des kommunalen und kirchlichen Dienstes sowie mehr als eine Million Rentner und Pensionäre des öffentlichen und kirchlichen Dienstes zusammen.[90]

Zweck der Arbeitsgemeinschaft ist zudem die Möglichkeit der Übertragung von Rentenanwartschaften. Alle kommunalen und kirchlichen Unternehmen sind in beiden Richtungen 'durchlässig' und so können Mitarbeiter des kirchlichen Dienstes durch „Überleitungsvereinbarungen" ohne Nachteile für ihre Altersversorgung in den öffentlichen Dienst wechseln und umgekehrt. Davon machen jährlich mehr als 20.000 Bedienstete Gebrauch.[91] Diese „Portabilität von Zusatzrentenansprüchen" ist nur ein Beispiel der perfekten Verflechtung zweier Korporationen.

Das könnte und würde wohl verloren gehen, wenn die Diskussion um die Grundsätze einer Ablösung der Staatsleistungen beginnen würde. Diese Regelungen sind ja nur ein Teil des nicht vollendeten Verfassungsauftrages der Entflechtung, d. h. der Trennung von Staat und Kirche.

An einer solchen Diskussion haben die Kirchenbeamten kein Interesse. Und die Staatsbeamten? Wohl auch nicht.

82. Neubegründung der Staatsdotationen

Bei der Frage der Höhe der Staatsdotationen geht es im Kern nicht um die finanzielle Größenordnung. Kern der Kritik an der bisher nicht erfolgten Beendigung dieser Staatsdotationen ist, dass diese Zahlungen eines verdeutlichen: „Die revolutionäre Umwandlung eines christlichen Staates [des Kaiserreiches, 1918/19] in einen demokratischen Staat der Glaubensfreiheit mit grundsätzlicher Trennung von Staat und Religion"[92] ist immer noch nicht vollendet.

Und: Wenn aus politischen Opportunitätsgründen schon auf diese Ablösung verzichtet wird – wer legt sich schon freiwillig mit den Kirchen an? – so ist die Neubegründung von Staatsdotationen in den Staat-Kirche-Verträgen und Konkordaten nach 1919 und den Staat-Kirche-Verträgen in der alten Bundesrepublik sowie in den Neuen Bundesländern nach 1989 als glatt grundgesetzwidrig anzusehen.

Mit dem Auftrag zur Ablösung dieser Staatsleistungen hat der Verfassungsgeber seine eindeutige Absicht bekundet, dass diese Zahlungen zu *beenden* sind. Mit dieser Maßgabe ist eine Neuverpflichtung von Zahlungen dazu im klaren formalen und inhaltlichen Widerspruch.

Zudem wurden in diesen Verträgen auch die unübersichtlichen formaljuristisch bestehenden Rechte der Kirchen auf Naturalleistungen durch pauschale, wiederkehrende Geldleistungen ersetzt. So heißt es beispielsweise im Staatsvertrag mit der Evangelischen Kirche in Mecklenburg-Vorpommern (1994): „das Land [zahlt] den Kirchen anstelle aller früher gewährten Dotationen für Kirchenleitungen, Pfarrerbesoldung und Pfarrerversorgung sowie anstelle aller anderen, auf besonderen Rechtstiteln beruhenden Zahlungen einen Gesamtzuschuss."

Diese geldwerte „Verrentung" widerspricht ebenfalls Artikel 140 GG in Verbindung mit Art. 138 Abs. 1 der Weimarer Reichsverfassung, in dem unmissverständlich die Beendigung dieser Zahlungen aufgetragen wird.

83. Kirchen sind nicht zimperlich

Dass die Kirchen generell nicht zimperlich sind, zeigte sich auch darin, dass sogar in der 'kirchenfeindlichen' DDR Staatsdotationen in Höhe von 12 Millionen Mark von der evangelischen Kirche angenommen wurden.[93]

Staatsleistungen (im weiteren Sinn)

Staatlicher Verzicht auf Einnahmen

Zum Verzicht auf Einnahmen gehört auch der bereits dargestellte staatliche Einzug der Kirchensteuer. Der Staat realisiert beim staatlichen Inkasso nicht eine Kostenteilung von Hälfte / Hälfte der für die Kirchen eingesparten Kosten, d. h. von zehn bis zwölf Prozent der Kirchensteuereinnahmen, sondern bescheidet sich mit durchschnittlich drei Prozent der Einnahmen. Ebenso verzichtet der Staat durch die Einstufung der Kirchensteuer als steuerlich abziehbare Sonderausgabe auf rund 3 Mrd. Euro.

Zu den Eigenarten des Kirche-Staat Verhältnisses in Deutschland gehört, dass auch die Kirchen als Körperschaften direkt von Steuern und Gebühren befreit sind.

84. Steuerbefreiungen

Durch verschiedene Steuerbefreiungen erhalten die Kirchen rund 2,3 Mrd. Euro an Einnahmen bzw. brauchen Steuern und Gebühren nicht zu bezahlen.

Alle Staatsbürger und alle Unternehmungen sind zur Zahlung von Steuern verpflichtet – es sei denn, sie sind finanziell so schlecht gestellt, dass es ihnen nicht zugemutet wird. Die Kirchen und ihre Einrichtungen sind davon „befreit". Stellen die Kirchen sich damit außerhalb des Staates? Ja. Auch nach ihrem eigenen Selbstverständnis stehen die Amtskirchen neben dem Staat – ihm gleichgestellt als „Staat im Staat". Und der Staat zahlt schließlich an sich selbst auch keine Steuern und Gebühren.

Andererseits handelt es sich um ein „rechtsbegründendes Herkommen", da nach dem Toleranzedikt des Kaisers Konstantin (311 u. Z.) bereits 313 u. Z. die Steuerbefreiung des Klerus verfügt wurde.

Die Zauberformel lautet: „gemeinnützige, mildtätige oder kirchliche Zwecke". Diese dreigeteilte Formel ist interessant, denn wenn – wie ständig erklärt wird – die Kirchen „von Natur aus" gemeinnützig oder mildtätig wären, würden sie ja auch automatisch durch die beiden erstgenannten Zwecke steuerbegünstigt sein. Da das aber anscheinend nicht eindeutig ist – was der Lebenserfahrung entspricht – muss „kirchliche Zwecke" extra genannt werden.

85. Steuerbefreiung: Körperschaftssteuer

Im Körperschaftsteuergesetz heißt es in § 5, Abschnitt 1 (Von der Körperschaftssteuer sind befreit...) Punkt 9:

„Körperschaften, Personenvereinigungen und Vermögensmassen, die nach der Satzung, dem Stiftungsgeschäft oder der sonstigen Verfassung und nach der tatsächlichen Geschäftsführung ausschließlich und unmittelbar gemeinnützigen, mildtätigen oder kirchlichen Zwecken dienen (§§ 51 bis 68 der Abgabenordnung). Wird ein wirtschaftlicher Geschäftsbetrieb unterhalten, ist die Steuerbefreiung insoweit ausgeschlossen. Satz 2 gilt nicht für selbstbewirtschaftete Forstbetriebe."

Die Befreiung von der Körperschaftssteuer erklärt somit u. a., warum die Kirchen für jede ihrer Aktivitäten einen der steuerbegünstigenden Begriffe „gemeinnützig", „wohltätig" oder „kirchlich" verwenden *müssen*.

Was ist diese Befreiung von der Körperschaftssteuer nun an Geld wert? Nichts, denn die Kirchen erwirtschaften keinen ausgewiesenen Gewinn. Die Geldeinlagen bei den Kirchenbanken sind erlaubte Rücklagen. Die weiteren Rücklagen und Sondervermögen sind öffentlich nicht bekannt.

86. Steuerbefreiung: Abgeltungssteuer

Die Kirchen erhalten über die Kirchensteueranteile an der Abgeltungssteuer auf Kapitalerträge bisher rund 100 Mio. Euro an Einnahmen. Sie selbst zahlen als gemeinnützige, wohltätige bzw. kirchliche Organisationen nach §§ 43-44a Einkommensteuergesetz (EStG) keine Kapitalertragssteuer bzw. bekommen sie zurückerstattet.

Bei einem geschätzten Kapitalvermögen im dreistelligen Milliardenbereich, also einen Mindestgröße des Kapitalvermögens von 100 Mrd. Euro und fünf Prozent Verzinsung erhalten die Kirchen Erträge aus Kapitalvermögen in der Größenordnung von 5 Mrd. Euro, auf die sie – wenn sie nicht staatlich steuerbegünstigt wären – 25 % Kapitalertragssteuer zahlen müssten. Diese 1,25 Mrd. Euro bleiben ihnen jedoch erhalten.

87. Steuerbefreiung: Grundsteuer

Grundsteuergesetz § 3 I: „Von der Grundsteuer sind befreit: [...] 4. Grundbesitz, der von einer Religionsgesellschaft, die Körperschaft der öffentlichen Rechts ist, einem ihrer Orden, einer ihrer religiösen Genossenschaften oder einem ihrer Verbände für Zwecke der religiösen Unterweisung, des Unterrichts, der Erziehung oder für Zwecke der eigenen Verwaltung benutzt wird."

§ 3 I 5: „Von der Grundsteuer sind befreit: Dienstgrundstücke und Dienstwohnungen der Geistlichen und Kirchendiener der Religionsgesellschaften, die Körperschaften des öffentlichen Rechts sind." [...]

§ 4 Sonstige Steuerbefreiungen: Soweit sich nicht bereits eine Befreiung nach § 3 ergibt, sind von der Grundsteuer befreit 1. Grundbesitz, der dem Gottesdienst einer Religionsgesellschaft, die Körperschaft des öffentlichen Rechts ist, oder einer jüdischen Kultusgemeinde gewidmet ist."

Nun verfügen die beiden Kirchen über einiges an Grundbesitz.[94] Aus einer Übersicht (für das Jahr 2000) sind es insgesamt 8.251.000.000 qm. Davon waren 544.566.000 qm bebaute Grundstücke, 5.767.449.000 qm landwirtschaftliche Flächen, 1.501.682.000 qm Wald, 181.522.000 qm Wege, Ödland und Gewässer und 255.781.000 qm an Friedhöfen. Für die Grundsteuer A(grarisch) sind dementsprechend 7.450.653.000 qm zu berechnen, für die Grundsteuer B(aulich) 800.347.000 qm.

In einer detaillierten Ausarbeitung[95] hat die Stadtkämmerei München dem Finanzausschuss (2004) Vergleichswerte zum Grundsteuerhebesatz vorgelegt. Daraus ergibt sich ein durchschnittlicher Hebesatz von 463 Prozent. Eine Übersicht des *Bundes der Steuerzahler* aus dem Jahr 2008[96] verweist auf einen Durchschnittswert in Hessen von 270 Prozent.

Der Grundbesitz wurde (in 2000) differenziert berechnet[97] und (in Verkürzung der komplizierten Detailberechnungen) kann man etwa abschätzen, auf welche Größenordnung die Gemeinden, denen die Grundsteuer zukommt, verzichten.

Bei einem Wert der Grundflächen der Land- und Forstwirtschaft in der Größenordnung von 6,27 Mrd. Euro beläuft sich der Einheitswert (10 %) auf 627 Mio. Euro. Bei einer Steuermesszahl von 0,06 Prozent auf den Einheitswert (0,06 x 627 Mio. €) ergibt sich der Grundsteuermessbetrag von abgerundet 37,6 Mio. Euro. Multipliziert mit dem Hebesatz (270 %) beträgt die Jahresgrundsteuer (37,6 Mio. x 2,7 =) 101,5 Mio. Euro. Bei höheren Hebesätzen erhöht sich dieser Betrag: Nach dem nationalen Durchschnittssatz der Stadtkämmerei München wären es (37,6 Mio. x 4,63 =) 174 Mio. Euro.

Bei der Grundsteuer B auf Baugrundstücke bzw. bebaute Grundflächen (Wert: 83,5 Mrd. €) ist parallel zu rechnen. Bei einem Einheitswert von 8,35 Mrd. Euro und einer Messzahl von 0,03 Prozent ergibt sich ein Grundsteuermessbetrag (0,03 x 8,35 Mrd. €) von 251 Mio. Euro und bei einem Hebesatz von ebenfalls 270 Prozent eine Jahresgrundsteuer von (251 Mio. € x 2,7 =) 678 Mio. Euro. (Bei einem höheren Hebesatz von 463 Prozent wären es dann entsprechend 1,2 Mrd. Euro.)

Insofern ist von Einnahmeverlusten der Gemeinden aus der Grundsteuer nur alleine durch die Befreiung der Kirchen von der Grundsteuer in der Größenordnung von mindestens 850 Mio. Euro auszugehen. Eine Berechnung der Flächen und Grundstücke von Einrichtungen der Caritas und der Diakonie ergäbe ein Mehrfaches, was hier jedoch nicht berücksichtigt werden soll, da es vorrangig um die verfasste Kirche geht.

88. Weitere Steuerbefreiungen

Das Dickicht der Vielzahl von Steuerbefreiungen kann hier nicht umfassend dargestellt werden. Genannt seien hier aber noch die Einnahmeverluste des Staates durch:

- erbschaftssteuerfreie Zuwendungen in Form einer Erbschaft oder Schenkung an eine kirchliche KdöR (ErbStG § 13 Abs. 1 Nr. 16).
- Befreiung der Religionsgesellschaften als Körperschaften des öffentlichen Rechts von der Grunderwerbssteuer (3 %) (GrEstG § 4, 1).
- Steuerbefreiung für Einnahmen aus nebenberuflichen Tätigkeiten als Übungsleiter, Ausbilder, [...] im Dienst oder Auftrag einer Einrichtung zur Förderung gemeinnütziger, mildtätiger und kirchlicher Zwecke bis 2.000 Euro jährlich. (EStG § 3 Nr. 6).
- Steuerbefreiung für Versicherungen bei Vereinigungen öffentlich-rechtlicher Körperschaften zum Ausgleich der Aufwendungen der Ruhegehalts- und Hinterbliebenenversorgung (VerStG § 4 Nr. 2).
- Steuerbefreiung von Lotterien und Ausspielungen zu ausschließlich gemeinnützigen, mildtätigen und kirchlichen Zwecken (RennwLottG § 8).
- Mindereinnahmen aufgrund des ermäßigten Steuersatzes für Leistungen gemeinnütziger, mildtätiger und kirchlicher Einrichtungen (UStG § 12, Abs. 2 Nr. 8).

89. Steuerliche Absetzbarkeit von Spenden und Schulgeld

Durch die steuerliche Absetzbarkeit von Spenden und Schulgeld verzichtet der Staat zugunsten der Kirchen und ihrer Mitglieder auf rund 600 Mio. Euro an Steuereinnahmen.

Neben der Kirchensteuer sind noch weitere konfessionsbezogene Aufwendungen für die Bürger steuerlich absetzbar. Das heißt wiederum, dass der Staat auf Einkommensteuern verzichtet, indem er Steuerpflichtigen Anreize zur Förderung der Kirchen schafft.

90. Steuerliche Absetzbarkeit von Spenden

In der Einkommensteuerstatistik Deutschlands wird genau erfasst, wie viel von den Bundesbürgern an Spenden steuerlich geltend gemacht wird. Das ist (in der aktuellsten Auswertung für 2006) eine bemerkenswerte Summe von insgesamt 4.660.524.000 Euro, also 4,7 Mrd. Euro, die von 10.663.572 Steuerpflichtigen gespendet und steuerlich geltend gemacht wurden.[98] Dabei handelt es sich um Spenden zugunsten wissenschaftlicher, kultureller, mildtätiger, kirchlicher, gemeinnütziger Zwecke, an Stiftungen und für politische Parteien.

Bei dem Teil der Spenden, die im Zusammenhang mit den Kirchen stehen, geht es um 2,6 Mrd. Euro. Hierbei handelt es sich um Spenden für mildtätige, kirchliche, religiöse und gemeinnützige Zwecke sowie um Spenden an Stiftungen für kirchliche, religiöse und gemeinnützige Zwecke.

Da es sich dabei nicht ausschließlich um religiöse und kirchliche Zwecke handelt, sollen von dieser Summe zwei Drittel zugunsten der Kirchen angenommen werden, da die Kirchen und ihre religiösen Verbände mit Sicherheit bei den „mildtätigen und gemeinnützigen Zwecken" maßgeblich repräsentiert sein werden.

Auf welche Einnahmen verzichtet nun der Staat, wenn 1,7 Mrd. Euro als Spenden zugunsten der Kirchen steuerlich geltend gemacht werden?

Ein Hinweis dazu liefert die Kirchensteuer, ihre steuerliche Absetzbarkeit als Sonderausgabe und die Angaben, die das Bundesfinanzministerium dazu als Mindereinnahme macht. Für die Sonderausgabe der Kirchensteuern (2008) von 9,424 Mrd. Euro weist der 22. Subventionsbericht eine Steuermindereinnahme von 3,15 Mrd. Euro aus, d. h. von 33,4 Prozent. Auf die 1,7 Mrd. Euro Spenden zugunsten der Kirchen angewandt, sind das entsprechend 568 Mio. Euro Steuermindereinnahmen.

91. Steuerliche Absetzbarkeit von Schulgeld

30 Prozent des durch Bescheinigung der Schule nachgewiesenen Schulgelds für eine staatlich anerkannte Ersatzschule sind steuerlich absetzbar. Weitere Kosten für Schulbücher, Sportbekleidung etc. jedoch nicht.

Bei einem durchschnittlichen Schulgeld der konfessionellen Schulen von rund 50 Euro pro Monat, d. h. 600 Euro pro Jahr, sind 200 Euro steuerlich absetzbar. Laut dem 22. Subventionsbericht der Bundesregierung verzichten Bund und Länder auf 55 Millionen Euro Steuereinnahmen aufgrund des begrenzten „Sonderausgabenabzuges für Schulgeldzahlungen an private Schulen". Bei einem Anteil von 57 Prozent an den Privatschulen werden die konfessionellen Schulen entsprechend mit 31 Mio. Euro indirekt subventioniert.

92. Gebührenbefreiung

In einem Rechtsstaat müssen bei Staatsbehörden Gebühren entrichtet werden: Für Beurkundungen, Amtshandlungen u. a. m. All das zahlen die religiösen Körperschaften nicht. So heißt es in den Staat-Kirche-Verträgen und Konkordaten als Standard:

„Mit dem Inkrafttreten dieses Vertrages wird das Land die auf Landesrecht beruhenden Gebührenbefreiungen für das Land auf die Kirchen, ihre Kirchengemeinden und Gliederungen sowie ihre öffentlich-rechtlichen Anstalten, Stiftungen und Verbände erstrecken."

Wer jetzt gedacht hat: „Na, diese paar Euros für Beglaubigungen oder Beurkundungen", den müsste stutzig machen, dass solche angenommenen 'Lappalien' in Staatsverträgen erwähnt werden – da muss es um Größeres gehen.

93. Baugenehmigungsgebühren

In der Tat handelt es sich dabei um größere Summen. Wenn jemand ein Haus baut, muss er eine staatliche Baugenehmigung beantragen und deren Erteilung kostet Gebühren. In Baden-Württemberg waren es bis 2005 rund 0,4 Prozent der Bausumme, seitdem wurde die Gebührenfestsetzung dezentralisiert. Die Landratsämter, Gemeinden und Verwaltungsgemeinschaften sind zu unterschiedlichen Prozentsätzen berechtigt, die zwischen 0,3 bis 0,8 Prozent der Bausumme schwanken, je nachdem welcher Prüfaufwand für die Genehmigung erforderlich ist.

„Unter Zugrundelegung von durchschnittlichen Baukosten [im Jahr 2006 in Baden-Württemberg, C.F.] von 212.297 Euro für ein Wohngebäude mit 1 bis 2 Wohnungen und einer Baugenehmigungsgebühr in Höhe von 5 ‰ bzw. 6 ‰ der Bausumme ergibt sich eine Baugenehmigungsgebühr pro Gebäude von 1.061 € bzw. 1.274 €."[99]

Oder anders gesagt: Pro eine Million Euro Bausumme fällt eigentlich eine Genehmigungsgebühr von durchschnittlich 5,5 Promille der Bausumme an, also von 5.500 Euro, die von der Kirche und ihren Einrichtungen nicht bezahlt werden braucht. Wenn also der Bischof von Limburg sich aktuell eine neue Residenz bauen lässt, deren Bausumme auf rund vier Millionen Euro geschätzt wird, dann spart er sich gegenüber einem normalen Bauherrn bereits 22.000 Euro an Baugenehmigungsgebühr und das ist in etwa der Kaufpreis eines Autos für beispielsweise die Haushälterin (z. B. Volkswagen Polo 1.6 TDI, DPF, DSG 66kw, 5-türig, Sonderlackierung metallic, Driving Comfort Paket und Navigationssystem = 19.640 €).

Es ist müßig, eine Größenordnung berechnen zu wollen, auf wie viel Baugenehmigungsgebühren die Landkreise und Städte in Deutschland verzichten. Dafür müsste das finanzielle Bauvolumen der Kirchen und ihrer Einrichtungen bekannt sein. Wenn aber als Beispiel das Erzbistum Köln zum Haushalt 2009 schreibt: „Für Investitionen in Kirchengebäude sind rund 17 Mio. € vorgesehen", so wäre das eine Ersparnis von rund 93.000 Euro an Baugenehmigungsgebühren nur im Erzbistum Köln.

94. Notargebühren

Insbesondere bei Grundstücksgeschäften, bei denen es bisweilen um größere Summen geht, ist von Bedeutung, dass die Kirchen den politischen Körperschaften in den Notarkosten gleichgestellt sind: In § 144 Abs. 1 Nr. 3 des Gesetz über die Kosten in Angelegenheiten der freiwilligen Gerichtsbarkeit (Kostenordnung-KostO) heißt es zur Gebührenermäßigung:

„[...] einer Kirche, sonstigen Religions- oder Weltanschauungsgemeinschaft, jeweils soweit sie die Rechtsstellung einer juristischen Person des öffentlichen Rechts hat, [...] so ermäßigen sich die Gebühren bei einem Geschäftswert von mehr als 26.000 € bis zu einem Geschäftswert von 100.000 € um 30 %, bis 260.000 € um 40 %, bis zu einer Million € um 50 % und über einer Million € um 60 %."

95. Gerichtsgebühren

Staatliche Gerichte erheben in Gerichtsverfahren Gebühren und die Kirchen sind als KdöR von den Regelungen der Gebührenfreiheit berührt.

Allerdings sind die Regelungen in den Bundesländern unterschiedlich und man sollte sich immer vorher informieren, bevor man mit der Kirche in einen Rechtsstreit geht.

Mit welchen Ansprüchen die Kirchen auch gegenüber Gerichten auftreten, zeigt für das Land Hessen (1998) ein Fall, den die Landeskirche so schildert:

„Bekanntlich enthielt das für den Bereich der Justiz einschlägige Hessische Justizkostengesetz vom 15.05.1958 bis zum 31.12.1997 in § 7 Abs. 1 Nr. 1 bis 5 für eine Reihe von Adressaten eine persönliche Gebührenbefreiungsregelung. Speziell für den Bereich der Religionsgesellschaften war in § 7 Abs. 1 Nr. 1 Hessisches Justizkostengesetz folgende Bestimmung enthalten: Von der Zahlung der Gebühren, die die ordentlichen Gerichte und Justizverwaltungsbehörden erheben, sind befreit:

1. Kirchen, sonstige Religionsgemeinschaften, Weltanschauungsvereinigungen, die die Rechtsstellung einer Körperschaft des öffentlichen Rechts haben und die zur Bestreitung ihrer Bedürfnisse erforderlichen Mittel ganz oder teilweise durch Abgaben ihrer Mitglieder aufbringen.

Diese Vorschrift wurde durch das Haushaltsbegleitgesetz 1998/1999 mit Wirkung vom 1. Januar 1998 an aufgehoben, ebenso wie ein Teil der anderen Gebührenbefreiungen."[100]

Nun ist aber, so die Auffassung der Landeskirche, das Land Hessen per Staatsvertrag mit der katholischen, der evangelischen Kirche und den jüdischen Gemeinden verbunden. Mit ihnen wurde eine Gebührenfreiheit vereinbart. Aber es schert sie kein neues und ordinäres Haushaltsbegleitgesetz, denn es gelte immer der Rechtsbestand zu dem Zeitpunkt, als die Staat-Kirche-Verträge vereinbart wurden. Man wurde also freundschaftlich vorstellig:

„Die Präsidentin des Oberlandesgerichts Frankfurt am Main habe ich [d. h. die Kirchenverwaltung der Evangelischen Kirche Hessen-Nassau, C.F.] mit Erlass vom heutigen Tage von dieser Rechtsauffassung mit der Bitte um Bekanntmachung im Geschäftsbereich in Kenntnis gesetzt."

Ergebnis: Kirchenvertrag bricht das Landesrecht und die Kirchen sind in Hessen weiterhin von den Gerichtsgebühren befreit.

Ausbildung des kirchlichen Nachwuchses

Eine Besonderheit der theologischen Fakultäten an den Universitäten, den Theologisch-philosophischen Hochschulen und den kirchlichen Fachhochschulen für Sozialwesen besteht in der weitestgehenden Ausschließlichkeit, dass die Kirchen und kirchliche Einrichtungen deren Absolventen nach dem Studium beschäftigen. Dafür wenden die staatlichen Stellen (Bundesländer, Forschungsförderung u. a. m.) pro Jahr rund 500 Mio. Euro auf.

96. Konfessionsgebundene Stellen

Keine andere gesellschaftliche Gruppe und kein anderer Wirtschaftsverband hat das exklusive Recht der Kirchen, mit allgemeinen Steuergeldern finanzierte Bildungseinrichtungen für ausschließlich firmeneigene, kirchliche Zwecke zu betreiben. Für die Ausbildungsordnungen und für alle 'theologischen Lehrpersonen' an staatlichen und staatlich anerkannten Hochschulen braucht es nämlich eine kirchliche Genehmigung. Es sind durchweg „konfessionsgebundene" Stellen. Ein Unding in einem säkularen Staat und eine Hinnahme der Verletzung der Hochschulautonomie und des Grundrechts (Art. 3, 3 GG), das niemand aufgrund seiner Religionszugehörigkeit bevorzugt oder benachteiligt werden darf.

Eine Professur ist ein öffentliches Amt (Vereidigung bei Amtsantritt) und so verstößt das „konfessionsgebundene Amt"[101] der Theologieprofessoren auch gegen Artikel 33 des Grundgesetzes, dessen erste drei Absätze lauten:

(1) Jeder Deutsche hat in jedem Lande die gleichen staatsbürgerlichen Rechte und Pflichten.

(2) Jeder Deutsche hat nach seiner Eignung, Befähigung und fachlichen Leistung gleichen Zugang zu jedem öffentlichen Amte.

(3) Der Genuss bürgerlicher und staatsbürgerlicher Rechte, die Zulassung zu öffentlichen Ämtern sowie die im öffentlichen Dienste erworbenen Rechte sind unabhängig von dem religiösen Bekenntnis. Niemandem darf aus seiner Zugehörigkeit oder Nichtzugehörigkeit zu einem Bekenntnisse oder einer Weltanschauung ein Nachteil erwachsen.

Die staatsbürgerliche Selbstverständlichkeit, derartig eigennützige Ausbildungen auch selbst oder durch Studiengebühren der Studierenden zu finanzieren, wie es etwa Industrieunternehmen in Privaten Hochschulen tun, pflegen die Kirchen nicht, sondern wälzen die Kosten auf die Steuerzahler insgesamt ab.

Liest man kirchliche Stellungnahmen zu dieser erfolgreichen Strategie der Kostenabwälzung, dann grenzen diese manches Mal hart an Absurditäten und sorgen für Heiterkeit. Würde man, so heißt es beispielsweise, die Ausbildung des kirchlichen Nachwuchses den Kirchen ausschließlich selbst überlassen, also diese Ausbildung von den Universitäten „absondern", bestünde die Gefahr des Fundamentalismus oder des Obskurantismus, der bisher dadurch verhindert werde, dass die Ausbildung zumindest hochschulintern „öffentlich kontrolliert" sei. Das hat die Logik eines aggressiven Kampfhundes, der nur bequem und friedlich ist, solange man ihn füttert und dadurch bei Laune hält.

Allerdings muss man dabei berücksichtigen, dass der Universiätsabschluss für Theologen im 19. Jahrhundert nicht nur den Sozialaufstieg und bessere Bezahlung bedeutete. Auch der deutsche Staat, der die Kirchen früher zur Legitimation brauchte, war bis ins 20. Jahrhundert hinein daran interessiert, die Priester-/Pfarrerausbildung unter staatlicher Kontrolle zu behalten, um klerikale Unbotmäßigkeiten – vor allem katholischerseits

– zu verhindern (Stichworte: Kulturkampf, Kanzelparagraph). In dieser Hinsicht müssen auch die aktuellen staatlichen Bemühungen gesehen werden, den Islam in Deutschland durch die Ausbildung von Imamen und muslimischen Religionslehrern an den Universitäten zu „domestizieren".

97. Theologische Fakultäten und Hochschulen

Ob es sich bei der Theologie überhaupt um eine Wissenschaft handelt, kann zwar, wie auch bei anderen Geisteswissenschaften, in Frage gestellt, soll aber hier nicht vertieft werden. Als Fach gehört es zum „klassischen Fächerkanon" der deutschen Universitäten, auch an den Universitäten der Bundeswehr (als „Theologie und Ethik") und an Technischen Universitäten, wie Darmstadt. Häufig sind sie in der Zählung der Fakultäten die Nummer 1 und die 'alten' Universitäten haben noch öfters Universitätssiegel mit kirchlichen Elementen.

Von einer Marktökonomie aus betrachtet hat die Theologie jedoch ein gravierendes Problem: Das Angebot ist zwar recht gleichbleibend, aber die Nachfrage sinkt, d. h. die Studentenzahlen verringern sich Jahr um Jahr.

In einer Denkschrift[102] hatte der Landesrechnungshof Baden-Württemberg (2005) sehr detailliert berechnet und begründet, dass die geringe Auslastung der vier theologischen Fakultäten des Landes nicht länger hinzunehmen sei. An den evangelischen Theologischen Fakultäten betrage der Rückgang der Studierendenzahlen von 1993 bis 2003, also in zehn Jahren, 63 (Heidelberg) und 60 Prozent (Tübingen), an den katholischen Theologischen Fakultäten 42 (Freiburg) bzw. 41 Prozent (Tübingen). Besonders gravierend sei der Rückgang des „klassischen volltheologischen Studiums", bei dem in dem Zehnjahreszeitraum landesweit ein Rückgang von 64 Prozent zu verzeichnen sei. Entsprechende Änderungen müssten an der personellen und sächlichen Ausstattung der Fakultäten erfolgen.

Die vier Fakultäten waren erwartungsgemäß empört und zogen in ihrer Stellungnahme[103] alle Register der Verunglimpfung, zu der Professoren fähig sind: Für die Zivilisation sei Theologie unverzichtbar, die Prüfung entspräche nicht den Anforderungen einer sachgerechten Evaluation, beruhe auf teilweise veralteter Datenbasis, wende die Kapazitätsverordnung sachlich unbegründet an, übergehe wesentliche Neuregelungen, lasse die enormen Forschungsleistungen ebenso unberücksichtigt wie die Qualität der Lehre, reduziere Theologie auf reine Ausbildungsinstitutionen der Kirche und „verkennt schließlich die gesellschaftliche, kulturelle, zivilisationsstabilisierende und wertorientierende Funktion der Theologie".

Zum Staatsvertrag des Landes Berlin mit der evangelischen Landeskirche (2008), der auch vorrangig die Sicherung der evangelischen Theologie bezweckte, kommentierte die *Humanistische Union* entsprechend:

„Die Vereinbarung einer 'angemessenen Vertretung der fünf theologischen Kernfächer sowie eine darüber hinausgehende Schwerpunkt- und Profilbildung' mit 'mindestens 11 Professuren' sind eine institutionelle und finanzielle Lebensversicherung eines Faches, dessen Studentenzahlen sinken und dessen Festschreibung dem Land Dauerlasten aufbürdet, für die es keinen Gestaltungsspielraum seitens der Hochschulen und des Landes mehr geben wird. Zudem verstößt dies gegen die Autonomie der Hochschulen in Berlin und privilegiert eine Religionsgemeinschaft gegenüber anderen Religions- und Weltanschauungsgemeinschaften."[104]

Rechtliche Grundlage der Bestandssicherung und Finanzierung für die katholischen Fakultäten ist jedoch nicht, wie manchmal angenommen wird, das Reichskonkordat vom 1933. Das Reichskonkordat ist für diese Fragen bedeutungslos, da die Kulturhoheit in Deutschland heute nicht mehr wie früher beim Reich (heute Bund) liegt, sondern bei den Bundesländern.

Nach dem Grundgesetz der Bundesrepublik Deutschland sind die Theologischen Fakultäten nur insoweit juristisch abgesichert, als dort Religionslehrer ausgebildet werden. Der Art. 149 Abs. 3 der Weimarer Reichsverfassung, in dem es heißt: „Die theologischen Fakultäten an den Hochschulen bleiben erhalten" ist, im Unterschied zu anderen „Kirchenartikeln" der Weimarer Verfassung nicht in das Grundgesetz übernommen worden. Dafür wurden Konkordate mit den Ländern vereinbart.

Allerdings sind diese Vereinbarungen juristisch sehr fragwürdig, wenn nicht gar verfassungswidrig, da sie gegen mehrere Verfassungsgebote verstoßen. Unter anderem gegen das Prinzip der Trennung von Kirche und Staat und vor allem gegen den Wissenschaftsbegriff des Art. 5 Abs. 1 GG, da die Autonomie des Wissenschaftlers nicht gewährleistet ist.[105]

Um jedoch für die evangelischen Theologen die gleiche Vertragssicherheit zu erhalten wie für ihre katholischen Kollegen, sind in allen Staat-Kirche-Verträgen mit der evangelischen Kirche nach dem Zweiten Weltkrieg dieselben Regelungen wie in den Konkordaten getroffen worden, um den Bestand der Theologieprofessuren zu fixieren. Die letzten Staat-Kirche-Verträge in Hamburg (2007) und Berlin (2008) hatten vorrangig eben diesen Bezug, den Erhalt von Theologie-Professuren, zudem in der höchsten Gehaltsstufe.

Diese 'Bestandssicherung' hat den sehr aktuellen Grund, dass immer weniger Studenten in Deutschland Theologie studieren und die Kirchen sich mit den ihnen zugeneigten Politikern einig darin waren, dass die

Hochschulautonomie an diesem Punkt 'ausgehebelt' werden musste. Sonst würden Professorenstellen einfach mangels Bedarf gestrichen werden können. Politischer Parteifreund bzw. Gott bewahre!

Gab es im Wintersemester 1997/98 noch 22.014 Studenten der (katholischen und der evangelischen) Theologie/Religionskunde, so sind es zehn Jahre später (WS 2007/08) nur noch 16.783, was einen Rückgang um 24 Prozent bedeutet. Im gleichen Zeitraum von zehn Jahren hat sich zwar auch die Zahl der Professoren der Theologie verringert (von 827 auf 719), das ist jedoch nur ein Rückgang um 13 Prozent. Ein Student bleibt nur bis zum Examen (also etwa vier bis fünf Jahre) an der Universität, ein Professor bis zur Pensionierung.

98. „Paradiesische" Zustände

Im Wintersemester 2006/2007 studierten an den deutschen Hochschulen insgesamt 1.979.043 Studenten. Für die Ausbildung dieser knapp zwei Millionen Studenten waren 169.223 hauptberufliche Beschäftigte zuständig, von denen 37.694 Professoren waren. Legt man die Zahlen Studierenden / Professoren als Schlüssel für die Möglichkeit einer Studienbetreuung zugrunde, dann ist die durchschnittliche Relation 53:1, d. h. ein Professor betreut 53 Studenten.

Betrachtet man die einzelnen Fächer genauer, so zeigt sich, dass bei den zwanzig Fächern, die am meisten nachgefragt werden, die Relationen noch ungünstiger sind: In den Wirtschaftswissenschaften 70:1, in den Rechtswissenschaften 76:1 und in der Informatik 63:1. Vergleicht man das mit 'kleineren' Fächern, so sind die Relationen in der Politikwissenschaft 93:1 und in der Pharmazie 74:1. Für die evangelische Theologie sind es dagegen nur 24:1 und für die katholische Theologie 23:1.

99. Überkapazitäten

In Bayern wurden die Bemerkungen des Obersten Rechnungshofes zu den Überkapazitäten der Katholischen-Theologischen Fakultäten Anfang 2007 – nach mehrmonatigen und komplexen Verhandlungen zwischen Kirche und Staat – in der Weise umgesetzt, dass die theologischen Fakultäten in Bamberg und Passau für zunächst 15 Jahre „ruhen". Sie werden für diesen Zeitraum in theologische Institute der Lehrerbildung für das Fach katholische Religionslehre in allen Schulgattungen umgewandelt.

In Hessen hat man das Thema dagegen anders gelöst. Aufgrund von Staat-Kirche-Verträgen und einer Bestandsgarantie der Hessischen Landesregierung (Schreiben des Ministerpräsidenten vom 30.10.2003) wurde verfügt:

„Die Universität Gießen ist aufgrund der Staats-Kirchenverträge von 1960 und 1974 sowie der Bestandsgarantie der Hess. Landesregierung verpflichtet, eine über der derzeit benötigten und auch zukünftig absehbaren Studienplatznachfrage liegende Ausbildungskapazität in Form von zusätzlichen Professuren vorzuhalten. Die aus der Differenz der erforderlichen zur garantierten Professurenzahl resultierenden unbesetzten Studienplätze sind über die Leistungszahlen für Lehre und Forschung nicht abbildbar. Die Aufrechterhaltung von Lehr- Forschungskapazität über den von der Studienplatznachfrage her begründeten Umfang stellt eine vom Land geforderte Leistung der Hochschule dar, die einer gesonderten Finanzierung bedarf."[106]

Das gleiche, wie für die Universität Gießen, gilt auch für die Universitäten Marburg, Kassel sowie die Technische Universität Darmstadt. Kosten des Mehraufwandes für „nicht nachgefragtes Lehrangebot": 745.600 € (Gießen), 1.491.000 € (Marburg), 328.000 € (Kassel) und 205.700 € (Darmstadt). Die Regelung gilt ebenso für die Universität Frankfurt, da dort zum Beispiel für 79 Studierende der katholischen Theologie acht Professoren und ein Akademischer Rat zuständig sind, also neun Studenten pro Dozent. Dazu heißt es im Haushaltsplan der Universität Frankfurt:

„Zur Sicherung der theologischen Ausbildung in Hessen ist für Frankfurt der dauerhafte Bestand von 8 Professuren der Katholischen Theologie vereinbart worden, obwohl der Fachbereich keinen Fakultätsstatus besitzt; für die curricularen Mindestanforderungen in der Lehramtsausbildung ist eine Zahl von vier Professuren ausreichend. Der Erhalt von vier weiteren Professuren stellt daher einen Sondertatbestand dar. [...] Die Aufrecherhaltung von Lehr- und Forschungskapazität über den von der Studienplatznachfrage her begründeten Umfang stellt eine vom Land geforderte Leistung der Hochschule dar, die einer gesonderten Finanzierung bedarf. Das Produkt umfasst auch die nicht ausgelasteten Bereiche der evangelischen Theologie sowie die Martin-Buber-Professur."[107]

Kostenpunkt dieses „Sondertatbestandes" einer vom Land geforderten 'Leistung' der Universität: 1.092.000 Euro pro Jahr.

Insgesamt sind es an den fünf Universitäten des Landes Hessen also 3.862.300 Euro, die für etwas ausgegeben werden, wofür es keine Nachfrage gibt. Himmlisch!

100. Personal und Kosten

Studierende der evangelischen und der katholischen Theologie gab es im Wintersemester 2007/2008 insgesamt 16.783. Wissenschaftliches Personal waren 1.663 Frauen und Männer, davon 719 Professoren und 944 Wissenschaftliche Mitarbeiter.

Das Statistische Bundesamt hat monetäre Kennzahlen ermittelt, die sich auf die jeweiligen „Grundmittel" beziehen.

„Bei den laufenden Grundmitteln für Lehre und Forschung handelt es sich um den Teil der Hochschulausgaben, den der Hochschulträger aus eigenen Mitteln den Hochschulen für laufende Zwecke zur Verfügung stellt. Sie werden ermittelt, indem von den Ausgaben der Hochschulen für laufende Zwecke (z. B. Personalausgaben, Unterhaltung der Grundstücke und Gebäude, sächliche Verwaltungsausgaben) die Verwaltungseinnahmen und die Drittmitteleinnahmen subtrahiert werden. Die laufenden Grundmittel enthalten keine Investitionsausgaben."[108]

Die Grundmittel für einen Studierenden der Sprach- und Kulturwissenschaften an den Universitäten belaufen sich auf 2.800 Euro, d. h. für die Studienplätze der Theologie wurden demnach rund 47 Mio. Euro bezahlt. Die wissenschaftlichen Mitarbeiter (65.600 € pro Stelle) bedeuteten einen Aufwand von 62 Mio. Euro und für die 719 Professoren (Grundmittel pro Stelle: 213.800 €) wurden 154 Mio. Euro bezahlt. Insgesamt wurde also für die Studierenden, das Personal und die laufenden Kosten der Theologie ein Betrag von rund 263 Mio. Euro finanziert.

Professoren gehen zudem in den Ruhestand und bekommen eine Pension. Nach einigen Gesprächen darüber, wie viele Pensionisten auf die aktiven Hochschullehrer kommen, kann man rund 20 Prozent als plausible Schätzgröße annehmen, das wären etwa 144 Professoren. Geht man von einem W2-Gehalt (4.176 €) und davon rund 70 Prozent Pension aus, ergibt sich ein Jahresbetrag an Pensionszahlungen für emeritierte Professoren der Theologie von rund fünf Millionen Euro.

Eine Besonderheit der Hochschullehrer an Theologischen Fakultäten ist ihr 'Zwitterstatus'. Sie sind staatlich vereidigte Hochschullehrer, die aber gleichzeitig als „konfessionsgebundene Ämter" die Lehrerlaubnis der Kirchen brauchen. Verlieren sie diese Lehrerlaubnis („missio canonica"), so bleiben sie dennoch beamtete Hochschullehrer, normalerweise an einer anderen Fakultät. Der Staat hat dann jedoch eine weitere Professur für den Ersatzmann bzw. die Ersatzfrau auf der geräumten Stelle zu finanzieren. Das sind derzeit – nach Hörensagen – etwa zehn Professoren und eine entsprechende finanzielle Mehrbelastung von weiteren rund 2 Mio. Euro (213.800 € Grundmittel x 10). Die Zahlen sind auch nur als Mindestgröße anzusehen, da die Professoren der Theologie (als Lehrstühle) weitgehend mit der höchsten Gehaltsstufe (W 3) ausgestattet sind.

Innerhalb der Universitätsbibliotheken gibt es Zweigbibliotheken, also auch für Theologie. An der Humboldt-Universität Berlin hat diese Zweigbibliothek Theologie einen Bestand von rund 320.000 Bänden, in Leipzig sind es ca. 100.000 Bände. Die laufenden Kosten wären noch zur Theologieausbildung hinzuzurechnen. Es wäre jedoch verfehlt, anzunehmen, dass damit alle Kosten bereits erfasst sind. Es fehlen nämlich noch die Kosten für Baumaßnahmen und weiteres, wie dem Haushaltsplan 2009/2010 Bayerns beispielhaft zu entnehmen ist.

In den bereits erwähnten „Grundmitteln" sind keine Investitionskosten berücksichtigt, da sie zu unregelmäßig anfallen. So wird beispielsweise an der Universität München ein „Theologicum" gebaut, in dem die beiden Theologischen Fakultäten und die Ausbildungseinrichtungen für Orthodoxe Theologie räumlich zusammengeführt werden. Ziel der Maßnahme ist die Verbesserung der Zusammenarbeit und eine kostengünstigere Wirtschaftsführung der bisher getrennten Einrichtungen. Die Gesamtkosten von 5,4 Mio. Euro werden aus dem Programm „Zukunft Bayern 2020" finanziert. An der Universität Regensburg wird für 3,4 Mio. Euro der Gebäudekomplex Philosophie und Theologie saniert. An der Universität Würzburg mussten externe Räume für fünf Lehrstühle der Katholisch-Theologischen Fakultät angemietet werden: Insgesamt 1.346 qm (269 qm pro Lehrstuhl) für eine Jahresmiete von 138.400 Euro.

101. Fachhochschulen

In der Bundesrepublik Deutschland gibt es 17 kirchliche Fachhochschulen mit staatlicher Anerkennung. Zwölf werden durch die evangelische Kirche und fünf von der katholischen Kirche getragen. In ihrem Selbstverständnis sind es eigene kirchliche Einrichtungen.

„Die kirchlichen Fachhochschulen sehen es als ihre Aufgabe an, Theologie und Sozialethik so in die Studiengänge zu integrieren, dass die Studierenden Einsicht in den christlichen Glauben und seine Konsequenzen für die Gestaltung der gesellschaftlichen Verhältnisse gewinnen."

Die fachlichen Schwerpunkte und Studiengänge sind Sozialarbeit und Religionspädagogik. Obwohl es sich um kircheneigene Hochschulen handelt, werden diese staatlich bezuschusst.

Das Land Berlin finanziert die „persönlichen Ausgaben", das sind rund 73 Prozent der Kosten, der evangelischen und der katholischen

Fachhochschule für Sozialwesen, Bayern zahlt 80 Prozent des nachgewiesenen Personal- und Sachaufwandes, Hamburg 50 Prozent des Etats.

Einzelne Zahlungen für die kirchlichen Fachhochschulen: Berlin 7,6 Mio. Euro, Niedersachsen 2,1 Mio., Rheinland-Pfalz 3,4 Mio., Baden-Württemberg 6,2 Mio., Nordhein-Westfalen 18,5 Mio., Bayern 8,6 Mio., Hamburg 600.000, das Saarland 212.900. An Baumaßnahmen zahlte die Bundesrepublik Deutschland mit 1,5 Mio. Euro die Hälfte der neuen Bibliothek der Evangelischen Fachhochschule in Berlin. Diese erfassten Zuschüsse belaufen sich auf insgesamt 49 Mio. Euro.

Es gibt auch die Fachhochschule des Bundes, d. h. der Bundesrepublik Deutschland. Im Geschäftsbericht des Präsidenten 2009 liest man zum Schulalltag Bemerkenswertes:

„Wieder Morgenandacht: Gerade in der heutigen so schnelllebigen Zeit ist es wichtig, auch Zeit für sich und seine Angehörigen zu finden. Den Initiativkreis erreichte eine Anfrage, ob es ein kirchliches Angebot an der FH Bund gäbe. Es war bereits eine Tradition an der FH Bund, einmal monatlich eine Morgenandacht abzuhalten. Diese Tradition ruhte allerdings nach dem Weggang von Prof. Dr. Schmahl.

Im September konnte allerdings der Oberpfarrer in der Bundespolizei Norbert Achenich für die Weiterführung dieser Tradition gewonnen werden. Diese konnte im Dezember 2009 begonnen werden. 28 Studierende kamen zu der 30-minütigen Morgenandacht vor Unterrichtsbeginn."[109]

102. Kirchenmusik

Eine besondere Rolle spielt in der Hochschulausbildung die Kirchenmusik, für die es zur Zeit 27 Ausbildungsstätten gibt.

Egal, ob es (16) staatliche Musikhochschulen oder (10) Kirchenmusikhochschulen sind, die EKD vereinnahmt auf ihrer Kultur-Internetseite alle als „Kirchenmusikhochschulen".

Das geht insofern, da man auch an den staatlichen Hochschulen für Musik (und Theater) Kirchenmusik studieren und einen entsprechenden Abschluss machen kann. Auf Staatskosten. Allerdings sind die Zahlen der Studierenden der Kirchenmusik gering. In München sind es 17, in Nürnberg zwei und in Würzburg eine Studentin.

Aber auch die kirchlichen Kirchenmusikhochschulen erhalten staatliche Zuschüsse. So erhält die Kirchliche Hochschule für evangelische Kirchenmusik in Bayreuth als Zuschuss auf die Lehrpersonalkosten 695.600 Euro, was pro Kopf der 18 Studierenden immerhin 38.644 Euro bedeutet. Der Zuschuss an die kirchliche Hochschule für Kirchenmusik und Musikpädagogik in Regensburg beläuft sich auf 1,5 Mio. Euro, was bei 34

Studierenden pro Kopf 44.117 Euro macht. Allerdings bekommt der Staat auch Einnahmen, denn das Bischöfliche Ordinariat Rottenburg-Stuttgart zahlt für die Ausbildung in Katholischer Kirchenmusik an der Hochschule für Musik und Darstellende Kunst in Stuttgart einen Zuschuss von 3.100 Euro pro Jahr. (Das ist kein Tippfehler.) Und dass die Regensburger Domspatzen, der Tölzer Knabenchor, der Windsbacher Knabenchor und die Augsburger Domsingknaben zusammen 278.000 Euro Zuschüsse bekommen, ist dann kaum noch erwähnenswert.

Baumaßnahmen gehen extra, so wie der Umbau und die grundlegende Sanierung der Orangerie in Erlangen-Nürnberg für das Institut für Kirchenmusik und das Institut für Kunstgeschichte mit 6,5 Mio. Euro.

103. Weitere Ausbildungsstätten

Neben der Theologenausbildung und den Fachhochschulen gibt es beispielsweise noch weitere staatliche Zuschüsse für evangelische und katholische Seminare, Stifte und Konvikte in Baden-Württemberg. Das Land zahlt (2009) für diese Einrichtungen 2,9 Mio. Euro.

Die Katholische Universität Eichstätt – eine Kirchliche Stiftung des öffentlichen Rechts der katholischen Bistümer Bayerns – erhält aufgrund einer Änderung (1988) des Bayerischen Konkordats von 1924 Kostenerstattungen von 85 Prozent des tatsächlichen Aufwandes (auch der Investitionen). 2009 sind es 32 Mio. Euro zum laufenden Aufwand und 50.000 Euro für Investitionen.

Da Parität zwischen den Religionsgesellschaften besteht, muss man nicht lange nach dem evangelischen Pendant zur katholischen kirchlichen Universität Eichstätt suchen, es ist die Hochschule der evangelisch-lutherischen Kirche in Bayern in Neuendettelsau. Zuschuss zum Betrieb: 945.000 Euro.

104. Verdeckte Ausbildungsstätten

Die Kinder und Jugendlichen in der so genannten Dritten Welt sind in mehrfacher Hinsicht besonders von Armut betroffen, da für sie auch kaum Bildungschancen bestehen. Insofern ist es zu begrüßen, wenn sich Hochschulen in Deutschland darum kümmern, diesen Kindern Bildungschancen zu eröffnen. Dazu gibt es in Deutschland einen bisher einzigartigen Masterstudiengang Straßenkinderpädagogik. Dazu heißt es in der Selbstdarstellung:

„Der Masterstudiengang Straßenkinderpädagogik ist ein interdisziplinärer vier-semestriger Vollzeit-Studiengang, der in Kooperation mit den Pädagogischen Hochschulen und den Universitäten Heidelberg und Freiburg durchgeführt wird. Studienorte sind Heidelberg und Freiburg."[110]

Mehr nicht. Stutzig macht dann jedoch, dass Förderer des Studiengangs die *Don Bosco Jugend Dritte Welt* sowie das *Augustinum Heidelberg* sind. Bei den Ausbildungsmodulen wird dann implizit deutlich, wer die tatsächlichen universitären Partner der Pädagogischen Hochschulen sind: das Diakoniewissenschaftliche Institut an der Universität Heidelberg und die (katholische) Theologische Fakultät der Universität Freiburg, Institut für Praktische Theologie, Abteilung Caritaswissenschaft und Christliche Gesellschaftslehre. So wird das Ausbildungsmodul „Sozialpädagogik mit Straßenkindern" von Prof. Dr. Werner Tzcheetzsch geleitet. Er arbeitet an der Theologischen Fakultät der Universität Freiburg im Arbeitsbereich Religionspädagogik und Katechetik.

105. Weitere Kostenübernahmen

Dass es mit diesen erfassten Zuschüssen noch nicht getan ist, sollen zwei Beispiele aus dem vorbildlich detaillierten Haushaltsplan des Freistaates Bayern zeigen:

Zur Förderung der Studentenseelsorge werden Zuschüsse von 64.100 Euro gezahlt und als Zuschüsse an die Bayerischen Studentenwerke werden für Erbbauzinsen zugunsten der Kirche im Haushaltsplan 250.000 Euro ausgewiesen. Zusammen also weitere 314.000 Euro.

Und an den Hessischen Hochschulen wird, mit ausdrücklicher Erwähnung auch der katholischen Philosophisch-Theologischen Hochschule St. Georgen und der Lutherischen Theologischen Hochschule Oberursel, ein Essenszuschuss von 0,61 Euro je Studierenden und Werktag gezahlt.

106. Konkordatslehrstühle[111]

Zusätzlich zu der Genehmigung der Professoren in der Ausbildung des (eigenen) kirchlichen Nachwuchses hat die katholische Kirche auch Einfluss auf 26 nicht-theologische Professuren, die so genannten Konkordatslehrstühle. Diese bedeuten – nur mit Bezug auf die Professorenstellen (Grundmittel pro Stelle: 213.800 €) – einen Aufwand von rund 6 Mio. Euro.

Konkordatslehrstühle sind nicht-theologische Lehrstühle, bei deren Besetzung die (katholische) Konfession des Bewerbers eine Rolle spielt, obwohl

sie nicht der theologischen Fakultät angehören.[112] Grundlage für diese
Lehrstühle sind die Konkordate, die zwischen der katholischen Kirche und
den entsprechenden deutschen Bundesländern abgeschlossen wurden. Die
Inhaber dieser Lehrstühle sind für die Lehre aller Studenten der jeweiligen
Fakultät vorgesehen, nicht nur für die der Theologiestudenten.

In Bayern gibt es momentan 21 Konkordatslehrstühle, deren rechtliche
Grundlage der Artikel 3 des Bayern-Konkordats ist. Hinzu kommen noch
an der Ludwig-Maximilian-Universität in München ein Guardini-Lehrstuhl
an der Philosophischen Fakultät sowie ein Lehrstuhl für Philosophie und
Pädagogik in Würzburg. Eine Landtagsanfrage 1997 ergab, dass 22,6
Prozent der Pädagogik-, 25 der Politikwissenschaft-, 33,3 der Soziologie-
und 36,8 Prozent der Philosophielehrstühle mit Einspruchsrecht der katholischen Kirche besetzt wurden.

In Mainz gibt es zwei Konkordatslehrstühle (Geschichte und
Philosophie). Auch in Bonn gab es zwei Konkordatslehrstühle, ebenfalls für
Philosophie und Geschichte. In die neue Verfassung der Bonner Universität
von 1991 wurden die Konkordatslehrstühle aber nicht mehr aufgenommen;
es ist also davon auszugehen, dass sie nicht neu besetzt wurden.

Das Baden-Konkordat von 1932 garantiert zwei Konkordatslehrstühle
(Philosophie und Geschichte) in Freiburg.

Keine Konkordatslehrstühle gibt es derzeit entgegen verbreiteter
Annahmen in Düsseldorf, Köln und Münster.

In Bayern kam es in Folge der Schulreform von 1968 zu einer Erhöhung
der Anzahl dieser Professuren. Die konfessionelle Bekenntnisschule wurde damals zur christlichen Gemeinschaftsschule umgewandelt, was mit
dem erheblichen Einfluss der katholischen Kirche auf die Besetzung der
Universitätslehrstühle „bezahlt" wurde:[113] Die Konkordatslehrstühle in
Geschichte wurden auf die Gesellschaftswissenschaft (Soziologie oder
Politikwissenschaft) übertragen und im Rahmen des Endes der katholischen
Pädagogikhochschulen kamen die Konkordatslehrstühle in Pädagogik hinzu. Auf alle danach neu entstandenen staatlichen Universitäten in Bayern,
ob durch Umwandlung der pädagogischen Hochschulen (1972) oder
Neugründung (1974 und 1978), wurde die Regelung ausgeweitet.

2008 haben mehrere Wissenschaftler, nach Ausschreibung des
Konkordatslehrstuhls Praktische Philosophie in Erlangen, einen Antrag
auf „einstweiligen Rechtsschutz" gestellt. Ziel war, der Universität eine
Fortsetzung des Berufungsverfahrens zu untersagen. Dieser Antrag wur-
de in erster und zweiter Instanz aus formalen Gründen abgewiesen. Von
Seiten eines der Richter wurde allerdings die Berechtigung angezweifelt,

über Staatskirchenverhältnisse und katholische Majorität Grundrechte und die Staatshoheit bei der Beamtenernennung einzuschränken.[114] Nach Ruferteilung an einen Kandidaten ist erneut ein Antrag gestellt worden, über den im Herbst 2010 entschieden werden soll.

107. Forschung und Stipendien

Für die Forschungsförderung in der Theologie an deutschen Hochschulen wurden 2010 rund 100 Mio. Euro aus Steuergeldern aufgewendet.

Religion, Kirchen, religiöse Rituale etc. wissenschaftlich zu erforschen, ist durchaus von historischem und kulturellem Interesse. Allerdings wäre die wissenschaftliche Unabhängigkeit der Forschung eine wesentliche Voraussetzung. Demnach kann es also eigentlich nicht ein religiöses Institut sein, das über Religion forscht. Eine derartige Voreingenommenheit hat die gleiche Logik wie eine Untersuchung zum Rauchen, die von einer Zigarettenfirma betrieben wird.

Aber diese Forschung 'blüht'. Doch wer nennt alle Forschungsprojekte, kennt alle Zahlen? Ein paar Beispiele.

Deutsche Forschungsgemeinschaft (DFG). Im Exzellenzcluster „Religion und Politik" der Westfälischen Wilhelms-Universität Münster forschen gut 150 Wissenschaftler aus 18 geistes- und sozialwissenschaftlichen Fächern und elf Ländern. Sie untersuchen das komplexe Verhältnis zwischen Religion und Politik von der Antike bis zur Gegenwart und von Lateinamerika über Europa bis in die arabische Welt. Es ist der bundesweit größte Forschungsverbund dieser Art und von den deutschlandweit 37 Exzellenzclustern der einzige zum Thema Religionen. Bund und Länder fördern das Vorhaben im Rahmen der Exzellenzinitiative von 2007 bis 2012 mit 37 Mio. Euro, das sind pro Jahr rund 6 Mio. Euro.[115]

Im Sonderforschungsbereich 619 der *Deutschen Forschungsgemeinschaft* an der Universität Heidelberg (Thema: „Ritualdynamik: Soziokulturelle Prozesse in historischer und kulturvergleichender Perspektive"[116]) werden 2008 u. a. als Unterthemen gefördert: „Der Diskurs über nicht-bramahnische Rituale und deren Transformation in der südindischen Religionsgeschichte seit dem 18. Jahrhundert", „Ritualtransfer zwischen Südasien und dem Westen in historischer und religionswissenschaftlicher Perspektive" wie auch „Zwischen Online-Religionen und Religion-Online: Konstellationen für Ritualtransfer im Medium Internet". Der Sonderforschungsbereich läuft seit 2002[117] und hat seitdem 10,4 Mio. Euro bekommen, davon im Jahr 2008 alleine 2,1 Mio. Euro.

Im Forschungsprojekt 963 wurden 2008 u. a. für das Thema: „Buddha-wort und Stifterabsicht: Mediendifferenz und Textvarianz in Sutren-kolophonen und Votivinschriften des frühen chinesischen Buddhismus (4.-7. Jahrhundert)" 1,5 Mio. Euro bezahlt.

Für die Forschung über „Religiöse Individualisierung in historischer Perspektive" (FOR 1013)[118] wurden im gleichen Jahr 3,2 Mio. Euro ausgege-ben. Und: „Inspiration und Subversivität. Künstlerische Kreation als ästhe-tisch-religiöse Erfahrung", ein Unterthema des Sonderforschungsbereichs 626 „Ästhetische Erfahrung im Zeichen der Entgrenzung der Künste", ließ sich die *Deutsche Forschungsgemeinschaft* im betreffenden Jahr 2,5 Mio. Euro kosten.

Die DFG weist für die Jahre 2005 bis 2007 Bewilligungen für Theologie in Höhe von 23,3 Mio. Euro nach und für „Kultur" (eine Zusammenfassung, die vorwiegend Religionswissenschaftt plus Ethnologie, Anthropologie und Judaistik darstellt) 37,2 Mio. Euro. Fasst man diese beiden Bereiche zusammen, sind es rund 60 Mio. in drei Jahren, also pro Jahr rund 20 Mio. Euro.

Auch die staatliche *Alexander von Humboldt Stiftung* fördert die Wissenschaften, ebenso wie eine weitere nicht feststellbare Zahl von „Drittmittelgebern", so dass es angebracht erscheint, die Zahlen der Hochschulstatistik für Drittmittel anzusetzen.

Die Wissenschaftlichen Mitarbeiter bekommen als zusätzli-che Forschungsförderung (14.700 € pro Stelle) 14 Mio. Euro und die Professoren (48.000 € pro Stelle) 35 Mio. Euro, zusammen also eine Forschungsförderung der Theologie in der Größenordnung von mindestens rund 49 Mio. Euro.

Diese benannten Forschungsprojekte belaufen sich bereits auf eine Gesamtsumme von 84,3 Mio. Euro, so dass ein Ansatz von 100 Mio. Euro angebracht erscheint und vermutlich noch zu gering ist.

108. Missbrauch der Forschung

Für einen Außenstehenden erscheinen manche Forschungsthemen der ver-schiedensten Fachdisziplinen – auch in den Naturwissenschaften – als durchaus hochspeziell, überflüssig oder exzentrisch. Das zu beurteilen, ob-liegt jedoch den einzelnen Wissenschaften, ihren verantwortlichen Kom-munitäten und Forschungsgremien, auch in der Theologie.

Es gibt jedoch Forschungen innerhalb der Theologie, speziell in der Religionspädagogik, die ein Skandal in der Instrumentalisierung der

Wissenschaft für Missionszwecke sind. Gemeint ist – als Beispiel – das Projekt „Gottesvorstellungen von Kindern", unter der Leitung von Prof. Anna-Katharina Szagun an der Universität Rostock.

Auf das Projekt wurde in allgemeinen Beschreibungen hingewiesen und es hieß, „ein sechsstelliger Betrag" stehe dafür zur Verfügung. Mehr nicht, keine genauen Zahlen. Auch nicht, wer das Projekt fördert, also Interesse daran hat, was speziell die Forschungsfrage ist. Nachfrage bei der *Deutschen Forschungsgemeinschaft* (DFG): Fehlanzeige. Durch Querverweise ließ sich jedoch ermitteln, wer der Auftraggeber ist: Die *Evangelische Kirche in Deutschland* (EKD). Das könnte man noch mit einem Achselzucken abtun, auch Parteien und Gewerkschaften vergeben an ihnen 'nahe stehende' Wissenschaftler Forschungsaufträge. Doch worum handelte es sich bei diesem mehrjährigen Forschungsprojekt? „Sprachlosen eine Sprache geben" wurde dann genannt, dass explizit konfessionsfreie Kinder in einer mehrjährigen Untersuchungsreihe getestet worden waren. Und zwar um zu erforschen, wie man sie lernen lassen kann, bereits als kleinere Kinder in religiösen Begriffen und Metaphern zu reden und zu denken: „Kindertheologie."

„Ausgewählte vorläufige Ergebnisse:
1. bei konfessionslosen Kindern sind z. T. anrührende religiöse Suchbewegungen konstatierbar.
2. für die Annahme einer natürlichen Theologie sprechen eigenständig entwikkelte, komplexe Denkmodelle von konfessionslosen Kindern, die ihre Gestaltung zunächst nicht verbalisieren können und z. T. einen längeren Weg unterstützter Elaboration benötigen für eine eigene Deutung. [...]
17. Wenn ein Kind keine Verknüpfung sieht zwischen seiner Lebenswelt und Gott, so kann man daraus folgern, dass es entweder noch keine Gottesbeziehung hat oder aber die Gottesbeziehung aktuell gestört ist. Die Ursache dafür kann sein, dass das bisherige Gotteskonzept des Kindes einer Aufnahme bzw. Weiterführung der Gottesbeziehung im Wege steht, d. h. dass ein Umbau des Denkens erfolgen muss."[119]

Das sind aus säkularer Sicht Forschungen und daraus entstehende Anleitungen zum mentalen Kindesmissbrauch im Auftrag der *Evangelischen Kirche in Deutschland*.

109. Begabtenförderung

Den beteiligten Gremien und Sachbearbeitern wird es wohl kaum noch auffallen, wenn sie beispielsweise die Internetseite der „Bischöflichen Stiftung" des *Cusanuswerks* öffnen und dort als Selbstbeschreibung lesen:

„Das Cusanuswerk ist das Begabtenförderungswerk der katholischen Kirche in Deutschland und vergibt staatliche Fördermittel an besonders begabte katholische Studierende aller Fachrichtungen. [...]
Die Frage nach grundlegenden Orientierungen für wissenschaftliches und gesellschaftliches, berufliches und persönliches Handeln steht im Mittelpunkt der Förderungsarbeit des Cusanuswerks. Dazu gehört auch die Auseinandersetzung mit dem christlichen Glauben."[120]

Der Staat fördert also mit Steuergeldern keine wissenschaftlichen Begabungen, Ingenieure, Ärzte oder Physiker, sondern religiöse Überzeugungen bzw. Katholiken? Das stört anscheinend niemanden. So schreibt das Bundesministerium für Bildung und Forschung:

„Die zwölf Begabtenförderungswerke tragen mit ihrer ideellen und finanziellen Förderung dazu bei, hoch qualifizierte und verantwortungsbewusste Persönlichkeiten heranzubilden, die den Anforderungen an künftige Leitungs- und Verantwortungsträger gewachsen sind. Sie spiegeln das pluralistische Spektrum der weltanschaulichen, konfessionellen, politischen, wirtschafts- oder gewerkschaftsorientierten Strömungen in Deutschland wider."[121]

Abgesehen davon, dass die „Strömungen" sich nach der Logik der deutschen Verbände-Demokratie nur auf Organisierte beziehen, ist der Etikettenschwindel offensichtlich kein Problem. Es wird kaum deutlich, dass es sich um die staatliche Begabtenförderung der Bundesrepublik Deutschland handelt. So wird in einer Darstellung des Ministeriums formuliert:

„Cusanuswerk – Bischöfliche Studienförderung. Das Cusanuswerk ist die 1956 gegründete Studienförderung der katholischen Kirche in Deutschland. Es zählt zu den zwölf Begabtenförderungswerken in der Bundesrepublik.
Das Cusanuswerk stellt besonders begabten katholischen Studentinnen und Studenten aller Fachrichtungen und Hochschulen Stipendien während ihres Studiums und ihrer Promotion zur Verfügung. Es möchte seine Stipendiatinnen und Stipendiaten in ihrem Verantwortungswillen bestärken und dazu befähigen, Dialoge zwischen Wissenschaft und Glaube, Gesellschaft und Kirche anzustoßen.
Seit ihrem Bestehen hat die Bischöfliche Studienförderung mehr als 5.000 Studierende und Doktoranden unterstützt, jährlich bewerben sich rund tausend Studierende in fünf verschiedenen Auswahlverfahren um ein Stipendium. Derzeit befinden sich rund 900 Cusanerinnen und Cusaner in der Förderung."[122]

Ein Schelm ist, wer Böses dabei denkt, denn dieses Prinzip einer „Bischöflichen Studienförderung" – katholische Gremien wählen aus, aus Steuergeldern wird es bezahlt – gilt auch für anderes „Bischöfliches" (vgl. z. B. Misereor, S. 182). Die evangelischen Glaubensbrüder und -schwestern machen es genauso. Schließlich darf niemand aufgrund seiner Religionszugehörigkeit in Deutschland benachteiligt werden. (Artikel 4 Grundgesetz)

Das evangelische Pendant nennt sich *Evangelisches Studienwerk Villigst.* Den Gesamtkuchen der Steuergelder für die Begabtenförderungswerke teilen sich mit den beiden religiösen Werken die Stiftungen aller politischen Parteien, der Wirtschaft und der Gewerkschaft sowie die Studienstiftung des deutschen Volkes.

Die Studierenden erhalten aus öffentlichen Stiftungen zur Begabtenförderung (staatlich finanzierte) Stipendien. Als einzige dieser Stiftungen verhält sich die Studienstiftung des deutschen Volkes weltanschaulich strikt neutral, „während bei den konfessionellen Stiftungen mehr eingebracht werden sollte als der entsprechende Taufschein".[123]

Der Globalansatz im Haushaltsplan des Bundesministeriums für Bildung und Forschung für „Zuschüsse an Studentenförderungswerke" beläuft sich (2010) auf 198 Mio. Euro und wird auf 12 Werke aufgeteilt. Eine Aufschlüsselung auf die einzelnen Stiftungen wird nicht veröffentlicht. Aufgrund der im Statistischen Jahrbuch veröffentlichten Zahlen der Stipendiaten kann jedoch eine plausible Verteilung auf die einzelnen Begabtenförderungswerke vorgenommen werden.

Von allen 24.596 geförderten Studenten betreut die *Bischöfliche Studienförderung Cusanuswerk* 1.116 Studenten (4,5 %) und das *Evangelische Studienwerk Villigst* 1.266 (5,1 %). Entsprechend ihrem Anteil an den Geförderten (9,6 %) dürften die beiden konfessionellen Begabtenförderungswerke rund 19,2 Mio. Euro erhalten.

Aber auch vom Auswärtigen Amt werden Stipendien „zur Pflege kultureller Beziehungen zum Ausland" vergeben. Die größte Summe erhält der *Deutsche Akademische Austauschdienst* (DAAD) mit 76,8 Mio. Euro (Ansatz in 2010). Dann folgen in der Förder-Rangliste die Stiftungen der politischen Parteien und unter „Sonstige", für die (2010) insgesamt 8,7 Mio. Euro zur Verfügung stehen, wird in der Fußnote erläutert: „U. a. kirchliche Organisationen, [...]."[124] Eine Aufschlüsselung ist nicht möglich.

Wohin diese Mittel fließen, zeigt sich dann unter anderem beim *Katholischen Akademischen Ausländer-Dienst* (KAAD), der 350.000 Euro vom Bundesministerium für Bildung und Forschung erhält.

Im Jahr 2009 haben nach Angaben des DAAD 1.310 ausländische Studierende an deutschen Universitäten und Fachhochschulen evangelische und katholische Theologie studiert. Bei einem Stipendium von 650 Euro im Monat sind es im Jahr 7.800 € x 1.310 Studenten und das ergibt 10.218.000 Euro. Dabei sind die Reisekosten, Krankenversicherung und Studiengebühren noch nicht mit eingerechnet.

110. Fazit Ausbildung des Nachwuchs

Als Zusammenfassung, was es sich der deutsche Staat kosten lässt, die Ausbildung und Förderung des konfessionell-kirchlichen Nachwuchses mit Steuergeldern zu finanzieren, sind es 279 Mio. Euro für die Theologie an den Universitäten und Hochschulen, 58 Mio. für die konfessionellen Fachhochschulen und Kirchenmusikausbildung, 36 Mio. für weitere Ausbildungsstätten, rund 100 Mio. Euro für Forschungsförderung, 6,6 Mio. an weiteren Kosten, 19,2 Mio. für Begabtenstipendien und 10,2 Mio. für Theologie-Stipendien, also insgesamt rund 509 Mio. Euro öffentlicher Mittel.

Hier fehlen noch weitere öffentlich finanzierte Fachschulen und andere kirchliche Aus- und Fortbildungsstätten. Mit dem nur untersten Kostenansatz bei den Universitäten wird deshalb der tatsächliche Gesamtbetrag noch höher sein.

Kindertageseinrichtungen

Für die Finanzierung der konfessionellen Kindertageseinrichtungen werden (2008) insgesamt 3,9 Mrd. Euro an reinen Kosten aufgewendet.

111. Zielsetzung

„Lasset die Kindlein zu mir kommen", sagen alle, die wissen, dass ein kindliches Gemüt noch leicht zu beeinflussen und zu prägen ist. Doch was tun, wenn die Kindlein nicht mehr in die Kirche gehen (müssen)? Man bietet in christlicher Nächstenliebe eine pädagogische Betreuung an, die (angeblich) jedem offen stehe. So sagte der seinerzeitige Ratsvorsitzende der EKD, Bischof Wolfgang Huber, im Januar 2009 in der Fachhochschule in Bochum:

„Die wichtigsten institutionellen Orte christlicher Elementarbildung sind die kirchlichen Kindertagesstätten. [...] Die EKD und ihre Diakonie sowie die römisch-katholische Kirche und die Caritas hielten im Jahr 2006 zusammen insgesamt 17.521 Einrichtungen vor. Bezogen auf die 48.200 Einrichtungen, die im Elementarbereich vorhanden waren, ist dies eine beachtliche Anzahl (36,35%), wenn auch keine absolute Mehrheit."[125]

Und in diesem Vortrag sagte der seinerzeit ranghöchste Lutheraner Deutschlands klipp und klar, worum es den Kirchen bei den Kitas im Kern geht. Im Vergleich mit dem Kindergottesdienst, bei dem die Kinder weitestgehend bereits christlich sind, sonst würden sie nicht daran teilnehmen, hätten die Kitas ganz andere Möglichkeiten. Der EKD-Ratsvorsitzende:

„In kirchlichen Kindertagesstätten dagegen finden sich regelmäßig ungetaufte Kinder, Kinder aus anderen Religionen oder auch aus dezidiert säkularen Familien. Das heißt mindestens zweierlei: Erstens bieten sich missionarische Chancen für die christlichen Kindertagesstätten. Indem sie ungetauften Kindern inspirierende Erlebnisse mit dem Bildungsmaterial des christlichen Glaubens ermöglichen, laden sie auf menschenfreundliche und unaufdringliche Weise zum Glauben an Jesus Christus ein."

Und damit niemand meint, dass die Kirche sich mit der Missionsarbeit auf ihre konfessionellen Kitas bescheiden würde, erklärt Bischof Huber präzise:

„Der Staat darf nicht als religiöser Erzieher agieren – aber er muss den Angeboten der Religion und damit auch der Kirchen Raum lassen. Das Recht der Kinder auf Religion gebietet daher, dass ihnen nicht nur in denjenigen Kindertagesstätten, die in der Trägerschaft von Religionsgemeinschaften und Kirchen stehen, religiöse Inhalte eröffnet und vermittelt werden."

Daraus ist zu schließen, dass auch in den kommunalen Kitas eine religiöse Unterweisung stattzufinden habe.

Wen das wundert, der sollte das Urteil des Hessischen Verwaltungsgerichtshofs in Kassel vom Juni 2003 lesen, in dem es um die Stichworte Religionsfreiheit / Tischgebet im Kindergarten / Freiwilligkeit / Ausweichmöglichkeit geht. Es handelte sich dabei um einen Eilantrag mit dem Ziel, das Sprechen eines Tischgebets in einem kommunalen, also weltanschaulich-neutralen Kindergarten zu unterbinden. Dieser Antrag ist gescheitert. Die Kernsätze der Urteilsbegründung:

1. Die vom Bundesverfassungsgericht in den Beschlüssen vom 16. Oktober 1979 („Schulgebet"; BVerfGE 52, 223) und vom 16. Mai 1995 („Kruzifix", BVerfGE 93, 1) entwickelten Grundsätze zur positiven und zur negativen Religionsfreiheit im schulischen Rahmen gelten erst recht im Bereich des freiwilligen Kindergartenbesuchs.
2. Dementsprechend verstößt ein in einem kommunalen Kindergarten gesprochenes Tischgebet grundsätzlich nicht gegen das staatliche Neutralitätsgebot.
3. Auch bei freiwilligen staatlichen Veranstaltungen ist aber der negativen Bekenntnisfreiheit dadurch Rechnung zu tragen, dass auch die Teilnahme am Gebet als solchem freiwillig ist und dass für den Widersprechenden zumutbare, nicht diskriminierende Ausweichmöglichkeiten bestehen.[126]

Bleibt nur noch die Frage, was denn für Kinder in einer Kindergartengruppe „zumutbare, nicht diskriminierende Ausweichmöglichkeiten" sind. Das scheint kein Problem, denn:

„Im Rahmen des Ausgleichs zwischen den Interessen derjenigen Betroffenen, die ein Gebet sprechen möchten, und denjenigen Betroffenen, die ein solches nicht sprechen möchten, sei zu berücksichtigen, dass das Tischgebet lediglich 5 bis 15 Sekunden dauere und es dem Antragsteller so lange ohne weiteres möglich sei, sich (unter Aufsicht einer Erzieherin oder eines Erziehers) an anderen Orten im Kindergarten aufzuhalten. Der Beschluss ist unanfechtbar."[127]

Gerufenwerden, Zusammenkommen, Stillwerden, schauen, Tischgebet, klatschen und lachen, an den Händen fassen, „Guten Appetit-tit-tit" gemeinsam sprechen, lachen und hinsetzen: Wie engstirnig und arm an Lebenserfahrung oder Empathie müssen die Richter eines Gerichts sein, das diese „soziale Situation" auf 5 bis 15 Sekunden reduziert. Nun gut, hohes Gericht, die konfessionsfreien, muslimischen oder andersgläubigen Kinder, die nicht christlich beten wollen, können ja derweil undiskriminiert aufs Klo gehen.

112. Neuevangelisierung

Auf die besonders wichtige Rolle, die diese Kindertageseinrichtungen (und Schulen) in den Neuen Bundesländern für die Missionsarbeit der Kirche spielen, weist auch der Vorsitzende des katholischen Bonifatiuswerkes, Erzbischof Hans-Josef Becker, hin:

„Hier wird nicht nur die Bildungsarbeit der Kirche im wahrsten Sinne des Wortes 'von Grund auf' konkret, hier findet zudem ein wichtiger Beitrag zur Evangelisierung statt, der nicht nur die heranwachsenden Kinder und Jugendlichen betrifft, sondern ebenso das familiäre Umfeld. Man spürt in keinem anderen Bereich kirchlichen Handelns in der Diaspora so sehr die Breiten- und Tiefenwirkung der Verkündigung und des Glaubenszeugnisses wie in den elementaren Bereichen von Kindergarten und Schule. Hier geschieht übrigens ganz konkret die 'Neuevangelisierung angesichts des sich ausbreitenden Neuheidentums', von der ich seinerzeit anlässlich des Bonifatiusjubiläums gesprochen habe."[128]

„Neuevangelisierung"? Aber was kann man von dem Lobbyisten einer erfolgreichen Kirche, die sich ihre Einrichtungen weitestgehend von allen Steuerzahlern und den Eltern finanzieren lässt, auch anderes erwarten? Bescheidenheit? Seien die Nicht-Religiösen doch dankbar, dass er nicht öffentlich über die Dummheit der Steuerzahler und der Konfessionsfreien lacht!

Diese Funktionsbestimmungen der Kindertageseinrichtungen von ranghohen Vertretern der evangelischen und katholischen Kirche zeigen zudem unmissverständlich, dass mit den Steuergeldern für die Kindertageseinrichtungen in konfessioneller Trägerschaft nicht vorrangig allgemeine sozialpädagogische Aufgaben der Gesellschaft finanziert werden, die der Staat sowieso finanzieren müsste. Es handelt sich primär um Instrumente der Missionierung von Kindern (und ihren Familien) für die ureigensten Zwecke der Kirchen.

Zum mildesten Alltag konfessioneller Kindertagesstätten gehört die Indoktrinierung der Kinder mit Bibel-Geschichten, Beten lernen, Singen von Kirchenliedern, über Gott-Themen reden etc. Wie stark diese Instrumentalisierung vor Ort tatsächlich stattfindet, ist sicherlich unterschiedlich und beruht auf mehreren Faktoren: dem Einfluss der Kirchen, dem Engagement der Leiterin, den Überzeugungen der Erzieherinnen, der Erwartung der Eltern u. a. m. Weitestgehend staatlich finanziert werden sollten solche Aufgaben jedoch nicht. Und wenn die Kirchen etwas Anstand hätten, würden sie für ihren Anteil an diesem „Doppel-Pack" von pädagogischer Betreuung und religiösen Unterweisungen ihre Hälfte auch finanziell übernehmen. Das Gegenteil ist jedoch der Fall: Die Kirchen gehen immer stärker aus der Finanzierung heraus, stärken aber gleichzeitig – mit dem eingesparten Finanzierungsanteil – das „christliche Profil" 'ihrer' Kitas.

Diese ideologische Ausrichtung verdeutlicht auch, dass es in der Frage der Finanzierung von konfessionellen Kindertageseinrichtungen nicht um mögliche Einsparungen des Staates geht, denn der Staat muss diese Kitas sowieso finanzieren. Wenn die Kirchen in Deutschland missionieren wollen, dann ist das ihr gutes Recht – aber eben nicht mit Steuergeldern finanziert.

113. Zahlen

Am 1. März 2009 gab es in Deutschland insgesamt 50.299 Tageseinrichtungen für Kinder, in denen 3.050.916 Kinder von 465.347 Mitarbeiterinnen betreut wurden. Die reinen Ausgaben (also die tatsächlichen Ausgaben minus die erzielten Einnahmen) der staatlichen Stellen beliefen sich dafür (2008) auf 11.326.585.000 Euro.[129]

Die katholische Kirche unterhält bundesweit 9.386 Kindertageseinrichtungen, Rechtsträger sind die örtlichen Pfarrgemeinden oder die Caritas. 90.696 Mitarbeiterinnen betreuen darin 604.094 Kinder. Für die evangelische Kirche sind es insgesamt 8.331 Kitas mit 78.209 Mitarbeiterinnen, die 501.143 Kinder betreuen.

Von allen Kindertageseinrichtungen sind 34 Prozent (17.256 Kitas mit 1.125.177 Kindern) in staatlicher Trägerschaft und 66 Prozent (33.043

Kitas mit 1.925.739 Kindern) bei Freien Trägern. Innerhalb der Freien Träger stellen die konfessionellen Kitas 53,4 Prozent der Einrichtungen (mit 1.105.237 Kindern, d. h. 57,4 Prozent der Kinder in den Kitas freier Träger). Bezogen auf alle Kinder in allen Kindertageseinrichtungen sind 36,2 Prozent der Kinder in konfessionellen Kitas.

Von den 11,3 Mrd. Euro staatlicher Aufwendungen für Kindertageseinrichtungen wurden 6.819.924.000 Euro für die Kitas freier Träger ausgegeben, d. h. die konfessionellen Kitas erhielten davon (nach Kinderzahl gerechnet) 57,4 Prozent d. h. rund 3,9 Mrd. Euro.

In einigen Bundesländern besitzen die Kirchen einen erheblichen Marktanteil für die inzwischen gesetzlich garantierten Kindergartenplätze. So befinden sich in Bayern 2.422 (40 % aller Kindergärten) in katholischer Obhut und weitere 959 (16 %) unter evangelischer. In konfessioneller Trägerschaft sind somit rund 56 Prozent der bayerischen Kindergärten. In kommunaler Trägerschaft befinden sich 1.875 Kindergärten (31 %) und die restlichen 749 Einrichtungen (entspricht 13 %) in der Trägerschaft der Arbeiterwohlfahrt, des Deutschen Roten Kreuzes oder sonstiger Betreiber. Als generelle Tendenz gilt: je ländlicher, desto konfessioneller, bis hin zum kirchlichen Monopol.

Diese dominierende Marktposition der Kirchen hat dabei zwei Seiten. Zum einen ist es für konfessionslose Eltern noch immer schwierig, in einigen Gegenden Deutschlands sogar unmöglich, einen religionsfreien Kindergartenplatz zu bekommen. Zum anderen wird die Religionsfreiheit der in den Kindergärten bereits tätigen und der zukünftigen Mitarbeiter/innen in Frage gestellt, da sie Kirchenmitglied sein, bleiben oder sogar werden müssen, wollen sie nicht arbeitslos bleiben bzw. werden.

Die teilweise Monopolstellung der kirchlichen Träger für Kindergärten verstößt gegen das Subsidiaritätsprinzip. Dies besagt, dass der Staat gegen die verfassungsmäßigen Rechte des Einzelnen gesellschaftliche Aufgaben anderen Trägern überlässt. Art. 4 (1) GG: „Die Freiheit des Glaubens, des Gewissens und die Freiheit des religiösen und weltanschaulichen Bekenntnisses sind unverletzlich."

Aber immerhin: Um 1900 waren rund 80 Prozent aller Kindertageseinrichtungen in Bayern in konfessioneller Trägerschaft, heute sind es noch 56 Prozent.

Durchschnittlich zahlt der Freistaat rund 35 Prozent der Betriebskosten, rund 50 die Kommunen, etwa 10 die Eltern (inklusive etwaigem Trägeranteil) und knapp 5 Prozent die wirtschaftliche Jugendhilfe für Eltern, für die der

Elternbeitrag finanziell nicht zumutbar ist (immerhin rund ein Drittel der Eltern).[130]

114. Der Einstieg in den Ausstieg

Die staatlichen Zahlungen für konfessionelle Kitas haben sich in den vergangenen zehn Jahren nicht nur um die üblichen Steigerungsraten erhöht. Sie sind deutlich stärker angestiegen, da nicht nur die Zahl der staatlich garantierten Betreuungsplätze steigt, sondern weil die konfessionellen Amtsträger erfolgreich damit drohen, dass sie ihre Kindertageseinrichtungen schließen werden, wenn der Staat sie nicht noch höher als bisher finanziert. Inzwischen haben die Kirchen geringere bis keinerlei Zuschüsse mehr zu bezahlen.

Im Bundesland Hamburg ist dieser „Einstieg in den Ausstieg" bereits flächendeckend gelungen. Zahlten die Kirchen früher 20 Prozent der Kosten ihre Kitas, war dieser Anteil bereits auf 10 Prozent reduziert worden. Im Juli 2001 erhöhte der Senat nicht nur seine bisherigen Zahlungen, sondern alle neuen Plätze in kirchlichen Kitas werden seitdem im Rahmen des Ausbauprogramms zu 100 Prozent von der Stadt finanziert. Das Ergebnis: 2010 haben sich die Zuschüsse der Kirchen zu 'ihren' Kitas in Hamburg auf null reduziert.

In Nordrhein-Westfalen, dem größten Bundesland, geschah Entsprechendes. Als reicher Träger auf einem höheren Niveau des Eigenanteils an den Betriebskosten beginnend (1990: 36 %), wurden die Eigenanteile der Kirche über 20 dann (2007) auf 12 Prozent reduziert. Der Elternanteil liegt bei 19 Prozent.

115. Vor Ort: In Bochum, Leimen und Sörup

2004 hatte man sich in Bochum noch zusammengesetzt und miteinander über die Anpassung der Plätze an den sinkenden Bedarf gesprochen. 2006 plante dann die evangelische Kirche ohne Rücksprache mit der Stadt oder anderen Trägern Schließungen und Gebäudeverkäufe, da man 700.000 Euro einsparen wolle. Die hätte man ansonsten gerne als zusätzliche Finanzierung durch die Stadt. Man wisse zwar von der angespannten Situation der kommunalen Finanzen, aber die Stadt sei es schließlich, die den Rechtsanspruch auf Kindergartenplätze erfüllen müsse. Und andere Kommunen wären den Kirchen bereits hilfreich und freiwillig zur Seite gesprungen.[131] Ergebnis: Die Stadt hat dann tatsächlich die Kosten von 16 Kindergärten der evangelischen Kirche voll übernommen.

2007, mit der Reduzierung des kirchlichen Trägeranteils auf 12 Prozent, die dem Land Mehrkosten von rund 80 Millionen Euro abverlangte, meinte die Landesregierung in NRW, die Kirchen zufrieden gestellt zu haben und die vereinbarte Zahl der Kitas würde beibehalten. Die Kirchen aber, die rund die Hälfte aller Kindertageseinrichtungen in Nordrhein-Westfalen betreiben, weigerten sich, die angekündigten Schließungen zurückzunehmen.

In Leimen (im Norden Baden-Württembergs) hatte man sich ebenso auf die Kirche verlassen und musste eine bittere Lektion lernen. In der Großen Kreisstadt gibt es bisher zehn Kindergärten, drei evangelische, zwei katholische, fünf städtische. Im Oktober 2009 wurde eine lang andauernde Vakanz in der evangelischen Kirchengemeinde beendet und eine neue Pastorin und ein Pastor in ihre Ämter eingeführt. Neue Besen kehren gut? Auf jeden Fall musste der Kirchengemeinderat im Dezember 2009 bei einem Kassensturz feststellen, dass die Kirchengemeinde im Haushalt rote Zahlen schreibt. Man fasste den Beschluss, einen der beiden evangelischen Kindergärten zu schließen. Bekannt davon wurde jedoch noch nichts. Offensichtlich wollte man den Sturm der Entrüstung nicht in der friedvollen Weihnachtszeit haben.

Anfang Januar 2010 gab es in Leimen erste Gerüchte, dass die Kirchengemeinde einen ihrer beiden Kindergärten zur Jahresmitte schließen würde. Dieses Vorhaben wurde dann durch Briefe an die betroffenen Eltern und Stadtverwaltung/Gemeinderat am 12. Januar 2010 bestätigt und begründet, wobei in den Briefen von einer Fusion der Kindergärten die Rede war. Als Begründung für die Schließung des Kindergartens wurden finanzielle Probleme genannt, und zwar in Form eines Haushaltsdefizits im hohen fünfstelligen Bereich. Außerdem wurde angeführt, der Kindergarten genüge den pädagogischen Anforderungen nicht mehr. Und am Gebäude (das auch Mietwohnungen hat) wären Instandhaltungsinvestitionen von ca. 500.000 Euro notwendig. Auch gingen die Kirchensteuereinnahmen zurück, weshalb der zuständige Oberkirchenrat die Politik verfolgte, sich von möglichst vielen Immobilien zu trennen.

Bei den nun folgenden Gesprächen zwischen Eltern, Kirchengemeinde und der Stadt Leimen stellte sich heraus, dass die Kirchengemeinde im Haushaltssicherungsverfahren steckt (kirchliches Pendant zum staatlichen Insolvenzverfahren) und innerhalb von sechs Jahren saniert sein muss.

Daher ist die Kirchengemeinde auch nicht mehr alleinige Herrin ihrer Entscheidungen.

Die Schließung des Kindergartens sollte zum einen den laufenden Zuschuss der Kirche von 10.000 Euro pro Jahr für die beiden Kindergartengruppen einsparen, zum anderen durch den Verkauf des Grundstücks Geld in die Kasse bringen. Das alles ohne kollegiale Rückfragen oder solidarische Absprachen mit der Stadt, und das hatte seinen Grund.

Auf die Frage, ob die Kirche beim Verkauf des Gebäudes bisher von der Stadt geleistete Investitionskostenzuschüsse anteilig zurückzahlen würde, die Stadt also am Verkaufserlös beteiligt werde, verneinte die Kirche. Es stellte sich heraus, dass für einen solchen Fall keinerlei Regelungen getroffen waren. Man hatte der Kirchengemeinde vertraut.

Allein in den letzten zehn Jahren wurden 128.000 Euro in den Kindergarten investiert, wovon die Stadt 90 Prozent getragen hat, d. h. einen „Zuschuss" von 115.000 Euro. Darüber hinaus wurde auch die Straße saniert und in diesem Zuge 2008/2009 der Eingangsbereich (Treppen, behindertengerechter Zugang, Türen, Geländer) neu gestaltet, was alleine im Bereich des Kindergartens für die Stadt mit 35.000 Euro zu Buche schlug. Das bedeutete aber nichts, schließlich tat man der Kirche schon mal gerne einen Gefallen.

Diese 150.000 Euro Investitionen/Zuschüsse die den Verkaufswert des Gebäudes gesteigert haben, sind nun für die Stadt verloren.

In der weiteren Diskussion um die Schließung ließ sich die Kirche darauf ein, den Kindergarten noch bis Mitte 2012 weiter zu betreiben, allerdings bei völliger Kostenübernahme des Defizits durch die Kommune. Damit sollte es den Kindern, die derzeit den Kindergarten besuchen, ermöglicht werden, ihre Kindergarten-Zeit auch in diesem Kindergarten zu beenden. Außerdem habe die Kommune länger Zeit, um für den nötigen Ersatz zu sorgen.

Mittlerweile ist die Stadt aus Schaden klug geworden und der Gemeinderat der Stadt hat den Beschluss gefasst, Investitionszuschüsse an Kirchen nur noch mit einer Rückzahlungsverpflichtung zu genehmigen. Falls also künftig ein Kindergarten auf Initiative einer Kirchengemeinde geschlossen wird, sind die jeweils geleisteten Zuschüsse nach Zeitdauer (mit zehnprozentiger Abschreibung) zurückzuzahlen.[132]

Aber auch im hohen Norden Deutschlands ist eine Gemeinde inzwischen an Erfahrungen reicher. 2009 hatte die Kirchengemeinde Sörup auf Bitten zahlreicher Eltern der Verlängerung der Öffnungszeiten des kirchlichen Kindergartens bis 15 Uhr zugestimmt und sich mit der Gemeinde über die Kostenverteilung geeinigt: Die politische Gemeinde übernahm 16.600 Euro und die Kirche 1.600 Euro – für ein Jahr. Man wollte sehen, ob das Angebot angenommen werden würde, was in großem Maße der Fall war. Nach dem einen Jahr, im Juli 2010, wollte die Kirche ihren neunprozentigen Anteil nicht weiter übernehmen. Die Eltern baten daraufhin die politische Gemeinde, den Kirchenanteil zu übernehmen. Erst als Unmut laut wurde und die Gemeindevertretersitzung tagte, teilte der Kirchenkreis mit, dass die Pröpstin eine Genehmigung erteilt habe, den Kirchenanteil weiter zu übernehmen – für ein weiteres Jahr.

Religionsunterricht

Für die Erteilung des Religionsunterrichts an allgemeinbildenden Schulen und Berufsschulen werden in Deutschland für staatliche Religionslehrer und Gestellungskräfte der Kirchen 2009 insgesamt 1,7 Mrd. Euro ausgegeben.

Der Religionsunterricht in Deutschland ist (neben dem Recht der Religionsgesellschaften, Steuern zu erheben) der zweite Bereich, in dem die Trennung von Kirche und Staat verfassungsrechtlich nicht durchgeführt wurde. In Art. 7 Abs. 3 Satz 1 GG wird festgelegt: „Der Religionsunterricht ist in den öffentlichen Schulen mit Ausnahme der bekenntnisfreien Schulen ordentliches Lehrfach."

Damit wurden die Regelungen der Weimarer Verfassung übernommen, denn: „Die Garantie des staatlichen Religionsunterrichtes, der staatlichen Konfessionsschulen [...] waren die stärkste Grundlage für die Fortdauer der institutionellen Verbundenheit von Kirche und Staat und für die Sicherung der öffentlichen Wirkungsmacht der Kirche innerhalb der gesamtgesellschaftlichen Entwicklung."[133] Wiederum konnte die alte sozialistische Losung „Religion ist Privatsache" (Punkt 6 des Erfurter Programms der SPD) verfassungsrechtlich nicht umgesetzt werden.

Dieser Verfassungsauftrag des Bundes hat zu den verschiedensten Ausformungen in den Länderverfassungen und der Verfassungswirklichkeit geführt. In der Praxis der Bundesländer (mit Ausnahme von Brandenburg, Bremen und Berlin) hat sich herausgebildet, dass Religion ein ordentliches Lehrfach ist, (dessen Versetzungsrelevanz allerdings unterschiedlich gehandhabt wird). Es wird von Lehrerinnen und Lehrern im Staatsdienst unterrichtet, die allerdings einer kirchlich-konfessionellen Lehrerlaubnis unterliegen. Im Bedarfsfall werden zusätzliche Lehrkräfte im kirchlichen

Dienst (über „Gestellungsverträge") beschäftigt, deren Kosten an die Kirchen „refinanziert" werden.

116. „Pro Reli" vs „Pro Ethik"

Mit welcher Entschiedenheit, um nicht zu sagen: Verbissenheit die Kirchen den Religionsunterricht als Pflichtfach verteidigen, das zeigte sich nicht nur historisch – wie etwa bei den Diskussionen um das Bayern-Konkordat von 1924 – sondern noch sehr gegenwärtig bei der Volksabstimmung „Pro Reli" im Bundesland Berlin 2008/2009.

Berlin hat nicht nur eine säkulare Tradition als 'Stadt der Zugereisten' mit vielen verschiedenen Religionsansichten, denen man sich gegenüber tolerant zeigte. Die evangelische Kirche (Landesbischof Dibelius) drang nach den Erfahrungen mit dem Nationalsozialismus strikt darauf, dass der Religionsunterricht ausschließlich in der Kompetenz, d. h. „im Auftrag der Kirche" verblieb – selbst wenn der Staat ihn finanzierte – und nicht von staatlichen Lehrern erteilt werde. Die Auseinandersetzungen zwischen Kirche und Magistrat führten schließlich zu der Konsequenz, dass Religionsunterricht ein freiwilliges Zusatzfach war, das keine Bedeutung für die Versetzung hatte. Die kirchliche Beschlusslage zur Finanzierung lautete:

„Die Besoldung der Katecheten ist grundsätzlich Sache der Kirche. Da der Religionsunterricht aber als schulplanmäßiges Lehrfach in der öffentlichen Schule erteilt, von der Mehrheit der Elternschaft gefordert wird und für die Schulerziehung von grundlegender Bedeutung ist, hat er Anspruch darauf, dass die Kosten im wesentlichen vom Senat von Berlin getragen und in Form von Zuschüssen der Kirche zur Verfügung gestellt werden."[134]

Damit war für die kommende Jahrzehnte ein akzeptierter Kompromiss gefunden worden – das „Berliner Modell", das auch dem humanistischen Weltanschauungsunterricht („Lebenskunde") und kleineren Religionsgemeinschaften freiwillige und staatlich finanzierte Unterrichtsangebote ermöglicht.

Dieser 'Burgfrieden' hatte Bestand, bis seit Beginn der 1980er Jahre die evangelische Landeskirche in den politischen Kulissen eine zweifache Veränderung forderte. Zum einen wollte sie die Einführung des Unterrichts weiterer religiös-ethnischer Orientierungen (für Muslime) und zum anderen die Einführung des Status des Wahlpflichtfachs für alle diese Fächer, auch des evangelischen Religionsunterrichts. Die Schüler sollten verpflichtet sein, an einem dieser Fächer teilzunehmen. Es gab jedoch auf muslimischer Seite keinen 'für alle' sprechenden Ansprechpartner.

Als der Berliner Senat dann 2006 für die SchülerInnen der Sekundarstufe I (Klasse 7-10) einen verbindlichen Ethikunterricht einführte, begann ein wahrhafter Sturmlauf der Kirchen dagegen. Ausgelöst hatte ihn ein katholischer Rechtsanwalt aus dem Rheinland, der, nach Berlin umgezogen, meinte, in der jetzigen Bundeshauptstadt müssten nun auch die Schulverhältnisse wie im westlichen Bundesgebiet hergestellt werden. Da die bundesdeutsche Regelung mit Religion als Pflichtfach (mit Abmeldemöglichkeit) und Ethikunterricht als Ersatzfach für die Nicht-Teilnehmer am Religionsunterricht in Berlin undenkbar war, kam er auf eine andere Variante: Religionsunterricht und Ethik als gleichberechtigte Wahlpflichtfächer für alle Schülerinnen und Schüler. Dieses Modell sollte mit einem Volksentscheid gesetzlich eingeführt werden.

Als das Volksbegehren, das die Voraussetzung für den Volksentscheid war, nicht die notwendige Stimmenzahl zu bekommen drohte, mussten sich – ob sie es wollten oder nicht – die Kirchen ins Zeug legen und sie taten es erfolgreich. Selbst die beiden Bischöfe sammelten Unterschriften zur Weihnachtszeit. Die notwendige Stimmenzahl wurde bei Weitem übertroffen und der Volksentscheid musste durchgeführt werden.

Was jetzt allerdings auf Seiten der Kirchen alles passierte, das spottete jeder Idee von Demokratie und Fairness – von „Nächstenliebe" ganz zu schweigen. Pastoren wurden unter Druck gesetzt, Maulkörbe verhängt, disziplinarische Strafen angedroht, wenn man nicht dem offiziellen Kurs der Landeskirche folgte. Plakate von „Pro Ethik" wurden abgerissen, in den Straßenschmutz geworfen, und eine beispiellose und kostspielige Kampagne „Es geht um die Freiheit" geführt – mit Großplakaten, Prominenten, Handzetteln in den U-Bahnen und Schreiben an alle Kirchenmitglieder. Es stimmten dennoch – oder vielleicht gerade deswegen – nur 14,1 Prozent der Stimmberechtigten für den Antrag von Pro Reli. Das reichte nicht und die Kirchen hatten noch nicht einmal die einfache Mehrheit der Abstimmenden für sich gewinnen können. Der Wahlkampf hatte zudem öffentlich verdeutlicht, dass die beiden Kirchen nur schlichte, um nicht zusagen schnöde, politische Lobbyorganisationen sind.

117. Religionsunterricht vor Ort

In den Schulen trifft der Religionsunterricht häufig auf eine Situation, in der die Frage des bekenntnisgebundenen Unterrichts eher nur im Grundgesetz steht als realiter stattfindet. Manche Schüler schätzen das „Fach zum Quatschen", in dem es leicht gute Bewertungen für den Notenspiegel des Zeugnisses gibt.

Den inoffiziellen Verfassungsbruch gibt es in Hamburg, wo der verfassungsrechtlich geschützte und vorgeschriebene Bekenntnisunterricht für die Schüler, die der jeweiligen Religionsgesellschaft angehören, in einen „Unterricht der Weltreligionen" oder „Religionsunterricht für alle" unter Federführung der evangelischen Landeskirche umgebogen wurde.

Ein Beispiel, wie von Seiten der Kirchen Bestimmungen und Garantien des Grundgesetzes schlicht missachtet werden, die sonst vehement gegen jede Veränderung als unumstößlich verteidigt werden. Wenn die Akzeptanz des Unterrichts in den Schulen es erfordert, scheint zu gelten: Lieber nur noch etwas evangelisch als gar nichts mehr. So schreibt beispielsweise das Bundesministerium des Innern zum Religionsunterricht:

„Der Religionsunterricht als ordentliches Lehrfach ist Bekenntnisunterricht, d. h. er soll die Werte und Glaubenslehren der jeweiligen Religionsgemeinschaft vermitteln. Ein religionskundlicher Unterricht, der lediglich neutral über eine oder mehrere Religionen informieren soll, ist kein Religionsunterricht im Sinne des Grundgesetzes."[135]

Das Bundesland Bremen wurde in die Übersicht zum Religionsunterricht (im Anhang) nicht mit einbezogen, da es dort keinen konfessionellen Religionsunterricht gibt. Angeboten wird ein „Biblischer Geschichtsunterricht" als „Sachunterricht auf Biblischer Grundlage" (Regelung nach Art. 141 GG „Bremer Klausel"). Das Konzept wird derzeit überprüft, da das Angebot nach Meinung der christlichen Bildungssenatorin zu wenig nachgefragt wird.

Allerdings müsste man vor Ort einmal genauer klären, um was für einen Unterricht es sich dabei eigentlich handelt. Der „Biblische Geschichtsunterricht" wird in den Jahrgängen 8 und 9 nicht angeboten, weil, so wörtlich, „davon ausgegangen wird, dass in dieser Zeit Konfirmandenunterricht erteilt wird."

118. Finanzierung

Hinsichtlich der finanziellen Aufwendungen für den Religionsunterricht sind zwei verschiedene Bereiche zu betrachten. Einerseits die Aufwendungen für den Religionsunterricht durch LehrerInnen im Staatsdienst, andererseits die Bezahlung der Religionslehrer im kirchlichen Dienst über vereinbarte „Gestellungsverträge" bzw. Finanzierung des kirchlichen Religionsunterrichts an staatlichen Schulen.

Die vom Volumen her geringeren Zahlungen an die Kirchen (und Ordensgenossenschaften) aufgrund der Gestellungsverträge oder anderer Staat-Kirche-Vereinbarungen werden in den Landeshaushalten der Bundesländer normalerweise differenziert nach Schularten ausgewiesen. Dagegen sind die Landesstatistiken bei den weitaus höheren Ausgaben für den Religionsunterricht durch staatlich beschäftigte Lehrer sehr unterschiedlich, unvollständig oder auch gar nicht vorhanden.

Die Anfragen bei den zuständigen Bildungsministerien erbrachten folgende Gesamtzahlen (vgl. im Anhang, S. 258, Übersicht 2: Religionsunterricht in den Bundesländern 2008/2009): 6,8 Millionen SchülerInnen an allgemeinbildenden (und beruflichen) Schulen nehmen am Religionsunterricht teil. Rechnet man diese Schülerzahlen auf Vollzeitlehrereinheiten (so der Fachbegriff) um, so gibt es rund 26.000 vollzeitäquivalente Religionslehrerstellen.

Diese etwas umständlichen Formulierungen sind notwendig, da die Bundesländer, wenn überhaupt, stets nur die Lehrer als „Religionslehrer" zählen, die eine Lehrbefähigung („Fakultas") für Religion haben. Damit ist jedoch noch nicht gesagt, ob und wie viel Religionsunterricht erteilen, da die Anzahl der Unterrichts-/Wochenstunden nicht erfasst wird.

Für eine Übersicht dazu ist jetzt wie folgt gerechnet worden: Die Anzahl der teilnehmenden Schüler x 2 Wochenstunden Unterricht ergibt das Stundenvolumen. Geteilt durch 25 Stunden Lehrdeputat einer Vollzeitlehrereinheit (VZE) und durch die durchschnittliche Klassenfrequenz von 21 Schülern ergibt sich die Anzahl der Vollzeitlehrereinheiten, die benötigt werden, um den Religionsunterricht zu erteilen.

Entsprechend der Beträge in den Haushaltsplänen der Bundesländer lässt sich die Anzahl der vollzeitäquivalenten Gestellungsstellen berechnen (angegebene Zahl geteilt durch 60.000 Euro ergibt die VZEs durch Lehrer im Kirchendienst). Diese Anzahl wird nun von der Gesamtzahl abgezogen und es ergibt sich die Zahl der vollzeitäquivalenten Religionslehrer im Staatsdienst. Die Anzahl, mit 60.000 Euro multipliziert, beziffert den Finanzaufwand des Staates für die staatlichen Religionslehrerstellen.

Für die 4.400 Vollzeitlehrerstellen im kirchlichen Dienst zahlen die Bundesländer 258 Mio. Euro an die Kirchen und Ordengenossenschaften. Für die Religionslehrer im Staatsdienst insgesamt 1,3 Mrd. Euro. So ergibt sich die Gesamtsumme der direkten staatlichen Aufwendungen für den Religionsunterricht von rund 1,6 Mrd. Euro.

Welche Bedeutungen diese Zahlungen für die Kirchen haben, zeigt sich im Einzelfall für das Land Berlin, in dem die beiden Kirchen zusammen 10,6 Mio. Staatsdotationen erhalten, für ihre Religionslehrer im Kirchendienst jedoch mehr als das Dreifache: 33,7 Millionen.

119. Berechungsgrundlagen

Kosten einer Vollzeitstelle: Als Jahresausgaben für eine Vollzeitstelle wurde ein Betrag errechnet, der sich nach der Besoldungsordnung NRW richtet. A12: Lehrer der Primarstufe I, A 13: Realschullehrer und Sek. I, A 14: Sekundarstufe II. Zugrunde gelegt wurde A 12, 7. Dienstaltersstufe, 2 Kinder nach der Besoldungstabelle NRW ab dem 1.3.2010: Grundgehalt 3.719,15 plus Familienzuschlag (2) ergibt das Bruttogehalt von 3.928,68 x 12 Monate = 47.144 im Jahr plus 29 Prozent der Arbeitgeberkosten (Anteile an Sozialabgaben plus Zusatzversorgung) von 13.672 Euro. Gesamte Kosten: 60.816 Euro, gerundet 60.000 Euro p. a.

Klassenfrequenz: Für die durchschnittliche Anzahl von Schülern in einer Klasse wird bundesweit von rund 24 Schülern pro Klassenverband ausgegangen. Für den Religionsunterricht wird dieser Klassenverband jedoch aufgelöst und es werden entsprechend der Konfessionszugehörigkeit klassenübergreifende Gruppen gebildet. Die Anzahl der Schüler pro Unterrichtsklasse ist geringer als im normalen Klassenverband. Der Religionsunterricht gilt als eines der teuersten Lehrangebote, da für die gleiche Schülerzahl mehr Lehrer gebraucht und finanziert werden müssen als für Deutsch, Mathematik etc.

Um eine verlässliche Zahl zu finden, wurde für die Berechnungen eine Untersuchung des Obersten Bayerischen Rechnungshofes zugrunde gelegt. Dieser hatte in seinem Jahresbericht 2001 geprüft, ob die mögliche Schülerzahl pro Gruppe des Religionsunterrichts an den Schulen in Bayern realisiert worden war. In Abweichung von den durchschnittlich 24,2 Schülern pro Klasse an den Grundschulen gab es im Religionsunterricht nur 18,7 Schüler statt der möglichen 21,2 Schüler pro Gruppe. Abgesehen davon, dass der Freistaat Bayern deshalb 39 Mio. DM an Mehrausgaben hatte, soll diese abgerundete Zahl den Berechnungen zugrunde gelegt werden. Sie ist auf jeden Fall nicht zu tief angesetzt, da berichtet wurde, dass in einigen Bundesländern deutlich niedrigere Schülerzahlen angesetzt werden. Dafür gibt es jedoch keinerlei Belege.

Auch eine zweite Überprüfung anhand aktuellerer Zahlen bestätigte diese durchschnittliche Schülerzahl des Religionsunterrichts passgenau.

Nach der sehr umfangreichen Darstellung „Das Schulwesen in Nordrhein-Westfalen in quantitativer Sicht, 2009/10"[136] nehmen insgesamt 1.849.310 Schüler am katholischen und evangelischen Religionsunterricht teil. Sie sind dazu in 88.100 Lerngruppen aufgeteilt, d. h. die Teilnehmerzahl pro Lerngruppe beträgt durchschnittlich 21 SchülerInnen (20,99).

120. Mindestteilnehmerzahlen

Allerdings muss zu den Zahlungen an die Kirchen noch erwähnt werden, dass die Unterrichtsstunden durch kirchliche Bedienstete nicht unbedingt in voller Höhe refinanziert werden. Die Anweisungen dazu sind in den Bundesländern höchst unterschiedlich, aber insofern von Bedeutung, da eine Mindestteilnehmerzahl als Berechnungsgrundlage für Zahlungen an die Kirchen gilt. Das reicht von vier katholischen Schülern als Lerngruppe in Hamburg über 15 Schüler in Berliner Grundschulen bis hin zu 12 Schülern in der Oberstufe. Andere Bundesländer stufen nach Schultyp und Jahrgangsstufen unterschiedlich. In Brandenburg sind 12 Schüler als Mindestzahl vorgesehen, jedoch kann sich aus „pädagogischen oder organisatorischen Gründen in den Räumen der Schule" die Mindestteilnehmerzahl, die vom Staat finanziert wird, auch auf bis zu sechs Schülern reduzieren. Sofern diese Mindestzahlen nicht erreicht werden, muss die Kirche die Lehrer selbst zahlen.

So bezahlt in Schleswig-Holstein das Erzbistum Hamburg ein Viertel der Kosten des katholischen Religionsunterrichts mit kleinen Lerngruppen (drei, vier Teilnehmer) aus eigener Tasche (rund 510.000 €). Hintergrund ist die Erfahrung, dass man, wenn man einmal mit dem Religionsunterricht aus der Schule heraus ist, nur schwerlich wieder hinein kommt.

Ebenso war und ist es in Berlin. Hier betrieb die Landeskirche evangelischen Religionsunterricht, vor allem in Ost-Berlin auch in Kleingruppen Den hatte sie allerdings auch selber zu finanzieren, weshalb man es reduzierte, als die Finanzen knapper wurden. Die Landeskirche zahlt für den Kleingruppenunterricht in Berlin und Brandenburg rund sieben Millionen Euro.

In Hamburg geht die katholische Kirche – aufgrund der dichter bewohnten Stadtsituation – einen anderen Weg, da sie die ‘Einzel-Kinder’ dort auch in den Kirchengemeinden zum Religionsunterricht zusammen holt. Allerdings erhalten in Hamburg bereits 140 Schüler an staatlichen Schulen Religionsunterricht, wobei die Mindestteilnehmerzahl als staatlich finanzierte Lerngruppe sich auf nur vier Schüler beläuft.

121. Ausbildungskosten / Lehrerfortbildung

Bei diesen Aufwendungen ist noch nicht berücksichtigt, dass die Religionslehrer bereits auf Staatskosten ausgebildet wurden und ebenfalls die Lehrerfortbildung für die Kirchen refinanziert wird.

Für die Ausbildung der 26.000 Vollzeit-Religionslehrer(stellen) hat der Staat bereits investiert. Laut Bildungsfinanzbericht 2009 des Statistischen Bundesamtes kostet die Ausbildung – 4 Jahre Grundschule, 9 Jahre Gymnasium, 5,8 Jahre Studium, Uni-Diplom (ohne Medizin) – 114.500 Euro. Das bedeutet, nach den heutigen 'Preisen' rund 3 Mrd. Euro Ausbildungskosten für Religionslehrer.

Für die Lehrerfortbildung weist der Haushalt von Nordrhein-Westfalen 1.176.000 Euro für beide Kirchen aus, in Bayern sind im Haushaltsplan dazu 909.000 Euro genannt. In Berlin sind es pauschal 5 Prozent der Gestellungsgelder, die für die Lehrerfortbildung 'oben drauf' gelegt werden. In den anderen Landeshaushalten ließen sich dazu keine Angaben finden. Berechnet man jedoch die Fortbildungskosten in Nordrhein-Westfalen und Bayern bezüglich zu ihren Ausgaben für Religionsunterricht (0,3 %) und bezieht diesen Prozentsatz auf die Gesamtausgaben, handelt es sich um mindestens rund 4 Mio. Euro für die Lehrerfortbildung in Religion.

122. Pensionszahlungen

Es fehlen noch die Pensionszahlungen für die Religionslehrer im Ruhestand. Über die Anzahl der Religionslehrer, die nach dem Ende ihrer Berufszeit eine Pension beziehen, gibt es keine genauen Zahlen. Diese werden nicht nach den früheren Unterrichtsfächern der Pensionisten erhoben. Nach Beratungen mit Spezialisten kann man aber von der generellen Zahl einen Prozentsatz von rund 20 Prozent ableiten (wie viele Beamte arbeiten derzeit, wie viele Pensionisten gibt es?). Mit anderen Worten: bezogen auf jeweils 100 Religionslehrer gibt es 20 Pensionäre.

Mit Bezug auf die staatlichen Religionslehrer, also ohne die Gestellungsverträge, gibt es zurzeit rund 21.600 Vollzeit-Religionslehrerstellen. Davon 20 Prozent sind 4.300 Pensionäre. Da sie ja durchweg erst nach langen Dienstjahren pensioniert wurden, bekommen sie die 14. Dienstaltersstufe des Gehalts A 13 (4.226 €), davon 70 Prozent Pension (2.958 €) im Monat und 35.498 Euro im Jahr. Als Gesamtsumme (4.300 x 35.498 €) sind es dann rund 153 Mio. Euro an Pensionen für ehemalige Religionslehrer.

Insofern beträgt das Gesamtvolumen der Finanzierung des Religionsunterrichts rund 1,7 Mrd. Euro im Jahr.

In dieser Zahl sind die kircheneigenen Finanzierungen nicht enthalten
(beispielsweise zahlt die evangelische Kirche in Berlin und Brandenburg
rund 7 Mio. €). Sie beruhen meist auf zu kleinen Lerngruppen, die nicht
staatlich finanziert werden.

Schulen in kirchlicher Trägerschaft

*Für die rund 2.000 evangelischen und katholischen „Konfessionsschulen" in
Deutschland (allgemeinbildende und berufliche Privatschulen) geben die Bundesländer 2007 insgesamt 2,3 Mrd. Euro aus.*

Ebenso wie der staatlich zu bezahlende christliche Religionsunterricht der
Kirchen Verfassungsauftrag ist, hat sich der Staat auch, allerdings nur indirekt, zur Finanzierung der Konfessionsschulen verpflichtet: „Das Recht zur
Errichtung von privaten Schulen wird gewährleistet" (Art. 7 Abs. 4 GG).
Da das gesamte deutsche Schulsystem unter staatlicher Aufsicht steht, müssen Privatschulen als staatliche „Ersatzschulen" in privater Trägerschaft
anerkannt sein, wenn sie staatliche Gelder bekommen wollen.

123. Konfessionelle Schulanteile

Nach den Erhebungen des Statistischen Bundesamtes für das Schuljahr
2007/2008[137] existieren in Deutschland 4.946 private allgemeinbildende
und berufliche Schulen. Das sind rund 8 Prozent aller deutschen Schulen.

Bei den (3.020) allgemeinbildenden Schulen haben die (538) evangelischen und die (708) katholischen Schulen gemeinsam einen Anteil von
41 Prozent, bei den (1.926) beruflichen Schulen ist der konfessionelle
Anteil nur etwas geringer, da die (596) evangelischen und die (164) katholischen Schulen der beruflichen Bildung zusammen einen Anteil von
39,5 Prozent haben.

Diese staatlich anerkannten Privatschulen besuchten (2007/2008)
913.300 Schülerinnen und Schüler, von denen 435.620 auf allgemeinbildende evangelische oder katholische Schulen gehen (48 %) und 83.334
Schülerinnen und Schüler (9 %) auf evangelische oder katholische Schulen
der beruflichen Bildung. Insgesamt gehen von den 913.300 Schülern, die
diese Privatschulen besuchen, 518.954 (57 %) auf evangelische oder katholische Schulen.

Diese allgemeine Beschreibung „evangelisch oder katholisch" ist deshalb angebracht, da es neben den kirchlichen Schulstiftungen noch diverse andere konfessionelle Schulträger gibt. Bei den katholischen Schulen sind es mehr als 150 verschiedene Rechtsträger, vornehmlich die diversen Ordensgenossenschaften, die sich traditionell in der schulischen Bildung engagieren.

Lag der Schwerpunkt der evangelischen Schulen früher bei den Förderschulen, hat die katholische Kirche auf die katholischen Gymnasien als Eliteausbildung gesetzt und hatte immer deutlich mehr Schulen. In den letzten Jahren haben die evangelischen Schulen aber deutlich aufgeholt und zwar vornehmlich bei den Grundschulen in den Neuen Bundesländern.

In Sachsen wurden beispielsweise von den 2.448 staatlichen allgemeinbildenden Schulen (1992/93) mittlerweile rund 1.000 Schulen geschlossen und es blieben (2009/2010) nur noch 1.412 Schulen in öffentlicher Trägerschaft. Dieser Rückgang entspricht dem Rückgang der Geburtenziffern und der Abwanderung, ist aber auch die Auswirkung des rasanten Anstiegs der Schulen in freier Trägerschaft, die sich im gleichen Zeitraum von 43 auf 374 Schulen gesteigert haben.

Dieser Trend zur Privatschule zeigt sich in ganz Deutschland. Im Bundesgebiet stieg der Anteil der Privatschulen von 4,5 Prozent (1992) kontinuierlich auf 8,5 Prozent (2007). Während jedoch in den Alten Bundesländern der Anstieg (von 5,8 % auf 8,2 %) moderat ist, ist er im Osten deutlich ausgeprägter (von 1,4 % auf 9,9 %).

Für die Privatschulen zeigen sich im Vergleich zu den staatlichen Schulen zwei deutliche Unterschiede: Mädchen gehen häufiger als Jungen auf diese Schulen und ausländische Kinder sind seltener als an öffentlichen. Das verweist darauf, dass bei den Schulen in kirchlicher Trägerschaft nicht die religiöse Ausrichtung eine entscheidende Rolle spielt, sondern eine soziale Selektion stattfindet. Außerdem haben viele der Eltern, die ihre Kinder auf Privatschulen schicken, mit Religion nur wenig im Sinn. Die 'Konfessionsschulen' nehmen nicht jeden und so werden die sozial auffälligen Kinder, vornehmlich mit Migrationshintergrund, auch mithilfe des Schulgeldes aussortiert. Dadurch erzeugt man natürlich innerhalb der Schulen leichtere Unterrichtssituationen, die nicht als Folge dieser sozialen Selektion, sondern als Ergebnis besserer Unterrichtsbedingungen betrachtet werden. Auch auf eine höhere Qualifikation oder die Vermittlung von Werten, die an Konfessionsschulen angeblich eher stattfinden würde, wird gerne verwiesen.

124. Finanzierungen

Die Bundesländer finanzieren die christlichen Schulen unterschiedlich. Durchschnittlich 80 bis 90 Prozent der schulischen Aufwendungen der Privatschulen werden vom Staat bezahlt. In Brandenburg sind es 100 Prozent der vergleichbaren Kosten öffentlicher Schulen, in Schleswig-Holstein 80 bis 85, in Hamburg 84 Prozent.

Insofern ist es für die generelle Frage der Finanzierung von Privatschulen sinnvoller, auf eine aufwändige Recherche des Statistischen Bundesamtes zurückzugreifen, das im „Bildungsfinanzbericht 2009" differenzierte Daten dazu ermittelt und veröffentlicht hat.

Von 1995 bis 2006 sind die öffentlichen Zuschüsse der Bundesländer für private Schulen um 67 Prozent von 2,4 auf 4,0 Mrd. Euro gestiegen. Darin sind sowohl die Kosten für laufende Zwecke wie für Investitionen erfasst.

Für die evangelischen und katholischen Privatschulen, deren Anteil an den Schülern privater Schulen 57 Prozent beträgt, sind dadurch ebenfalls 57 Prozent dieser Zuschüsse anzunehmen: 2.264.000.000 Euro.

125. Nordrhein-Westfalen und Niedersachsen

In den beiden Bundesländern Nordrhein-Westfalen und Niedersachsen bestehen zudem besondere Regelungen.

In NRW gibt es auch private Ersatzschulen verschiedener Träger: Waldorfschulen, kirchliche Gymnasien und Gesamtschulen, Montessorischulen etc. Aber die so genannten Konfessionsschulen/Bekenntnisschulen (107 evangelische und 1.054 katholische Schulen, d. h. ein Drittel aller Grund- und Hauptschulen in NRW) befinden sich in städtischer Trägerschaft. Sie werden also auch nicht vergleichbar wie staatliche Schulen finanziert, sondern *sind* staatliche Bekenntnisschulen.

„In Pfarrgemeindebriefen werden sie dennoch so erwähnt, als seien sie kirchliche Einrichtungen. [...] Zum Adventssingen und für die Sammelaktionen zu Dreikönig werden vor allem Kinder aus der staatlichen Bekenntnisschule rekrutiert. Das alles kann den Kindern 'den Weg in die konkrete Ortsgemeinde' bahnen und 'Schritte zu einer Beheimatung im Glauben' ermöglichen, schreibt das Schulreferat des Erzbistums [...]. Als angenehmer Nebeneffekt wird auch in der Lehrerschaft des Bundeslandes der Katholizismus gestärkt. Denn in den Bekenntnisgrundschulen sollen nur Lehrer der betreffenden Konfession unterrichten."[138]

Eine weitere Besonderheit besteht darin, dass die Eltern neuer Schulen mehrheitlich selbst bestimmen, ob eine Schule staatliche Bekenntnisschule wird bzw. bleibt. Bei bestehenden Schulen sind zwei-Drittel-Mehrheiten erforderlich. Das wird im Bedarfsfall politisch unterstützt, zum Beispiel indem die seinerzeitige CDU-FDP-Landesregierung zum Schuljahr 2009/2010 die „Schulbezirksgrenzen" innerhalb aller Städte und Gemeinden in ganz NRW aufhob. Seitdem gilt das Prinzip „Das Bekenntnis hat Vorrang vor dem Wohnort" und so fahren katholische Eltern ihre Kinder zur nächstgelegenen katholischen Bekenntnisschule, die dann wiederum, weil es so viele Anmeldungen von katholischen Schülern gibt, 'leider' keine Ungetauften oder Andersgläubigen aus der näheren Wohnumgebung mehr aufnehmen kann.

Im Niedersächsischen Schulgesetz gibt es unter den „Schulen in freier Trägerschaft" einerseits die Ersatzschulen und andererseits die „Ersatzschulen in kirchlicher Trägerschaft, die aus öffentlichen Schulen hervorgehen", kurz: „Konkordatsschulen": 15 Haupt- und Realschulen, die im Konkordat 1965 vereinbart wurden und für die das Land Niedersachsen alle Kosten finanziert.

Ähnlich wie in NRW können die Eltern (allerdings mit Zwei-Drittel-Mehrheit) einen Antrag stellen, dass eine Gemeinschaftsschule in eine Bekenntnisschule umgewandelt wird und das Land diese Schule dann komplett finanziert. Eltern, die nicht katholisch sind, haben übrigens kein Stimmrecht. Die Entscheidung trifft jedoch der Schulträger.

126. Schulgeld

Normalerweise wird an den konfessionellen Schulen in Abhängigkeit von der Höhe der staatlichen Finanzierungen Schulgeld bezahlt.

Das kann aber im gleichen Bundesland unterschiedlich sein. So hat das Erzbistum Berlin unterschiedliche Beträge je nach Schultyp, die bei 45 Euro für einen Grundschüler beginnen und mit höherem Abschluss ansteigen. Ein Gymnasiast bzw. Fachschüler zahlt 75 Euro monatlich.

Die evangelische Schulstiftung verfolgt eine andere Politik und staffelt sowohl nach dem Einkommen der Eltern und der Kinderzahl. Es beginnt ebenfalls mit dem Mindestsatz von 45 Euro und steigt dann kontinuierlich, bis das Schulgeld bei Einkommen ab 150.000 Euro monatlich 315 Euro beträgt. Das zweite Kind zahlt jeweils die Hälfte, das dritte ein Viertel und das vierte Kind ist schulgeldfrei.

Dieses Schulgeld, das der Staat nicht erheben kann, hat nicht nur die Funktion, die Kinder „bildungsunwilliger Eltern" vom Schulbesuch konfessioneller Privatschulen abzuhalten. Man kann damit auch manche

Kommune überzeugen, die staatliche Schule der Kirche zu übertragen. So geschah es in Stade an der Elbe: Die Stadt würde 100.000 Euro an Kosten sparen. Für die Kirche wird es sich rechnen, denn an der kirchlichen Grundschule in Rotenburg (72 km entfernt) werden monatlich bereits 150 Euro Schulgeld (= 1.800 € im Jahr) bezahlt. Wenn nun die Schule in Stade – abgesehen von dem reduzierten Schuldgeld aus sozialen Gründen – 100 voll zahlende Eltern hat, erzielt sie eine Einnahme von 180.000 Euro im Jahr. Den Überschuss kann sie dann nutzen, um das „christliche Profil" der Schule zu schärfen. Zudem ist das Schulgeld zu 30 Prozent steuerlich absetzbar.

127. Vor Ort: Wriezen – Teil 1 und Teil 2

Wriezen, eine Stadt im Märkischen Oderland, ist ebenso unauffällig wie Hunderte anderer kleinerer Städte in der deutschen 'Provinz'. Und ebenso unauffällig geschah dort 2007 etwas Beispielhaftes.

Teil 1: Die Neugründungen von Konfessionsschulen veranlassten die Synode der Landeskirche Berlin-Brandenburg-schlesische Oberlausitz zum 1. Januar 2004 eine evangelische Schulstiftung (mit Sitz in Berlin) zu gründen. Sie nahm aus dem Defizit des Kirchenhaushalts 1,8 Mio. Euro und gab ein paar Immobilien dazu. Nun konnten beantragte Schulgründungen in der Hauptstadt und in einem großen Umfeld effizient und zügig zentral bearbeitet werden. Die Stiftung wurde in kurzer Zeit zum größten privaten Schulträger in Berlin und Brandenburg und betreibt aktuell 31 Schulen. Tendenz weiter steigend.

In Wriezen, nordöstlich von Berlin, geschah nun etwas, was der Journalist Ulli Schauen anschaulich beschrieben hat:

„Das einfache Verfahren der Gründung einer evangelischen Schule machte sich auch der Bürgermeister der brandenburgischen Stadt Wriezen zunutze. Ein protestantischer Geist hat ihn nicht angeweht. Davon, dass Eltern die religiöse Erziehung ihrer Kinder besonders wichtig ist, war auch nicht die Rede. Aber den Bürgermeister wurmte doch sehr, dass der Landkreis beschlossen hatte, das Wriezener staatliche Gymnasium zu schließen. Sollen denn wirklich die Bürger seiner Stadt ihre Kinder ins zwölf Kilometer entfernte Bad Freienwalde schicken müssen? Ein Schulgebäude zu finden war hier das allergeringste Problem. Das Gebäude des Wriezener Staatlichen Gymnasiums würde ja in Kürze leer stehen. Anruf bei der evangelischen Schulstiftung in Berlin, ein paar Konferenzen und Vereinbarungen, und gleich nach den Sommerferien 2007, in denen die staatliche Schule geschlossen wurde, konnte am selben Ort das evangelische Johanniter Gymnasium eröffnen – mit einer halben Million Anschubfinanzierung von der Stadt. 94 Prozent der

Personalkosten (berechnet nach den Kosten einer staatlichen Schule) kommen ohnehin vom Land Brandenburg. [...] Die am Nasenring vorgeführte Kreisverwaltung machte dazu ein Gutwettergesicht, denn sie kann nichts dagegen ausrichten, dass die gesamte Schulplanung mit der Gründung einer evangelischen Privatschule über den Haufen geworfen wird. Die gewählten Landkreispolitiker sind machtlos. Das Subsidiaritätsprinzip (der Vorrang für freie Träger) hebelt das Demokratieprinzip (die Volksvertreter sorgen mit ihren Entscheidungen für einen Interessenausgleich) aus." [139]

Der Coup war dem Bürgermeister gelungen, das Gymnasium blieb in der Stadt. Doch er hatte seine Rechnung ohne den Wirt gemacht, in diesem Fall die Landeskirche: Was ist denn eine evangelische Schule ohne ein Kirchengebäude? Wo sollen denn die Abiturfeiern in einem 'würdigen' Rahmen stattfinden? Aber: Die große, repräsentative Kirche St. Marien im Ort ist immer noch eine halbe Ruine... Ja, was nun?

Zum Gründungskuratorium des Johanniter-Gymnasiums gehören nicht nur der Landesbischof Prof. Dr. Wolfgang Huber, sondern auch die Präsidentin der Universität Viadrina (Frankfurt/Oder) Prof. Dr. Gesine Schwan, Vertreter des Johanniter-Ordens, der Chefredakteur der Regionalzeitung und der Landrat.

Teil 2: Die Kirche St. Marien war im April 1945 zerstört worden. Das Südschiff wurde 1951 teilweise wieder aufgebaut. Ein rühriger Förderverein, 1991 gegründet, bemüht sich um den kompletten Wiederaufbau der Kirche. Der Kirchturm konnte bereits für mehr als eine Million Euro saniert werden und nun können die Besucher wieder vom Turm der Marienkirche in die Weite des Oderbruchs schauen. Zudem deutet der Kirchturm bereits von weitem den Weg ins Zentrum, hat also einen prägenden Charakter für das Stadtbild. Der Förderverein entwickelte den Slogan: „Der Aufbau der Marienkirche muss ein Anliegen der Bürger dieser Stadt werden." Gedacht wurde an eine vielfältige Nutzung durch Kirche, Gemeinde und Gymnasium. Dann ging es mit Schwung voran, wie der Förderverein berichtet.

Es zeigte sich, „dass die Gründung des Ev. Johanniter Gymnasiums in Wriezen im August 2007 ein Meilenstein in der Stadtgeschichte ist. Die Schließung des staatlichen Gymnasiums ließ schlimmste Befürchtungen wachsen. Mit der Begrüßung der ersten Klassen und der Eröffnung des Gymnasiums in der Katholischen Kirche in der Freienwalder Straße Anfang September 2007 zeichnete sich auch für unsere Vereinsarbeit ein neuer Ansatz ab. Die Kontakte des Vereinsvorstandes mit der Schulleitung und dem Förderverein der Schule sind sehr intensiv. Das ev. Gymnasium zeichnet mit seinem Bedarf an Räumlichkeiten neben der Kirchengemeinde, der Stadt und dem Förderverein eine wichtige Aufbausäule auf."

Im Frühjahr 2009 wird ein Architektenwettbewerb für den Wiederaufbau der Marienkirche ausgeschrieben. Die Kirche (mit 40.000 €) und die Stadt (mit 20.000 €) finanzierten die Vorarbeiten. Im November 2009 wurde der Gewinner des Wettbewerbs bekannt gegeben und für den ersten Bauabschnitt, die Hüllensanierung, die ersten 500.000 Euro vom Landesamt für Bauen und Verkehr freigegeben. Aus Städtebaufördermitteln. Eine der Bedingungen für diese Fördermittel ist der „Stadtbildprägende Charakter" des Kirchengebäudes. Merke: Eine konfessionelle Schule kommt selten allein.

Familie und Jugend

Neben dem Religionsunterricht, den Kindertageseinrichtungen und den Konfessionsschulen gibt es noch ein weiteres breites Feld konfessioneller Aktivitäten, die aus Steuergeldern finanziert werden, nämlich die Jugendverbände und die Angebote der Kirchen für Familien und Kinder.

In der Formulierung von finanziellen Ansprüchen ist man nicht zimperlich. So beruht die Arbeit des *Bundes der Deutschen Katholischen Jugend* (BDJK) auch auf Beschlüssen der Gemeinsamen Synode der katholischen Bistümer in der Bundesrepublik Deutschland 1974/75, in denen es u. a. heißt:

„Das Recht der freien Träger der Jugendhilfe auf öffentliche Förderung ist durch politische Maßnahmen zu garantieren. Die freien Träger der Jugendarbeit dürfen in der Festlegung ihrer Ziele und in der Vertretung ihrer Interessen nicht eingeschränkt werden, solange diese mit dem Grundgesetz der Bundesrepublik Deutschland im Einklang sind. Die verantwortlichen kommunalen und staatlichen Stellen werden aufgefordert, ihre Jugendpläne in Zusammenarbeit mit den freien Trägern der Jugendhilfe so zu gestalten, daß die notwendigen Aufgaben der Jugendarbeit ihrer Bedeutung und der Situation entsprechend geleistet, langfristig entwickelt und weitergeführt werden können."[140]

Fordern kann man zwar viel, aber diese Vorstellung findet auf der politischen Ebene ihre Entsprechung. So schreibt das Land Nordrhein-Westfalen anlässlich des „Kinder- und Jugendförderplans des Landes Nordrhein-Westfalen 2006-2010" zur Stellung der freien Träger:

„Der Kinder- und Jugendförderplan geht dabei von einem wichtigen Grundverständnis aus: Die pädagogische Arbeit mit Kindern und Jugendlichen wird primär von freien Trägern der Kinder- und Jugendhilfe wahrgenommen. Sie sind –
im partnerschaftlichen Zusammenwirken – Garanten einer auf Pluralität, Vielfalt, Autonomie und Verantwortungsbewusstsein basierenden pädagogischen Arbeit

mit jungen Menschen. Gerade Träger der freien Jugendhilfe sind auf Grund ihrer Wertorientierung besonders geeignet. Daher kommt der Subsidiarität eine herausragende Bedeutung zu."[141]

Die 70 Mio. Euro, die NRW jährlich für den Kinder- und Jugendförderplan bereitstellt, dienen auch zur „Sicherung der Infrastruktur der Verbände", d. h. auch der Kosten für Personal und Verwaltung sowie für Planungs- und Leitungsaufgaben. Ebenfalls dienen sie zur Förderung der spezifischen verbandlichen Schwerpunkte. Hierzu gehören Kinder- und Jugenderholung, politische und soziale Bildung, sportlich und freizeitorientierte Angebote und die Arbeit mit Medien. Gefördert werden die im Landesjugendring NRW zusammengeschlossenen und anerkannten Jugendverbände. Stichwort ist „Sozialgesetzbuch VIII", das sich der Kinder- und Jugendhilfe widmet.

128. Verschiedene Einrichtungen und Zwecke

Das Statistische Bundesamt hat im Rahmen aktueller Ermittlungen für 2008 alle staatlichen Zahlungen unter dem Stichwort „Statistiken der Kinder-Jugendhilfe" (ohne Kindertageseinrichtungen) erfasst.

Dargestellt werden 39 verschiedene Einrichtungsarten und Zwecke. Das reicht von Betreuten Wohnformen, Erziehungshilfen, Frühförderung, Jugendsozialarbeit, Jugendherbergen, Jugendzentren und Jugendheimen bis Familienferienstätten, Ehe- und Familienberatungsstellen sowie Geschäftsstellen der Verbände. Dafür wurden 2008 in Deutschland insgesamt 3,1 Mrd. Euro eingesetzt, von denen die freien Träger 776 Mio. erhielten.[142]

Aus einer sehr detaillierten Darstellung der Einrichtungen und dort tätigen Personen,[143] die nicht nur nach öffentlichen und freien Trägern untergliedert ist, sondern zehn verschiedene Gruppen der freien Träger darstellt, lässt sich der Anteil der konfessionellen unter den freien Trägern ermitteln. Zugrunde gelegt wurden die umgerechneten Vollzeitstellen, da die Zahl der Einrichtungen noch nichts über ihre Größe aussagt und die Zahl der Mitarbeiter noch nichts über die Anteile der Teilzeitbeschäftigten. Auf dieser Basis stellen die konfessionellen Träger 46 Prozent der freien Träger, Auch wenn dabei wahrscheinlich Einrichtungen von Caritas und Diakonie mit erfasst sind, können ihnen damit rund 357 Mio. Euro an staatlichen Finanzierungen zugeordnet werden.

Ein paar Beispiele für das, was alles aus diesen Steuergeldern im kirchlichen Bereich finanziert wird, und wobei immer angegeben werden muss:

„...wird gefördert aus Mitteln des Kinder- und Jugendplans des Bundes (KJP)": X-MAG, das offizielle Kolpingjugend-Magazin, das jedes Mitglied zwischen 12 und 18 Jahren bekommt, die „Berliner Gespräche" des *Christlicher Verein Junger Menschen* (CVJM), die Leiterinnenausbildung der *Pfadfinderinnenschaft St. Georg* (PSG), die Kinder- und Jugendtreffs von Kirchengemeinden ebenso wie Teenie- und Jugendclubs etc. pp.

Erwachsenenbildung / Kulturelle Betreuung

Zusätzlich zu den Kindergärten, dem Religionsunterricht und den Jugend- und Familieneinrichtungen werden auch die Erwachsenenbildung und die kulturelle Arbeit der christlichen Kirchen staatlich gefördert.

129. Erwachsenenbildung

Die Katholische und die Evangelische Bundesarbeitsgemeinschaft für Erwachsenenbildung nennen für ihre Arbeit als Zuwendungsgeber: BMBF (Bundesministerium für Bildung und Forschung), BMFSFJ (Bundesministerium für Familie, Senioren, Frauen und Jugend) und BpB (Bundeszentrale für politische Bildung).

Beide Kirchen haben ihre Bildungswerke in Bundesverbänden zusammengeschlossen. Der Jahresbericht 2008 der *Katholischen Bundesarbeitsgemeinschaft für Erwachsenenbildung* (KBE) soll nachfolgend für beide Religionsgesellschaften stehen.

Mitglieder der KBE sind zwölf Landesarbeitsgemeinschaften, die sich (außer den Bistümern Erfurt, Freiburg und Rottenburg-Stuttgart) auf das jeweilige Bundesland beziehen – denn daher kommt das Geld. Weitere elf Mitglieder sind: *Verband (katholischer) ländlicher Heimvolkshochschulen, Katholische Bundesarbeitsgemeinschaft für Einrichtungen der Familienbildung, Katholische Bundesarbeitsgemeinschaft für berufliche Bildung, Borromäusverein e.V.* (Katholische Büchereiarbeit), *Arbeitsgemeinschaft katholisch-sozialer Bildungswerke in der Bundesrepublik Deutschland, Arbeitsgemeinschaft für katholische Familienbildung e.V., Leiterkreis der katholischen Akademien, Katholische Frauengemeinschaft Deutschlands Bundesverband, Kolpingwerk Deutschland, Katholische Arbeitnehmerbewegung Deutschland* (KAB) *e.V.* und das Bischöfliche Hilfswerk *Misereor*. Weitere fünf Mitglieder haben eine beratende Stimme: *missio* (Internationales Missionswerk), *Katholische Arbeitsgemeinschaft für Soldatenbetreuung, Katholische Arbeitsgemeinschaft Spiel und Theater, Katholisches Bibelwerk* und *Katholischer Berufsverband für Pflegeberufe.* Bereits diese Übersicht über katholische Bundesverbände lässt die Anzahl der katholischen Bildungseinrichtungen in Deutschland erahnen: Es sind 341. Davon sind 35 Heimvolkshochschulen, 8 Akademien, 189 Bildungswerke, 18 Diözesanbildungswerke, 5 Landeseinrichtungen, 36 Familienbildungsstätten, 47 Verbandsbildungswerke und 3 Bildungsforen sowie 51 ohne Einordnung.

Die Weiterbildungsstatistik für 2008 nennt dann weitere Zahlen: An diesen 341 Einrichtungen arbeiten 1.302 hauptamtliche Mitarbeiter, 894 (69 %) von ihnen sind Frauen. Weitere 18.995 Personen waren an den Weiterbildungseinrichtungen tätig, die 177.962 Veranstaltungen durchführten, bei denen 4.014.912 TeilnehmerInnen gezählt wurden, von denen ca. 80 % Frauen waren. Der Wirkungskreis dieser Institutionen wird primär (66 %) im näheren Umfeld gesehen (Gemeinde, Stadt und Landkreis) und das Schwergewicht der Themen liegt in den drei Themenbereichen Religion-Ethik, Kultur-Gestalten und Familie-Gender-Generationen.

Der sehr hohe Frauenanteil und der starke regionale Bezug verdeutlicht, welche Arbeit und breite Kommunikation durch diese Bildungswerke in der Fläche realisiert wird.

Von den Jahreseinnahmen dieser katholischen Erwachsenenbildung stammen 37 Mio. (28 %) aus Teilnahmebeiträgen, 40 Mio. (31 %) aus Eigenmitteln des Trägers, 35 Mio. (26 %) aus öffentlichen Mitteln und 12 Mio. (9 %) aus sonstigen Einnahmen.[144]

Die 35 Mio. Euro Einnahmen aus öffentlichen Mitteln setzen sich zusammen aus 890.000 Euro (3 %) von der Europäischen Union, 2,5 Mio. (7 %) von der Bundesregierung, 8 Mio. (23 %) nach Sozialgesetzbuch III (Arbeitsförderung), 19 Mio. (54 %) nach dem Weiterbildungsgesetz (in dem die Kirchen ausdrücklich als Weiterbildungsträger anerkannt werden) und rund 4 Mio. (10 %) aus anderen Landes- und Kommunalmitteln.

Diese Weiterbildung und Arbeitsförderung beinhaltet auch eine intensive Kooperation mit der Militärseelsorge und in der Familienbildung beispielsweise „Religionspädagogische Bausteine für die Arbeit mit Eltern und Kindern bis drei Jahren: Aufwachsen mit Gott." Damit sollen Erwachsene, vor allem Mütter, in einer Phase erreicht werden, „in der diese durch die Geburt und das Leben mit Kind(ern) offen sind für Fragen der Lebensgestaltung und des Glaubens". Das hat einen gezielten Zweck: „Eltern-Kind-Gruppen, aber auch Kindertageseinrichtungen oder gemeindliche Gruppen werden so zu wichtigen Orten einer religiösen Erziehung im vorsprachlichen Raum." Und das alles in Zusammenarbeit mit Prof. Albert Biesinger, Inhaber des Lehrstuhls für Religionspädagogik, Kerygmatik und kirchliche Erwachsenenbildung an der katholisch-theologischen Fakultät der Universität Tübingen und Gründer der *Stiftung Gottesbeziehung in Familien*.

Damit schließt sich der Kreis zur „Kindertheologie" und den Universitäten (vgl. S. 132, „Missbrauch der Forschung"). Diese eigennützige, kircheninterne Ausrichtung der Arbeit zeigt sich auch in einem abgeschlossen Projekt, das auf die flächendeckende Arbeit und Kommunikation verweist.

Am Projekt „Ethisches Lernen in der allgemeinen Erwachsenenbildung" der Katholischen Bundesarbeitsgemeinschaft für Erwachsenenbildung (KBE) nahmen teil: (Cloppenburg:) KVHS Cloppenburg, (Düsseldorf:) Kaiserswerther Diakonie, (Freiburg:) Ökumenische Erwachsenenbildung Freiburg, (Frankfurt:) Katholische Erwachsenenbildung, Haus am Dom, Akademisches Zentrum Rabanus Maurus (AZRM), (Gießen/Mainz:) Katholisches Bildungswerk Oberhessen, Akademie des Bistums Mainz Erbacher Hof, (Kleve/Niederrhein:) Katholisches Bildungsforum im Kreisdekanat Kleve, Haus der Familie Emmerich, Familienbildungsstätte Geldern-Kevelaer, Familienbildungsstätte Kalkar, Familienbildungsstätte Kleve, Katholisches Bildungswerk Kreis Kleve, (Münster:) Akademie Franz Hitze Haus, (Stuttgart/Böblingen:) Landeszentrale für politische Bildung, Katholisches Bildungswerk im Kreis Böblingen, (Oberursel:) Arbeit und Leben Hessen, (Warendorf-Freckenhorst:) Katholische Landvolkshochschule „Schorlemer Alst". Die Wissenschaftliche Beratung und Evaluation lag bei dem Lehrstuhl für Christliche Anthropologie und Sozialethik der Johannes-Gutenberg Universität in Mainz, Laufzeit war Januar 2007 bis Dezember 2009, Förderung kam vom Bundesministerium für Bildung und Forschung (BMBF).

Die staatlichen Zuschüsse belaufen sich 2008, bei Parität zwischen katholischen und evangelischen Einrichtungen der Erwachsenenbildung, auf rund 70 Mio. Euro.

130. Bildung und Kulturelle Arbeit

Für den weiteren Bereich der Bildung und kulturellen Arbeit sollen ein paar Beispiele unterschiedlichster Bereiche und verschiedener Träger staatliche Kostenübernahmen illustrieren.

Die Stadt Münster zahlt zwei Kirchengemeinden für ihre Büchereien laut „Betriebsvertrag" 85.760 Euro im Jahr. Aber auch das Bischöfliche Generalvikariat des Bistums Münster erhält nach Beschluss des Kulturausschusses von Münster einen Betrag von 42.500 Euro für die Anschaffung von Büchern und Medien. Das hoch verschuldete Land Berlin weist 1,2 Mio. als kulturelle Betreuung der beiden Kirchen aus, mit dem 14 verschiedene Kulturaspekte bedient werden, von Miniclubs bis zu Akademien. Die Arbeitsgemeinschaft Friedhof und Denkmal, in der die beiden Kirchen sehr präsent sind, erhält aus dem Etat des Beauftragen der Bundesregierung für Kultur und Medien 433.000 Euro und der „Kirchliche Suchdienst mit zwei Heimatortskarteien" vom Bundesministerium des Innern jährlich 3 Millionen Euro.

Besonderes tut sich auch in Sachsen-Anhalt, einem Bundesland mit immerhin nur 18 Prozent Kirchenmitgliedern. Die Franckeschen Stiftungen werden mit 7,8 Mio. Euro Zuschüssen gestützt und die Stiftung Luthergedenkstätten in Sachsen-Anhalt bekommt 2,3 Mio. Euro zur Deckung des Defizits. 1,1 Mio. davon steuert das Land bei, 905.000 der Bund und 280.800 sonstige Gebietskörperschaften, die im Haushaltsplan aufgeschlüsselt werden. Daraus wird ersichtlich, dass die evangelische Kirche der Kirchenprovinz Sachsen auch etwas gibt, nämlich 10.200 Euro (0,4 %). Auch ein Zeichen der Wertschätzung Luthers.

Aber Sachsen-Anhalt hat noch mehr vor. 2017 gibt es das „Reformationsjubiläum", 500 Jahre Martin Luther und Reformation, und ein nationales Vorbereitungskomitee aus Politik und Kirche. Sachsen-Anhalt hat im Haushalt schon einmal für die Jahre 2011 bis 2017 insgesamt 8,9 Mio. Euro eingeplant. Religion und Kirche als Tourismus-Event vermarktet? Warum nicht, wenn sich die Kirche das gefallen lässt?

Fazit: Die hier bereits benannten 84 Mio. Euro sind für den zweiten Bereich der Bildung und kulturellen Arbeit mit Sicherheit um ein Vielfaches höher. In den anderen Bundesländern wird man nicht weniger zurückhaltend sein, so dass eine Aufrundung auf 100 Mio. Euro eine Mindestsumme darstellt.

Militärseelsorge

Unter der Rubrik „Militärseelsorge", die nach dem Grundgesetz nur zuzulassen
und nicht zu finanzieren ist, sind (2009) im Bundeshaushalt rund 31 Mio. Euro vor-
gesehen. Genauere Zahlen werden nicht mehr veröffentlicht.

131. Begründung

Johannes Neumann hat die Situation der Begründung der Militärseelsorge
sehr treffend beschrieben. Es war nicht erst 1956, sondern begann bereits in
den Geheimverhandlungen (1951) zur Aufstellung einer neuen deutschen
Armee, bei denen die Kirchen mit am Tisch saßen.

„Kurz nach der Gründung der Bundesrepublik begann, begünstigt durch den
Ausbruch des Koreakrieges im Jahr 1950, die Adenauer-Regierung unter nach-
drücklicher 'Ermunterung' der Westalliierten die Wiederbewaffnung vorzuberei-
ten. Am 26. Oktober 1950 – also nur dreizehn Monate nach Berufung der ersten
Bundesregierung – wurde das sogenannte 'Amt Blank' als Vorläuferorgan des späteren Verteidigungsministeriums gegründet. Viele Deutsche hatten angesichts des
erlebten Grauens im Krieg und durchstandener Ängste und Schmerzen geschwo-
ren, niemals wieder eine Waffe in die Hand zu nehmen. Die meisten wollten keine
Soldaten und schon gar nicht selbst Soldat werden. Allerdings gab es auch eine keineswegs geringe Gruppe von Berufssoldaten, die nichts anderes als dieses Handwerk
gelernt hatten. Sie standen als Kader für die Wiederbewaffnung der Bundesrepublik
zur Verfügung. Angesichts dieses Zwiespalts in dem sich die Bevölkerung der
Bundesrepublik Deutschland befand, kam die große Stunde der Kirchen: Hatten
die Bischöfe noch vor fünfeinhalb Jahren 'für Führer und Vaterland' beten lassen,
so wurde auch jetzt wieder das alte Schreckensbild des 'gottlosen Bolschewismus'
beschworen, gegen das die Christen wachsam sein und rasch rüsten müssten, sollte
das Abendland nicht von den kommunistischen Horden überrannt werden. [...]
Also durften jetzt die Kirchen, die mit ihren Gebeten seit dem 19. Jahrhundert
die preußische Aufrüstung und danach die Rüstung des Deutschen Reiches sowie
schließlich Hitlers Wiederbewaffnung begleitet hatten, auch diesmal helfen. Und
sie taten es ausgesprochen gern, denn es entsprach ihrer tiefsten Überzeugung: 'Wer
betet, zittert nicht', dieser Spruch des vom katholischen Militärbischofamt (1967)
herausgegebenen Büchleins 'Komm gut durch' bringt es auf den Begriff: Religion,
diese Religion, eine solchermaßen vermittelte Religion, ersetzt im Notfall Valium.
Diese Religion ist gewissermaßen die geborene Verbündete jeder aufrüstungswil-
ligen Regierung wie auch sicherheitsbedürftiger Landesregierungen. Nichts dürfte
mit dem Christentum vom emotionalen Ansatz her so harmonisieren wie die solda-
tischen Tugenden des blinden Gehorsams und der strikten Ordnung, des tapferen
Dreinschlagens und der uniformen Gefolgschaft. Dem entspricht auch die forma-
le Übereinstimmung dieser beiden hierarchisch gestuften Herrschaftsgebilde. Auf
dem Hintergrund der jesuanischen Lehre mag das erstaunlich erscheinen. Dennoch

ist festzustellen, dass das Christentum eine durchgängige Affinität zum Soldaten- und Kriegswesen sowohl in seiner ideologischen Grundlegung als auch in seiner religiösen Sprechweise hat. [...] Bejahte als erste gesellschaftliche Großgruppe die katholische Kirche die Wiederbewaffnung, so führten die Auseinandersetzungen um die Militärseelsorge auf der evangelischen Synode beinahe zu deren Bruch. Nach trickreichen Manövern gelang es den, der formalen Militärseelsorge zugetanen Kirchenleitungen und Kirchenbeamten – oft ehemaligen Wehrmachtspfarrern – entgegen einem Beschluss vom 29.6.1956, mit der Militärseelsorge dilatorisch zu verfahren, die Synode der EKD am 8.3.1957 dazu zu bewegen, dem Militärseelsorgevertrag zuzustimmen."[145]

Auf die alljährlichen katholischen Soldatengottesdienste im Kölner Dom hinzuweisen, erübrigt sich.

132. Zur Finanzierung

Artikel 141 WRV (über Art. 140 im Grundgesetz) lautet:

„Soweit das Bedürfnis nach Gottesdienst und Seelsorge im Heer, in Krankenhäusern, Strafanstalten oder sonstigen öffentlichen Anstalten besteht, sind die Religionsgesellschaften zur Vornahme religiöser Handlungen zuzulassen, wobei jeder Zwang fernzuhalten ist."

Von irgendeiner Finanzierung war dabei (1919 bzw. 1949) nicht die Rede. Nach 2007 wird die Militärseelsorge im Haushalt des Bundesverteidigungsministeriums auch nicht mehr in einem eigenen Kapitel dargestellt, sondern nur noch ein zusammenfassendes Kapitel gebildet: „KP 04: Bundeswehrverwaltung, Universitäten der Bundeswehr, Militärseelsorge und Rechtspflege sowie Personalausgaben für das Zivilpersonal bei den Kommandobehörden, Truppen usw." Der frühere Einzelnachweis der Ausgaben für die Militärseelsorge wird dadurch erschwert bzw. unmöglich gemacht. Die letzte Angabe in einem eigenen Kapitel (2007) beziffert die Ausgaben für die Militärseelsorge auf 26,8 Mio. Euro, plus 3,5 Mio. Versorgungsbezüge, also insgesamt 30,3 Mio. Euro. Da die allgemeinen Kosten (Benzin und Schmiermittel für Fahrzeuge, Telefonkosten etc.) über den allgemeinen Etat abgerechnet werden, sind rund 31 Mio. Euro eine zutreffende Größenordnung.

Einmalige Kosten, wie die Herrichtung des Katholischen Militärbischofsamtes in Berlin (rund 10 Mio. €) sind dabei nicht mit eingerechnet.

133. Militärseelsorge: jenseits der Verfassung

Auf eine besondere Problematik hat auch Jürgen Roth hingewiesen, den „Doppelkopf" der Militärseelsorger:

„Gerade die Verbeamtung der kirchlichen Funktionsträger in diesem Bereich verstößt gegen das Gebot der Trennung von Staat und Kirche in Artikel 137 Abs. 1 der Weimarer Verfassung (in Verbindung mit Artikel 140 des Grundgesetzes). Das Verbot der Staatskirche wird durchbrochen. Es nützt in diesem Zusammenhang wenig, wenn die führenden Staatskirchenrechtler dieses Landes beteuern, die Militärseelsorge sei gar keine staatskirchliche Einrichtung. Wo gibt es aber eine engere Verbindung von Staat und Kirche als gerade dort, wo kirchliche Würdenträger zu Beamten gemacht und als staatskirchlicher 'Doppelkopf' das theologische Fundament für die Kirchgänger in Uniform schaffen? [...] Eine feste Burg im Dunkel der Verfassungswidrigkeit."[146]

134. Lebenskundlicher Unterricht

Die Vermischung staatlicher und kirchlicher Angelegenheiten fällt besonders beim „Lebenskundlichen Unterricht" auf. Ist das nun ein staatlicher oder ein kirchlicher Unterricht? Wird der christliche Seelsorger als mentaler 'Zwitter' zum weltanschaulich neutralen „Lebenslehrer"? Oder hat ein Militärgeistlicher in Friedenszeiten so wenig zu tun, dass man noch eine weitere Beschäftigung für sie finden musste?

Dieser von Militärgeistlichen ereilte Unterricht, ein Hauptteil ihrer Tätigkeit, war bis vor kurzem freiwillig. Seit dem 1.1.2009 besteht jedoch Unterrichtszwang. Befreiung aus Gründen der Religionsfreiheit ist nicht vorgesehen. Der Verteidigungsausschuss des Bundestages hat darin bisher kein Grundrechtsproblem gesehen.

Bemerkenswert ist dabei im Etat der Militärseelsorge auch der Posten für Soldaten-Gebet- und -Gesangbücher, so dass die christlichen Verlage für Bibeln und Gesangbücher einen festen Absatz von 450.000 Euro pro Jahr einplanen können. Die Grundlage dafür ist fixiert:

„Nach § 63 Abs. 3 Satz 2 – BHO wird zugelassen, dass an jede Berufssoldatin oder jeden Berufssoldaten und jede Soldatin oder jeden Soldaten auf Zeit sowie an Wehrpflichtige, die den Grundwehrdienst ableisten, ein Gebetbuch unentgeltlich abgegeben wird."

Auffallend ist dabei zudem, dass diese Gebet- und Gesangbücher in dem Sammeltitel „Lebenskundlicher Unterricht, seelsorgerische Veranstaltungen (Rüstzeiten, Exerzitien u. ä.) sowie Kultkosten" erfasst sind.

135. Aufgabe der Militärseelsorge

Johannes Neumann hat diesen Aspekt sehr präzise – ebenfalls in der Verbindung mit dem „Lebenskundlichen Unterricht" – beschrieben:

„Der von den Geistlichen beider Konfessionen zu erteilende 'lebenskundliche Unterricht' ebenso wie die Eidesunterweisung, sind militärische Pflichtveranstaltungen. Die Militärseelsorge muss somit als Ort und Instrument religiöser Motivationsbildung für auf andere Weise, etwa durch politische Argumentation offenbar nicht zu vermittelnde Legitimationsspiele herhalten. Insbesondere im Bereich der 'Inneren Führung' war die Militärseelsorge von Anfang an als legitimatorischer Bestandteil gegenüber der Gesellschaft und als stabilisierendes und motivierendes Element in der Truppe geplant. Graf Baudissin hatte 1953 in seinem Entwurf 'Lebenskundlicher Unterricht im Rahmen der Aufgaben des Militärseelsorgers' vorgesehen, dieser Unterricht sollte dem (wehrpflichtigen!) Soldaten zu einer positiven Einstellung zum Verteidigungsauftrag der Bundeswehr verhelfen: 'Dadurch wird jede Verzerrung, besonders die bolschewistisch materialistische, in ihrem folgenschweren Irrtum durchschaubar werden und das Bewusstsein um den Wert unserer Lebensordnung sich festigen. Dies wird damit zur unabdingbaren Voraussetzung für die Bereitschaft zur militärischen Abwehr." [...] Darum sollte der Seelsorger diesen Unterricht nicht als Seelsorger, sondern als Angehöriger der Streitkräfte 'im Auftrag des für die Gesamterziehung seiner Einheit allein verantwortlichen Kommandeurs' geben."[147]

136. Respektlosigkeiten

Die ausschließliche Verklammerung der Kirchen mit der Truppenbetreuung wird von der Bundeswehr zwar deutlich gesehen, aber nicht als zu änderndes Handicap für konfessionsfreie Soldaten und Soldatinnen empfunden:

„Militärseelsorger sind im Alltag wie im Einsatz zentrale Ansprechpartner in religiösen und ethischen Dingen. Sie stehen den Soldaten auf Wunsch in Krisenphasen zur Seite. Da die Seelsorge strukturell ausschließlich in der Hand evangelischer und katholischer Geistlicher liegt, kümmern diese sich auch um die Bedürfnisse nichtchristlicher Soldaten. Sei es durch ein vertrauliches Gespräch, den Kontakt zu Vertretern der jeweiligen Glaubensgemeinde oder auch praktische, mitunter ganz gewöhnliche Dinge – wie einen Kompass zur Bestimmung der Himmelsrichtung im Gebet."[148]

Diese locker-flockige Darstellung kann auch nicht den mangelnden Respekt vor anderen Weltanschauungen überspielen, der sich auch darin äußert, wenn die christlichen Seelsorger bei Trauerfeiern ihre Rituale auch vor den Särgen der im Einsatz getöteten konfessionsfreien Soldaten vollführen.

137. Anzahl der Militärseelsorger

In den Militärseelsorgeverträgen[149] ist vereinbart, dass für jeweils 1.500 Soldaten evangelischer bzw. katholischer Konfession ein Militärseelsorger vorzusehen ist.

Nun ist die Anzahl der Bundeswehrsoldaten in den vergangenen Jahrzehnten reduziert worden: Im Juni 2010 sind es noch 247.000 Soldaten. Die Sollstärke von 495.000 während des 'Kalten Krieges' wurde in den Zwei-plus-Vier-Verhandlungen in Gesamtdeutschland auf maximal 370.000 fixiert und ist nun auf maximal 250.000 begrenzt. Aber, was für ein Wunder, die Zahl der Militärseelsorger ist gleich geblieben. Ein Grund, die Zahlen der Finanzierung und die Stellenpläne nicht mehr zu veröffentlichen?

Im Verteidigungshaushalt des Jahres 2007, der zum letzten Mal den Etat der Militärseelsorge als Einzelplan veröffentlicht, sind in der Personalübersicht 290 Beamte der Militärseelsorge dargestellt. Abzüglich der Beamten, die in den Zentralen Kirchenämtern oder in Verwaltungspositionen beschäftigt sind, sind es schließlich rund 210 Militärseelsorger. Bezogen auf die Bezugsgröße, dass jeder von ihnen für rund 1.500 evangelisch bzw. katholische Soldaten zuständig ist, hätte die Bundeswehr danach also eine gegenwärtige Truppenstärke von rund 480.000 Soldaten (210 Seelsorger x 1.500 sind 320.000, davon die Hälfte evangelisch bzw. katholisch plus eine entsprechende Größenordnung von 160.000 konfessionsfreien Soldaten). Das ist natürlich ein Hohn.

Legt man die gegenwärtige Truppenstärke zugrunde (247.000 Männer und Frauen) und geht davon aus, dass der Anteil der Soldaten aus den Neuen Bundesländern (mit 48 %)[150] höher ist als im Bevölkerungsdurchschnitt (19 %) insgesamt und dass deshalb auch der Anteil der Konfessionsfreien etwas höher ist als in der Bevölkerung (35 %), ist es keine unrealistische Annahme, dass etwa die Hälfte der Soldaten konfessionsfrei ist. D. h. für die dann verbleibenden 125.000 Soldaten – unter denen sich noch rund 1.000 Muslime und 200 Juden befinden – sind dann noch, laut Militärseelsorgevertrag, maximal 82 Militärseelsorger (statt 210) zu beschäftigen. Ob dann allerdings bei jeweils nur noch 41 katholischen und 41 evangelischen Militärseelsorgern sowohl ein evangelischer Militärbischof (Gehaltsstufe B 6) wie auch ein katholischer Militärgeneralvikar (ebenfalls Gehaltsstufe B 6) zu beschäftigen sind, das wäre eine weitere Frage.

Falls jemand diese Zahlen mit der bei den Auslandseinsätzen der Bundeswehr erhöhten Zahl von Militärseelsorgern begründen sollte, könnte man ihn als Zyniker bezeichnen. Es ist sicherlich richtig, dass die psychologische Betreuung der Soldaten im Einsatz einen Ausbau dieser Betreuung erfordert, aber eben von psychologischen Fachleuten wie Traumatologen und nicht von „Seelsorgern".

Insofern wäre es an der Zeit, die illegalen 128 Militärseelsorger durch weltanschaulich neutrale Fachleute zu ersetzen, die für alle und insbesondere die konfessionsfreien Soldaten einen entsprechenden psychologischen Beistand gewährleisten.

138. Missionierung hinter der Front

Welche eigenartigen 'Blüten' diese unkontrollierte Militärseelsorge treibt, zeigt sich nicht nur in der Truppenbetreuung evangelikaler Prediger, auf Einladung der evangelischen Militärseelsorge, die diese Prediger u. a. mit mehr als 50.000 Euro aus dem Militärseelsorgeetat bezuschusste. Ein Bericht vom Truppenbesuch:

„'Hier wird keiner zwangsgetauft.' Die Begrüßungsworte von Pastor Klaus-Dieter Zunke schaffen sofort eine lockere Atmosphäre bei den Sanitätssoldaten im deutschen Feldlazarett in Rajlovac bei Sarajevo. Es ist Samstag Vormittag. Zunke, ehemaliger Militärpfarrer, der die 1987 gegründete Arbeitsgemeinschaft Soldatenseelsorge (ags) leitet, präsentiert den Gästen ein Buch: die Bibel. Das geschieht nicht in einem ermüdenden Vortrag, sondern in einer flotten Multimediaschau, deren Tempo, Witz und Tiefgang die Versammlung immer wieder zum Staunen bringt. 'WAS! für ein Buch' heißt die Schau, mit der Zunke und sein Team die Truppe in Deutschland und bei Auslandseinsätzen besucht und über die Heilige Schrift informiert. [...] 'Zwangstaufen' erleben die Zuschauer tatsächlich nicht. Aber die Auseinandersetzung mit der Botschaft der Bibel führt gerade bei Auslandseinsätzen immer wieder dazu, dass Soldaten ins Nachdenken kommen und schließlich von sich aus um die Taufe bitten."[151]

139. Netzwerke der Seelsorger verschiedener Branchen

Die Zusammenarbeit verschiedener 'Branchen' der christlichen Seelsorge (und damit die Brücke zu den folgenden beiden Kapiteln) zeigt sich u. a. darin, dass auf Dienst- und Fortbildungsveranstaltungen der Militärseesorge Referenten der *Notfallseelsorge* auftreten, Kooperationsprojekte mit dem *Zentralinstitut für Ehe und Familie in der Gesellschaft an der katholischen Universität Eichstätt* (ZFG) bestehen, im Zusammenhang mit dem Lebenskundlichen Unterricht eine *Schulseelsorgerkonferenz* stattfindet und natürlich ebenfalls die *Krankenhausseelsorge* an den Krankenhäusern der Bundeswehr diskutiert wird. Neben den vielfältigen *Soldaten-Wallfahrten* gibt es dann auch noch eine *Familienseelsorge*, „ein Schwerpunkt der Militärseesorge" mit durch Militärseelsorgern begleiteten Familienferien – die nicht zufällig in katholischen Familienferienstätten stattfinden. Der Kreis schließt sich wieder, wer was bezahlt und wer was bekommt.[152]

Anstalts- und Krankenhausseelsorge

Für die Anstaltsseelsorge sind in den Haushaltsplänen einiger Bundesländer insgesamt 12 Mio. Euro genannt.

Artikel 141 WRV (über Art. 140 im Grundgesetz) bestimmt, dass Gottesdienst und Seelsorge auch in Krankenhäusern, Strafanstalten oder sonstigen öffentlichen Anstalten zuzulassen ist, wobei jeder Zwang fernzuhalten ist.

Die Anstaltsseelsorger sind für die Insassen der Justizvollzugsanstalten (und für die Vollzugsbeamten) zuständig. Krankenhäuser und Strafanstalten werden im Grundgesetz nicht zufällig in einem Zusammenhang genannt, da zwei Aspekte für beide zutreffen: Die Insassen/Patienten sind zum einen in einer extremen persönlichen Situation und, zum anderen, können sie sich nicht so ohne Weiteres der Zwangssituation entziehen.

140. Anstaltsseelsorge

Bei der evangelischen Kirche ist man stolz darauf, dass sich die Diakonie bereits seit 160 Jahren im Sinne der christlichen Nächstenliebe selbstlos um die Gestrauchelten der Gesellschaft kümmert. Umso erstaunlicher ist es, dass die Anstaltsseelsorge heute (obwohl sie nach dem Grundgesetz nur zuzulassen ist) von den meisten Justizministerien finanziert bzw. bezuschusst wird.

Grundlage dafür sind Vereinbarungen wie in Niedersachsen, wobei es in Artikel 11 des Konkordats von 1965 heißt:

„In Krankenhäusern, Strafanstalten und sonstigen Anstalten des Landes werden die zuständigen katholischen Geistlichen im Rahmen der allgemeinen Hausordnung zur Vornahme seelsorgerlicher Besuche und kirchlicher Handlungen zugelassen. Soweit ein Bedürfnis für eine hauptamtliche Seelsorge besteht, werden die Kosten vom Lande getragen; die Geistlichen werden vom Lande im Einvernehmen mit der zuständigen kirchlichen Behörde angestellt. Zu den Kosten einer nicht hauptamtlichen regelmäßigen Seelsorge leistet das Land einen angemessenen Beitrag, wenn die Anstaltsseelsorge die örtlich zuständigen Geistlichen unverhältnismäßig belastet und zusätzliche Aufwendungen erfordert."[153]

Entsprechend heißt es im Zusatzvertrag zum Loccumer Vertrag, dass das Land die Räume für Gottesdienste unentgeltlich zur Verfügung stellt. Die Anstaltsseelsorge (auch Gefängnisseelsorge genannt) gehört allerdings nicht zu den so genanten „res mixta", den gemeinsamen Angelegenheiten von Kirche und Staat und umso erstaunlicher ist, was so alles behauptet wird.

Im *Historischen Lexikon Bayerns* etwa wird zu den Staatsverträgen mit der Evangelischen Kirche in Bayern 1924 geschrieben: „Der Bayerische Staat verpflichtete sich zur Übernahme der Kosten für die Anstaltsseelsorge (Art. 17 StKV)", wobei jedoch im dokumentierten Staatsvertrag[154] eindeutig nichts davon steht. Diese 'Großzügigkeit' in der Formulierung von gemeinsamen Angelegenheiten, die beständig das Gebot der Trennung von Staat und Kirche negieren, zeigt sich in Äußerungen wie der des Ministerpräsidenten von Brandenburg, Matthias Platzeck, anlässlich der Unterzeichnung des Staatsvertrages zwischen Brandenburg und dem Heiligen Stuhl (2003):

„Schließlich handelt es sich hier um einen so genannten Vollvertrag, der nicht nur einzelne Aspekte des Verhältnisses zwischen Land und Kirche zum Gegenstand hat, sondern in umfassender Weise deren Beziehungen zueinander regelt. In den verschiedenen Paragrafen wird einerseits die Stellung der Katholischen Kirche umrissen, andererseits ist festgeschrieben, welche Angelegenheiten von Land und Kirche gemeinsam wahrgenommen werden. Eine Palette, die viele Facetten hat, die vom Friedhofswesen bis hin zur Gewährleistung der Anstaltsseelsorge reicht."[155]

In dieser Negierung des Trennungsgebotes schließen die meisten Bundesländer mit den Kirchen „Gestellungsverträge" ab, d. h. die Anstaltsseelsorger sind ähnliche 'Zwitter' wie die Militärseelsorger: Mitarbeiter der Kirchen, die für ihre Arbeit jedoch vom Staat bezahlt werden. Die normale Ausstattung einer Stelle ist die Hälfte der regelmäßigen Arbeitszeit im Öffentlichen Dienst (Beispiel Hessen[156]) zurzeit also rund 30.000 Euro pro Stelle und Jahr.

In den Haushaltsplänen der meisten Bundesländer (nicht in Berlin und Sachsen-Anhalt) sind Ausgaben für die Anstaltsseelsorge im Etat der Justizministerien bei den Justizvollzugsanstalten benannt. Sie belaufen sich 2009 auf insgesamt rund 11,8 Mio. Euro. Den größten Anteil daran hat das größte Bundesland NRW, das 2,6 Mio. Euro für die Anstaltsseelsorge eingeplant hat.

Hamburg ist nicht dabei, da die Freie und Hansestadt diese Zahlungen bereits 1975 mit der Zahlung von 2 Mio. DM 'abgelöst' hatte.

Weitere Ausgaben finden sich noch in anderen Haushaltspositionen, wie die Instandsetzung der Anstaltskirche in der Justizvollzugsanstalt München (220.000 €) – die meisten Justizvollzugsanstalten haben Anstaltskirchen – und für Fortbildungsmaßnahmen (48.000 €), an denen auch Anstaltsseelsorger teilnehmen.

Insofern sind es rund 12 Mio. Euro, die von den Bundesländern den Kirchen für die Gefängnisseelsorge gezahlt werden.

Und gibt es Probleme mit Insassen der Justizvollzugsanstalten, die anderen Religionsgemeinschaften angehören (von den Konfessionsfreien ganz zu schweigen)? Nein. In der Erklärung der christlichen Anstaltsseelsorger der JVA Sehnde (Niedersachsen) heißt es dazu ganz locker:

„Wir verstehen uns als 'abrahamitische Gemeinde'. Abraham, ein Vater im Glauben, verbindet uns Menschen jüdischer, muslimischer und christlicher Prägung. Wir sind eine lebendige Kirche, die auch hinter hohen Mauern lebt. Gott möge Ihren Weg segnen!"[157]

Dass es manchmal schwierig ist, solche Finanzierungen zu finden, mag das Beispiel Niedersachsens verdeutlichen. Bis zum Haushaltsplan 2005 gab es innerhalb des Haushaltes des Justizministeriums bei den Justizvollzugseinrichtungen den Haushaltstitel „Erstattungen an Kirchenverwaltungen". Seit 2006 ist dieser Titel in der Gruppe „Sonstige Zuschüsse für laufende Zwecke im Inland" aufgegangen und für die Öffentlichkeit damit gleichsam unsichtbar geworden.

141. Krankenhaus-/Klinikseelsorge

An sich bräuchte die Krankenhausseelsorge hier nicht weiter erwähnt zu werden, da sie weitestgehend von den Kirchen selber finanziert wird, aber es mehren sich in den letzten Jahren die Anzeichen dafür, dass die Kirchen – teilweise recht massiv – versuchen, sich diese konfessionelle Dienstleistung von den Krankenhäusern aus öffentlichen Mitteln finanzieren zu lassen.

Der Ansatzpunkt ist klar und nachvollziehbar, so wie es in den Leitlinien der „Orientierungshilfe" für die Evangelische Krankenhausseelsorge einleitend dargestellt wird:

„Mit der Krankenhausseelsorge ist die Kirche da, wo Menschen sie in besonderer Weise brauchen. An wenig anderen Stellen kommen evangelische Seelsorgerinnen und Seelsorger Menschen in ihren Sorgen und Fragen, ihren Ängsten und Hoffnungen so nahe wie bei einem stationären Klinikaufenthalt."

Allerdings hat diese Präsenz eine besondere kirchliche Bedeutung und Aufgabe:

„Die Zuwendung zu Menschen im Krankenhaus in Form der Krankenhausseelsorge ist die spezifische Gestalt der Wahrnehmung des Auftrags der Kirche, das Evangelium von Jesus Christus in Wort und Tat zu bezeugen." Und: „Die einzelnen Landeskirchen betreiben die Krankenhausseelsorge aus eigener Freiheit und Begründung heraus." Und: „Nur in wenigen Bereichen jenseits des Dienstes in den Gemeinden setzen die Kirchen so viele Pfarrstellen ein wie in der Krankenhausseelsorge."[158]

Wenn es jedoch zur Frage der Finanzierung kommt, werden in eben dieser Orientierungshilfe eigenartige Satzwendungen formuliert. Einerseits heißt es: „Die Krankenhausseelsorge wird vorrangig aus Mitteln finanziert, die vom jeweiligen kirchlichen Anstellungsträger kommen." Andererseits geht es um Stellenwert und Wertschätzung:

„Die Finanzierung der Krankenhausseelsorge, erst recht die Refinanzierung durch ein Krankenhaus sind Investitionen in die Qualität der klinischen Versorgung und Ausdruck des Stellenwerts und der Wertschätzung der Krankenhausseelsorge als menschlicher und geistlicher Präsenz in kritischen Lebenssituationen, wie sie im Krankenhaus auftreten.
Sowohl die Krankenhäuser als auch die Kirchen haben mit immer knapperen Ressourcen zu kämpfen. Wenn in dieser Situation ein Krankenhaus durch die volle oder teilweise Refinanzierung zur Sicherung von Krankenhausseelsorge beiträgt, so ist Folgendes wichtig: Professionelle Krankenhausseelsorge erfolgt in der Regel in kirchlichem Auftrag; von dorther erfährt sie ihre inhaltliche Bestimmung und Freiheit. Das Krankenhaus wirbt u. a. mit ebendieser kirchlich geordneten und anerkannten Krankenhausseelsorge im Gesamtspektrum seiner Dienstleistungen um den öffentlichen Versorgungsauftrag und die Patienten.
Um die an diesen Leitlinien ausgerichtete Krankenhausseelsorge trotz abnehmender kirchlicher Finanzmittel dennoch zu sichern oder auszubauen, kann die Refinanzierung durch einen Krankenhausträger ein entscheidender Beitrag sein."

In der Praxis sieht das dann so aus, dass die Kirchen vorschlagen, dass der Krankenhausträger 25 Prozent der Kosten übernimmt. Von den Personalkosten. In einem bekannt gewordenen konkreten Konflikt im Kassel (im Jahr 2005) stellte das Klinikum Kassel der Krankenhausseelsorge bereits rund 200 qm an Räumen kostenlos zur Verfügung, inklusive Telefon, Computeranschluss, Heizung und Reinigung. Der Absage des Klinikums, weitere Kosten zu übernehmen, wurde von der zuständigen Pröpstin entgegengestellt, dass man auch bedenken müsse, dass die Klinikseelsorge ein nicht unwichtiger Punkt bei der Zertifizierung der Krankenhäuser sei. Diesem glatten Erpressungsversuch des Kirchenkreises setzte der *Internationale Bund der Konfessionslosen und Atheisten* (IBKA) schriftliche Stellungnahmen der Hessischen Krankenhausgesellschaft und des Bundesministeriums für Gesundheit und Soziale Sicherung entgegen, in denen betont wird, „dass mit der Krankenhausseelsorge verbundene Aufwendungen nicht über Sozialleistungsträger refinanziert werden".

Im Juli 2010 forderte der Kirchenkreis Wuppertal eine Refinanzierung von den Kliniken, da man sonst Stellen für Krankenhausseelsorger einsparen müsse. Die Kosten für jede Vollzeitstelle wurden mit 87.000 Euro pro Jahr angegeben. Die Verhandlungen haben begonnen, das Ergebnis ist noch offen.

Im Übrigen haben die meisten Kliniken in Deutschland bereits Räume für Gottesdienste und „Stille" bis hin zu Kirchen auf dem Klinikgelände.

Polizeiseelsorge und Notfallseelsorge

Artikel 141 WRV (über Art. 140 im Grundgesetz) lautet:

„Soweit das Bedürfnis nach Gottesdienst und Seelsorge im Heer, in Krankenhäusern, Strafanstalten oder sonstigen öffentlichen Anstalten besteht, sind die Religionsgesellschaften zur Vornahme religiöser Handlungen zuzulassen, wobei jeder Zwang fernzuhalten ist."

Die Polizei ist (bis auf die Bundespolizei) Angelegenheit der Bundesländer. Dazu ist anzumerken, dass der zur so genannten „Anstaltsseelsorge" ermächtigende Artikel 141 WRV neben dem 'Heer' lediglich für die 'öffentlichen Anstalten' gilt. Die Polizei ist jedoch keine derartige öffentliche Anstalt.

Insofern werden entsprechende Vereinbarungen zur Polizeiseelsorge in Staat-Kirche-Verträgen und Konkordaten nicht durch die Verfassung geschützt.

142. Polizeiseelsorge

2010 gab es 110 katholische Polizeiseelsorger und 100 evangelische Seelsorger für die Beamten im Polizeidienst.

Über Aufgaben und Selbstverständnis wird öffentlich berichtet, über die Finanzierung nichts. Zahlt die Kirche oder zahlt der Staat? Nach dem Verfassungstext sind sie nur „zuzulassen", d. h. finanziert werden sie also durch die Religionsgesellschaften. Ob das so geschieht, ist die Frage.

Zum Selbstverständnis dieser Seelsorge die Selbstdarstellung der katholischen Polizeiseelsorge:

„Die Schwerpunkte der Polizeiseelsorge sind von den spezifischen Anforderungen des Polizeiberufs geprägt: Konflikte schlichten, das staatliche Gewaltmonopol zum Schutz der Menschen- und Bürgerrechte durchsetzen, stressige Einsätze übernehmen, Überbringen von Todesnachrichten, ständiger Kontakt mit Randgruppen und kriminellem Milieu, längere geschlossene Einsätze im Inland, längere Abwesenheiten durch internationale Polizeieinsätze im Ausland [...]."[159]

Die Polizeiseelsorger sollen dabei helfen, „das staatliche Gewaltmonopol" durchzusetzen? Natürlich nur die Gewalt zum Schutz der Menschen- und Bürgerrechte! Bei den evangelischen Kollegen ist es nicht ganz so martialisch:

„An die Polizeiseelsorger/innen können sich alle Mitarbeiter/innen aus Vollzug und Verwaltung wenden, die in beruflichen oder privaten Fragen ein Gespräch zur Klärung, Orientierung oder Entlastung suchen. Diese Gespräche stehen unter dem Schutz des Seelsorgegeheimnisses und des Zeugnisverweigerungsrechts.
Die Polizeiseelsorger/innen geben berufsethischen *Unterricht* und führen *Fortbildungsseminare* durch. Sie versuchen, den *Dialog* zwischen der Polizei und anderen gesellschaftlichen Bereichen zu fördern, insbesondere den zwischen Polizei und Kirche. Sie laden zu *Gottesdiensten* ein."[160]

In den Kirchenverträgen mit den Bundesländern wird generell festgestellt, dass die Polizeiseelsorge kostenlos von den Kirchen erbracht wird, bis auf die kostenlose Bereitstellung der Räume durch den Staat, was insofern eine geldwerte Leistung bedeutet. Faktisch werden aber in einigen Bundesländern zusätzlich Planstellen finanziert.

In Bayern wird bereits seit 1920 ein hauptamtlicher Polizeiseelsorger bezahlt, seit 1991 sind es vier hauptamtliche Polizeiseelsorger und seit 2000 in München auch eine Polizeiseelsorgerin.

In den Landeshaushalten von vier Bundesländern (Bayern, Nordrhein-Westfalen, Saarland und Thüringen) sind 408.000 Euro für Polizeiseelsorge vorgesehen.

In den anderen Landeshaushalten waren keine Angaben dazu zu finden, was allerdings daran liegen mag, dass die Aufschlüsselung wie in Nordrhein-Westfalen, wo diese Zahlungen auch erst einmal unter „Sonstige Zuschüsse für laufende Zwecke im Inland" verpackt sind, dort nicht stattfindet und die Zahlungen/Zuschüsse in den allgemeinen Personalkosten erfasst werden.

143. Seelsorge bei der Bundespolizei

Beim Bundesgrenzschutz, aus dem die Bundespolizei hervorgegangen ist, gab es schon 1952 Verständigungen zwischen Bundesinnenministerium und Kirchen zu einer ständigen Seelsorge im BGS. Am Anfang gab es nur einen Geistlichen pro Konfession. Das wurde dann im Laufe der Jahre ausgebaut, 1965 waren es auf evangelischer Seite bereits ein Dekan und neun hauptamtliche Pfarrer. Juli 2005 wurde aus dem BGS die Bundespolizei mit heute 11 hauptamtlichen und 6 nebenamtlichen evangelischen Geistlichen sowie 11 hauptamtlichen und 3 nebenamtlichen katholischen Pfarrern. Kosten für die 22 Hauptamtlichen: 2 x Entgeltgruppe A 16, 6 x A 15, 14 x A14 plus 149.000 Euro an Sachkosten. Insgesamt (bei Grundgehaltsstufe 5) sind es rund 1,4 Mio. Euro.

Die Organisation der Polizeiseesorge der Bundespolizei ist wie bei der Militärseelsorge geregelt. Die Bundespolizeioberpfarrer und Bundespolizeipfarrer gehören in kirchlichen Angelegenheiten der Dienststelle des Katholischen Dekans der Bundespolizei an, in bundespolizeidienstlichen Angelegenheiten sind sie Angehörige der Behörden und Dienststellen, bei denen sie tätig sind.

Beim Bundesgrenzschutz war die Aufgabenstellung – ebenso wie aktuell bei der Polizei der Bundesländer und der Bundespolizei – sowohl Seelsorge wie Berufsethische Unterweisung. Wie es zu dieser Doppelaufgabe kommen konnte, beschreibt die Katholische Seelsorge in der Bundespolizei hinsichtlich der Aufgaben der Kirchen bei Gründung des Bundesgrenzschutzes:

„Auf der Seite der Bundesregierung war es, nur wenige Jahre nach dem Ende des Zweiten Weltkrieges und der Naziherrschaft in Deutschland, die Sorge um die Gewissensfreiheit und Wertorientierung der aus der alten Wehrmacht stammenden Beamten. Im Hinblick auf die neue Republik und das neue Grundgesetz müsste eine entsprechende ethische Unterweisung erfolgen. Angesichts der Diskreditierung des Staates durch den Machtmissbrauch Hitlers lag das Problem weniger im kognitiven Bereich, d. h. was der Beamte wissen und beherzigen müsste, war klar. Die Unterschiede zum Dritten Reich konnten nicht deutlicher sein. Aber wie könnten solche Inhalte glaubwürdig vermittelt werden? Da Überzeugung über Zeugen geschieht, suchte man solche bei einer Institution, die trotz Anfechtung ihre Glaubwürdigkeit bewahrt hatte, nämlich die Kirche. Hier liegt der Ursprung der ‚Berufsethik' und zugleich das kirchliche Spezifikum."[161]

Ohne hier auf die Rolle und das Verhalten der Kirchen im „Dritten Reich" genauer einzugehen, kann man nur feststellen, dass diese verlogene Darstellung der Kirchen – in der eine Legende ihrer Glaubwürdigkeit kolportiert wird – sie dadurch eigentlich für diesen berufsethischen Unterricht disqualifiziert.

144. Notfallseelsorge

Noch wird die Notfallseelsorge (NFS) überwiegend durch die Kirchen finanziert, der Anspruch ist jedoch – wie immer wieder – ein anderer. So schreibt Nadescha Arnold in ihrer Abschlussarbeit in Religionspädagogik:

„Natürlich kommen hin und wieder einzelne Spenden dazu, aber der Hauptteil wird vom Träger, der Kirche, finanziert. Nur manchmal gibt es weitere Finanzierungsquellen, dass in Teilen auch Städte die Arbeit in Materialkosten und Ausbildungskosten refinanzieren.

Grundsätzlich wird jedoch appelliert und angestrebt, dass die Finanzierung der NFS vollständig durch den jeweiligen Landkreis aufgrund ihrer Zuständigkeit als Katastrophenschutzbehörde abgedeckt wird. Dennoch empfiehlt es sich dann, dass die Kirchenbezirke in ihrem Haushalt ebenso Finanzmittel fest einstellen, um sowohl nach innen (Kirchengemeinde, Mitarbeiter), als auch nach außen (Öffentlichkeit) ein Signal der Anerkennung und Wertschätzung der NFS als kirchliche Aufgabe zu vermitteln."[162]

Dieser Anspruch steht aber in direktem Gegensatz zu ihrer Auffassung der „Seelsorge als Gottesbegegnung", denn „Notfallseelsorgerliches Handeln ist eine kirchliche Kernaufgabe, die unter den besonderen Bedingungen moderner gesellschaftlicher Entwicklungen wahrgenommen wird".

Diese „Gottesbegegnung" soll dann als allgemeiner Katastrophenschutz aus Steuergeldern finanziert werden?

Apropos „moderne gesellschaftliche Entwicklungen". Was das im Notfalleinsatz heute bedeuten kann, berichtete Dieter Hashagen, Vorsitzender des *Humanistischen Verbandes* Wesermarsch und Feier-/ Trauerredner für kirchenfreie Menschen neben seinem Altenpflegeberuf. Er beschreibt, warum er im Kriseninterventionsteam (KIT) mitarbeitet:

„Die Notfallseelsorge im KIT wurde durch meine Mitgliedschaft zur atheistischen Betreuung erweitert. Beispiel: Bei einem drohenden Suizid eines älteren Herrn lehnte dieser gegenüber dem Rettungsdienst es ab, von einem Pastor der Notfallseelsorge betreut zu werden, da er selbst nicht an einen Gott glaube. Er kannte mich dem Namen nach persönlich und war mit meinem Besuch und mit einem Gespräch mit mir einverstanden. Nach meinem Eintreffen konnte der Rettungsdienst abrücken. Nach einem einstündigen Gespräch war von einem Suizid keine Rede mehr.

Leute mit Migrationshintergrund werden nicht selten seelisch von Gleichen betreut, so Humanisten, Atheisten auch von Gleichgesinnten. Natürlich erkennt man nicht am Unfallort, ob ein Betroffener Christ, Humanist, Atheist, Buddhist oder Moslem ist. KIT ist grundsätzlich (religions-)neutral und überparteilich. Ansonsten ist es eigentlich egal, wer an einem Unglücksort als erster seelische Erste Hilfe leistet. Da bin ich einfach nur ein Teil meines Teams, egal welche Weltanschauung ich nun vertrete. In erster Linie bin ich Mensch, akzeptiere den Betroffenen, so wie er ist und versuche mitmenschlich zu handeln."[163]

Auslandsarbeit der Kirchen

Die Hilfs- und Missionswerke der beiden großen Kirchen und ihnen sehr nah ste-
hender Organisationen werden mit „Festbeträgen" aus dem Etat des Bundesminis-
teriums für wirtschaftliche Zusammenarbeit und Entwicklung (BMZ) und dem Aus-
wärtigen Amt mit rund 270 Mio. Euro gefördert.

Die Vernetzung der Kirchen mit Staat und Politik zeigt sich nicht nur in
Deutschland selbst, sondern ebenso, und dort noch viel deutlicher, in der
finanziellen Unterstützung kirchlicher Arbeit im Ausland, die sowohl vom
Bundesministerium für wirtschaftliche Zusammenarbeit und Entwicklung
(BMZ) wie dem Auswärtigen Amt (AA) finanziert wird.

145. Kulturelle Auslandsarbeit

Aus dem Etat des Auswärtigen Amtes wurden 2009 an die Evangelische
und die Katholische Kirche „Festbeträge" bezahlt. Unter der Rubrik „Internationale Aktivitäten gesellschaftlicher Gruppen" wurden für die „Kulturelle Auslandsarbeit der Kirchen" zwei Millionen Euro vorgesehen. Bei
diesen an sich nur geplanten Haushaltsansätzen kann man immer gewiss
sein, dass sie so auch ausbezahlt werden.

Es sind zwar keine großen Zahlen, sie sind jedoch mehr als verwunderlich. Die ersten beiden Positionen für das „Kirchliche Außenamt
der Evangelischen Kirche in Deutschland" und das „Katholische
Auslandssekretariat", mit jeweils exakt 740.000 Euro sind bereits erstaunlich. Was hat das Auswärtige Amt mit der „Auslandsarbeit" der Kirchen
zu tun? Die beiden danach folgenden Positionen sind dann ein schlich-
ter Skandal, denn für das *Evangelische Missionswerk* und den *Deutschen*
Katholischen Missionsrat werden jeweils exakt 249.000 Euro ausbezahlt.
Seit wann ist Missionierung oder zumindest die finanzielle Unterstützung
einer christlichen Missionierung im Ausland eine Staatsaufgabe der
Bundesrepublik Deutschland?

Und die drei Deutschen Seemannsmissionen, denen vom Auswärtigen
Amt mit 130.000 Euro beigestanden wird, sind natürlich auch nur „für die
soziale Betreuung der Seeleute bestimmt".

Diese Zahlungen sind jedoch nur die offensichtliche Förderung kirchlicher Aktivitäten, es gibt auch noch weitere, etwas versteckte Positionen,
wie den Haushaltstitel „Allgemeine Auslandskulturarbeit", aus dem vorrangig der *Deutsche Akademische Austauschdienst* (DAAD) mit 77 Mio.
Euro und die *Alexander von Humboldt-Stiftung* mit 30 Mio. Euro finanziert

werden. Danach kommen die Stiftungen der im Bundestag vertretenen politischen Parteien, nach Größenordnungen abgestuft, und schließlich, unter Punkt 11 am Schluss, sind noch 8,7 Mio. Euro für „Sonstige" vorhanden, zu denen erläutert wird: „Sonstige Programme in Krisenländern und sonstige Empfänger, u. a. kirchliche Organisationen".

146. Hilfs- und Missionswerke

Christliche Hilfswerke haben immer einen Doppelpack von humanitärer Hilfe und bekenntnisgebundener Mission im Programm. Wenn sie nur die humanitäre Hilfe als Aufgabe und Ziel hätten, wären es keine *christlichen* Hilfswerke. Ihr „Proprium" (das, was ihr Eigentliches ist und was sie von anderen unterscheidet) ist die Glaubensverkündigung in Taten und Worten. Insofern müssen sich alle politischen Gremien fragen lassen, ob sie sich darüber im Klaren sind, mit welchen Absichten diese Missionsorganisationen unterwegs sind, die die humanitäre Hilfe so sehr betonen.

Ein einfaches Beispiel ist die Blindenmission, bei der nicht nur das Wort Mission stutzig macht, denn es geht doch vorgeblich darum, Blinden und Sehschwachen zu helfen? Warum gibt es dann eine katholische Blindenmission und auch eine evangelische Blindenmission? Und warum gibt es einen evangelischen Entwicklungsdienst und einen katholischen?

147. Evangelischer Entwicklungsdienst

Die frühere *Arbeitsgemeinschaft Kirchlicher Entwicklungsdienst* wurde Ende 1999 aufgelöst und die ehemaligen Mitglieder – *Dienste in Übersee* (DÜ), *Evangelische Zentralstelle für Entwicklungshilfe* (EZE), der *Ökumenisch-Missionarische Weltdienst* (ÖMW) das *Evangelische Missionswerk* (EMW) sowie der *Kirchliche Entwicklungsdienst* (KED) – wurden zum *Evangelischen Entwicklungsdienst e.V.* zusammengeschlossen. Diese Zentralisierung wird auch noch weiter gehen, da bereits an der Verbindung mit den Einrichtungen des Diakonischen Werks gearbeitet wird.

Der Evangelische Entwicklungsdienst stellt sich selber auf seiner Internetseite ausführlich dar:

„Der Evangelische Entwicklungsdienst e.V. (EED) ist ein Entwicklungswerk der evangelischen Kirchen in Deutschland. Jedes Jahr fördert er etwa 1500 Projekte und Programme in Afrika, Asien und Lateinamerika, in Ozeanien, Südosteuropa und im Kaukasus.

Der EED berät seine Partner und unterstützt sie finanziell. Er vermittelt deutsche Fachleute in Projekte nach Übersee und vergibt Stipendien an Nachwuchskräfte aus Partnerländern.
Die Partner des EED sind Kirchen, christliche Organisationen und nichtkirchliche Träger. Mit ihnen gemeinsam arbeitet der EED weltweit für ein Leben in Würde. Gerechtigkeit, Frieden und Bewahrung der Schöpfung sind seine Leitbilder. Entwicklung in Partnerschaft ist ein Kernelement seiner Arbeit.
In Deutschland unterstützt der EED die entwicklungspolitische Bildungsarbeit von 500 Gruppen und Gemeinden. Er gibt Zuschüsse zu Seminaren und Studienreisen, zu Kampagnen, Recherchen und Informationsmaterial. Mit seiner Lobby- und Öffentlichkeitsarbeit trägt der EED entwicklungspolitische Anliegen in Kirche und Gesellschaft.
Der EED ist Mitglied der ACT Alliance, dem weltweiten ökumenischen Bündnis zur Entwicklungszusammenarbeit. ACT steht für „Action by Churches Together" (Kirchen helfen gemeinsam).
Der EED e.V. wurde 1999 gegründet. Als Entwicklungsdienst der Kirchen verfolgt er gemeinnützige, kirchliche Zwecke. Der Verein hat seinen Sitz in Bonn."[164]

Den Aspekt, der im Schlusssatz anklingt („gemeinnützige, kirchliche Zwecke") formuliert das Kirchenamt der Evangelischen Kirche in Deutschland klarer und unmissverständlicher:

„Der Evangelische Entwicklungsdienst unterstützt mit finanziellen Beiträgen, personeller Beteiligung und fachlicher Beratung Kirchen, christliche Organisationen und private Träger, sie sich am Aufbau einer gerechten Gesellschaft beteiligen [...]."[165]

Na prima, denkt sich der unbedarfte Leser, endlich einmal eine Einrichtung der evangelischen Kirche, die selbstlos für Partnerkirchen und christliche Organisationen im Ausland Gutes tut und nicht dem Staat auf der Tasche liegt. Nein, ganz so ist es dann doch nicht, denn wenn man etwas sucht, dann findet man auch etwas zu den Finanzen: „Der Evangelische Entwicklungsdienst setzt Kirchensteuermittel, staatliche Zuschüsse und Spendenmittel ein. Er beachtet dabei die Prinzipien guter Haushalterschaft." Nun ja, Hausvater, die Reihenfolge ist, wenn nicht alphabetisch, auch immer eine Abfolge der Wichtigkeit, also Kirchensteuermittel zuerst. Nein, das ist soweit auch nicht richtig, denn kurz darauf heißt es:

„Aus dem Kirchentitel des Bundesministeriums für wirtschaftliche Zusammenarbeit und Entwicklung (BMZ) flossen dem EED-Haushalt über die Evangelische Zentralstelle für Entwicklungshilfe 105,7 Millionen Euro zu. Darüber hinaus erhielt der EED für das Programm 'Ziviler Friedensdienst' weitere 2,1 Millionen Euro und aus dem Programm 'Weltwärts' 5,7 Millionen Euro vom BMZ. Insgesamt standen dem EED damit staatliche Mittel in Höhe von 113,5 Millionen Euro für die Erfüllung seiner Aufgaben zur Verfügung.

„Brot für die Welt" wirbt in Gemeinden, Kirchen und Öffentlichkeit um Spenden. Aus diesen Spendenmitteln bekam der EED 4,9 Millionen Euro, um Projekte und Fachkräftevermittlungen mitzufinanzieren, die zum großen Teil aus staatlichen Mitteln gefördert werden. Um eigene Projekte durchführen zu können, erhielt der EED weitere 3,2 Millionen Euro aus sonstigen Quellen. Die evangelischen Landeskirchen und die Militärseelsorge haben im Jahr 2009 aus Kirchensteuern 48,5 Millionen Euro an den Entwicklungsdienst überwiesen."

Wie bitte? Es gibt in einem Bundesministerium einen „Kirchentitel"? Ja so ist das. Nein, keine Privilegien, alles korrekt vereinbarte Verträge.

„1962 trafen die Bundesrepublik Deutschland und die beiden großen christlichen Kirchen eine Vereinbarung. Hierin verpflichtete sich die Bundesregierung, die entwicklungspolitische Arbeit der Kirchen finanziell zu fördern. Um mit der Regierung zu kooperieren, brauchten die Kirchen eine rechtliche Basis. Sie gründeten zwei Zentralstellen für Entwicklungshilfe – eine katholisch (KZE), die andere evangelisch (EZE). Die EZE ist bis heute Vertragspartnerin des Bundesministeriums für wirtschaftliche Zusammenarbeit und Entwicklung (BMZ)."

Da kann man jetzt mit Worten jonglieren. Was ist eine (verfassungsrechtlich nicht erlaubte) institutionelle Verbindung und was ist eine (erlaubte) Kooperation von Kirche und Staat?

Und nun die richtige Reihenfolge in der Finanzierung: Bundesrepublik Deutschland (67%), Landeskirchen (28%), Brot für die Welt (2,9%) und weitere Spenden (1,9%).

Der *Evangelische Entwicklungsdienst* arbeitet aber nicht nur alleine. Er hat eindeutig missionierende Kooperationspartner:

„Die Personalkompetenz des EED wird auch von Kooperationspartnern wie dem Diakonischen Werk, der Kindernothilfe, den Missionswerken oder den Peace Brigades International genutzt. 57 Mitarbeitende der Missionswerke, die Entwicklungsaufgaben übernehmen, wurden vom EED nach dem Entwicklungshelfergesetz betreut, dieser hat auch einen Teil ihrer Finanzierung übernommen."

Daraus ergibt sich die sachlich angemessene Beschreibung: Der Evangelische Entwicklungsdienst ist eine Missionseinrichtung der Bundesrepublik Deutschland, die weltweit in Projekten eingesetzt wird. Die evangelischen Landeskirchen leisten dazu kleinere finanzielle Zuschüsse.

148. Diakonie Katastrophenhilfe

In der künftigen Zusammenfassung der verschiedenen Aktivitäten der „evangelischen Entwicklungshilfe" wird die Diakonie Katastrophenhilfe mit dem Evangelischen Entwicklungsdienst fusionieren. Der Ansatzpunkt, wofür die wichtigsten Geldgeber zu finden sind, ist etwas anders:

„Die Diakonie Katastrophenhilfe, gegründet 1954, ist das humanitäre Hilfswerk der evangelischen Kirchen. Orientiert am christlichen Menschenbild und aus der Gesamtverantwortung für Gottes Schöpfung leistet sie gemeinsam mit der weltweiten Christenheit bedingungslos humanitäre Nothilfe, unabhängig von der politischen, religiösen und kulturellen Zugehörigkeit der Betroffenen."[166]

Das Gründungsmotto des ersten Koordinators der Diakonie Katastrophenhilfe, Ludwig Geißel, bringt es in seiner vortrefflichen Mehrdeutigkeit präzise auf den Punkt, worum es geht: „Fly now, pray later" (Fliege jetzt, bete später).

Der Transport der Hilfsgüter per Flugzeug ist die schnellste Möglichkeit der Hilfe und dafür finanzieren die Bundesrepublik Deutschland und die Europäische Kommission rund die Hälfte (48 %) der evangelischen Katastrophenhilfe: 12 Mio. Euro. Die staatlichen Zuwendungen gliedern sich dabei so auf:

Bundesministerium für wirtschaftliche Zusammenarbeit (BMZ), Not- und Flüchtlingshilfe: 4,8 Mio. € / Auswärtiges Amt (AA), Humanitäre Hilfe: 5,5 Mio. € / European Commission Humanitarian Office (ECHO): 1,2 Mio. € / EU, Europe Aid: 103.000 € / Land Baden-Württemberg: 86.000 € /Sonstige: 473.000 €.

Die weiteren Mittel sind 6,6 Mio. € direkte Spenden (26%), 3,0 Mio. (12%) aus dem Katastrophenfonds der Schwesterorganisation *Brot für die Welt*, 1,9 Mio. (7,5 %) von christlichen karitativen Organisationen, 1,3 Mio. (5,4%) aus Zinsen sowie 260.000 (1 %) sonstige Erträge.

Da das deutsche Staatskirchenrecht bekanntlich auf den drei Prinzipien „Säkularität, Neutralität, Parität" beruht, ist für die katholische Kirche Entsprechendes zu erwarten.

149. Misereor

Die katholische Kirche macht es nicht so kompliziert wie die evangelischen Kollegen, sie hat die staatliche Geldbeschaffungsverbindung, die Katholische Zentralstelle für Entwicklungshilfe, direkt bei dem Bischöflichen Hilfswerk *Misereor* angesiedelt, denn da soll das Steuergeld ja schließlich auch hin.

Das *Bischöfliche Hilfswerk Misereor* steht mit „Zorn und Zärtlichkeit an der Seite der Armen", leider aber kaum mit dem eigenen Geld. Von den Gesamteinnahmen (im Jahr 2009) von 161,6 Mio. Euro kommen 101,2 Mio. (63 %) vom Bundesministerium für wirtschaftliche Zusammenarbeit und Entwicklung (BMZ), 51,6 Mio. (32 %) sind Spenden und 8,8 Mio. (5 %) Kirchliche Haushaltsmittel. Es steht aber trotzdem „Bischof" drauf und der Unbedarfte kann sich darauf verlassen, dass auch Kirche 'drin' ist – nur eben nicht ihr Geld.

150. Bundes-Missions-Zentrale?

Bei den Einnahmen des Evangelischen Entwicklungsdienstes ist schon deutlich geworden, dass die Hilfs- und Missionsarbeit aus verschiedenen Titeln des Bundesministeriums für wirtschaftliche Zusammenarbeit und Entwicklung (BMZ) gefördert wird. Neben der direkten Förderung fließen auch Mittel aus den Programmen „Ziviler Friedensdienst" und „Weltwärts".

Das BMZ beschreibt die Aufgabe der geförderten Stiftungen der politischen Parteien genau, indem das deutsche Modell exportiert wird:

„Die zentrale entwicklungspolitische Aufgabe der sechs vom BMZ geförderten politischen Stiftungen (Friedrich-Ebert-Stiftung, Konrad-Adenauer-Stiftung, Friedrich-Naumann-Stiftung für die Freiheit, Hanns-Seidel-Stiftung, Heinrich-Böll-Stiftung und Rosa Luxemburg Stiftung) ist die nachhaltige Förderung beziehungsweise der Aufbau von Demokratie und Zivilgesellschaft."[167]

Bei der Beschreibung der Kirchen als „Akteure" der deutschen Entwicklungspolitik wird es dann deutlich lyrischer:

„Die Kirchen spielen eine herausragende Rolle in der deutschen Entwicklungspolitik. Gemeinsam mit ihren Partnern in den Entwicklungsländern engagieren sie sich seit mehr als 40 Jahren in der Entwicklungszusammenarbeit der Bundesrepublik. Sie konnten in vielen Teilen der Welt die Armut der Menschen lindern und ihre Lebensbedingungen verbessern. Kirchen sind in der Lage, weltweit einen Teil der Zivilgesellschaft zu mobilisieren und können dadurch gezielt Einfluss auf die politische Bewusstseinsbildung nehmen. [...] Aus Eigenmitteln und Spenden in Höhe von circa 500 Millionen Euro im Jahr tragen die Kirchen ihre Aktivitäten zum überwiegenden Teil selbst. Über die Evangelische Zentralstelle für Entwicklungshilfe in Bonn und über die Katholische Zentralstelle für Entwicklungshilfe in Aachen unterstützte das BMZ die Kirchen im Jahr 2009 mit 192 Millionen Euro."

Ist das BMZ – in dieser herausragenden Rolle der Kirchen in der deutschen Entwicklungspolitik – eine B(undes)M(issions)Z(entrale)?

Und der behauptete Eigenanteil der Kirchen für entwicklungspolitische Arbeit von 500 Millionen Euro konnte, auf Nachfrage beim Ministerium, nur insofern bestätigt werden, als dass die Kirchen dem Ministerium diese Angaben übermitteln. Eine Plausibilitätsprüfung dieser Daten bei den großen Organisationen zeigt, dass 2009 im Evangelischen 49,3 Mio. Euro kirchlicher Mittel eingesetzt werden (Evangelischer Entwicklungsdienst 48,5 Mio. €, Diakonie Katastrophenhilfe 821.000 €, Johanniter Auslandshilfe 0 €, Brot für die Welt 0 €). Innerhalb der katholischen Kirche waren es 13,7 Mio. Euro (Misereor 8,8 Mio. €, Caritas International 4,9 Mio. €, Malteser International 40.000 €). Insgesamt sind es also 63 Mio. Euro. Eine Zusammenstellung der eingenommenen Spenden erbrachte bei den genannten großen Organisationen das Volumen von 133,4 Mio. Euro.

Kirchliche Mittel und Spenden/Kollekten belaufen sich bei den genannten Organisationen auf zusammen insgesamt 196 Mio. Euro. Sie sind also noch weit von den genannten 500 Mio. Euro Eigenanteil der Kirchen entfernt und diese Summe wäre dann ebenso groß wie die des BMZ, also eine 50:50 Finanzierung.

151. Keine seelsorgerischen Maßnahmen

Der bereits erwähnte „Kirchentitel" – dessen Volumen in den letzten Jahren mit schöner Kontinuität von Jahr zu Jahr um 7 % steigt – hat im Haushaltsplan die Erläuterung „Seelsorgerische Maßnahmen werden aus den Ausgaben nicht finanziert". Das ist nun vermutlich eine sehr altbackene Vorstellung von „Seelsorge", die darunter wohl so etwas wie Beichten, Beten, Kirchenlieder singen versteht. „Wes' Brot ich es, des' Lied ich sing"; hat natürlich mit Seelsorge nichts zu tun. Gar nichts.

Von 168 Mio. Euro (in 2007) ist der „Kirchentitel" mittlerweile auf 205 Mio. Euro (in 2009) angestiegen und bei den Hilfs- und Missionswerken hat sich das auch darin bemerkbar gemacht, dass die eigenen religiösen Anteile sinken – in den Finanzen.

In der weiteren Abklärung der Frage, wie sich die genannten 500 Mio. Euro vorgeblicher kirchlicher Eigenmittel zusammensetzen, gibt es zwei aufschlussreiche Antworten. Zahlen allerdings keine. Die Evangelische Zentralstelle antwortet auf Anfrage:

„Die Entwicklungszusammenarbeit in der Evangelischen Kirche in Deutschland ist sehr vielfältig. Es gibt zum einen die Evangelische Zentralstelle für Entwicklungshilfe (EZE) im EED. Ihr standen, wie Sie wissen, 47,3 Millionen Euro an kirchlichen Mitteln für das Jahr 2009/2010 zur Verfügung. Zudem gibt es andere große Werke wie 'Brot für die Welt' und die Kindernothilfe, die mit Spenden und Kollekten die kirchliche Weltverantwortung und den Dienst am Nächsten durch ihre Arbeit umsetzen. [...] So wird von verschiedenen Akteuren in der evangelischen Kirche der Auftrag der kirchlichen Weltverantwortung wahrgenommen."

Es folgt dann der Verweis auf die Mitglieder des *Evangelischen Missionswerkes in Deutschland* (EMW), bei dem dann die bekannten Akteure, wie z. B. die *Christoffel-Blindenmission* und der CVJM, die normalerweise getrennt am Markt auftreten, unter einem Missionsdach vereint sind. Die katholische Konkurrenz antwortet auf die gleiche Anfrage:

„Grundsätzlich ist zu sagen, dass die kirchlichen Mittel für die Arbeit in den Ländern des Südens und Ostens nicht ausschließlich von den katholischen Hilfswerken wie Misereor, Adveniat, Renovabis, Kindermissionswerk / Sternsi nger, Caritas, Malteser u. v. m. stammen. Hinzugezählt werden müssen vielmehr auch die Diözesen, die ebenfalls Sammlungen für eigene Projekte durchführen – unabhängig und zusätzlich zu den Kollekten der o. g. Hilfswerke. Hinzugezählt werden müssen auch die vielen Orden / Kongregationen, die über ihre Standorte in Afrika, Asien, Lateinamerika in der Entwicklungsarbeit engagiert sind. Diese Orden sammeln über ihre Missionsprokuren hier in Deutschland erhebliche Mittel für Entwicklungsvorhaben in diesen Ländern."

Beigefügt ist dann, bisher war nur von den Hilfswerken die Rede, eine Übersicht über die Hilfs- und vor allem die Missionswerke der missionierenden Orden. Zudem sind die „Sternsinger" dabei (offiziell: Päpstliches Missionswerk der Kinder / Kindermissionswerk) zu deren Programm zur Selbsthilfe „ganzheitlich" gehört: „Katechetische Programme, Bereitstellung von Kinder- und Jugendbibeln, Kinder- und Jugendpastoral, Bau und Ausstattung von Räumen für die Katechese." Aufbau von Kirchenstrukturen.

Aber es ist doch beruhigend zu wissen, dass das Bundesministerium keine „Maßnahmen der Seelsorge" finanziert.

152. Humanitäre Hilfe

Neben dem BMZ lässt sich auch das noble Auswärtige Amt nicht lumpen. Für „Maßnahmen und Leistungen zur Sicherung von Frieden und Stabilität einschließlich humanitärer Hilfsmaßnahmen" sind im Etat des Auswärtigen Amtes für 2009 insgesamt 418 Mio. Euro bereitgestellt. Für „humanitäre Hilfsmaßnahmen im Ausland" sind es 102 Mio. Euro.

Der Koordinierungsausschuss „Humanitäre Hilfe" tritt seit seiner Konstituierung im Jahr 1994 alle zwei Monate im Auswärtigen Amt zusammen, bei humanitären Krisen auch ad hoc zu Sondersitzungen.

Schaut man sich diese humanitären Hilfen einmal beispielsweise vor Ort genauer an, zeigt sich Eigentümliches.

Bei der „Nothilfe der Bundesregierung im Sudan" handelt es sich vorrangig um Hilfen für die Opfer des so genannten Darfur-Konflikts, in dem im Kampf zwischen Rebellen und Regierung mehr als 2,5 Millionen Menschen innerhalb des Sudans vertrieben wurden. Man kann diesen Konflikt auch als Bürgerkrieg zwischen dem muslimischen Norden und dem „animistisch-katholischen" Süden betrachten. Die englischen Kolonialherren hatten seinerzeit das Missionieren im muslimischen Norden untersagt, so dass die katholische Kirche die 'heidnischen' Stämme des Südens missionierte. Katholikenanteil heute etwa 20 Prozent.

Die deutsche Botschaft in Khartum hat eine Übersicht zur deutschen Nothilfe veröffentlicht, in der von Januar 2007 bis Mai 2009 detailliert die Hilfsorganisationen und die Summen, die sie für ihre Projekte erhalten haben, aufgelistet sind.[168]

Für das Jahr 2008 sind es 17,6 Mio. Euro die an Hilfs-Organisationen ausbezahlt wurden. Das *Technische Hilfswerk* (THW), die *Gesellschaft für Technische Zusammenarbeit* (GTZ), das *Kinderhilfswerk der Vereinten Nationen* (UNCHR) und andere neutrale Organisationen erhielten davon 5,8 Mio. Euro (33 %). Die anderen 11,8 Mio. Euro (67 %) gingen an christliche Organisationen. Die größten 'Brocken' (9,2 Mio.) bekamen proportional die beiden Großen (sechs Projekte der *Evangelischen Zentralstelle für Entwicklungshilfe* und des Deutschen Caritasverbands). Ebenfalls sechs Projekte wickelte aber eine einzige der kleineren Organisationen ab, namens *Humedia*, die dafür 1,8 Mio. Euro bekam. Was macht diese Organisation? In ihrer Selbstdarstellung heißt es dazu:

„Humedia arbeitet vor Ort jeweils mit lokalen und humanitären NGO's (Nicht-Regierungsorganisationen) zusammen. Es sind oft auch einheimische Kirchen und Gemeinden, Krankenhäuser und Missionsstationen, die dafür sorgen, dass die Hilfe auch bei den Bedürftigen ankommt."

Das bezieht sich auf die Behauptung, dass die örtlichen Autoritäten westlicher Hilfe misstrauen würden und die christlichen Organisationen über ihre christlichen Kirchennetzwerke einen besseren Zugang hätten. Im Süd-Sudan gibt es jedoch kaum evangelische Kirchen oder Krankenhäuser, also bleiben nur die Missionsstationen. Und ein Blick auf die NGOs, mit denen *Humedia* kooperiert, verstärkt diesen Missionsbezug. Die Partnerorganisationen sind:

1. *action medeor*: eine explizit christliche NGO, die sich auf preiswerte Medikamentenlieferungen spezialisiert hat, und in deren Beirat neben einem

Weihbischof und einer Landeskirchenrätin auch eine Ärztin des Deutschen Instituts für Ärztliche Mission sitzt. *action medeor* hat vom BMZ im Verlaufe des Jahre 2009 selbst 295.366 Euro bekommen.

2. *Kindernothilfe*: eine christliche NGO, die in ihrer Satzung als primären Zweck ihrer Tätigkeit definiert: „In Erfüllung des diakonisch-missionarischen Auftrages der Gemeinde Jesu Christi hat der Verein die Aufgabe, Nächstenliebe und Verantwortung für notleidende Kinder und Jugendliche in der Einen Welt, insbesondere in Asien, Afrika und Lateinamerika, zu wecken sowie zur Überwindung der Not beizutragen."

3. *Operation Blessing*: eine US-amerikanische NGO, die ihre Aufgabe so beschreibt, „a mission to demonstrate God's love by alleviating human suffering".

4. *Mercy Air*: eine evangelikale Schweizer NGO, die einen Flugdienst als „Himmelsbrücke zu Menschen in Not" betreibt und in deren Gästewohnungen in Süd-Afrika man Zeit „mit ihrer Familie und Gott" verbringen kann.

5. *Nazarene Compassionate Ministries*: eine evangelikale NGO aus den USA, die beispielsweise Kinder von Flüchtlingen im Irak mit einem „Acts of God" betreut: „The 'Acts of God' program is successful in reaching children and youth for Christ while they wait with their families to be resettled."

Humedia selbst arbeitet unter dem Motto „Euer Herz erschrecke nicht! Glaubt an Gott und glaubt an mich! Jesus Christus in der Bibel (Johannes 14,1)" und beglaubigt sich als seriös durch das Spendensiegel-Zertifikat der *Deutschen Evangelischen Allianz*.

Von Januar bis Mai 2009 verzeichnet die „Nothilfe der Bundesregierung im Sudan" 11 Projekte, von denen eins von der Evangelischen Zentralstelle organisiert wird (1,8 Mio. €), vier von *Humedia* (1,3 Mio. €), eins von der Katholischen Zentralstelle (740.000 €) eins von der *Johanniter-Unfallhilfe* (255.708 €) und eins von *World Vision* (185.395 €). Von der gesamten Nothilfe in diesem Zeitraum (4,7 Mio. €) erhalten die christlichen Hilfs- und Missionswerke 90 % (4,2 Mio. €).

Christliche Hilfs- und Missionswerke als Unterstützung katholischer Strukturen im Kampf gegen eine muslimische Zentralregierung?

Aber das geht regierungsamtlich schon in Ordnung. So hat der frühere Menschenrechts- und jetzige Afrikabeauftragte der Bundesregierung, Günter Nooke, auf dem Ökumenischen Kirchentag 2010 in München religiöse Mission als ein Menschenrecht bezeichnet. „Der Allgemeinen Erklärung der Menschenrechte von 1948 zufolge beinhaltet die Religionsfreiheit auch das Recht, über seinen Glauben zu reden und ihn zu lehren. Religion ist keine Privatangelegenheit, wie manche meinen."[169]

153. Staatsquoten

Betrug die „Staatsquote" bei dem *Bischöflichen Hilfswerk Misereor* im Jahr 2000 noch 49 % der Einnahmen (73,2 Mio. €), so sind es 2009 bereits 63 % der Einnahmen (101,2 Mio. €). Der kirchliche Eigenanteil sank im gleichen Zeitraum von 8 % (12,1 Mio.) auf 5 % (8,8 Mio.).

Bei den Finanzquellen des Evangelischen Entwicklungsdienstes verläuft der Trend parallel. Betrug die Staatsquote im Jahr 2000 noch 58,6 % (80,6 Mio. €), ist sie 2009 auf 67,5 % (113,5 Mio.) gestiegen und im gleichen Zeitraum verringerte sich der Anteil der Landeskirchen von 37,7 % (51,9 Mio.) auf 28 % (47,3 Mio. €).

Sowohl die Einnahmen des EED aus dem Etat des BMZ und die Kosten des *Deutschen Entwicklungsdienstes* (DED) für sein Programm des entwicklungspolitischen Freiwilligendienst *Weltwärts* (Haushaltsvolumen 87 Mio. €) und des Zivilen Friedensdienstes (Haushaltsvolumen 30 Mio. €) lassen auf weitere konfessionelle Zahlungsempfänger schließen. Im Bereich der Entwicklungshilfe gibt es in Deutschland rund 120 Organisationen, die sich größtenteils um die öffentlichen 'Töpfe' scharen. So schreibt die *Christoffel-Blindenmission* im Jahresbericht 2009:

„Bei den Erträgen aus öffentlichen Mitteln (EU/BMZ) konnte die geplante Steigerung auch im Jahr 2009 fortgesetzt werden. Die personellen Investitionen der Vergangenheit in diesem Bereich beginnen sich positiv auszuwirken."

Der „Ertrag" des Projekt-Lobbyismus (2.959.327,58) kam vom BMZ und der EU, im Jahresbericht unter „Erträge aus Kofinanzierung" genannt. Und auch andere religiöse Organisationen werden bedacht:

Caritas International erhielt 12,5 Mio. Euro (9,8 Mio. aus dem BMZ und 2,7 Mio. vom Auswärtigen Amt).

Die *Johanniter-Auslandshilfe* erhält 2009 vom Auswärtigen Amt 2,2 Mio. Euro und 854.443 Euro von sieben EU- und UN-Organisationen sowie dem BMZ.

Die *Malteser International* bewegen 2009 ein Volumen von 21,2 Mio. Euro, von denen 13,3 Mio. Euro [= 63 %] aus öffentlichen Mitteln stammen (5 Mio. von der EU, 4 Mio. von der UN, 2,8 Mio. vom BMZ und 1,5 Mio. vom Auswärtigen Amt).

Die *Ärzte für die Dritte Welt e.V.* erhielten 2,3 Mio. Euro vom BMZ und anderen staatlichen Stellen;

Human Help Network e.V. nennt keine Summe, aber das BMZ und das Land Rheinland-Pfalz als Geldgeber, ebenso wie die

Aktion Canchanabury, die keine Zahlen aber das BMZ (auf Antrag) als Geldgeber benennt.

Die *Kindernothilfe* nennt: Auswärtiges Amt (AA), Bundesministerium für wirtschaftliche Zusammenarbeit und Entwicklung (BMZ), Europäische Kommission (EU) und den Betrag von 1,2 Mio. Euro.
Child Fund Deutschland bekam 431.000 Euro (BMZ, AA, EU).
World Vision bekam 2009 insgesamt 12,3 Mio. Euro Zuschüsse, 2 Mio. vom Auswärtigen Amt, 74.000 vom BMZ und 10,2 Mio. von der EU wie der UN.

Allein diese kleine Auswahl größerer Organisationen bekommt 242 Mio. Euro aus Steuergeldern für Hilfs- und Missionsaufgaben.

Dabei bräuchte es diese missionierenden Organisationen gar nicht, da es mit der Internationalen Föderation der Rotkreuz- und Rothalbmondgesellschaften, den *Ärzten ohne Grenzen*, der *Gesellschaft für technische Zusammenarbeit*, dem *Technischen Hilfswerk* u. v. a. m. eine hinreichende Anzahl tatsächlich humanitär tätiger Organisationen gibt.

Senderechte in den Medien

„Gott an keinem Tag fern – im Deutschlandfunk und Deutschlandradio Kultur. Glaube kommt vom Hören: Evangelische Morgenandachten, Gottesdienste und mehr. Wo auch immer in Deutschland Sie Radio hören – jeden Tag im Jahr können Sie mit einer evangelischen Sendung beginnen: alltags z. B. mit einer Morgenandacht im Deutschlandfunk."[170]

Und das jeden Morgen. Anfragen, ob man das vielleicht ändern könne, da man den Sender ansonsten sehr schätze, wurden abschlägig beschieden, man sei dazu vertraglich verpflichtet.

154. Fernsehen

Das *Wort zum Sonntag* am Samstagabend im Ersten Deutschen Fernsehen dürfte allgemein bekannt sein. Nachfolgend eine Übersicht, was in einer ganz normalen Woche im Fernsehen an kirchlichen Sendungen zu sehen ist. Ohne die Religionssender Bibel-TV, EWTN-TV und Kephas-TV, die den ganzen Tag Religiöses senden.

Also, als zufällige Auswahl, die 33. Kalenderwoche 2010, vom 16.-22. Juni 2010 (ohne Wiederholungen.) Ausgesucht von der Katholischen Fernseharbeit, einer Arbeitsstelle der Deutschen Bischofskonferenz:

Kirchenprogramme, Montag, 16.8.2010
Horizonte / Geliebte Lüge / 8.30 Uhr / HR: Es war eine Hochzeit wie im Bilderbuch, als Horst und Elli heirateten. Nur ein Gedanke plagte den Bräutigam und das nicht erst seit diesem Tag: „Lieber Gott lass mich bitte nicht schwul sein!"

Tag7 / Eifersucht / 10.15 Uhr / RBB: „Wenn mich die Eifersucht packt, könnte ich explodieren." Seit zehn Jahren ist Lars mit seiner Freundin Julia zusammen. Seine Eifersucht begleitet Julia überall hin. Die Autorinnen haben einige Paare besucht, deren Leben und Liebe durch Eifersucht auf die Probe gestellt wird.

Sonntags / 12.15 Uhr / ZDF: Im Mittelpunkt des Magazins *sonntags* stehen religiöse Lebenswelten, gesellschaftliche Wertvorstellungen und individuelle Lebensstile. Zum Themenspektrum gehören die Bereiche Religion, Kirche, Ethik, Psychologie und Gesellschaft. Es geht um Fragen rund um das Leben.

Kirchenprogramm, Dienstag, 17.8.2010

Jugend und Kirche / Dolce Vita, Missbrauch und Papst / 7.45 Uhr / ZDF-infokanal: Zwischen Dolce Vita, Missbrauch und Papst zeigt wie Jugendliche die aktuelle Krise bewältigen und welche Erwartungen bzw. Forderungen für Veränderungen sie an die Kirchenoberen haben, damit Kirche auch in Zukunft für sie eine Option ist.

Kirchenprogramm, Mittwoch, 18.8.2010:

Stationen / Bis ans Ende der Welt / 19 Uhr/ BR: Der österreichische Schauspieler Ulrich Reinthaller ist 2004 den Jakobsweg gegangen Die spirituellen Orte auf dem Weg und die Begegnungen mit einheimischen Geistlichen und Pilgerführern haben für ihn Bedeutung gewonnen.

Kirchenprogramme, Donnerstag, 19.8.2010:

Orientierung / 11.45 Uhr / 3sat: Das Religionsmagazin des ORF. Moderation Doris Appel. Das Religionsmagazin berichtet über Hintergründe und aktuelle Ereignisse aus den Weltreligionen.

Aus christlicher Sicht / 19.57 Uhr / SR: Kommentar zum Zeitgeschehen, eine Meditation zu Passionsbildern, ein Film über die Kinderfreizeit einer Pfarrgemeinde, die Kunstaktion an einem Kirchturm.

Pilgertour / Deutsche auf dem Jakobsweg / 22.35 Uhr / MDR: Heide Richter und Christine Kümmel haben sich für eine Pilgerreise entschieden. Weil sie sich so einer Tour allein nicht gewachsen fühlen, buchen sie den „Jakobsweg pauschal". Wird die Gruppe gemeinsam ihr Ziel erreichen?

Kirchenprogramm, Freitag, 20.8.2010:

Der Jakobsweg / 10.30 Uhr / Phoenix: Am 1. Mai 2004 hat sich Europa verändert. Es beginnt ein neuer Prozess des Zusammenwachsens. Am 25. Juli desselben Jahres feiern Tausende einen Mann namens Jakob. Die Dokumentation verbindet beide Ereignisse zu einem europäischen Film.

Kirchenprogramme, Samstag, 21.8.2010:

Hof mit Himmel / Mit Jesus per du / 10 Uhr / DAS VIERTE: Was wäre, wenn Jesus heute wieder auf die Erde käme? Der englische Autor Adrian Plass hat sich auf die Suche nach einer Antwort gemacht.

Anschi, Karlheinz & Co. / ein himmlisches Magazin / 10.45 Uhr / BR-alpha: „Anschi, Karl-Heinz & Co." ist der Nachfolger von „Anschi und Karl-Heinz". Mischung aus fiktiven Geschichten und dokumentarischen Beiträgen.

Glockenläuten / 14.30 Uhr / BR: Jede Woche sendet der Bayerische Rundfunk ein Glockengeläut aus einer anderen Kirche. Diese Woche sehen und hören Sie das Glockengeläut aus der Kloster- und Pfarrkirche in Biburg.

Horizonte / Haus der Begierde / 16.30 Uhr / HR: Das Haus ist bescheiden und eher unscheinbar, weder besonders groß noch wertvoll – und doch so begehrenswert, dass der 89-jährige Erwin Rothmeier seit zwanzig Jahren all seine Zeit, Kraft und viel Geld einsetzt, um wieder in den Besitz dieses Hauses zu kommen, das ihm seiner Meinung nach gehört.

Kirchen, Klöster und Kneipen / 18.02 Uhr / RBB: Jochen Kowalski, der weltberühmte Sänger, liebt seine Brandenburger Heimat. Die Zuschauer führt er durch das Kloster Chorin, besteigt die Türme der großen Kirchen in Boitzenburg und Rathenow, besucht die Dorfkirchen in Küstrin und einige Orte mehr.

Landesschau unterwegs / Die ewige Baustelle / 18.15 Uhr / SWR: Ein Fünftel der Außenfassade des Freiburger Münsters ist seit dem ursprünglichen Bau bereits ersetzt. Das jedem Wetter ausgesetzte Münster ist ständig in der Restauration und damit in der Tat eine ewige Baustelle.

Glaubwürdig / Felix Kaufhold / 18.45 Uhr / MDR: Die Leine hält Felix Kaufhold immer fest umschlungen, auf ihn kann man sich verlassen. Klettern ist seine Leidenschaft. Einen Traumjob hat der Zivi im Schloss Mansfeld gefunden. Dass er statt Wehrdienst ein ziviles Jahr leisten wird, stand spätestens ab dem Zeitpunkt fest, als er Christ wurde.

Das Wort zum Sonntag / mit Gereon Alter / 22.25 Uhr / ARD: Jeden Samstag Abend spricht einer der acht Frauen und Männer der Katholischen und Evangelischen Kirche in Deutschland das Wort zum Sonntag Heute spricht Gereon Alter, Essen.

Kirchenprogramme, Sonntag, 22.8.2010:

Glauben und Leben / Touba. Asketen, Pilger / 8.30 Uhr / Phoenix: Einmal im Jahr wächst die Kleinstadt Touba im Norden des Senegals zur Millionenstadt heran. Die islamische Bruderschaft der Mouriden hat hier die größte Moschee Schwarzafrikas errichtet.

Glaubenswelten / Herr Abdoulaye / 9.00 Uhr / Phoenix: Herr Abdoulaye ist Deutschlehrer am Mädchengymnasium John F. Kennedy in Dakar. Seine Schülerinnen nennen ihn „Herr" Abdoulaye oder „Pierre".

Sonntags / 9.02 Uhr / ZDF: Im Mittelpunkt des Magazins *sonntags* stehen religiöse Lebenswelten, gesellschaftliche Wertvorstellungen, und individuelle Lebensstile. Es geht um Fragen rund um das Leben

Evangelischer Gottesdienst / 9.30 Uhr / ZDF: Wieder auf die Beine kommen. Laufen lernt man normalerweise als Kleinkind. In Lindenfels-Winterkasten auch wieder mit Mitte vierzig. Denn in diesem idyllischen Dorf liegt die Eleonorenklinik für Menschen, die kaum noch allein gehen können.

Porträt / Der rasende Bischof / 10 Uhr / Phoenix: Desmond Tutu, Jahrgang 1931, verkörpert nicht gerade das, was man sich unter einem ehrwürdigen Erzbischof vorstellt. Er sprüht vor Leben, Witz und Freude und das in einem Alter, in dem andere sich schon lange zur Ruhe gesetzt haben.

Stationen / Die steilste Etappe / 10.15 Uhr / BR: Nur 18 Kilometer Luftlinie liegen zwischen den Orten Saint Jean Pied de Port und Roncesvalles, doch dieses kleine Stück des Jakobswegs in den Pyrenäen hat es in sich. Wind und Nebel, Hitze und Regen, aber vor allem der stete, steile Anstieg zum Ibaneta machen den Pilgern zu schaffen.

Menschen im Glück / Ulrike Folkerts / 10.30 Uhr / SWR: Als Lena Odenthal jagt sie Verbrecher sonntags im Tatort im Ersten. Wegen ihres großen sozialen Engagements erhielt sie im Juni 2007 das Bundesverdienstkreuz und den Courage-Preis. Der Film begleitet die beliebteste Tatort-Kommissarin bei ihrem Engagement für Menschenrechte.

Bilderbuch / Köln / 11 Uhr / SWR: An Lokalpatriotismus fehlt es nicht. Wenn Kölner über den Rhein in ihre Stadt kommen, gilt nach wie vor: 'Ich möcht' zo Foss noh Kölle jonn' – römisch, christlich, optimistisch – von Colonia über das Heilige Coellen im Mittelalter bis in die Gegenwart.

Lido / Johann Michael Fischer / 12.35 Uhr / BR: Mit seinen Bauwerken hat Johann Michael Fischer bis heute die bayerische Landschaft geprägt. Die Dokumentation präsentiert Leben und Werk des großen Barockarchitekten.

Kamingespräch / 13 Uhr / Phoenix: Elmar Theveßen im Gespräch mit Erzbischof Robert Zollitsch (Vorsitzender Deutsche Bischofskonferenz).

Gott und die Welt / Zu früh geboren / 17.30 Uhr / ARD: Jedes zehnte Kind in Deutschland wird zu früh geboren; Tendenz steigend. Die Gründe für den Zuwachs liegen ausgerechnet im medizinischen Fortschritt.

Unter unserem Himmel / Wallfahrt übers Steinerne Meer / 19 Uhr / BR: Mit einem Gelübde fing es an: Als im Jahr 1634 die Pest im österreichischen Pinzgau wütete, leisteten die Bewohner von Maria Alm einen Schwur: „Wenn der Allmächtige uns verschont, werden wir ihm danken, Jahr für Jahr."

Schätze der Welt / Stabkirche von Urnes / 19.40 Uhr / 3sat: Auf einer Landzunge, die tief in den Luster-Fjord reicht, steht die älteste Holzkirche Norwegens: die Stabkirche von Urnes.

Themenabend / Mutter Teresa, Heilige der Gosse / 20.45 Uhr / arte: Mutter Teresa ist neben Papst Johannes Paul II. die populärste Kirchenfigur des 20. Jahrhunderts. Sie widmete ihr Leben den Armen und Kranken in den indischen Slums. Ihr jahrzehntelanges Engagement und insbesondere ihr Kampf gegen die Verbreitung von Lepra trugen ihr 1979 den Friedensnobelpreis ein.

Hitlers Österreich / 21 Uhr / Phoenix: Ein halbes Jahr nach dem 'Anschluss' herrschte Alltag in der so genannten 'Ostmark'. So mancher Österreicher, der im März 1938 noch seinem Landsmann Hitler begeistert zugejubelt hatte, war enttäuscht.

Mutter Teresa / Heilige der Dunkelheit / 22.40 Uhr / arte: Mutter Teresa wurde durch ihren unermüdlichen Einsatz im Dienst für die Armen zu einer weltweit anerkannten moralischen Ikone des 20. Jahrhunderts.

Vodoo in Deutschland: Zwischen Oberkult und Kommerz / 22.50 Uhr / RTL: 'Die
große Reportage' begleitet Menschen auf der Spurensuche im Reich der Geister
und zeigt, wie der Opferkult des Voodoo in Deutschland heute gelebt wird.

155. Radiosender

Bei der überschaubaren Anzahl der Fernsehsender lässt sich die Zahl der
Fernsehsendungen noch einigermaßen erfassen. Bei der Vielzahl der regio-
nalen Radiosender in Deutschland ist es nur beispielhaft möglich. Es sind
im Laufe der Woche (mindestens) 80 Sendungen, die über den Äther gehen. Schwerpunkt ist, ebenso wie im Fernsehen, der Sonntag, an dem regi-
onal flächendeckend Gottesdienste übertragen werden. Als Beispiel, SWR,
Sendungen an einem Tag, Montag, der 30.8.2010:

Anstöße SWR1 und Morgengruß SWR4 Rheinland-Pfalz / Rolf Burket, Bad
Kreuznach, Evangelische Kirche / Operation: Heute möchte ich vor allem zu
denen sprechen, die eine Operation vor sich haben. [...] Viele Ärzte sind gläubige Christen. Das sieht man oft nicht, aber im Tun zeigt es sich.

Anstöße SWR1 und Morgengedanken SWR4 Baden-Württemberg / Dorothea
Frank, Bad Schönborn, Evangelische Kirche / Stimmen und Klingen: Wie sind
Sie aufgewacht? Fröhlich und heiter – oder war da sofort das Problem von ge-
stern Abend und die Entscheidung, die Sie heute treffen müssen?

SWR2 Wort zum Tag / Dr. Dietmar Bader, Freiburg, Katholische Kirche /
Wallfahrten heute beliebter denn je: Wallfahrten sind heute beliebter denn je.
Die nach Santiago de Compostela im Nordosten von Spanien besonders.

SWR3 Gedanken / Dominik Frey, Wiesloch, Katholische Kirche / „shared space":
Bohmte ist eine kleine Stadt bei Osnabrück. Das Besondere an Bohmte ist, dass
es dort in der Hauptstraße seit gut zwei Jahren keine Verkehrsschilder mehr
gibt. Einfach die vielen Vorschriften weglassen und die Menschen wieder miteinander in Kontakt bringen - und wenn es nur der Blickkontakt ist.

SWR3 Worte / Ambros Tremel, Ludwigshafen, Katholische Kirche / „Wir": Wir
sind berufen, Frieden und Versöhnung zu stiften und der Welt eine Botschaft
der Hoffnung zu geben. Lasst uns nicht mehr vom „Ich" her denken, sondern
vom „Wir". Darum beten wir immer Vater „unser" und bitten um „unser" tägli-
ches Brot. Das ist der erste notwendige Schritt. (Papst Benedikt XVI.)

SWR4 Abendgedanken / Dr. Madeleine Spendier, Katholische Kirche / Wer bist
du, Jesus? Mit dieser Frage macht eine Theologin auf sich aufmerksam, die 85
Jahre alt ist und in Tübingen lebt.

156. Kosten

Die ARD veröffentlicht im ARD-Jahrbuch zwar die Anteile der einzelnen
Ressorts am gesamten Sendeprogramm des Fernsehens und der Radiopro-

gramme der Landesrundfunkanstalten, aber keine entsprechend zugeord-
neten Produktionskosten.

Der Anteil des „Ressorts" Religion beträgt im Ersten Programm des
Fernsehens 3.140 Minuten (= 52 Stunden oder 0,6 % Anteil). In den dritten
Fernsehprogrammen beläuft sich der Anteil des Ressorts „Religion" auf
602 Stunden (= 0,9 % Anteil). Die Spanne reicht dabei von 1,9 % beim
Bayerischen Rundfunk bis zu 0,1 % beim Norddeutschen Rundfunk. Im
Satellitenprogramm 3sat beträgt der Anteil 1,3 % bzw. 28 Sendestunden.

Die Anteile für „Religion" werden sicherlich höher sein, denn ist der
Film *Ben Hur* nun ein Spielfilm oder Religion?

Das ZDF veröffentlicht keine solchen aufgeschlüsselten Zahlen. Der
Anteil wird mit Sicherheit höher sein als bei der ARD. Insofern ist die
Annahme von einem Prozent Sendeanteil sehr konservativ.

ARD und ZDF hatten (2008) zusammen 8.270.137.000 Euro
Aufwendungen. Da die Kostenstruktur in den Größenordnungen als ge-
nauso gemischt wie bei anderen Ressorts anzunehmen ist, sind 1 % der
Aufwendungen rund 83 Mio. Euro.

Denkmalpflege

Ein Gebiet, das auch schon bei den Kirchbaulasten behandelt wurde, heißt
in diesem Zusammenhang: Denkmalpflege. Es sind Zahlungen, zu denen
der Staat nicht vertraglich verpflichtet ist.

157. „Böses Geld" für „gute Zwecke"

Diejenigen Gebäude, die in Deutschland unter Denkmalschutz gestellt werden, müssen erst einmal alle Zeiten und Wirren überstanden haben. Also
sind diese Gebäude vornehmlich aus hartem Stein gebaut und wer konnte
früher so teuer bauen? Der Adel und die Kirchen – was in den Spitzenposi-
tionen beider Gruppen dann identisch war: alles Adelige. Erst später kamen
die reichen Handelsfamilien und Bankiers dazu. So ein Gebäude muss aber
nicht nur „alt", sondern auch „erhaltenswertes Kulturgut" sein. Im Unterschied zu den Aspekten der Kirchenbaulasten hat der Staat damit jedoch
nicht eine einklagbare Pflicht zur Bauerhaltung übernommen, sondern gibt
Zuschüsse nach den finanziellen Möglichkeiten der Landeshaushalte. Dafür werden vornehmlich die Gewinne der staatlichen Lotterien verwendet
(Zahlenlotto, Spiel 77, Erträge der Spielbanken). Die Quelle der Gelder ist

also, aus kirchlicher Sicht, die „Spielsucht" der Menschen. Aber da bei einer Lotterie bekanntlich die Lotteriegesellschaft am meisten verdient, ist diese staatlich verpflichtet, die Überschüsse von dem, was den armen Spielsüchtigen abgenommen wurde, für gute Zweck zu verwenden. Im Sinne von: Tu Gutes, um die „böse" Quelle der Geldeinnahme auszugleichen.

Manche Gebäudebesitzer legen aber keinen Wert auf einen Denkmalschutz, da dieser Schutz als Denkmal auch bedeutet, dass es erhalten bleiben muss wie es ist und zudem den Umbauwünschen des Besitzers enge und genehmigungspflichtige Grenzen gesetzt sind. Und der Besitzer ist – im Rahmen des Zumutbaren – zum Erhalt gesetzlich verpflichtet. Andererseits gibt es neben der subjektiven Ehre, ein solches Gebäude zu besitzen, auch Steuervorteile bei den Sanierungskosten und staatliche Zuschüsse, solange noch etwas im 'Jahrestopf' vorhanden ist.

Der Anteil der Kirchengebäude an allen denkmalgeschützten Gebäuden in Deutschland lässt sich nicht so ohne Weiteres feststellen.

Die EKD kennt zwar die Zahl der denkmalgeschützten Gebäude im Besitz der verfassten Kirche (von den 20.857 Kirchen und Kapellen stehen 16.627 unter Denkmalschutz), aber das besagt noch nichts darüber, welchen Anteil diese Gebäude an allen denkmalgeschützten Gebäuden haben. Und dieser Anteil wird gebraucht, um abzuschätzen zu können, welche Größenordnung der staatlichen Denkmalaufwendungen den Kirchen zugute kommt.

Eine Auszählung der Denkmalschutzliste des Landkreises Havelland im Bundesland Brandenburg ergibt die Anzahl von 341 Gebäuden auf der Denkmalliste: Kirchen (meist Dorfkirchen), Wohnhäuser und größere Gebäude (Schulen u. ä. m.) Nach einer Gewichtung hinsichtlich Gebäudegröße und -aufwand handelt es sich um etwa 30 Prozent Volumen auf Seiten der Kirchen. Eine andere Auswertung der Auflistung der Baudenkmale in der Stadt Erkelenz in NRW mit 257 Gebäuden ergibt eine höhere Anzahl von 40 Prozent des Volumens, da es sich einerseits um zahlreiche kleinere Wohnhäuser, andererseits bei den 28 Kirchen um fünf große Objekte handelt. Eine dritte Quelle, die Aufstellung der Bezirksregierung Arnsberg in NRW, in der alle Facetten der Kosten des Jahresförderungsprogramms 2009 aufgelistet sind, nennt in der Denkmalpflege 14 Fördermaßnahmen für Gebäude im Besitz der Kirchen (Fördervolumen: 905.000 €) und 26 Förderungen privater Besitzer (Volumen: 1.104.100 €). Die kirchlichen Träger erhalten also 45 Prozent der tatsächlichen Fördergelder für Denkmalpflege. In dieser Hinsicht ist es also plausibel, einen Mindestanteil von 40 Prozent für die Anteile der

Kirchen an den Mitteln der Denkmalpflege zugrunde zu legen.

In den Haushaltsplänen der sechzehn Bundesländer sind 2009 insgesamt 38 Mio. Euro (38.039.000 €) für allgemeine Fördermaßnahmen des Denkmalschutzes vorgesehen. Nimmt man davon 40 Prozent als Kirchenanteil, so sind das 15,2 Mio. Euro. Zusammen mit weiteren 3,6 Mio., die direkt für den Denkmalschutz an Großkirchen finanziert werden (u. a. für den Kölner Dom) sind es bereits 18,8 Mio. Euro für Denkmalschutz an Kirchengebäuden aus Steuergeldern.

158. Verwirrspiele um den Kölner Dom

In einem Leserbrief an das Magazin *Der Spiegel* (Ausgabe 26/2010, S.15) schreibt der amtierende Dompropst des Kölner Doms, Norbert Feldhoff:

„Jährlich kostet der Kölner Dom im Durchschnitt etwa 11 Millionen Euro, davon gut 7 Mio. für die Bauunterhaltung. Die Finanzierung sieht so aus: 4,9 Mio. Eigenmittel, Spenden, Kollekten; 3,5 Mio. Zentral-Dombau-Verein; 1,7 Mio. Erzbistum Köln; 0,9 Mio. öffentliche Hand (NRW, Stadt Köln). Der Staat zahlt also nicht einmal 13 Prozent der Bauunterhaltung."

Diese Darstellung macht stutzig, weil einerseits in der Auflistung der Kosten die Gesamtkosten benannt sind (11 Mio. €), sich jedoch bei dem Staatsanteil anscheinend auf die Bauunterhaltung (7 Mio. €) beschränkt wird. Da stimmt etwas nicht. Eine genauere Recherche klärt, was daran das Verwirr- oder Versteckspiel ist.

In einer Pressemitteilung des „Metropolitankapitel der Hohen Domkirche zu Köln", dessen Chef der Dompropst selbst ist, wird für das Projekt „11.000 Sterne für den Kölner Dom" aufgelistet, was das „Weltkulturerbe Kölner Dom in Zahlen" bedeutet. Zu den Kosten wird dort genau unterschieden zwischen dem Dom als Bauwerk (Bauunterhaltung / Investitionen) und als Kulturträger (Kulturelle und spirituelle Angebote). Für die Bauunterhaltung werden jährlich rund 7,3 Mio. Euro angesetzt, die durch den Zentral-Dombau-Verein (3,5 Mio. €), das Erzbistum Köln (1,2 Mio. €), öffentliche Mittel, Stadt Köln, Land NRW (0,9 Mio. €) und aus Spenden und Eigenmitteln aufgebracht werden. Die 4 Mio. Euro für die kulturellen und spirituellen Angebote werden dann vom Erzbistum Köln (0,55 Mio. €), Eigenmittel (2,35 Mio. €) und Spenden und Kollekten (1,1 Mio. €) abgedeckt. Nun hat der Dompropst jedoch beide Zahlungen des Erzbistums zusammengefasst (ergibt 1,7 Mio. €) und stellt die der Einzelsumme öffentlicher Gelder (0,9 Mio. €) entgegen. Damit stellt er den staatlichen Anteil als

Geldsumme vergleichsweise kleiner dar. Allerdings ist der 13%-Anteil des Staates korrekt auf die *Bauunterhaltung* bezogen.

Das nährt die Vermutung, dass da eine Absicht im Spiel ist und wirft die Frage auf, wie sich denn eigentlich der Dombau-Verein finanziert. Der Verein selbst verweist nur auf seine vielen Mitglieder sowie ein paar Sponsoren, und ist stolz, dass er als Verein die meisten Bauerhaltungsmaßnahmen finanziert. Details zur Finanzierung? Keine. Bei einer Beschreibung des Zentral-Dombau-Vereins (auf *Wikipedia*) fand sich dann ein Hinweis, dass der einen Großteil seiner Gelder aus staatlichen Lotteriemitteleinnahmen erhalten würde.

WestLotto und die Westdeutsche Lotterie GmbH bestätigen diese Angaben, indem beide unter den Empfängern ihres „guten Zwecks" auch die sieben Dombauvereine des Landes nennen. Die Erträge aus den Landeslotterien werden in den Haushalt des Landes NRW eingebracht und dort für Sport, Wohlfahrt und Denkmalschutz weiter verteilt. Für die Dombauvereine sind (2010) dabei vorgesehen: 2.376.400 Euro, von denen der Kölner Dombau-Verein den Löwenanteil (60 %) erhält: 1.425.840 Euro.

Und nur wenige Zeilen tiefer steht im Haushalt des NRW-Ministeriums für Bauen und Verkehr, welcher „Zuschuss zu den Restaurierungsarbeiten am Dom zu Köln" (2010) vom Land überwiesen wird: 1,097 Mio. Euro. Das sind bereits rund 200.000 Euro mehr als vom Dompropst genannt, und nun noch ein Blick in den Haushalt der Stadt Köln: Dort ist ein über die Jahre gleich bleibender „Zuschuss für die Erhaltung des Kölner Doms" von jährlich 207.000 Euro im Etat. Nun summieren sich diese 1.097.000 Euro des Landes und die 207.000 Euro der Stadt bereits auf 1.304.000 Euro und mit den staatlichen Lotteriegeldern für den Kölner Dombau Verein (1.425.840 €) ist der Staatsanteil an den Aufwendungen für den Bauerhalt des Kölner Doms bereits bei 2,73 Mio. Euro – also deutlich mehr als das Doppelte der Zuschüsse des Erzbistums Köln selbst. Dieser direkte Staatsanteil beläuft sich dann bereits auf 37 % der 7,3 Mio. Bauunterhaltungskosten.

Gerade für den Kölner Dom ist das private Spendenwesen sehr ausgeprägt, z. B. 200.000 Euro für ein neues Kirchenfenster von den Besitzern der Saturn-Kaufhäuser im Jahr 2005. Wenn man jetzt noch die steuerliche Absetzbarkeit solcher größerer Spenden und die der vielen kleineren Spenden an den Dombau Verein als das bewertet, was sie auch sind, Einnahmeverluste des Staates bei der Einkommensteuer, also eine indirekte Finanzierung, so steigt der staatliche Anteil an der Bauunterhaltung des

Kölner Doms sehr schnell auf rund 50 %. Und das galt es vermutlich zu vertuschen. Von wegen „nicht einmal 13 %".

Eine Anfrage mit der Bitte um Richtigstellung an den Dompropst zeigte schließlich die unvermittelbaren Unterschiede in den Sichtweisen. Feldhoff lehnte es ab, dass die Lotteriegelder „staatlich" seien. Das Land NRW sei nur der Treuhänder der Gewinne der staatlichen Lotterien. Und die Betrachtung der steuerlichen Absetzbarkeit der Spenden (auch für den Kölner Dom) als staatlichen Einnahmeverlust (als indirekte Staatsleistung) ist seiner Ansicht nach für den unbefangenen Leser nur verwirrend.

Bauzuschüsse

In diesem Kapitel werden nun die Finanzleistungen und Bauzuschüsse dargestellt, auf die kein Rechtsanspruch besteht und die auch nicht aus Denkmalschutzgeldern finanziert werden.

159. Städtebauförderung

Bei der Städtebauförderung handelt es sich um Finanzierungsprogramme des Bundes mit einer Ko-Finanzierung der Länder, wobei die Geförderten bestimmte Kriterien erfüllen müssen.

Können die Kirchen aus diesen Programmen auch Zuschüsse zu den Sanierungs- oder Umbaukosten ihrer Gebäude erhalten?

Antwort 1: Nein. So schreiben die „Städtebauförderungsrichtlinien" des Landes Mecklenburg-Vorpommern:

„2.2 Öffentliche Aufgabenträger und Kirchen
(1) Die Förderung der Baumaßnahmen von öffentlichen Aufgabenträgern im Sinne von § 139 Abs. 1 BauGB einschließlich ihrer privat nutzbaren Gebäude ist grundsätzlich ausgeschlossen. Kirchen und Religionsgemeinschaften des öffentlichen Rechts sind den öffentlichen Aufgabenträgern gleichgestellt."

Das ist eindeutig und entspricht auch dem Selbstverständnis der Kirchen, dass sie als „öffentlicher Dienst" den politischen Körperschaften (Staat) gleichgestellt sind und deshalb u. a. auch von Steuern und Gebühren befreit sind. Also alles korrekt.

Antwort 2: Ja. Die Kirchen in Deutschland wären keine Kirchen, wenn sie sich nicht im nächsten Absatz die Vorteile zubilligen lassen, die eigentlich dazu im Widerspruch stehen. Wie sagen es die lebensklugen Rheinländer 'Rechte Täsch und linke Täsch':

„(2) In Ausnahmefällen können mit vorheriger Zustimmung des Ministeriums Städtebauförderungsmittel als Spitzenfinanzierung für die Instandsetzung und Erneuerung baulicher Anlagen, die sich im Eigentum der Kirchen oder anderer Religionsgesellschaften als Körperschaften des öffentlichen Rechts befinden, eingesetzt werden, soweit diese Zwecken des Gottesdienstes oder der Seelsorge dienen und besondere städtebauliche Bedeutung im Sinne von § 172 Abs. 3 Satz 1 BauGB haben...“

Und wie lautet nun der angesprochene § 172 Abs. 3 Satz 1 BauGB?

„§ 172 Erhaltung baulicher Anlagen und der Eigenart von Gebieten (Erhaltungssatzung)...

(3) In den Fällen des Absatzes 1 Satz 1 Nr. 1 darf die Genehmigung [für den Rückbau, die Änderung oder die Nutzungsänderung in Bebauungsplänen] nur versagt werden, wenn die bauliche Anlage allein oder im Zusammenhang mit anderen baulichen Anlagen das Ortsbild, die Stadtgestalt oder das Landschaftsbild prägt oder sonst von städtebaulicher, insbesondere geschichtlicher oder künstlerischer Bedeutung ist.“

Das ist nun wie eine offene Förderungstüte: Stadtgestalt, Landschaftsbild, städtebaulich, geschichtlich oder künstlerisch. Auf jedes ältere Kirchengebäude passen mindestens drei dieser zu erfüllenden Kriterien als „Ausnahmefall“. Entsprechend wird gefördert.

Das Bundesbauministerium hat zwar eine Übersicht über geförderte Städte, jedoch keine Übersicht über die geförderten Träger, ob privat, kirchlich oder kommunal. Eine Auswahl kirchlicher Objekte für das Jahr 2009:

- Die St. Marienkirche in Wittstock wird für 1,1 Mio. Euro saniert. Aufgrund einer vertraglichen Vereinbarung zwischen Stadt und Kirche für nichtkirchliche Veranstaltungen (Konzerte, Ausstellungen etc.) war eine erhöhte Förderung möglich: 880.000 Euro aus dem Bund-Länder-Programm Städtebaulicher Denkmalschutz. Das Kulturportal Brandenburg, bemerkt dazu: „Die Zusammenarbeit zwischen den Kirchen- und städtischen Vertretern ist vorbildlich [...]“

- Auch das Umfeld der St. Marienkirche wurde mit Städtebaufördermitteln aufgewertet. Die Gestaltung des Kirchplatzes, die Kirchplatzstraße sowie Gröper Straße, St. Marien-Straße und Kuhstraße wurden mit insgesamt 1,7 Mio. Euro saniert.

- Die Sanierung des Kirchturms der Peterskirche in Leipzig wurde bereits von 2004 bis 2006 mit 1,6 Mio. Euro aus Städtebauförderungsmitteln bezuschusst. Für die Arbeiten in 2009 reichten 463.000 Euro aus, für die weiteren Jahre besteht weiterer öffentlicher Finanzbedarf.

- Der Einbau einer Fußbodenheizung in der St. Georgen-Kirche in Wismar wurde mit 438.375 Euro gefördert. Für weitere Sicherungsmaßnahmen wurde aus den Städtebauförderungsmitteln ein Zuschuss von 228.625 Euro bereitgestellt.

- An der Sanierung der Schottenkirche in Erfurt beteiligt sich die Stadt Erfurt mit 300.000 Euro aus Städtebaufördermitteln. Zusätzlich gab es noch 15.000 Euro aus Mitteln der Denkmalpflege.

- Für die Sanierung der Nikolaikiche in Bad Liebenwerda erhält die Kirchengemeinde einen Zuschuss von 217.000 Euro.

- Das Pfarrwitwenhaus (im kirchlichen Eigentum) in Warin bei Schwerin wird für 600.000 Euro saniert, 400.000 Euro davon kommen aus Städtebaufördermitteln. Weitere 60.000 Euro kommen aus dem Zukunftsfonds des Landes.

- Für die Sicherung des Turmschaftes der Heilandskirche in Orlishausen waren in Vorjahren bereits 90.000 Euro an Städtebaufördermitteln zur Verfügung gestellt worden. Im Programmjahr 2009 wurden weitere 60.000 Euro für die Sanierung der Kirchturmhaube bereitgestellt.

- Für die Sanierung der Marienkirche in Penzlin (Landkreis Müritz) hat das Ministerium für Verkehr, Bau und Landesentwicklung von Mecklenburg-Vorpommern Städtebaufördermittel in Höhe von 100.000 Euro bereitgestellt.

- Für den 6. und 7. Bauabschnitt der Instandsetzung der Johanneskirche in Saalfeld/Saale wurden 2009 insgesamt 588.134 Euro vergeben. Drei kleinere Kirchen erhielten zusammen 60.500 Euro.

- An der Salvatorkirche in Gera wurde für 250.000 Euro der Mittelrisalit restauriert. Davon kamen 40.000 vom Landesamt für Denkmalpflege, 20.000 von der Stiftung Denkmalschutz, 40.000 Eigenmittel der Kirchengemeinde, 150.000 Euro vom Bund (1/3), dem Land Thüringen (1/3) und der Stadt Gera (1/3). Außerdem bekommt die Kirchengemeinde vorerst jährlich 50.000 Euro aus der Stadtkasse und kann dieses Geld – auch an anderen Kirchen – für Instandhaltungsarbeiten einsetzen.

- Die Kosten des 6. und 7. Bauabschnitt der Marienkirche in Wismar wurden mit 218.000 Euro aus Städtebaufördermitteln finanziert.

- Das Wahrzeichen West-Berlins, die Kaiser-Wilhelm-Gedächtniskirche muss saniert werden. Die Stadt beteiligt sich mit 1,5 Mio. Euro aus den Mitteln der Städtebauförderung.

- Das 'Juwel' unter diesen Beispielen ist jedoch der Einsatz von öffentlichen Fördermitteln für das historische Collegium Maius in Erfurt. Die Gesamtkosten werden 11,7 Mio. Euro betragen, von denen 7,3 Mio. Euro aus Städtebaufördermitteln bereitgestellt werden. Bauminister Gerold Wucherpfennig überreichte am 24. August den ersten Scheck über 1,2 Mio. Euro persönlich an die Präsidentin des Landeskirchenamtes der neu gebildeten Evangelischen Kirche in Mitteldeutschland (EKM). Das Gebäude ist der zukünftige Sitz des Kirchenamtes der EKM.

Im Programm Städtebaulicher Denkmalschutz stellt der Bund (2009) für die Neuen Länder 115 Mio. und für die Alten Länder 90 Mio. Euro bereit. Die Länder verpflichten sich zu gleichen Größenordnungen, so dass für dieses Programm 2009 insgesamt 410 Mio. Euro bereit standen. In den Neuen Ländern beteiligt sich der Bund mit 40 Prozent an den förderfähigen Kosten, ebenso die Länder, so dass für den Träger (Gemeinde bzw. Kirche) noch 20 Prozent verbleiben.

Nach dem Aufteilungsschlüssel von 40 Prozent für Gebäude in kirchlicher Trägerschaft dürften somit rund 160 Mio. Euro aus Steuergeldern zugunsten von Kirchengebäuden bezahlt werden.

160. Weltkulturerbe in Deutschland

Zu den vielen Töpfen, aus denen Baumaßnahmen an Kirchengebäuden finanziert werden, gehören auch die Projekte des „Investitionsprogramm nationale UNESCO-Welterbestätten".[171]

Gefördert wird beispielsweise in Eisleben der Umbau der St. Petri Kirche zum „Internationalen Ökumenischen Taufzentrum" (900.000 €), in Hildesheim Maßnahmen am Mariendom (7,78 Mio. €) oder in Steingaden, Bayern, Brandschutzmaßnahmen in der Wieskirche – eine neue Brandmeldeanlage (1,5 Mio. €) und im Rahmen der Brandschutzmaßnahmen die Unterbringung einer Feuerlöschpumpe (24.700 €).

Von den für 2009 vorgesehenen 311 Mio. Euro öffentlicher Mittel für 119 Objekte wurden, entsprechend einer Auszählung aus der Liste der geförderten Projekte, mindestens 65 Mio. Euro für Kirchen ausgegeben (21 %). Der Bund übernimmt davon etwa die Hälfte. Inwieweit in den Millionen-Mitteln für mehrere Altstadtsanierungen auch für weitere Kirchen Finanzierungen bereitgestellt wurden, konnte nicht geklärt werden.

161. Wer kennt die Töpfe, nennt die Zahlen?

Neben den Städtebaufördermitteln und dem Programm Weltkulturerbe gibt es noch weitere direkte und indirekte öffentliche Finanzierungen und Zuschüsse. Einige Bespiele:

- Am Südturm des Kölner Domes wurde 2008/2009 ein neuer unterirdischer Zugang am Roncalliplatz gebaut, damit die Gottesdienstbesucher im

Kirchenschiff nicht durch die Turmbesucher gestört werden. Zeitgleich hat die Stadt Köln am Roncalliplatz die öffentliche Toilettenanlage saniert, einen Aufzug zur Tiefgarage gebaut und den alten Kiosk durch einen Neubau ersetzt, in dem die Kirche einen Domladen mit Literatur und Souvenirs betreibt.

- Von den Gesamtkosten (rund 500.000 €) für die Sanierung der evangelischen Kirche in Neulietzegöricke in Brandenburg werden 10.000 Euro von der Gemeinde bereitgestellt und rund 300.000 Euro aus dem Landesprogramm „Integrierte ländliche Entwicklung", da die Kirche ja schließlich eine überregionale Bedeutung habe und damit wichtig für die ländliche Entwicklung sei.

- Das Land betreibt eine „Stiftung Dome und Schlösser in Sachsen-Anhalt", in die auch die Dome von Magdeburg, Halberstadt, Havelberg, Halle und das Kloster Hamersleben eingebracht sind. Der durch das Land auszugleichende Fehlbetrag (2009) der Stiftung belief sich auf 10 Mio. Euro.

- Leipzig will an die 1968 gesprengte Universitätskirche erinnern und installiert auf dem Trümmerberg (Etzoldsche Sandgrube), auf den der Schutt der Kirche verbracht worden ist, einen Platz, dessen Platten beim Betreten Geräusche und Klänge erzeugen, die an den Klang der Orgel der Universitätskirche erinnern sollen. Kostenpunkt 430.000 Euro. Fördertopf: Konjunkturpaket II.

- Die Katholische Kirche hat im Februar 2009 die Landesregierung in Düsseldorf aufgefordert, bei der Vergabe der Mittel aus dem Konjunkturpaket auch kirchliche Träger zu berücksichtigen. Es bestehe die große Gefahr, dass die Kommunen nur öffentliche Einrichtungen fördern würden, erklärte das Katholische Büro in Düsseldorf. Das Geld solle jedoch auch in die Gebäude kirchlicher Kindergärten, Schulen und Kliniken fließen.

- In Ratekau (Holstein) wird die Sanierung der historischen Feldsteinkirche mit 800.000 Euro aus dem Konjunkturpaket II gefördert.

- Für die Innen- und Fenstersanierung der Simultankirche in Althaldensleben erhält die Kirche 150.000 Euro aus dem Konjunkturpaket II.

- Für die Wiederherstellung des Daches erhält die Nikolaikirche in Anklam 880.000 Euro aus dem Konjunkturpaket II.

- Das Rätselraten um die „anonyme Großspende" von 500.000 Euro für den Turm der Dionysius-Kirche in Krefeld hatte ein Ende, als die Sparkassen-Kulturstiftung sich schließlich dazu bekannte.

- Die Sanierung der Berliner Marienkirche, am Rand des Alexanderplatzes, wird von 2006 bis 2012 aus Mitteln des Beauftragten für Kultur und Medien im Bundeskanzleramt mit 3,2 Mio. Euro gefördert, nachdem das Landesdenkmalamt die Kirche auf Anfrage als „Kulturdenkmal von nationaler Bedeutung" eingestuft hatte.

Kommunale Zahlungen

Nach Auskunft des für Kirchenfragen zuständigen Referenten in einer Staatskanzlei ist es bisher eine nicht zu bewältigende Aufgabe gewesen (obwohl das Interesse vorhanden sei), alle Dotationen, Zuschüsse, Vorteilsgaben, geldwerten Leistungen etc. zu erfassen, die in dem Bundesland den Kirchen auf kommunaler Ebene zukommen, da sie aus den unterschiedlichsten Etats bezahlt werden.

Es gibt Schätzungen von bis zu 2,5 Mrd. Euro kommunaler Dotationen. Das erscheint jedoch problematisch. Bei dieser Angabe ist deshalb ein Vorbehalt geboten, da weder Belege dafür genannt werden und sie vermutlich alle kommunalen Zahlungen (Denkmalschutz, Büchereien, Kindergärten u. a. m.) zusammen erfasst. Für alle kommunalen Leistungen wäre diese Größenordnung zwar plausibel, für den vorliegenden Text würden sie aber Doppelzählungen bedeuten.

Die einzig verlässliche Zahlenangabe ist über das Statistische Bundesamt zu erhalten.[172] Danach zahlten die Gemeinden und Gemeindeverbände im gesamten Bundesgebiet – das sind alle Gemeinden und Städte, jedoch ohne die drei Stadtstaaten Hamburg, Bremen und Berlin – im Jahr 2007 insgesamt rund 61 Mio. (60.989.000 €) an die Kirchen.

Diese Zahlenangabe enthält den Titel 3700 der kommunalen Haushaltssystematik „Kirchliche Angelegenheiten". Dabei sollte man es dann auch belassen, denn eine weitere detaillierte Recherche in den 12.227 Gemeinden und kreisfreien Städten in Deutschland wäre ein eigenes großes Forschungsprojekt.

Ein erster Hinweis auf die unterschiedlichen Traditionen sind die Ost-West-Anteile der „Kirchlichen Angelegenheiten". Während in den Neuen Bundesländern 8,6 Mio. Euro (oder 14 %) dafür eingesetzt werden, sind es in den Alten Bundesländern 52,4 Mio. Euro (86 %). Nach den Bevölkerungsanteilen wäre eine Quote von 20:80 zu erwarten gewesen. Allerdings kann auch keine Rede vom „gottlosen Osten" sein.

162. Anlass von Zahlungen

Die Anlässe und Begründungen dieser Zahlungen für „Kirchliche Angelegenheiten" scheinen häufig auf die Säkularisation zu verweisen, doch das trifft normalerweise nicht zu. Bereits die Jahreszahlen der Verträge oder Anspruchsbegründungen liegen zum Teil vor 1803, meist aber deutlich später. Vornehmlich die Übernahme der Baulasten und sonstiger Kosten der Kirchen stehen in einem ganz anderen historischen Zusammenhang der nach-napoleonischen Zeit.

„Die Kriege hatten große Notlagen hinterlassen: Menschen ohne Heim und bar jeglicher Mittel, ohne festen Wohnsitz, ohne Arbeit und Waisen ohne Hilfe, machten einen nicht geringen der Teil der Bevölkerung aus. Frühjahrsfröste und Regenfluten hatten vielerorts Missernten verursacht, denen Hungersnöte und Teuerungen folgten. Die alte Einstellung, wonach Armut und Krankheit eine Strafe Gottes seien, konnte angesichts dieser allgemeinen Not nicht aufrecht erhalten werden. Da so viele Menschen in der unmittelbaren Nach-Napoleon-Zeit von Not und Armut betroffen waren, fürchteten die Herrschenden ebenso wie jene, denen es besser ging, Zusammenrottungen der Hungernden. Die Armut hatte in weiten Teilen der deutschen Länder ein Ausmaß erreicht, das wir uns heute kaum vorzustellen vermögen, es sei denn, wir schauen in die Länder der Dritten Welt. [...]
Das plötzliche Entstehen der Massenarmut schockierte Staat und Oberschichten, weil herkömmliche Mittel zu ihrer Bekämpfung nicht ausreichten. Und noch größer als die tatsächliche Bedrohung war die Angst derer, die etwas zu verlieren hatten. [...] Wie bereits im Mittelalter, wurde auch jetzt wieder die Wohlfahrtspflege von unten organisiert, von den Kommunen und den Kirchengemeinden, denn sie hatten zum einen mindestens zwei hauptamtliche Funktionäre, Pfarrer und Küster/Lehrer, und zum anderen waren sie am ehesten im Stande, ehrenamtliche Helfer zu mobilisieren.
Die Kirchen – in Gestalt der lokalen (Pfarr-)Gemeinde – erschienen nun als die Träger sozialer Dienste und Leistungen. Damit die Kirchen diese ihnen zugedachte Funktion ausüben konnten, wurden sie über das 'eigenthümliche Kirchengut' hinaus, das der Seelsorge diente und nicht enteignet worden war, noch auf alle mögliche Weise unterstützt, vor allem jedoch durch finanzielle Zuwendungen der öffentlichen Hände und Übernahme der Baulasten."[173]

Nachdem der deutsche Staat gegen Ende des 19. Jahrhunderts selbst durch die Sozialgesetzgebung staatliche und öffentliche Einrichtungen geschaffen hatte, war die eigentliche Begründung für diese Kostenübernahmen – den Kirchen vor Ort den 'Rücken frei zu halten' – zwar entfallen, aber es gehörte noch niemals zu den Eigenarten der Kirchen, auf bestehende Verträge und Vereinbarungen zu verzichten – auch wenn der Begründungszusammenhang sich völlig verändert hatte.

Welche weiteren Zahlungen auf dieser politischen Ebene gebucht sind – und die mit großer Wahrscheinlichkeit nicht unter „Kirchliche Angelegenheiten" erfasst werden –, dafür nur zwei Beispiele. Die Stadt München zahlt laut Haushaltsplan 2009 „Zuschüsse an Kirchen für öffentliche Uhren" in Höhe von 50.212 Euro.

Johannes Neumann nennt in seiner Ausarbeitung zum Reichsdeputationshauptschluss 1803 noch ein anderes Beispiel:

„Im Jahr 1589 wurde in Trier der Jurist, Schultheiß und Professor Dietrich Flade wegen Ketzerei hingerichtet. Er war begütert und hatte der Stadt Trier ein Darlehen gegeben. Da der Kirche das Vermögen verurteilter Ketzer anheim fiel, trat sie in seine Gläubigerfunktion gegenüber der Stadt ein. Darum gibt es bis heute – 2002 – im Haushalt der Stadt Trier einen Titel Verpflichtungen auf den Fladeschen Nachlass. Inzwischen ist er umbenannt: Zuschuss für historischen und kirchlichen Nachlass."[174]

Nach Darstellung der Stadt Trier sind es aktuell 362,50 Euro im Jahr. Es handele sich dabei jedoch nicht um ein „kirchliches Blutgeld", da der Mann seinerzeit von einem weltlichen Gericht verurteilt worden sei. Deshalb wird der Vorschlag eines Bürgers, diese Zahlungen ersatzlos zu streichen, vom Kulturdezernat der Stadt nicht befürwortet.[175]

163. Wer zahlt den Organisten?

Welche Dimensionen diese kommunalen Zahlungsvereinbarungen haben, das zeigt sich an den kleinen Beispielen, von denen man normalerweise, wenn überhaupt, nur in der Regionalpresse etwas liest und die im nationalen Aufmerksamkeitsrahmen nicht wahrgenommen werden. Ein Beispiel.[176]

In der heutigen politischen Gemeinde Schallstadt (an der Badischen Weinstraße) bestehen noch zwei Uralt-Verträge, von 1868 und 1879, die regeln, dass die Gemeinde die Organisten an den Hauptgottesdiensten der Sonn- und Feiertage bezahlt. Der Bürgermeister Jörg Czybulka meint nun, dass die Leistungspflicht mittlerweile entfallen sei, da bei Vertragsabschluss nahezu alle Bewohner evangelische Kirchenmitglieder gewesen seien, heute jedoch nur noch 40 Prozent. Im sorgfältigen Umgang mit Steuergeldern zahlt die Gemeinde auch nur noch 40 Prozent der ursprünglichen Summe, d. h. nach heutiger Rechnung überweist die Gemeinde für den Organisten der Kirche in Wolfenweiler 1.700, in Mengen 1.500 Euro im Jahr. Um diese leidige Frage, in der er sich, mit Rückendeckung des Gemeinderats mit der Kirchengemeinde streitet, zu beenden, hat der Bürgermeister eine Ablösung angeboten: das Achtfache der jährlichen Kosten, für Wolfenweiler 13.600 Euro, für Mengen 12.000 Euro.

Dem evangelischen Oberkirchenrat in Karlsruhe sind diese 25.600 Euro zu wenig, das 20- bis 25-fache sei üblich und es gäbe Gemeinden, die das bereits bezahlt hätten, was für Schallstadt eine Summe zwischen 64.000 und 80.000 Euro bedeuten würde. Der evangelische Oberkirchenrat will, dass alle Gemeinden gleich, d. h. gerecht, behandelt werden und ein

Akzeptieren des geringeren Angebots aus Schwallstadt „könne zudem eine negative Signalwirkung für zukünftige Verhandlungen haben".

Die beiden Kirchengemeinden, als Vertragspartner der politischen Gemeinde, haben mit Rückendeckung des Oberkirchenrats, im Frühjahr 2010 vor dem Verwaltungsgericht Freiburg Klage eingereicht. Der Bürgermeister ist überrascht: „Wir wollten nicht vor Gericht ziehen." Das Verfahren dauert noch an.

Kirchentage

Alle zwei Jahre findet ein Evangelischer Kirchentag statt und alle zwei Jahre ein Katholikentag, also jedes Jahr ein „Kirchentag". Die Fünf-Tage-Veranstaltungen kosten jeweils zwischen 8 bis 18 Mio. Euro. Ein gutes Drittel bis die Hälfte davon wird aus staatlichen Steuergeldern finanziert. Im Schnitt 7,1 Mio. Euro pro Jahr.

Die Bedeutung der Kirchentage wird vom Bundesministerium des Innern betont und wie folgt begründet:

„Die christlichen Kirchen sowie ihre Mitglieder beteiligen sich aktiv an den gesellschaftspolitischen Diskussionen in unserer Gesellschaft. Wichtige Foren dafür sind u. a. die regelmäßig von den Kirchen und ihren Laienorganisationen veranstalteten Kirchentage. Da religiöse Glaubensüberzeugungen wichtige Quellen für die Wertvorstellungen in unserer Gesellschaft sind, haben diese Veranstaltungen eine große gesellschaftspolitische Bedeutung. Vor diesem Hintergrund fördert das Bundesministerium des Innern mit Haushaltsmitteln den im Zweijahreswechsel stattfindenden 'Deutschen Evangelischen Kirchentag' – sowie den 'Katholikentag'. Auch die beiden Ökumenischen Kirchentage in den Jahren 2003 und 2010 sind vom Bundesministerium des Innern unterstützt worden."[177]

Man kann nur annehmen, dass der Autor dieser Beschreibung noch niemals auf einem Kirchentag gewesen ist, zumindest nicht an der Basis, bei den einfachen Gläubigen. Da wird gesungen und gebetet und es gibt aufbauende, bestärkende Informationen für ein christliches Leben, aber es finden kaum gesellschaftspolitische Diskussionen statt.

Das Bemerkenswerteste an den offiziellen Broschüren und auf den diversen Internetseiten von Kirchengemeinden und religiösen Gruppen zu den Kirchen- und Katholikentagen ist vor allem das, was fehlt: Informationen zur Finanzierung der christlichen Massenveranstaltungen. Und wenn etwas geschrieben wird, hat es seine eigene Logik.

164. Evangelische Kirchentage

Zur Finanzierung des Kirchentags in Köln 2007 schreibt der *Evangelische Pressedienst*:

„Die Kosten für den Kirchentag liegen bei knapp 14 Millionen Euro, die zu rund einem Drittel durch die Beiträge der Teilnehmer und Mitwirkenden gedeckt werden. Hauptzuschussgeber sind die gastgebende rheinische Kirche (gut 3,5 Millionen Euro), das Land Nordrhein-Westfalen (3,1 Millionen) und die Stadt Köln (1,5 Millionen), der Bund zahlt 430.000 Euro, Sponsoren über 700.000."[178]

Der Anteil aus staatlichen Steuergeldern wird dreifach aufgeteilt, damit der Anteil der Kirchen am höchsten erscheint und die rheinische Kirche selbst an der ersten Stelle steht. Korrekt müsste die Zusammenstellung so lauten: Finanzierung mit 5 Mio. Euro aus Steuergeldern (36 %), 4,7 Mio. aus Teilnehmerbeiträgen (34 %), 3,5 Mio. aus Kirchengeldern (25 %) und 700.000 Euro von Sponsoren (5 %).

Gar nicht erwähnt werden die Bereitstellungskosten für die Gemeinschaftsunterkünfte (Schulen) für 39.000 Besucher, für den Einsatz von Polizei, Feuerwehr, THW, die Arbeit der rund 4.000 Ehrenamtlichen etc.

Die Freien Hansestädte, die sich sonst mit der staatlichen Finanzierung der Kirchen traditionell zurückhalten, müssen besonders großzügig zahlen: Bremen 7,5 Mio. (Kirchentag 2009) und Hamburg wird wohl ebenfalls mehrere Millionen Euro beitragen (Kirchentag 2013). Die Zahllast ist höher als in anderen Bundesländern, da beide Städte sowohl den Anteil des Bundeslandes wie den der Kommune zu finanzieren haben.

Die Quote von 35:35:25:5 (Staat, Teilnehmer, Kirche, Spender und Sponsoren) kann als typisch angesehen werden.

Die Kirchentage verschweigen dieses Thema wortreich. So gibt es zum Kirchentag Bremen 2009 eine sehr lange statistische Übersicht „Kirchentag in Zahlen" mit Angaben zur Zahl der Teilnehmer, der Mitwirkenden und zur Organisation. Auch Geschlecht, Alter, Konfession und Beruf der Dauerteilnehmer wird detailliert aufgelistet, auch aus welchen Landeskirchen und aus welchen Bundesländern sie kommen, sogar Zahlen zu den Menschen mit Behinderung. Bei den Finanzen werden nur die Sammelergebnisse der Kollekten auf dem Kirchentag genannt. Und sonst? Nichts.

165. Bundeszuschüsse

Die Bundesrepublik Deutschland zahlt jedes Jahr einen laufenden Zuschuss von 400.000 bis 500.000 Euro zu den Kosten der Vorbereitungskomitees. 2009 wurden dafür 955.000 Euro in den Bundeshaushalt eingestellt, mehr als das Übliche, da ein doppelter, ein Ökumenischer Kirchentag bevorstand, 2010 in München.

Diese Zuschüsse sind eigentlich verwunderlich, denn Kirchenfragen und damit auch Zuschüsse für Kirchen sind keine Zuständigkeit des Bundes. Aber wer soll die Vorbereitungskomitees, die zudem nicht zur verfassten Kirche gehören, denn sonst bezahlen? Die Kirchentagsveranstalter sind klug genug, mit ihren Veranstaltungen und den staatlichen Zuschüssen durch die Bundesländer zu wandern, damit alle mal dran sind mit „Zahlemann und Söhne", aber die laufenden Kosten? Damit konnte man kein Bundesland begeistern und so war und ist der Bund dran.

166. Katholikentage

In Deutschland gilt in religiösen Fragen (ausschließlich für die beiden großen Amtskirchen) die Parität: Bekommt die eine christliche Großkirche etwas, dann bekommt die andere es auch. Allerdings sind die Katholikentage deutlich kleinere Veranstaltungen, also wird es paritätisch weniger Zuschüsse geben.

Die Katholikentage sind gemeinsame Veranstaltungen des Zentralkomitees der deutschen Katholiken (dem Dachverband der katholischen Laienorganisationen) und des Bistums, in dem der Katholikentag stattfindet. Rechtsträger ist ein jeweils eigens gegründeter Verein.

Der 97. Katholikentag in Osnabrück, zu dem der Organisationsverein die Zahlen veröffentlichte, kostete 7,7 Mio. Euro, von denen aus Teilnehmerbeiträgen, Spenden und Sponsoring 3,5 Mio. Euro (46 %) eingenommen wurden, 2,2 Mio. Euro (29 %) waren Steuergelder des Bundesinnenministeriums, Niedersachsens sowie der Stadt Osnabrück und 2 Mio. Euro (26 %) Zuschüsse des Verbandes der Diözesen Deutschlands und des Bistums Osnabrück.

Dieser Betrag von 2,2 Mio. Euro ist die Spende aller Steuerzahler für eine Basis-Veranstaltung, während der (ebenso wie bei den Evangelischen) „viel seichter Schwachsinn" geredet werde, wie von dem zwischenzeitlich verstorbenen, katholischen 'Fundamentalisten' Erzbischof Johannes Dyba seinerzeit abwertend geäußert wurde. Aber bekanntlich haben und hatten die studierten Theologen schon immer große Probleme mit der innigen Religiosität ihrer Untertanen, die manchmal abwertend als 'Volksfrömmigkeit' verspottet wird.

167. Ökumenische Kirchentage

Es gab bisher zwei gemeinsame Ökumenische Kirchentage (ÖKT). 2003 in Berlin, anstelle des evangelischen Kirchentages, und 2010, auf dem Termin des planmäßigen Katholikentages, in München. Da beide Veranstaltungen mehr Teilnehmer hatten als die „einfachen Kirchentage", kosteten sie auch mehr.

18,2 Mio. Euro kostete der Berliner ÖKT, von denen das hoch verschuldete Land Berlin 1,8 Mio. Euro bezahlte. 5,6 Mio. Euro kamen von der landeseigenen Klassenlotterie, das Bundesministerium des Innern steuerte 1,5 Mio. Euro bei und das Land Brandenburg 120.000 Euro. Insgesamt also 9,02 Mio. Euro aus Steuergeldern oder 50 % der Kosten.

Der 2. ÖKT war noch aufwändiger und von den 26 Mio. Euro der Kosten übernahm das Land Bayern 5 Mio. Euro, die Stadt München 3,65 Mio. Euro und das Bundesministerium des Innern 1,55 Mio. Euro, zusammen 10,2 Mio. Euro oder rund 40 Prozent. Eine gleiche Größenordnung (10,8 Mio. €) wurde durch Eigenmittel eingebracht (Eintrittskarten, Spenden, Verkäufe des Kirchentagsshop und Sponsoring) und die beiden Kirchen zahlten jede 2,5 Mio., zusammen 5 Mio. Euro, was rund 20 Prozent entspricht.

Daneben ist noch zu erwähnen, dass die Stadt München 50.000 Euro im Haushalt für die Sanierung der Sporthallen vorsah, in denen Teilnehmer des Kirchentages übernachtet hatten. Die Stadt München bekam zudem für die fünf Tage tausend neue Verkehrsschilder und der Bayerische Rundfunk sendete auf *Bayern 2* jeweils zwei bis drei Stunden, in „Bayern am Abend" die Konzerte anlässlich des Kirchentages von der Theresienwiese, auf *B5 aktuell* stündlich Aktuelles zum ÖKT, das Bayerische Fernsehen täglich mittags und abends. Wer hat es bezahlt? Die Rundfunkgebührenzahler.

168. Fazit Kirchentage

Von der Bundesregierung werden jährlich rund 450.000 Euro für die Kirchentage bereitgestellt. In den Bundesländern und Städten bewegen sich die Zuschüsse in unterschiedlicher Höhe, der Mittelwert der Kirchen-/ Katholikentage 2007, 2008, 2009, 2010 und 2011 liegt bei 6,7 Mio. Euro. Damit belaufen sich die Kostenzuschüsse des Bundes, der Länder und Kommunen durchschnittlich auf rund 7,1 Mio. Euro pro Jahr.

169. Weltjugendtag

Der jährliche Zuschuss des Bundesinnenministeriums für die Kirchentage von durchschnittlich 450.000 Euro schnellte 2005 einmalig in die Höhe auf 7,9 Mio. Euro. Im Kleingedruckten fand sich die Erklärung: „Die Verpflichtungsermächtigung dient der Vorbereitung und Durchführung des 20. Katholischen Weltjugendtages 2005 in Köln." Zusätzlich gaben das Land NRW 3 Mio. Euro, 1,5 Mio. die Europäische Union und ebenfalls 1,5 Mio. Euro die Stadt Köln. Summa Summarum 13,5 Mio. Euro aus Steuergeldern für ein katholisches Mega-Event ohne weitere Wirkungen.

Die ursprünglich eingeplanten 84 Mio. Euro Kosten erhöhten sich letztendlich auf 122 Mio. Euro. Die katholischen Bistümer zahlten 30 Mio., als Eigenleistung (Lotterien, Souvenirs und Sponsoren) waren es weitere rund 14 Mio. Euro und die 410.000 Pilger gaben den 'Rest' von 64 Mio. Euro. Obwohl der Weltjugendtag 1986 vom Papst initiiert wurde, der auch jedes Jahr großzügig zu der katholischen Veranstaltung einlädt, zahlt der Vatikan nichts.

Die Zahlenangaben sind jedoch unvollständig, da beispielsweise die 20.000 Euro, die das Land Sachsen-Anhalt als Unterstützung des Anteils des Bistums Magdeburg bezahlt hat, nur im Landeshaushalt benannt werden. Im Nachklang hat das Land NRW zudem jährlich noch einen Zuschuss von 10.000 Euro zu bezahlen, um das zurückgebliebene „Marienfeld" mit dem „Papsthügel" – der extra für den Freiluft-Massengottesdienst des Papstes aufgeschüttet und installiert worden war – instand zu halten.

Als nicht geldwerte Staatsleistung erhielt der Organisator des Papstbesuches 2006 das Bundesverdienstkreuz am Band und im April 2007 erschien eine Sonderbriefmarke zum 80. Geburtstag Papst Benedikt XVI., wie es heißt, auf persönlichen Wunsch der Bundeskanzlerin, die damit das bis dahin bestehende Prinzip durchbrach, dass lebende Personen keine Sonderbriefmarken bekommen. Ebenso erhielten die Organisatoren des Mega-Events, Hermann Josef Johanns und Weihbischof Heiner Koch, den Verdienstorden des Landes Nordrhein-Westfalen 2007.

170. Kirchliche Sonderveranstaltungen

Neben diesen Großveranstaltungen, die offiziell von Kirchen getragen werden, gibt es noch weitere Unterstützungen von Seiten des Staates – für kirchliche Zwecke.

Nicht direkt geldwert zu bewerten ist die Tatsache, dass die Beamten für die Teilnahme an den Kirchentagen Bildungsurlaub beantragen können und genehmigt bekommen. Allerdings nur für die religiösen Veranstaltungen der beiden großen Amtskirchen. So urteilte das Oberverwaltungsgericht Rheinland-Pfalz 2009 (10 A 10042709.OVG), dass der Sonderurlaub für die Teilnahme am Kirchentag und am Katholikentag zu ermöglichen sei, und zwar wegen der „besonderen Außenwirkung" und der „daraus folgenden gesellschaftlichen Bedeutung" der Veranstaltungen. Für Beamte, die Zeugen Jehovas sind, komme das für ihre Jahresversammlungen aber nicht in Betracht, weil es sich um Veranstaltungen ohne vergleichbare gesellschaftliche Außenwirkung handele.

Direkt geldwert wird es dann aber im Freistaat Thüringen, der die Landesausstellung für die „Heilige Elisabeth" 2006/2007 mit 1,5 Mio. Euro förderte.

In Sachsen-Anhalt steht demnächst auch Bemerkenswertes bevor: der 500. Jahrestag der Reformation im Jahre 2017. Für „Maßnahmen und Veranstaltungen" für dieses Spektakel, hat die Landesregierung im Haushalt bereits 2008 insgesamt 2,1 Mio. Euro bereitgestellt, von denen 2009 der erste Teil in Höhe von 650.000 Euro aktiviert wurde. Weitere 1,1 Mio. wurden in einer eigenen Titelgruppe 82 des Haushaltsplanes „Reformationsjubiläum 2017" vorgesehen. In den Verpflichtungsermächtigungen bis zum Jahr 2014 ff. sind in den 4,6 Mio. Euro für Denkmalschutz auch Steuergelder für „erforderliche Renovierungsarbeiten an reformationsgeschichtlichen Denkmalen (Vorbereitung des Reformationsjubiläums 2017)" berücksichtigt. Zudem wurde der Haushaltssatz im Thüringer Haushalt, der Zuschüsse zur Förderung für unterrichtsbegleitende Vorhaben enthält, im Haushaltsplan 2009 um 130.000 Euro erhöht: „Mehr wegen Finanzierung schulischer Projekte im Rahmen Lutherdekade-Reformationsjubiläum". Das rechnet sich.

Und damit keine Irrtümer aufkommen, dass da etwa die Kirchen gefördert werden, wenn das Bundesland weitere 1,6 Mio. Euro für Dienstleistungen des Reformationsjubiläums bereitstellt, von denen bereits 150.000 Euro abgerufen wurden, wird im Landeshaushalt 2009/2010 (Einzelplan 07 03 Titel 533 01) klar gestellt:

„Die Geschäftsstelle 'Luther 2017' ist eine Geschäftsstelle des Landes. Ihre Aufgabe ist die Übernahme konzeptioneller und administrativer Arbeiten in Vorbereitung und Durchführung des 500. Reformationsjubiläums. Angesiedelt ist die Geschäftsstelle bei der Stiftung Luthergedenkstätten in Sachsen-Anhalt."

Für dieses Mega-Event „Luther 2017" werden in den kommenden Jahren zudem noch Zuweisungen für Investitionen an Gemeinden / Gemeindeverbände von insgesamt 11,5 Mio. Euro erfolgen, von denen ein Teil aus einer besonderen Quelle stammt:

„Die Ausgaben werden 2010 in Höhe von 800.000 EUR und 2011 in Höhe von 1.100.000 EUR aus den 2009 eingegangenen Mitteln des Vermögens der Parteien und Massenorganisationen der DDR (PMO-Vermögen) finanziert."

Weitere Maßnahmen für Investitionen an Sonstige hinsichtlich „Luther 2017" werden mit 4,5 Mio. Euro veranschlagt. Für die Marketingarbeit, Sachsen-Anhalt als „Kernland der Reformation" und bedeutenden europäischen Kultur- und Kulturtourismusstandort national und international zu präsentieren, sind weitere 7,7 Mio. Euro eingeplant.

In den kommenden Jahren wird es dann auch noch Weiteres geben, beispielsweise die Landesausstellung „Europa der Kathedralen" 2011 in Naumburg.

An 'Kleinkram' gab es 2009 in Sachsen-Anhalt noch 25.000 Euro für die Förderung von Veranstaltungen des Bistums Magdeburg anlässlich des 850. Todestages des Heiligen Norbert von Xanten.

Aber auch in Nordrhein-Westfalen wird es 2012 eine Sonderausstellung „Goldene Pracht" über mittelalterliche Schatzkunst in Westfalen geben. Ein Projekt des Landschaftsverbandes Westfalen-Lippe (LWL), des Bistums Münster und der Westfälischen Wilhelms-Universität in Münster. Zahlen wird der staatliche Landschaftsverband. Kostenpunkt: 1,6 Mio. Euro. Die Ausstellung verdeutlicht, „wie viele Stifter zur Ehre Gottes bedeutende Goldschmiedearbeiten haben anfertigen lassen", meint der Generalvikar des Bistums Essen.

Gerichtliche Geldauflagen

Obwohl in Kirchlichen Haushaltsplänen in der Haushaltssystematik unter „Kollekten, Opfer und Einnahmen besonderer Art" auch Bußgelder (der Kurzbegriff für gerichtliche Geldauflagen) als Einnahmen vorgesehen sind (beispielsweise Gliederungsnummer 2300 der Haushaltssystematik der Nordelbischen Kirche) werden bei der Zuweisung von gerichtlichen Geldauflagen die Einrichtungen der Opferhilfe, Kinder- und Jugendhilfe, Straffälligen- und Bewährungshilfe, Gesundheits- und Suchthilfe sowie Einrichtung der Verkehrserziehung bevorzugt bedacht.

Bundesweite Aufgliederungen, wie die rund 120 Mio. Euro an gerichtlichen Geldauflagen, die 2008 an gemeinnützige Einrichtungen verteilt wurden, gibt es nicht.

Für 2009 hat das Land Hessen die 7,9 Mio. Euro Geldauflagen hessischer Gerichte nach Empfängergruppen aufgelistet.[179] Den größten Anteil (845.500 €) erhielten 40 Haftentlassenen-, Straffälligen- bzw. Bewährungshilfeeinrichtungen, danach (mit 820.628 €) folgen 152 Kinderhilfswerke, Hilfen für Kinder und Jugendliche. 108 Behindertenwerkstätten, Behinderteneinrichtungen und -vereine bekamen 623.375 Euro und 87 Krankeneinrichtungen zusammen 587.764 Euro. Auf Platz sechs der Größenordnung befinden sich die 339.377 Euro Zuweisungen für 76 kirchliche Einrichtungen. Das sind 4,3 % der gesamten Geldauflagen der hessischen Justiz (7.886.478 €) im Jahr 2009.

Auch in den Vorjahren war der kirchliche Anteil in dieser Größenordnung geblieben. Waren es (2005) 4,3 %, stieg der Anteil (2006) auf 5,0 %, verringerte sich (2007) auf 4,7 %, sank dann (2008) auf 3,8 % und stieg wieder (2009) auf 4,3 %, so dass sich ein Durchschnitt von 4,4 % errechnet.

Legt man diesen Anteil auch national zugrunde, so werden von den rund 120 Mio. Euro an Bußgeldern rund 5,3 Mio. Euro an kirchliche Einrichtungen überwiesen.

Sicherlich sind in den anderen bedachten Sozialprojekten auch Organisationen enthalten, die ebenfalls kirchlich bzw. kirchlich eingebunden sind. So hat allein die christliche *Kindernothilfe* im Jahr 2009 im Geschäftsbericht 542.069,83 Euro an Bußgeldern ausgewiesen, die *Ärzte für die 3. Welt* nennen rund 500.000 Euro und die *Christoffel Blindenmission* 286.012,46 Euro an Bußgeldern. Das wäre aber wiederum 'ein weites Land' und es soll bei der bereits genannten Größenordnung bleiben.

III. Sozialstaat und Kulturstaat

Dieser Abschnitt ist extra gesetzt, da sich in ihm zwei große Bereiche darstellen, für die seitens der Kirchen befördert, politische Staatsziele formuliert wurden, und zwar der „Sozialstaat" und der „Kulturstaat". Das hat die Logik, dass der Staat dann diese Staatsziele als Gemeinschaftsaufgaben für die Allgemeinheit zu finanzieren hat.

Kirchen und ihre Wohlfahrtsverbände

Von den rund 45 Milliarden Euro Aufwendungen für die Arbeit von Caritas und Diakonie (im Jahr 2002) finanzierten die Kirchen aus eigenen Geldern rund 810 Mio. Euro, das sind knapp 2 Prozent. Legt man dann noch zugrunde, dass die Kirchensteuern nur die Hälfte der Kircheneinnahmen ausmachen, dann sind es aus der Kirchensteuer noch nicht einmal 1 Prozent („Kirchenquote"). Auch wenn man es aus der Sicht der Kirchenfinanzen betrachtet, und sie nicht auf die Kirchensteuern begrenzt, so sind es nicht mehr als rund 4 Prozent („Diakoniequote"), die aus kirchlichen Mitteln für ihre speziellen Zwecke innerhalb ihrer sozialen Werke und Einrichtungen bezahlt werden.

171. Deutsche Kirche: „Berufen zur Caritas"

Anfang Januar 2010 veröffentlichte die Deutsche Bischofskonferenz ein Wort der deutschen Bischöfe unter dem Thema „Berufen zur Caritas". Darin heißt es u. a.:

„Als Empfänger der Liebe Gottes sind die Menschen eingesetzt, Träger der Nächstenliebe zu sein, und dazu berufen, selbst Werkzeuge der Gnade zu werden, um die Liebe Gottes zu verbreiten und Netze der Nächstenliebe zu knüpfen."
Die Berufung jedes Christen zur Caritas gründe in der umfassenden Liebe Gottes zu den Menschen, die die Menschen dazu dränge, diese Liebe zu erwidern und weiterzugeben.

Erzbischof Zollitsch: „Das caritative Engagement steht im Mittelpunkt der Kirche, es ist im Zentrum des christlichen Glaubens verankert. Das Dokument entfaltet diese Gewissheit erneut mit Blick auf die jüngsten Entwicklungen in der deutschen Caritas. In dieser Grundorientierung bleibt Caritas auch in Zukunft das, was sie immer schon war: Ein Ort der Gottesbegegnung für jeden Menschen, der sich von der Botschaft Jesu Christi berühren lässt."[180]

Das sind ja alles salbungsvolle Worte, die Frage ist nur, wer bezahlt denn diese „Nächstenliebe"? Nach dem bisherigen Wissen ist anzunehmen, dass es nicht die Kirche selbst ist.

Um es kurz vorweg zu nehmen: Im Gesundheits- und Sozialsystem Deutschlands werden alle 'freien Träger' grundsätzlich nach den gleichen Regeln finanziert. Die kirchlichen Wohlfahrtsverbände (die katholische Caritas und das evangelische Diakonische Werk) werden finanziell grundsätzlich nicht anders behandelt als das Deutsche Rote Kreuz, die Mitglieder des Deutschen Paritätischen Wohlfahrtsverbands und die Arbeiterwohlfahrt.

Abgesehen von kleineren Unterschieden in den einzelnen Bundesländern bezahlen die Kirchen für die Gesundheits- und Sozialeinrichtungen in ihrer Trägerschaft für die fachlichen Leistungen keinerlei Zuschüsse. Die Kosten werden durch die Krankenkassen, die Pflegeversicherung, den Staat und Eigenmittel der Patienten aufgebracht. Wenn die Kirchen und ihre Wohlfahrtsverbände jedoch – ihrem besonderen religiösen Kultverständnis entsprechend – z. B. Krankenhauskapellen bauen oder wenn sie spezielle Beratungsdienste unterhalten, um die Bedürftigen in die kirchlichen Einrichtungen zu schleusen oder überdimensionierte Verwaltungen aufbauen, dann müssen sie dafür tatsächlich eigene Mittel einsetzen.

In einem Interview der *Frankfurter Rundschau* wurde der allerseits als klug und redlich geschätzte frühere Vorsitzende der Deutschen Bischofskonferenz, der Mainzer Kardinal Karl Lehmann, im Sommer 2009 gefragt, ob er das Ende der Kirchensteuer kommen sehe. Die Antwort des Kirchenfürsten:

„Im Gegenteil. Andere Länder wie Italien, Spanien oder Polen haben eigens Abgaben-Modelle entwickelt, die auch auf ein Zusammenwirken von Staat und Kirche hinauslaufen. Der Staat weiß übrigens viel zu gut, wie viele Aufgaben und Lasten wir übernehmen – etwa in Kindergärten, Schulen oder Krankenhäusern."[181]

Diese Antwort ist ebenso typisch wie falsch. Auch in kirchlichen Medien wird diese Falschdarstellung gepflegt. Ein Beispiel:

„Viele Angebote der Kirche wie soziale Dienste, Caritas oder Lebensberatung sind für alle Bürger kostenlos zugänglich. Ohne die Kirchensteuer müsste der Staat ein

Gros dieser Einrichtungen übernehmen und damit wieder den Steuerzahler belasten. Kirchliche Angebote stünden vor allem Kirchenmitgliedern offen. Alle anderen müssten für Dienste wie katholische Kindergartenplätze selbst bezahlen."[182]

172. „Kirchen tun doch so viel Gutes"

Diese sich ständig wiederholenden kirchlichen Darstellungen, als ob auch die christlichen Kirchen tibetanische Gebetsmühlen benutzen würden, finden ihre Entsprechung bei ihren Gläubigen, denn wie sollen es Gutgläubige auch anders wissen? Viele Kirchenmitglieder haben sich intellektuell bereits von der christlichen Lehre und Botschaft getrennt, da sie in diesen einfachen Beduinengeschichten keine plausiblen Antworten mehr auf ihre aktuellen ethischen Fragen finden. Auf die Frage, warum sie trotz dieser intellektuellen Distanz noch Kirchenmitglied sind, warum sie noch die teilweise nicht geringe Kirchensteuer bezahlen, ist dann häufig die Antwort, dass die Kirchen damit doch so viel Gutes tun würden.

Auf die Frage, ob sie Caritas und Diakonie kennen würde, antwortete eine ältere Dame: „Ach ja, das sind doch diese netten Gemeindeschwestern mit ihren weißen Hauben, die sie mit Haarspangen auf den Haaren halten, und die bringen doch auch Essen auf Rädern."

Ja, das war einmal so. Die kirchlichen Gemeindeschwestern, an die sich die Dame erinnerte, gibt es zwar nicht mehr (sie sind durch Sozialstationen ersetzt worden, die auf der Grundlage von Leistungsentgelten finanziert werden), doch bei den jüngeren Befragten, zumal in den östlichen Bundesländern, sind die beiden konfessionellen Wohlfahrtsorganisationen weitgehend unbekannt. Und dennoch wird es den beiden großen Amtskirchen in der Bevölkerung und von der Politik positiv zugerechnet, dass sie über ihre beiden 'Sozialwerke' so viel Gutes für die Gesellschaft täten.

Die *Forschungsgruppe Weltanschauungen in Deutschland* (fowid) ist dieser Frage nachgegangen und hat im September 2005 durch forsa eine national repräsentative Anzahl von evangelischen und katholischen Kirchenmitgliedern (ab 14 Jahren) befragt:

„Die Kirche unterhält mit den Mitteln aus der Kirchensteuer ja auch viele soziale Einrichtungen. Einmal angenommen, die Kirche würde von den Einnahmen aus der Kirchensteuer nur einen sehr geringen Teil oder gar nichts für soziale Zwecke ausgeben. Wäre das für Sie persönlich ein Grund aus der Kirche auszutreten oder wäre das für Sie kein Grund?"[183]

Von allen Befragten sagen knapp die Hälfte (47 %), dass es, falls es so wäre, für sie ein Austrittsgrund wäre. Die jüngeren Befragten (14-29 Jahre) sind moralisch empfindsamer und würden überwiegend (zu 61 %) aus der Kirche austreten, während das von der ältesten Befragtengruppe (60 Jahre und älter) nur weniger als ein Drittel (zu 30 %) tun würden. Auch die Erwerbstätigen, die ja die Kirchensteuer erarbeiten, sind empfindlicher (55 % würden austreten) als die Nicht-Erwerbstätigen (41 %).

Kommt man nun auf die Frage an die Kirchenmitglieder zurück, ob sie aus der Kirche austreten würden, wenn die Kirchen „nur einen sehr geringen Teil oder gar nichts für soziale Zwecke ausgeben", so würden die Kirchen, falls die tatsächlichen Zahlen allgemein bekannt werden, möglicherweise rund die Hälfte ihrer Mitglieder verlieren. Vor allem die Jüngeren und die erwerbstätigen Kirchensteuerzahler würden ihre Kirchenmitgliedschaft und damit die Zahlung ihrer Kirchensteuer beenden.

Die Kirchen und ihre Wohlfahrtsverbände haben also einen guten Grund über die Finanzierung ihrer Arbeit zu schweigen und im Raume stehen zu lassen, dass sie doch „so viel Gutes tun" würden, oder sogar offensiv zu lügen.

Dieses „Gute" ausschließlich auf die Qualität der Arbeit von Caritas und Diakonie zu beziehen, verunglimpft die Mitarbeiter aller anderen Trägerorganisationen. Für die Qualität der Arbeit gibt es kein vorrangiges 'christliches Gütesiegel'.

173. Der „Dritte Weg"

Eine Besonderheit, die bisher „höchstrichterlich" abgesegnet wurde, ist das kirchliche Sonderarbeitsrecht, der so genannte „Dritte Weg". Im „Ersten Weg" (der Staat und seine Mitarbeiter) setzt der Dienstherr die Bedingungen, im „Zweiten Weg" (der Wirtschaft) werden die Arbeitsbedingungen im Tarifstreit zwischen Kapital und Arbeit gefunden, während im „Dritten Weg" (Kirchen und 'ihre' Wohlfahrtsverbände) alle vorgeblich im gemeinsamen Boot der Verkündigung sitzen und gemeinschaftlich über die Arbeitsbedingungen entscheiden. So gelten auch die Diskriminierungsverbote des Allgemeinen Gleichbehandlungsgesetzes nicht für die kirchlichen Mitarbeiter, die kircheneigenen „Loyalitätsrichtlinien" unterworfen sind.

In der Praxis sieht es dann so aus, dass sich bereits die ersten Arbeitsgerichte damit beschäftigt haben und der Zug durch die Instanzen geht, ob die EU-Richtlinie zur Gleichstellung in Deutschland zu weit ausgelegt wurde. Die EU habe den Kirchen nur für Positionen auf der Leitungsebene oder in der Verkündigung besondere Loyalitätsansprüche zugebilligt.

„Tatsächlich beneiden inzwischen auch die privaten Arbeitgeber die Kirchen wegen ihrer Sonderrechte – vor allem die Einschränkung bei der betrieblichen Mitbestimmung weckt Begehrlichkeiten. So dürfen die Arbeitnehmer im Dienst der Glaubensgemeinschaften keine Betriebsräte wählen, sondern lediglich so genannte 'kirchliche Mitarbeitervertreter' – und die haben in etwa so viele Rechte wie Schülersprecher."[184]

Die verfassungsrechtliche Besonderheit, dass in Deutschland den Kirchen überlassen ist, „ihre Angelegenheiten selbständig innerhalb der Schranken des für alle geltenden Gesetzes" zu ordnen und zu verwalten, wirft auch in diesem Zusammenhang die Frage auf, welche Einrichtungen und Werke zu den „Angelegenheiten" der Kirche gehören und welche nicht.

Es wäre gerade im Arbeitsrecht ausreichend und sachgerecht, die „Schranken des für alle geltenden Gesetzes" für das Personal zu beachten (mit Ausnahme des „Verkündigungspersonals"), d. h. Kündigungsschutz, Mitbestimmung, Gleichberechtigung etc. Nicht mehr, nicht weniger.

Auch wenn bisher formaljuristisch den Kirchen überlassen wurde, selbst zu bestimmen, was zu ihnen gehört und was nicht, so verweisen auch die Erwartungen der Mitarbeiter der konfessionellen Werke auf eine inhaltliche 'Entkonfessionalisierung', die Hilfe und Fürsorge nicht christlich begründen muss.

174. Mitarbeiterzahlen von Caritas und Diakonie

1961 wurde in das Jugendhilfegesetz ein kurzer Absatz eingefügt, der den so genannten „freien Trägern" den Vorrang vor den staatlichen Trägern einräumt. Dieses „Subsidiaritätsprinzip" wurde insbesondere von der organisierten katholischen „Nächstenliebe" (Caritas) und der evangelischen „Brüderlichkeit" (Diakonie) genutzt, um zum größten privaten Arbeitgeberverbund in Europa aufzusteigen.

1960 hatten Caritasverband und Diakonisches Werk zusammen rund 300.000 Mitarbeiterinnen. Für die Beschäftigten im Jahr 2008/2009 nennen Caritas (507.477) und Diakonie (443.744) zusammen 951.221 hauptamtliche Mitarbeiterinnen. Mehr als Dreifache von 1960.

Die Zahl der bei den beiden Werken (und in ihrem Umfeld) Beschäftigten ist jedoch erheblich größer, da sie – nach den Meldungen zur Berufsgenossenschaft Gesundheitsdienst und Wohlfahrtspflege im Jahr 2002 – für Caritas (715.697) und Diakonie (732.355) zusammen 1.448.100 beträgt, also rund 500.000 Mitarbeiter mehr (496.495), als die beiden Verbände es selbst angaben. Die Erklärung für diesen

Unterschied ist, dass die Werke nur die 'Hauptberuflichen' zählen, also keine Auszubildenden, keine Zivildienstleistenden, keine Teilnehmer des Freiwilligen Sozialen Jahres (FSJler), keine Schüler in ihren Fachschulen u. a. m., die jedoch alle sozialversicherungspflichtig sind und entsprechend von der Berufsgenossenschaft mitgezählt werden. Mit den 'offiziellen' Mitarbeiterzahlen bei Caritas und Diakonie wird jedoch die Zahl der unter dem konfessionellen Sonderarbeitsrecht Arbeitenden kleiner dargestellt, als sie tatsächlich ist.

Zudem verdeutlichen diese Unterschiede, dass es ein konfessionelles Umfeld von Organisationen zu den Werken gibt, die zwar nicht (wie z. B. das katholische Kolpingwerk oder der evangelische Kaiserswerther Verband) Mitglied im Caritasverband oder im Diakonischen Werk sind, sich aber dennoch sehr konfessionell verstehen.

Jeder einzelne der beiden Verbände beschäftigt dabei als hauptamtliche Mitarbeiterinnen bereits mehr Menschen in Deutschland als die deutsche Automobilindustrie (Daimler, VW und BMW), die diesbezüglich (2003) zusammen 434.574 Mitarbeiter nennen.

175. Professionalisierung

Diese schnelle Vergrößerung der Mitarbeiterzahl hat die innere Struktur der Verbände und die Mentalität der Mitarbeiter stark verändert. Aus einer geringen Zahl Hauptamtlicher, die von vielen Ehrenamtlichen und Nonnen wie Diakonissen umgeben waren, sind nun professionelle Dienste geworden, in die sich die Ehrenamtlichen nur noch schwer einbinden lassen. Nonnen wie Diakonissen gibt es zudem kaum noch. Wie einmal eine Nonne sagte: „Ja, wir gelten als katholische Einrichtung. Aber wir merken nichts mehr davon." Oder, wie es heißt: „Wer bei der Kirche arbeitet, fällt vom Glauben ab." Untersuchungen verdeutlichen: Schraubt man das Schild am Eingang ab, wird inhaltlich nicht mehr deutlich, wer Träger der Einrichtung ist.

176. Freie Wohlfahrtspflege

Innerhalb der Bundesarbeitsgemeinschaft der Freien Wohlfahrtspflege (AWO, Caritas, Paritätischer, Rotes Kreuz, Diakonie, Zentralwohlfahrtsstelle) sind Caritas und Diakonie mit zusammen mehr als 70% der Beschäftigten die absoluten Schwergewichte, die die Verbandsarbeit dominieren. Die Bundesarbeitsgemeinschaft (BAGFW) gilt als Oligopolist, der den Bereich der so genannten „Freien Träger" im Gesundheits- und Sozialbereich exklusiv beherrscht.

Mit der Bundesarbeitsgemeinschaft ist eine *Parallelstruktur* zu staatlichen Einrichtungen im Gesundheits- und Sozialsystem entstanden, die finanziert sein will.

Mit der eigenwilligen Interpretation des Subsidiaritätsprinzips haben sich die 'Freien Träger' – und insbesondere Caritas und Diakonie – von 1961 bis in die 1990er Jahre eine 'Vorfahrtsregelung' erhalten, die immer mehr Kranke und Hilfsbedürftige in Deutschland den beiden konfessionellen Verbänden überantwortet hat.

177. Umsätze

Die Umsätze von Caritas und Diakonie an „christlicher Nächstenliebe" beliefen sich 2002 auf eine Größenordnung von rund 45 Mrd. Euro (Caritas: 25 Mrd. €, Diakonie: 20 Mrd. €). Das war mehr als der weltweite Umsatz von BMW (42,3 Mrd.), knapp das Dreifache von dem, was die Lufthansa umsetzte (16,9 Mrd.) und mehr als der Konzernverbund der Deutschen Post erwirtschaftete (39,2 Mrd.).

Die größten Teilbereiche in den Tätigkeiten von Caritas und Diakonie sind die Krankenhäuser (17,8 Mrd. €), die Altenwohn- und Pflegeheime (7,7 Mrd. €), die Kindertageseinrichtungen (3,8 Mrd. €), die Werkstätten für Behinderte (3,5 Mrd. €) und die Verbandsarbeit (0,9 Mrd. €).

178. „Kirchenquote"

Sowohl hinsichtlich der Legitimation der Kirchensteuer wie auch für das Ansehen der beiden Amtskirchen sind ihre beiden 'Sozialwerke' als Begründung und „Äußerung der Kirche" von zentraler Bedeutung. Nicht nur die beiden Kirchen betonen immer wieder – implizit wie explizit – wie viel der kirchlichen Mittel in diese Arbeit fließen würde, auch in der Bevölkerung ist diese Meinung weit verbreitet.

Insgesamt gaben die beiden großen Amtskirchen (2002) rund 828 Mio. Euro für Caritas und Diakonie aus. Das klingt auf den ersten Blick recht viel, ist tatsächlich aber nur 1,8 % von der Finanzierung, die Caritas und Diakonie 2002 umsetzten. Diese kirchlichen Gelder gingen dann übrigens (so gut wie ausschließlich) in drei Bereiche: Erstens für die Kindertageseinrichtungen (376 Mio.) – dort wird der Nachwuchs der Kirchensteuerzahler erzogen –, zweitens in die Verbandsarbeit (300 Mio.)

– dort wird konfessionelle 'Gesundheitspolitik' betrieben – und drittens
in die Beratungsdienste (146 Mio.) – in denen dafür gesorgt wird, dass
die Beratenen auch den Weg in die stationären Einrichtungen der beiden
christlichen Werke finden.

Würden die Kirchenmitglieder im Übrigen den gleichen (bescheide-
nen) Jahresbeitrag mit ihrer Kirchensteuer entrichten, wie die Mitglieder
der AWO für ihren Verband (24 € pro Jahr), so würden die beiden Verbände
bereits 1,25 Milliarden Euro an Mitgliedsbeiträgen erhalten.

179. Investitionen

Der Bau der stationären Einrichtungen von Caritas und Diakonie wird entweder komplett (z. B. Krankenhäuser, Suchtkliniken) oder überwiegend
(z. B. Kitas, Altenheime, Kurheime, Familienferienheime) aus Steuergeldern des Bundes, der Länder und Kommunen finanziert. Mit diesen Einrichtungen haben Caritas und Diakonie inzwischen ein Immobilienvermögen erhalten, dessen Wiederbeschaffungswert bei rund 230 Mrd. Euro liegt
und allein schon deshalb nicht mehr in staatliche Regie zurück 'übernommen' werden könnte.

Insofern ist die Situation entstanden, dass die Kirchen und ihre
Wohlfahrtsverbände aus Steuergeldern ein Milliarden-Immobilienvermögen
finanziert bekommen haben, dass der Staat nun, wenn er privatisieren wollte, wieder zurückkaufen müsste. Verrückt? Ja, sehr verrückt.

Allerdings wäre die Frage, ob Einrichtungen, die vollständig aus
Steuergeldern finanziert wurden, eigentlich überhaupt in kirchliches
„Eigentum" übergehen – auch wenn in den Finanzierungsrichtlinien dar-
über nichts steht.

180. Geringe Eigenfinanzierung

Die Frage der geringen Eigen-Finanzierung von 2 % der Kosten hat dabei
zwei entscheidende Aspekte:
1. Die Glaubwürdigkeit des Trägers. Da die meisten Menschen meinen,
dass die Kirchen, wie diese es selbst auch immer darstellen, die sozialen
Einrichtungen überwiegend aus der Kirchensteuer finanzieren, würden
rund die Hälfte der Kirchenmitglieder aus der Kirche austreten, wenn die
Kirchen diese Einrichtungen nur geringfügig finanzieren. Genau das ist jedoch die Realität.

2. Die Rechtmäßigkeit eines Besitzanspruchs. Artikel 140 des Grundgesetzes (in Verbindung mit Art. 137 Abs. 3 der Weimarer Reichsverfassung) privilegiert die Kirchen u. a. in der Weise, dass sie ihre eigenen Einrichtungen selbständig verwalten. Wenn also ein Krankenhaus oder ein Altenheim oder eine Kindertageseinrichtung ohne einen Cent aus der Kirchensteuer finanziert werden – ist das dann noch eine „eigene" Einrichtung der Kirchen?

Zivildienst, FSJ, FÖJ, Weltwärts

Im Zivildienst, Freiwilligen Sozialen Jahr (FSJ) und Freiwilligen Ökologischen Jahr (FÖJ) werden mehrere Tausend junger Erwachsener in kirchlichen und religiösen Projekten beschäftigt.

Mit der voraussichtlichen 'Aussetzung' des Grundwehrdienstes bei der Bundeswehr, wird auch der bisherige Zivildienst seine Begründung als Ersatzdienst für anerkannte Kriegsdienstverweigerer verlieren. 2009 gab es den Zivildienst jedoch noch.

181. Zivildienst

Von den im Jahr 2009 monatlich durchschnittlich 65.796 Zivildienstleistenden sind 17,4 % beim Caritasverband und 16,6 % beim Diakonischen Werk beschäftigt, d. h. 34 % (22.370).

Legt man zugrunde, dass sie im Durchschnitt 305,40 Euro pro Monat Sold (2. Stufe), 216 Euro Verpflegungsgeld, 172,56 Euro Weihnachtsgeld und 690,24 Euro Entlassungsgeld bekommen, so 'kostet' ein Zivildienstleistender innerhalb der neun Monate Dienstzeit 5.874 Euro. Auf 12 Monate umgerechnet erhalten somit die beiden konfessionellen Werke 164.252.000 Euro staatliche Gelder für die bei ihnen arbeitenden Zivildienstleistenden.

Hinzukommt, dass die Zivildienststellen pauschal pro Tag und Zivi 7,69 Euro bekommen, d. h. für 2009 ca. 62.789.000 Euro.

Wenn diese Stellen mit normalen Arbeitnehmern besetzt würden, müsste von einem Verdienst von mindestens etwa 1000 bis 1200 Euro ausgegangen werden. D. h. die beiden kirchlichen Werke sparen so pro Jahr etwa 295.284.000 Euro. Summa summarum sind es 522 Mio. Euro, die die Kirchen für Zivildienstleistende erhalten bzw. durch sie einsparen.

182. Freiwilligendienste

Vor einigen Jahren wurde bereits damit begonnen, Freiwilligendienste für junge Männer und Frauen aufzubauen. Die bekanntesten sind das Freiwillige Soziale Jahr (FSJ, seit 1964) und das Freiwillige Ökologische Jahr (FÖJ, seit 1993).

Bei den Trägergruppen sind natürlich auch die Kirchen dabei. Für die beliebten Auslandseinsätze kann man sich (evangelisch) bei der *Arbeitsgemeinschaft Evangelikaler Missionen* (AEM) bewerben, ebenso bei den *Evangelischen Freiwilligendiensten für junge Menschen FSJ und DJiA gGmbh* sowie dem *Ring Missionarischer Jugendbewegungen*. Für katholische Bewerber sind es u. a. neben Diözesanverbänden des *Bundes der deutschen katholischen Jugend* (BDKJ), die *Initiative Christen für Europa*, die *Jesuit European Volunteers* und die *Marienhaus GmbH*.

Die Aufteilungen der vom zuständigen Bundesministerium geförderten 26.100 Plätze nach Trägergruppen liegen nicht vor, also soll auch eine finanzielle Bewertung unterbleiben.

183. Weltwärts

Dazu gibt es noch weitere Programme wie den entwicklungspolitischen Freiwilligendienst des Bundesministeriums für wirtschaftliche Zusammenarbeit und Entwicklung (BMZ) *Weltwärts*. 2007 begründet, soll der Dienst bis zu 10.000 Plätze finanzieren. Mittlerweile befinden sich unter den 237 anerkannten Entsendeorganisationen 85 eindeutig religiöse Organisationen bis hin zu Missionswerken, obwohl haushaltsrechtlich aus den Geldern des Ministeriums keine „Maßnahmen der Seelsorge" finanziert werden dürfen.

Die *Evangelische Zentralstelle für Entwicklungshilfe* erhielt (2009) aus dem Programm *Weltwärts* 5,7 Mio. Euro, die katholische Zentralstelle 4,5 Mio. Euro, zusammen 10,2 Mio. Euro.

Mitarbeiter der Kirchen insgesamt

Neben diesen laufenden Zahlungen und Zuschüssen hat die deutsche Gesellschaft den Kirchen die Ausbildung der bei ihnen Arbeitenden finanziert. Die Größenordnung lässt sich abschätzen.

Bei Caritas und Diakonie arbeiteten 2008/2009 insgesamt 951.221 hauptamtliche Mitarbeiter, 507.447 bei der Caritas, 443.744 bei der

Diakonie. Wie viele Mitarbeiter bei den beiden verfassten Kirchen beschäftigt sind, wurde zum letzten Mal für 2004 erfasst. Danach hat die
evangelische Kirche 143.229 Mitarbeiter, die katholische Kirche 148.906
Mitarbeiter. Insgesamt arbeiten im kirchlichen Bereich demnach 1.243.000
Beschäftigte.

Das kann als Mindestzahl betrachtet werden, da bei Caritas und Diakonie
weitere Personen beschäftigt sind, die aber in der offiziellen Statistik nicht
als Mitarbeiter gezählt werden. Ebenso sind konfessionelle Organisationen
(wie das Kolpingwerk) nicht Verbandsmitglieder.

Im Bildungsfinanzbericht 2008 sind die Kosten der Ausbildung
für verschiedene Abschlüsse berechnet worden. Legt man die mittleren Ausbildungskosten zugrunde – 6 Jahre Realschule, 3 Jahre duale
Ausbildung, 1 Jahr Fachoberschule und 4,7 Jahre FH-Diplom – so sind
das 120.600 Euro. Nach heutigen Kosten hat die deutsche Gesellschaft
den Kirchen damit einen Aufwand (1,2 Mio. Beschäftigte multipliziert mit
120.600 €) von rund 150 Mrd. Euro kostenlos zur Verfügung gestellt.

Da die Kirchen keine Steuern zahlen, haben sie sich nicht, wie andere
Unternehmen über ihre Steuerzahlungen, an den Ausbildungskosten ihrer
Mitarbeiter beteiligt.

Kirche und Kultur

Dass die Kultur in Deutschland auch wesentlich von den Kirchen mitge-
prägt wurde, das steht außer Frage. Allerdings wäre auch zu klären, auf
welcher Basis der Adel und die Kirche als Kulturmäzene auftreten konnten
und welchen Zweck diese Kulturleistung hatte, z. B. die Kirchenmusik oder
die Gottesdienstgebäude.

Die Kirchen verstehen sich selbst als wesentlichen Bestandteil der aktuellen Kultur. So ist eine der Begründungen, warum Kirchenfunktionäre
den allgemeinen Religionsunterricht fordern, dass man große Teile unserer Kultur nicht verstehen könne, wenn man nicht mit der Geschichte des
Christentums und des christlichen Glaubens vertraut sei. Das hätte die gleiche Logik, als ob man sich erst mit Musikgeschichte und -theorie beschäftigt haben müsste, um Musik hören zu können. Für die Vermittlung religionskundlicher Kenntnisse braucht man zudem keinen Religionsunterricht,
der als Schwerpunkt die religiöse Glaubensvermittlung hat.

184. Kulturkirche

Da die Kirchen immer weniger Gottesdienstbesucher zählen können und dadurch unausgelastete Kapazitäten haben, entstehen in Deutschland immer mehr „Kulturkirchen". Primär sind damit Kirchen gemeint, die „entwidmet" oder „profaniert" wurden und nun für säkulare kulturelle Zwecke wie Ausstellungen oder Konzerte genutzt und überwiegend von den Kommunen finanziert werden.

Einen anderen Weg ist man in Hamburg-Altona gegangen, wo die Tendenz der Evangelischen Kirche zur konfessionellen 'Event-Agentur' zu werden, sich besonders klar darstellt. Kirche und Kulturkirche nutzen dasselbe Gebäude. In der Selbstdarstellung[185] heißt es dazu:

„Im Auftrag der Kirchengemeinde Altona-Ost vermietet die Kulturkirche Altona GmbH das eindrucksvolle Gebäude der St. Johanniskirche zu kulturellen und kommerziellen Zwecken. Bei der Ausgestaltung Ihrer Veranstaltung sind der Phantasie und Kreativität keine Grenzen gesetzt: Feiern für jeden Anlass / Firmenveranstaltungen / Präsentationen / Empfänge / Modenschauen / Heiraten und Feiern / Galaveranstaltungen / Tagungen und Seminare / Abschlussbälle / Filmaufnahmen / Konzerte / Ausstellungen und vieles mehr. Erleben Sie in der Kulturkirche Altona, eine der außergewöhnlichsten Event-Locations im Herzen von Hamburg, eine unvergessliche Veranstaltung."

Ein Veranstaltungsbeispiel: „Am 26.09.2008 veranstaltete der Verein Hamburger Kaufleute e.V., oder kurz Hamle, ein traditionelles Ramadan-Essen in der Kulturkirche Altona. Die Verbindung von muslimischer Tradition mit der christlichen Kirche fand nicht nur bei den vielen Gästen, sondern auch durch den seinerzeitigen Bundesarbeitsminister Olaf Scholz große Anerkennung."

Die Tagesmiete (24 Std.) beträgt (inkl. MwSt.) Montag bis Donnerstag 2.380 Euro, Freitag 2.975 Euro und Samstag 2.380 Euro. Sonntags braucht die Kirchengemeinde die Kirche für den Gottesdienst. An den Werktagen kann auch die Orgel für 95,20 Euro/Stunde gemietet werden. Technische Unterstützung kostet extra.

Diese Mischnutzung ist gegenüber einer korrekt 'säkularisierten' Kulturkirche von größerem finanziellen Vorteil. Solange Gottesdienste in dem Gebäude stattfinden, findet die Versammlungsstättenverordnung (VStättVO) keine Anwendung. In der VStättVO, die zur Gewährleistung eines hohen Maßes an Sicherheit für die Besucher und Akteure sehr umfangreich und exakt die gesetzlichen Anforderungen zur Herrichtung und Ausstattung von Veranstaltungsräumen fixiert, heißt es dazu gleich in § 1, Absatz 4, Satz 2: „Die Vorschriften dieser Verordnung gelten nicht für Räume, die überwiegend 1. für den Gottesdienst bestimmt sind, 2. Ausstellungszwecken – z. B. Messen – dienen." Die Räume brauchen auch nur für den Gottesdienst „bestimmt" zu sein, es müssen nicht überwiegend Gottesdienste stattfinden. Also gibt es dort Veranstaltungen, ohne dass es dazu aufwändiger und kostspieliger Sicherheitsvorrichtungen bedürfte, wie das bei anderen geschlossenen Veranstaltungen, der Fall ist.

185. Kultur als Staatsaufgabe

Im Folgenden geht es nun en gros und en detail um einen (schließlich gescheiterten) Versuch der beiden Großkirchen, denen die wert-religiöse Begründung für ihre staatliche Finanzierung immer stärker abhanden kommt, eine neue Geschäftsgrundlage zu finden, um an Steuergelder zu kommen. Gescheitert ist der Versuch auf bundespolitischer Ebene, da die Begründung dafür doch allzu grob und schlampig geraten war.

Zur Vorgeschichte: Im März 1999 publizierte die *Evangelische Kirche in Deutschland* den Text Nr. 64: „Gestaltung und Kritik zum Verhältnis von Protestantismus und Kultur im neuen Jahrhundert".[186] Im gleichen Jahr, im November 1999, veröffentlichte das Zentralkomitee der deutschen Katholiken die Erklärung „Kultur als Aufgabe für Staat und Kirche".[187] Parallel dazu gibt es von Staatskirchenrechtlern die Definition des Staates als „Kulturstaat". So etwas muss einen immer aufhorchen lassen, da diese rechtlichen Diskussionen und Definitionen das politische Feld vorbereiten, in dem dann schnell die Pflicht zur staatlichen Finanzierung von Kultur, also auch der Kirchen abgeleitet wird.

186. „Kulturträger"

Als Reaktion auf die zunehmend geringer werdende Akzeptanz der Kirchen als Weltanschauungsgemeinschaften versuchen die beiden großen Kirchen sich immer stärker als „Kulturträger" zu profilieren und – bei mittelfristig sinkenden Kirchensteuereinnahmen – einen Teil ihrer Arbeit noch stärker als bisher schon aus allgemeinen Steuergeldern finanzieren zu lassen. In diesem Zusammenhang hat der Deutsche Bundestag 2003-2007 eine Enquete-Kommission „Kultur in Deutschland" eingerichtet, die eine Bestandsaufnahme erarbeiten und Empfehlungen aussprechen sollte.

Das Geschehen in dieser Kommission ist im Zusammenhang mit der Aktivität der Kirchen derart beispielhaft dafür, wie von den Kirchen und ihren Repräsentanten im politischen Raum gearbeitet wird, dass diese Mischung aus Anspruch, politischer Einflussnahme, bestellten Gutachten, monströsen Zahlenwerken und verschiedenen Akteuren nun etwas ausführlicher dargestellt wird.

Die im Juli 2003 eingesetzte Enquete-Kommission „Kultur in Deutschland" konnte ihre Arbeit aufgrund der verkürzten Legislaturperiode nicht planvoll innerhalb der Legislaturperiode beenden.

Die Kommission vergab jedoch verschiedenste Gutachten. Auf Anregung des sachverständigen Mitglieds der Enquete-Kommission Prof. Dr. Dr. Thomas Sternberg (ganz zufällig auch Kulturpolitischer Sprecher des Zentralkomitees der deutschen Katholiken, Akademiedirektor im Kirchendienst und CDU-Mitglied im Landtag NRW) wurde im Februar 2005 einstimmig beschlossen, ein Gutachten über den kulturellen Beitrag der Kirchen zu vergeben.

In der Leistungsbeschreibung des Gutachtens[188] heißt es u. a. zur kulturellen Tätigkeit der Kirchen:

„Unbestreitbar sind die Kirchengemeinden zudem eine wesentliche Säule des kulturellen Lebens in Deutschland. [...] Das kulturelle Engagement der Kirchen, aber auch der Kulturbeitrag verschiedener anderer Religionsgemeinschaften, ist so vielfältig, dass es im Rahmen eines Gutachtens einmal genauer untersucht werden sollte. Die Kulturarbeit der katholischen (DBK) und der evangelischen (EKD und VELKD) Kirchen in Deutschland ist hierbei in Zusammenarbeit mit deren eigenen Stellen zu ermitteln. [...] Im Sinne einer sorgfältigen Analyse der Ergebnisse aus der Bestandsaufnahme und einer perspektivischen Betrachtung sollten für die Entwicklung von Handlungsempfehlungen die Folgen des demographischen Wandels und der zurückgehenden Anzahl von Kirchenmitgliedern auf die Entwicklung der finanziellen Mittel für die Wahrnehmung der kulturellen Aufgaben durch die Kirchen, mögliche sich daraus ergebende Schwerpunktverlagerungen in der kulturellen Arbeit der Kirchen und die etwaige Verschärfung eines Verdrängungswettbewerbs im Konkurrenzkampf von Kultureinrichtungen bei der Vergabe öffentlicher Mittel durch den Wegfall bisher kirchlicher Förderungen dargestellt werden. Das Gutachten habe Handlungsempfehlungen für die politischen Entscheidungsebenen zu formulieren, um den Beitrag seitens der Kirchen zur kulturellen Grundversorgung auch weiterhin gewährleisten und ausbauen zu können."

Damit war die Aufgabe des Gutachtens klar beschrieben: Die Kirchen wollten und sollten mehr staatliche Finanzmittel bekommen.

187. Beitrag der Kirchen finanziell sichern und ausbauen

Im März 2005 wurde das Gutachten vergeben und nach nur einem halben Jahr im September 2005 abgenommen. Im Tätigkeitsbericht der 15. Legislaturperiode wurde von der Kommission auch die Zusammenfassung des Gutachtens veröffentlicht: „Der Beitrag der Kirchen und Religionsgemeinschaften zum kulturellen Leben in Deutschland".[189]
Die ersten vier Feststellungen lauten:

„1. Dem Beitrag, den die römisch-katholische Kirche und die in der EKD zusammengefassten evangelischen Landeskirchen zum kulturellen Leben in Deutschland leisten, wird in der deutschen Öffentlichkeit nur eine periphere Rolle zugebilligt.

2. Die Kirchen gehören ausweislich ihrer finanziellen Aufwendungen zu den zentralen kulturpolitischen Akteuren Deutschlands. Der Korridor, der durch die unsichere Datenlage geöffnet wird, erstreckt sich zwischen Euro 3,500 Mia und Euro 4,800 Mia per annum. Der derzeit wahrscheinliche Wert liegt bei Euro 4,396 Mia. Eine detaillierte Erfassung aller Ebenen mit einem einheitlichen Schlüssel wird hiermit angeregt.

3. Die Kirchen setzen vermutlich etwa 20 % ihrer Kirchensteuern und Vermögenserlöse für ihre kulturellen Aktivitäten ein.

4. Die Kirchen liegen mit ihren Aufwendungen für Kultur im Vergleich der öffentlichen Ebenen auf einem der vorderen Plätze, mindestens gleichauf mit den Gemeinden und Ländern. Der Kulturfinanzbericht ist entsprechend zu ergänzen."

Als Schlussfolgerung wird in dieser Zusammenfassung des Gutachtens u. a. empfohlen:

„(7.) Die Finanzierungsprobleme der kirchlichen kulturellen Tätigkeit sind nur im Kontext der Gesamtfinanzierung der Kirchen und langfristig zu lösen. Vorgeschlagen wird die Einsetzung einer Arbeitsgruppe 'Finanzierung kirchlicher Arbeit in der Bundesrepublik Deutschland' mit dem Ziel einer finanzpolitischen Würdigung des Beitrags der Kirchen zum gesellschaftlichen Leben in der Bundesrepublik.

(10.) Auf Bundesebene ist derzeit kein Ort für die Sache der kirchlichen Kulturarbeit und damit für ihren Beitrag zum kulturellen Leben in Deutschland gegeben. Gleichzeitig haben die Kirchen durch die Entwicklung seit dem 11. September 2001 eine neue Funktion innerhalb der (Zivil-) Gesellschaft erhalten. Es würde sich daher anbieten, vom Primat der Kirchen bei den Kulturfinanzen auszugehen und den bisherigen Beauftragten für Kultur und Medien aufzuwerten zu einem Bundesminister für Kultur- und Kirchenangelegenheiten nach tschechischem Vorbild."

188. Bundesministerium für Kultur- und Kirchenangelegenheiten

In der 16. Legislaturperiode wurde im Dezember 2005 erneut eine entsprechende Enquete-Kommission eingesetzt.

Mehrmalige Anfragen (im August 2006) bei der Enquete-Kommission, Einsicht in das entsprechende Gutachten zu bekommen, wurden abgelehnt. Auch der Hinweis, wenn schon die Zusammenfassung des Gutachtens veröffentlicht worden sei, dann müsste doch wenigstens ein Auszug aus dem Gutachten – wie diese 4,4 Mrd. Euro berechnet worden seien – zugänglich gemacht werden, erfuhr die Standardauskunft, dass die Kommission beschlossen habe, alle Gutachten erst mit dem Abschlussbericht zu veröffentlichen.

Die mediale Öffentlichkeit erfuhr somit erstmals vom Inhalt dieses Gutachten, als der Deutsche Kulturrat seine Zeitung *politik und kultur* (in der September/Oktober-Ausgabe 5/2006[190]) mit einem thematischen Schwerpunkt „Kultur und Kirche" herausbrachte. Bischöfe, kirchliche Referenten und kirchliche Sachverständige äußerten sich auf 16 Seiten zum Thema „Die Kirchen, die unbekannte kulturpolitische Macht". (Der Geschäftsführer des Deutschen Kulturrates, Dr. Olaf Zimmermann, war ebenfalls sachverständiges Mitglied der Enquete-Kommission.)

Radio Vatikan[191] übernahm umgehend die Darstellung des Deutschen Kulturrates:

„Die beiden großen Kirchen geben nach Angaben des Deutschen Kulturrates jährlich 4,4 Milliarden Euro für Kultur aus. Damit seien sie im Vergleich zu den Kommunen mit 3,5 Milliarden, den Ländern mit 3,4 Milliarden und dem Bund mit einer Milliarde Euro an jährlichen Kulturausgaben schon finanziell eine bedeutende, aber weitgehend 'unbekannte kulturpolitische Macht', sagte der Geschäftsführer der Organisation, Olaf Zimmermann."

Die Deutsche Bischofskonferenz[192] veranstaltete dann im Rahmen der Herbst-Vollversammlung am 27. September 2006 in Fulda einen Studientag „Kirche und Kultur" und Prof. Sternberg, der ja bereits als Sachverständiger in der Enquete-Kommission das Gutachten und seine Zielsetzung vorgeschlagen hatte, referierte in einem Grundsatzreferat[193] die Kernelemente des Gutachtens: Es sei eine gründliche Erfassung der kirchlichen Kulturarbeit und das Gutachten „spricht von ca. 20 % der kirchlichen Einnahmen und jährlich zwischen 3,5 und 4,8 Mrd. Euro, den die kirchlichen Aktivitäten auf dem Feld der Kultur ausmachen".

Mit anderen Worten, die Zusammenfassung des Gutachtens und die damit verbundenen politischen Forderungen wurden bereits in die

Öffentlichkeit getragen, ohne dass die Möglichkeit einer Überprüfung der dort gemachten Angaben und Berechnungen möglich war.

189. Vereinnahmung der Kultur

Nun ging es ja um die bessere finanzielle Ausstattung aus Steuergeldern. Basis dafür ist, die Kirche von einer immer weniger akzeptierten „Glaubensanstalt" in den Dienstleister einer „Kulturkirche" zu überführen.

Im November 2006 meldete wiederum *Radio Vatikan*[194] zu Deutschland: „Neuer Studiengang 'Kirche und Kultur' in Erfurt geplant."

„Die Kunst erhebt ihr Haupt, wo die Religionen nachlassen." Diese Diagnose Nietzsches fasste den Prozess der Funktionsvertauschung von Kunst und Religion am Ende des 19. Jahrhunderts zusammen. Soll diese Entwicklung jetzt rückwärts stattfinden?

Versuchten die Kirchen und ihre Mitarbeiter – im erneuten Niedergang des Kirchlich-Religiösen – nun die Kultur für sich zu vereinnahmen, sich selbst als die wahrhaftigen Kulturinstitutionen darzustellen und für alles, was sie als Kultur definieren, öffentliche Gelder zu fordern?

Parallel dazu verlief eine Diskussion und Umstellung auf der Ebene der Universitäten. Der Bayerische Rechnungshof mahnte die Überkapazitäten der Theologischen Fakultäten an und in Passau wird sie bereits abgebaut. Was tun?

Im Januar 2007 hielt der Geschäftsführer des Deutschen Kulturrates, Olaf Zimmermann, auf dem 'Zukunftskongress' der Evangelischen Kirche in Deutschland (EKD) in Wittenberg eine Rede: „Kirche als (neue) kulturelle Heimat".[195]

Für diese „neue" Heimat, d. h. zur Rückgewinnung von Distanzierten oder Ausgetretenen, werden nun aber nicht die Glaubensinhalte formuliert, nein, der „Schlüssel zum Kontakt" ist die Kultur: „Die Evangelische Kirche kann auf einen gemeinsamen kulturellen Kernbestand zurückgreifen und kann durch Kultur Zugänge zur Kirche eröffnen. In besonderer Weise gelingt dieses in der evangelischen Kirchenmusik, die zum kulturellen Kanon gehört."

Am 19. Oktober 2007 fand die Pressekonferenz des Deutschen Kulturrates[196] in der Kulturkirche St. Matthäus in Berlin statt. Anlass war die Buchvorstellung *Die Kirchen, die unbekannte kulturpolitische Macht.* Fragen der anwesenden Journalisten nach Berechnung der Zahlenangaben des Gutachtens werden nicht beantwortet.

190. Schweigen bis zum Abschlussbericht

Am 11. Dezember 2007 wurde dann der Abschlussbericht der Enquete-Kommission „Kultur in Deutschland" veröffentlicht: 512 Seiten. Auf fünf Seiten wird auch die „Kulturelle Tätigkeit der Kirchen" beschrieben und dabei beständig auf die Angaben des „Kirchengutachtens"[197] verwiesen.

Die Kernaussagen des Gutachtens werden ohne Änderungen übernommen:

„Die christlichen Kirchen Deutschlands tragen mit ihren Museen, ihren Chören und Musikensembles, ihren öffentlichen Büchereien und Fachbibliotheken, ihren Bildungseinrichtungen und Baudenkmälern und vielem anderen mehr wesentlich zum kulturellen Leben in unserem Land bei. Sie gehören zu den zentralen kulturpolitischen Akteuren Deutschlands. Die Kirchen setzen etwa 20 Prozent ihrer Kirchensteuern, Zuwendungen und Vermögenserlöse für ihre kulturellen Aktivitäten ein, etwa 3,5 bis 4,8 Mrd. Euro. Die Kirchen liegen damit mit ihren Aufwendungen für Kultur im Vergleich der öffentlichen Ebenen gleichauf mit den Kommunen und Ländern." (S. 145)

Und, um den politischen Zirkelkreis zu schließen, bemerkte der Abgeordnete Johann-Henrich Krummacher (CDU/CSU) in der Bundestagsdebatte vom 13. Dezember 2007 u. a.:

„Denn was wäre dieses Land [...] ohne das Engagement der Kirchen, vom Mittelalter über die Neuzeit bis hin zur Gegenwart? Nebenbei bemerkt: Die Enquete-Kommission konnte feststellen, dass die beiden großen christlichen Kirchen in unserem Land mehr für die Kulturförderung ausgeben als die öffentliche Hand."[198]

Diese Vergleiche beziehen sich auf den Kulturfinanzbericht,[199] d. h. den „Bericht der Statistischen Ämter des Bundes und der Länder, der die öffentlichen Kulturausgaben von Bund, Ländern und Gemeinden und wichtige Kennzahlen im Zeitverlauf (1995-2005) und nach Sparten darstellt. Objektive Datengrundlage für Parlament, Verwaltung und Öffentlichkeit."

In dem Kulturfinanzbericht 2006 werden als „Öffentliche Ausgaben für Kultur und kulturnahe Bereiche 2003" insgesamt 9,59 Mrd. Euro ausgewiesen: 1,43 Mrd. durch den Bund, 4,36 Mrd. von den Länder und 3,8 Mrd. von den Gemeinden.

191. 622 Mio. öffentliche Gelder für die Kulturarbeit der Kirchen

Der Kulturfinanzbericht listet u. a. auf, dass auch in den „kulturnahen Bereich" öffentliche Gelder geflossen sind (für Volkshochschulen und sonstige Weiterbildung, Kirchliche Angelegenheiten sowie Rundfunkanstalten und Fernsehen). Für die kirchlichen Angelegenheiten wandte die öffentliche Hand 2003 rund 622 Mio. Euro auf. Eine tragende Rolle spielen dabei die Bundesländer mit 574 Mio. für die Kulturarbeit der Kirchen, die Gemeinden zahlten 47 Mio. Euro und der Bund 1 Mio. Euro.

Dass in die seinerzeit viel zitierten 4,4 Mrd. Euro Kulturbeitrag der Kirchen derartige öffentliche Gelder abgezogen werden oder auch nur dahingehende Überlegungen eingeflossen sind, bestätigt sich nicht. Die Ermittlung dieser 4,4 Mrd. Euro ist so originell – und hat mit der Realität so wenig zu tun –, dass es schier unglaublich ist.

Weil sich daran speziell der im Detail willkürliche Umgang mit den Fakten zeigen lässt, soll dieses Gutachten[200] genauer betrachtet werden. Es ist, davor sei gewarnt, eine kleinteilige Darstellung, die aber anders nicht dargestellt werden kann. Wie heißt es im christlichen Weltbild: „Der Teufel steckt im Detail".

192. Kulturbeiträge der Kirchen: Das Beispiel Bibliotheken

Aus den verschiedenen Themen seien als Beispiel die kirchlichen öffentlichen Bibliotheken ausgewählt. Im Abschlussbericht der Kommission heißt es dazu u. a. (S. 146):

„Seit der Mitte des 19. Jahrhunderts ist die Literaturversorgung breiter Kreise zu einer wichtigen kirchlichen Aufgabe geworden. Die 3.864 Katholischen Öffentlichen Büchereien (KÖB) im *Borromäusverein e.V.* und die 1.030 im Bereich des *Deutschen Verbandes Evangelischer Büchereien* sichern die Erreichbarkeit von Lektüren durch ein dichtes Netz von Einrichtungen, die – was ihre Anzahl betrifft – etwa 50 Prozent aller öffentlichen Büchereien ausmachen."

Diese Darstellung entspricht dem Kirchengutachten und lässt sich sonst nicht so ohne Weiteres finden. Es wird weder gefragt, welche Bedingungen eine Bücherei als „öffentliche Bücherei" erfüllen muss, oder wie das Selbstverständnis der Bibliotheksarbeit aussieht oder wie diese „Büchereien" finanziert werden.

193. Öffentliche Bücherei?

Nach der Definition der deutschen Gemeinden können Büchereien die Funktion einer allgemeinen öffentlichen Bibliothek nur dann erfüllen, wenn sie mit hauptamtlichem Personal (mindestens eine Stelle mit 20 Wochenstunden) besetzt sind.

Im Jahr 1998 – der letzten Kompletterhebung des Jahrbuchs der Deutschen Gemeinden – wurden in Deutschland insgesamt 2.116 Bibliotheken in öffentlicher bzw. kirchlicher Trägerschaft nachgewiesen. Von diesen 2.116 Bibliotheken waren 135 (= 6,4 %) in kirchlicher Trägerschaft (11 evangelische Kirche, 124 katholische Kirche).

Alle Bibliotheken zusammen hatten einen Bestand von 69,7 Millionen Medien (Bücher, Tonträger etc.). Die kirchlichen Bibliotheken hatten davon einen Bestand von 1,8 Millionen Medien (= 2,6 %). Die evangelische Kirche ist geringer vertreten (0,2 %) als die katholische Kirche (mit 2,4 %).

Diese Bibliotheken erforderten (für Personal und Erwerbungen) Ausgaben von insgesamt 1,01 Milliarden DM. Der Anteil der kirchlichen Bibliotheken betrug davon 14,3 Millionen (= 1,4 %).

194. Viel – Weniger – Gering

In einer weiter gehenden Darstellung des Deutschen Bibliotheksinstituts[201] wurden für 1998 insgesamt 3.898 öffentliche Bibliotheken mit hauptamtlichem Personal und 8.236 öffentliche Bibliotheken ohne hauptamtliches Personal gezählt, also insgesamt 12.134 öffentliche Bibliotheken, von denen sich 5.118 (= 42,2 %) in kirchlicher Trägerschaft befanden (1.027 evangelisch, 4.091 katholisch).

Der Bestand der kirchlichen öffentlichen Bibliotheken belief sich auf 20,4 Mio. Medien (= 15,9 % aller 128,4 Mio. Medien). Die Ausgaben für Erwerb und Personal beliefen sich auf 1,11 Milliarden DM, von denen die kirchlichen Träger 40,9 Mio. (= 3,7 %) nachwiesen.

Diese sich jeweils verringernden Anteile am Gesamtvolumen von einerseits einer hohen Zahl kirchlich-öffentlicher Bibliotheken (42 %), und andererseits einem vergleichsweise geringen Medienbestand (16 %) und drittens den geringfügigen Ausgaben (4 %) ist die sich stets wiederholende Abfolge.

Der tatsächliche Beitrag der kirchlichen öffentlichen Bibliotheken für die Allgemeinheit ist also von bescheidenem Umfang, was jedoch durch die Nennung der großen Zahl der Einrichtungen verdeckt wird.

195. Unterschiede in der Anzahl und Zählung

Wie die Vielzahl der „katholischen öffentlichen Büchereien" zustande kommt, das zeigt ein kleiner Ausschnitt dieser Büchereien in Bonn: 32 „katholisch öffentliche Büchereien" der Pfarrgemeinden mit einer mittleren Öffnungsdauer von rund 4,5 Stunden pro Woche – immer auch am Sonntagvormittag, zum Gottesdienst. Dieser Typ der kleinen Pfarrbücherei lässt sich überall in Deutschland finden, sei es die Katholische Öffentliche Bücherei St. Marien in Brake oder in Ramsloh, in Scharrel, in Rieden / Vilshofen ebenso wie in Langenfeld oder wie die Pfarrbücherei des Pastoralverbund-Ruhr-Valmetal.

196. Das Leitbild kirchlicher öffentlicher Büchereien

Das Leitbild[202] dieser Büchereien versteht sich (katholisch) als Arbeit im Kontext der so genannten „Seelsorge" und soll Wege zur „Selbstfindung und Gotteserfahrung" eröffnen. Kern ihrer Arbeit ist die Beförderung „der religiösen Sozialisation und Bildung" und sie betont „die christlichen Wurzeln unserer Gesellschaft". Sie ist immer (im evangelischen Verständnis) Teil der „Verkündigung der christlichen Botschaft".

In dieser Hinsicht hat das Angebot, es sei „für alle Menschen offen" – als allgemeine Kulturleistung –, die gleiche Logik wie die beispielsweise selbstlose Auffassung eines Metzgers, der meint, dass ja alle, auch Vegetarier und Veganer bei ihm einkaufen könnten.

197. Finanzierung der Büchereien

Eine Auswertung der Deutschen Bibliotheksstatistik[203] weist für 2006 insgesamt 2.152 Öffentliche Bibliotheken mit hauptamtlichem Personal aus, von denen 105 (4,9 %) in katholischer Trägerschaft sind. Von den 6.444 Öffentlichen Bibliotheken mit neben-/ehrenamtlichem Personal befinden sich 3.477 (54 %) in katholischer Trägerschaft.

Ein Schwerpunkt dieser „Katholischen Öffentlichen Büchereien" befindet sich in Nordrhein-Westfalen: 43 mit hauptamtlichem Personal und 1.206 mit neben-/ehrenamtlichem Personal. Diese sollen jetzt beispielhaft genauer betrachtet sein.

Für die hauptamtlichen Bibliotheken zahlen die katholischen Träger 1,97 Mio. Euro eigene Mittel und erhalten zusätzlich 1,90 Mio. „Fremdmittel". Vom Gesamtetat finanzieren sie selbst also nur 51 % der Aufwendungen. Für die kleinen Büchereien geben die katholische Träger 2,19 Mio. Euro aus eigenen Mitteln und erhalten 759.000 Euro „Fremdmittel". Der Eigenanteil der kirchlichen Träger beträgt hier 75 %.

Wie diese Zuschüsse vor Ort im Einzelfall aussehen können, zeigt eine Sitzung des Kulturausschusses in Münster,[204] im Mai 2007, Punkt 8: Zuschüsse für Bücher der öffentlichen Volks- und Pfarrbüchereien zur

Schwerpunktbildung. Der Deutsche Gewerkschaftsbund erhält für seine Bücherei 500 Euro Zuschuss, das Bischöfliche Generalvikariat Münster/ Hauptabteilung Seelsorge/Referat Büchereien erhält 42.500 Euro Zuschuss, das 85-fache.

Oder in der Auseinandersetzung um die zeitweise Schließung der Bücherei in Unkelbach heißt es u. a.:

„Die Stadt Remagen, die die Zuschüsse in den letzten Jahren um mehr als 50 % für alle Büchereien im Stadtgebiet zusammengestrichen hat, wie es viele Kommunen in Deutschland getan haben aber trotzdem noch mit 600 € in diesem Jahr noch 50 % mehr zu den Anschaffungskosten für neue Medien beigetragen hat als die Kirchengemeinde, als Träger der Bücherei, mit gezahlten 400 €."[205]

198. Empfohlene Namensgebung

Diese Aspekte (Seelsorge/Öffentliche Zuschüsse) werden in der empfohlenen Namensgebung ebenfalls offensiv verdeckt. So schreibt das Bistum Mainz zum *ABC der Büchereiarbeit*.[206]

„KÖB: Abkürzung für den Namen 'Katholische öffentliche Bücherei'. Gemeint ist damit eine öffentliche Bücherei in Trägerschaft der katholischen Pfarrgemeinde. Der frühere Begriff 'Pfarrbücherei' sollte nicht mehr verwendet werden, da mit ihm ein Image der Abgeschlossenheit verbunden ist. Wenige wissen auch noch, dass der Begriff 'Pfarrbücherei' im Nationalsozialismus den damaligen Katholischen Volksbüchereien staatlich verordnet worden ist. Möglich ist es aber, einen eigenen Namen für die Bücherei zu wählen. Aber auch in diesem Fall muss 'Katholische öffentliche Bücherei' als zusätzliche Bezeichnung beibehalten werden."

199. Berechnung des finanziellen Kulturbeitrages der Kirchen

Die Auflistungen der vielen Einrichtungen der beiden Kirchen haben zwar alle den erheblichen Mangel, dass sie in ihrem tatsächlichen Beitrag nicht differenziert oder vergleichbar dargestellt werden und dass zur Finanzierung kaum etwas festgestellt wird, so dass es sich um Halbwahrheiten handelt, aber jetzt wird es geradezu abenteuerlich.

Auch dem Gutachter und seiner Arbeitsgruppe war es aufgefallen: „[...] die kulturbezogenen Ausgaben der in der EKD zusammenarbeitenden Evangelischen Kirchen lassen sich nur schwer ermitteln". Auf Anfrage erhielt der Gutachter jedoch die Angabe:

„Die evangelische Kirche gibt jährlich zirka zwei Milliarden Euro für kulturelle Zwecke aus, knapp die Hälfte davon für Kirchengebäude. Auch diese Ausgaben dienen primär der Verkündigung, können in ihrer Ausgestaltung jedoch im gesamtgesellschaftlichen Verständnis dem Kulturbereich zugeordnet werden."

Mit dem „gesamtgesellschaftlichen Verständnis" – alles, was die Kirche ausmacht, ist Bestandteil der Kultur – kam man aber nicht sehr weit, denn diese Angabe musste sich jetzt irgendwie zuordnen lassen. Glücklicherweise hat die EKD eine Übersicht über ihre Finanzen. Daraus wird nun in dem Gutachten ohne Bezugsjahr ein nicht weiter begründeter „Ausschnitt" genommen und sieben Handlungsfelder wurden benannt: Kirchenmusik / Bildung und Wissenschaft / Öffentlichkeitsarbeit / Auslandsarbeit / Kindertagesstätten / Jugendarbeit / Bauliche Unterhaltung der Kirchen.

Im nächsten Schritt wird „im Interesse einer konservativen Schätzung" eine „unterschiedliche statistische Plausibilität" des Kulturanteils dieser Handlungsfelder „unterstellt" – von 20 %, 50 % bis 100 % Kulturanteil. Man hätte auch würfeln können.

Die willkürlichen Prozentsätze werden im nächsten Schritt jedoch nicht auf die richtig dargestellten Nettoleistungen der evangelischen Kirche bezogen – dann wären nur 1,28 Mrd. Euro dabei herausgekommen – sondern auf die Gesamtausgaben (also einschließlich der hohen Staatszuschüsse, Elternbeiträge etc.) und das ergibt dann so annäherungsweise die gewünschten ca. 2 Mrd. Euro: ein „plausibilisierter Gesamtaufwand von 1,778 Mrd. €". Diese Exaktheit von drei Stellen hinter dem Komma ist allerdings bemerkenswert einmalig.

200. Katholische Kirche: Keine Zahlenangaben

Während es für die Evangelische Kirche immerhin noch beliebige Zahlen gab, war das für die katholische Kirche und ihre Kulturleistungen vollkommen unbekannt. Keinerlei Zahlenangaben. Aus der „Bestandsaufnahme" – deren Fragwürdigkeit am Beispiel der katholischen öffentlichen Büchereien bereits erläutert wurde – wird nun „analogon rationis" geschlossen, dass bei der katholischen Kirche alles ähnlich sei. Bei den Büchereien seien es allerdings höhere Ausgaben, bei der Kirchenmusik geringere, Kirchengebäude seien mit einem Faktor 1,1 höher anzusetzen und so ergibt sich – wie, das wird nicht weiter erläutert – „ein konservativer Schätzwert von Euro 2,618 Mia per annum". (Jede beliebige andere Zahlenangabe wäre genau so wenig korrekt gewesen.)

Diese beiden kulturellen Beiträge ergeben dann zusammen „kulturbezogene Ausgaben von konservativ geschätzt € 4,396 Milliarden per annum". Der Laie staunt, der Fachmann wendet sich ab mit Grauen.

Da der Gutachter einräumt, dass bei der Frage der Kosten für die denkmalgeschützten Kirchen eine „unsichere Datenlage geöffnet wird", wird schließlich ein „Korridor" genannt, der zwischen 3,5 und 4,8 Mrd. Euro liegen würde.

201. Fazit

Die Feststellungen in diesem „Kirchengutachten" sind nicht nur eine Peinlichkeit für den Gutachter und die daran beteiligten Kirchen, es ist ein wissenschaftliches und politisches Armutszeugnis, dass die Enquete-Kommission des Bundestages ein derartiges „Gutachten" überhaupt akzeptiert hat und dieser Unsinn nun auch als Bundestagsdrucksache verbreitet wird.

Die Referenten der Evangelischen Kirche in Deutschland und das Sekretariat der Deutschen Bischofskonferenz halten sich allerdings seitdem bedeckt. Sie haben auf die Anfragen, wie sie die Zahlen des „Kirchengutachtens" bewerten, nicht geantwortet.

Man kann auch positiv feststellen, dass im politischen Raum das Thema „Kulturleistung der Kirchen" seitdem keine große Rolle mehr spielte. Doch das war 2006/2007.

Denn man sollte nicht meinen, dass dazu das letzte Wort bereits gesprochen worden ist. Im Juni 2010 verbreitete das katholische Domradio eine Meldung des *Evangelischen Pressedienstes* (epd):

„Schneider: Religion und Kultur gehören zusammen. Der Ratsvorsitzende der Evangelischen Kirche in Deutschland (EKD), Nikolaus Schneider, sieht Kultur und Kirche untrennbar miteinander verbunden. Religion brauche Kultur, und Kultur brauche Religion. Das sagte Schneider in Essen. Schneider räumte ein, dass das heutige Verhältnis zwischen Kunst und Kirche in der eigenen Gesellschaft nicht immer spannungsfrei sei. Es sei einerseits geprägt von dem kirchlichen Auftrag der Verkündigung und andererseits vom Anspruch der zeitgenössischen Kunst, 'auftragslos' bleiben zu wollen. Doch sei es Aufgabe der Kirche, 'den Künsten eine Muse zu sein'. Die EKD beziffert die finanziellen Aufwendungen für Kulturförderung der evangelischen und katholischen Kirche auf insgesamt rund 4,4 Milliarden € im Jahr."[207]

Das daraufhin befragte Kulturbüro der EKD[208] konnte (oder wollte) dazu keine Auskunft geben und meinte, es könne sich eigentlich nur um Millionen (anstelle von Milliarden) handeln, und im Übrigen sei dafür die Pressestelle der EKD zuständig, denn die hätten die Pressemeldung ja auch abgesetzt. Aber, so noch im Nachsinnen, es könne auch eine Zahlenangabe des Deutschen Kulturrats sein.

Die Pressestelle der EKD hat auf die Anfrage zur Quelle für diese Äußerung des EKD-Ratsvorsitzenden ebenfalls nicht geantwortet.

Also wird wieder die olle Kamelle aufgewärmt? Oder wie heißt es doch: Das Kapital des Entertainers für seine dünnen Scherze ist die Vergesslichkeit des Publikums?

Zusammenfassung

Auch wenn es sicherlich nicht möglich war, alle finanziellen Verflechtungen detailliert zu beschreiben, in denen die Religionsgesellschaften den Staat finanziell in die Pflicht nehmen, bereits das geschilderte Kaleidoskop ist atemberaubend.

Es gibt so gut wie keinen Bereich, in dem die Kirchen tatsächlich aus eigener Kraft, nur mit eigenen Finanzmitteln, aktiv sind. Der Aspekt, dass aus den Kirchensteuereinnahmen doch ein Großteil der eigenen Mitarbeiter selbst bezahlt werde, übersieht beispielsweise, wie stark die Kirchensteuer durch staatliche Regelungen gestützt wird.

Die in diesem 'Streifzug durch die Gemeinde' benannten Zahlungen, Subventionen und Steuerbegünstigungen (vgl. Übersicht 3 auf S. 259) addieren sich bereits auf 19,3 Mrd. Euro.

Stellt man diesen Staatsleistungen die Einnahmen gegenüber, die von den beiden Kirchen ohne Staatshilfe realisiert werden, so sind es – in paritätischer Betrachtung der katholischen Kirche aufgrund der Angaben der EKD[209] – Kirchensteuer plus weitere Einnahmen, die sich für beide Kirchen auf rund 20 Mrd. Euro summieren. Von diesen Einnahmen sind rund 5 Mrd. Euro als Begünstigung und Subventionierung der Kirchensteuer abzuziehen ebenso wie rund 20 Prozent der Kircheneinnahmen (4 Mrd. €), die aus öffentlichen Zuschüssen und Staatsleistungen bestehen. Es verbleiben 11 Mrd. Euro tatsächlich eigener Einnahmen, denen 19 Mrd. Euro Staatsleistungen, Zuschüsse, Steuerbegünstigung und Finanzierung gegenüberstehen. Es ist eine Quote von 37:63 oder rund ein Drittel Kirche zu zwei Drittel Staat/Steuergelder, kurz gesagt 1:2.

Bezieht man die 11 Mrd. Euro reiner Einnahmen der Kirchen auf das Gesamtsujet, also Staatsleistungen (19 Mrd. €) plus Caritas und Diakonie (45 Mrd. €) so stehen sich 11:64 Mrd. Euro gegenüber, also 15:85 % oder eine Quote von 1 Teil Kirche zu 6 Teilen Staat/Öffentliche Gelder.

202. Fundament

Nach heutigen Kosten hat die deutsche Gesellschaft den Kirchen die Ausbildung der bei der Kirche Beschäftigten in einem Volumen von mindestens rund 150 Mrd. Euro kostenlos zur Verfügung gestellt.

Die staatlichen Investitionen für die Gebäude der Einrichtungen von Caritas und Diakonie haben den beiden Verbänden ein Immobilienvermögen in der Größenordnung von 230 Mrd. Euro[210] beschert, das ebenfalls aus Steuergeldern finanziert wurde.

Auf dieser Größenordnung von bezifferbaren 380 Mrd. Euro beruht das aus Steuergeldern finanzierte 'Fundament' kirchlicher Arbeit. Weitere Betriebskosten der geschilderten Staatsleistungen, Zuschüsse, Kostenübernahmen, Finanzierungen, Steuerbegünstigungen von 19 Mrd. Euro etc. gehen extra.

203. Cui bono?

Die klassische Frage des „cui bono?" (Wem nützt es?) ist für das Thema dieses Buches eindeutig zu beantworten: Es nützt nur den Kirchen. Die Kirchen sind in den meisten Aktivitäten so sehr von staatlichen Finanzierungen abhängig, dass es diese weitestgehend nicht mehr geben würde, wenn der Staat sie nicht mehr bezahlen oder fördern würde.

Welchen Nutzen hat der Staat davon? Keinen.

Der finanzielle Aspekt, dass die Kirchen doch mit eigenem Geld auch etwas zu allgemeinen Aufgaben beitragen und damit den Staat finanziell entlasten würden, ist nur oberflächlich richtig. Wenn der Staat alle Einrichtungen des Sozial- und Gesundheitssystems in Deutschland, die sich in kirchlicher Trägerschaft befinden, in staatliche Regie übernehmen würde, würden für die öffentlichen Haushalte rund 800 Mio. Euro Mehrkosten entstehen, die bisher von den Kirchen beigetragen wurden. Würde dann jedoch der Staat als Ausgleich die Steuerbegünstigung der Kirchensteuer beenden (bisheriger Einnahmeverzicht 3 Mrd. Euro), hätten Bund und Länder eine Mehreinnahme von rund 2,2 Mrd. Euro im Jahr. Aber es gehört zur „Caritas-Legende", dass das deutsche Sozial- und Gesundheitssystem zusammenbrechen würde, wenn die Kirchen ihre Einrichtungen aufgeben würden.

Aber die besondere christliche Qualität, die ja auch in die gesamte Gesellschaft hinein wirkt, würde verloren gehen! Eine Darstellung, die jedoch an der Realität zerschellt. Alle, die sich tatsächlich etwas mit dem Thema beschäftigt haben, können bestätigen, dass es keinen

'Trägerautomatismus' gibt, dass die christlichen Einrichtungen die 'Guten' und dass die anderen Träger die 'Nicht so Guten' seien. Es kommt auf jede einzelne Einrichtung selbst an – welche Mentalität haben die Leitenden, wie setzen sie das um, wie ist die Kollegialität, wie ist die Kommunikation miteinander etc. – und es bei allen Trägern einerseits vorbildliche und andererseits schreckliche Situationen gibt.

Und gerade überzeugte Religiöse sind häufiger als andere gefährdet, intolerant gegenüber anderen Auffassungen zu werden, wenn sie ihre eigene 'Frohe Botschaft' nicht selbstkritisch reflektieren, sondern andere damit 'beglücken' wollen.

Die Annahme der religiösen Selbstwahrnehmung, dass Religionen die Welt friedlicher machen würden, ist zudem eine fromme Selbsttäuschung.

Bei einer Umfrage in Deutschland (2002), ob die Welt friedlicher wäre, wenn es keine Religion geben würde,[211] sagten 43 Prozent der Befragten, dass eine Welt ohne Religion friedlicher wäre. Die Jüngeren stimmen zudem dieser Ansicht überdurchschnittlich zu.

In einer internationalen Umfrage (1998) in dreißig Staaten der Welt[212] sind sogar 60 Prozent der Befragten der Meinung: „Religionen bringen mehr Konflikte als Frieden." Insofern bestätigt sich die Beobachtung von Konfliktforschern, dass religiöse 'Beimischungen' in politischen oder ökonomischen Konflikten wie 'Brandbeschleuniger' wirken.

Dessen ungeachtet haben die christlichen Kirchen in Deutschland immer noch eine besondere Position.

204. Alleinstellungsmerkmal

Insbesondere in Wertefragen wird von den Kirchen in Deutschland eine besondere Kompetenz behauptet und beansprucht. Ein Blick über die Grenzen hinaus verdeutlicht jedoch, z. B. für Einstellungen zur Familie in Skandinavien (anerkannte 'Patchwork-Familie'), dass es kein verbindliches christliches Modell gibt. Und der Blick in andere Kulturen zeigt nicht nur die Begrenztheit und die Widersprüche religiöser Auffassungen, sondern auch, dass es keiner Religion bedarf, um als gesellschaftliche Menschen nach ethischen Prinzipien friedlich miteinander zu leben.

Dafür können wir allerdings auch 'zu Hause' bleiben, betrachten, wie sich die beiden großen Amtskirchen über die Bedeutung einer kleinen Hostie streiten und feststellen, dass die Nicht-Religiösen oder Agnostiker und Atheisten nicht 'plündernd und brandschatzend' durch die Straßen laufen. Der Satz von Dostojewski „Ohne Gott ist alles erlaubt!" sagt nur etwas aus über seine eigene Furcht, ohne Gottesfurcht normativ haltlos zu werden, aber nichts über das Verhalten von so genannten 'Gottlosen'.

Dennoch wird die bereits zitierte Auffassung, dass der Staat auf Voraussetzungen beruhe, die er nicht aus sich selbst heraus erzeugen könne, wie ein politisches Glaubensbekenntnis verbreitet. Anscheinend drückt sich in dieser Behauptung auch die Hilflosigkeit von Politikern aus, dass es doch irgendetwas geben muss, was an Werten nicht zur Disposition stehen dürfe und nicht diskutiert werden braucht. Dieser Wunsch wird dann auf die eigene Religion übertragen. Derselben Meinung sind die Kirchenlobbyisten und haben den Kirchen damit erfolgreich eine besondere Finanzierungssituation geschaffen.

Worauf beruht nun diese besondere Stellung der Kirchen in Deutschland? Ein paar Elemente seien abschließend skizziert.

205. Vernetzung

In Monarchien („von Gottes Gnaden") hatten die Kirchen die Könige oder Kaiser gleichsam unter Kontrolle, da sie ihre Legitimation nur durch den göttlichen Beistand in Form der Kirchen erhielten. So war darauf Verlass, dass die Monarchen nicht auf 'dumme Gedanken' kamen. Bei Demokratien geht das so nicht, da sie aufgrund der Volkssouveränität (eigentlich) keine Religion mehr brauchen. Also müssen die Kirchen ihre Forderungen, Wünsche und Finanzierungen in Verträgen vereinbaren, damit sie nicht ins „Private" abgeschoben werden können.

Schaut man in das Grundgesetz, so findet man nur zwei Ausnahmen, in denen das Prinzip der Trennung von Staat und Kirche religionsverfassungsrechtlich durchbrochen worden ist: im Religionsunterricht und bei der Kirchensteuer. Alles weitere „Kirchenfreundliche" sind Gesetze, Vereinbarungen und Interpretationen, die von Politikern und Juristen zugunsten der ihnen verbundenen Kirchen formuliert und praktiziert werden.

206. Rechtstitelbewahrung

Da aber Gesetze relativ leicht zu verändern sind, ist es wichtig, immer wieder Verträge abzuschließen, die, zumindest deklamatorisch, nur im gegenseitigen Einvernehmen zu verändern sind (Staat-Kirche-Verträge). Der aufflackernde öffentliche Unmut – wenn es einmal sichtbar wird, welche Zahlungsverpflichtungen der Staat für die Kirchen übernommen hat (z. B.

Pensionszahlungen für den demissionierten Bischof Mixa) – vergeht auch bald wieder: „Ducken, Schweigen, Weitermachen!" Historisch fragwürdige Verträge (Beispiel: Konkordate vor 1945) sind – falls politisch möglich – in neue Verträge überführt worden. Und nach dem Grundsatz „pacta sunt servanda" (Verträge müssen eingehalten werden) – egal unter welchen Bedingungen sie entstanden sind – sind diese Verträge dann die geltende „Rechtsgrundlage".

207. Schulterschluss

Um sich gegen die Beendigung von Zuschüssen und Vorteilsgaben abzusichern, ist es angesagt (Beispiel: Begabtenförderung), den staatlichen Finanzkuchen mit anderen Interessierten gemeinsam zu teilen. Die Anderen (politische Parteien, Gewerkschaften und Unternehmerverbände) werden schon im eigenen Interesse aufpassen, dass die Kirchen nicht aus diesem Verbund herausgelöst werden.

208. Dreisprung

Um neue Tätigkeitsfelder und staatliche Finanzierungen zu erhalten, muss man (am Beispiel der Notfallseelsorge) 1. eine Lücke erkennen oder einfach, wenn keine da ist, eine formulieren, 2. mit eigenen Mitteln in das Tätigkeitsfeld hineingehen, dort die eigene Tätigkeit als allgemeinen anerkannten Bedarf platzieren, es entsprechend artikulieren, und 3. dann als Bestandteil staatlicher Aufgaben (Katastrophenschutz) finanzieren zu lassen.

209. Erfolgsgeschichte?

Wie das Verhältnis von Kirche und Staat in der Bundesrepublik Deutschland zeigt, funktioniert die Alimentierung der Kirchen bislang vorzüglich. Und dass die Kirche 'am Tropf des Staates' hängt, ist solange unerheblich, solange das nicht allzu sehr bekannt wird.

Insofern könnte man diese Finanzierungen also vordergründig als Erfolgsgeschichte betrachten, wenn es nicht auch erhebliche negative Konsequenzen hätte: die *Abhängigkeit* der Kirchen vom staatlichen und öffentlichen Geld.

210. Äußere und innere Religionsfreiheit

In dieser finanziellen Abhängigkeit der Kirchen, die weit über die „fiskalische Gefangenschaft" der Kirchensteuer als Annexsteuer zur Einkommensteuer hinausgeht, befinden sich die Kirchen in der beständigen Gefahr einen Teil ihrer Religionsfreiheit zu verlieren.

Da die Kirchen hinsichtlich der staatlichen Finanzierungen auf den guten Willen der ihnen Wohlgesonnenen in der Politik angewiesen sind, müssen sie bei jeder Kritik an politischen Entscheidungen sehr sorgfältig darauf achten, zurückhaltend zu kommentieren, um die ihnen Wohlgesonnenen nicht zu verärgern. Im Gegensatz zu ihrer eigenen Darstellung, z. B. Anwalt der Armen zu sein – was sie zu ganz anderen kritischen Positionen zur Sozialpolitik der vergangenen Jahrzehnte hätte veranlassen müssen – fielen ihre tatsächlichen Stellungnahmen auffallend moderat aus.

Im inneren Bereich der Gemeindearbeit und des Zusammenhalts der Gemeinde führt eine Orientierung der Pfarrer auf staatliche Zuschüsse, z. B. zur Sanierung des Kirchengebäudes mit Städtebaufördermitteln, zu einer Abwertung der Gemeinde, zu einem Verlust des Stolzes, als Gemeinschaft etwas erreicht zu haben. Das Gefühl „Gemeinsam sind wir stark" verblasst. Die Kirche wird zum Patienten, der am Nährtropf der staatlichen Zuwendungen hängt. Das kann nicht im Sinn einer pluralistischen Zivilgesellschaft sein, die selbstbewusste Akteure braucht.

211. Säkulare Positionen

Auf einer Tagung der *Humanistischen Akademie* in Berlin zum Thema „Konfessionsfreie und Verfassungsrecht"[213] im September 2009 fasste der Jurist Eric Hilgendorf[214] Erwartungen an einen weltanschaulich neutralen Staat, der sich als „Heimstatt aller Bürger" versteht, wie folgt zusammen:

1. Die Kirchensteuer ist durch die Kirchen selbst einzuziehen und entsprechend darf es auch keine Eintragung der Konfessionszugehörigkeit auf der Lohnsteuerkarte geben.
2. Das Gesundheitssystem ist eine staatliche Aufgabe und entsprechend zu organisieren.
3. Verdeckte Finanzierungen an Religionsgemeinschaften sind offen zu legen.
4. Religionsunterricht als Bekenntnisfach sollte durch Religionskunde abgelöst werden.
5. Religions- und Weltanschauungsgemeinschaften sollten keinen Körperschaftsstatus erhalten.
6. Gesetze sind ohne Privilegien für Religionsgemeinschaften zu formulieren.
7. In staatlichen Institutionen darf es keinerlei religiöse Symbole geben.

8. Alle Arbeitnehmer haben die gleichen Rechte.
9. Alle Staat-Kirche-Vereinbarungen sollen überprüft und ggf. geändert werden (z. B. Abschaffung von Konkordatslehrstühlen).
10. Staatsleistungen sollen auslaufen.
11. Theologische Fakultäten sind aus der Kirchenbindung zu lösen.
12. Die Besetzung öffentlicher Ämter erfolgt ohne Ansehen der Religion.
13. Militär- und Anstaltsseelsorge sind rein kirchliche Aufgaben.
14. Der Staat muss für die Übereinstimmung von Norm und Rechtswirklichkeit sorgen.

Hilgendorf geht es auch um eine Wiederaufnahme der Religionskritik und eine Klärung der Frage von Religion und Moral.

15. Religionskritik ist auch als Selbstkritik staatlicher Einrichtungen zu sehen, z. B. in Fragen von konfessionellen Kindertagesstätten und der konfessionellen Umgebung. Ebenso sind grundrechtliche Fragwürdigkeiten von Religionen zu klären, z. B. das Ordinierungsverbot von Frauen in der katholischen Kirche. Falls die Pluralisierung von Religionen zu einer Verstärkung fundamentalistischer Strömungen führt, muss dem mit einer Verstärkung religionsexterner Kritik entgegen gewirkt werden. Aufklärung und Kritik müssen (auch ggf. gegen die Kirchen) verteidigt werden. In Deutschland sind zwar große Teile der Kirchen Freunde von Humanismus und Aufklärung, aber die Situationen in den USA oder in Polen sind deutlich anders.
16. Der Behauptung „Ohne Religion keine Moral" muss entgegengesetzt werden, dass es eine staatliche Gemeinschaftsaufgabe ist, Werte zu vermitteln. Religion und ihre Werte sind nicht automatisch mit den Grundwerten des Grundgesetzes vereinbar. Der Staat muss den religiösen Wertestreit begrenzen.

212. Nicht behandelte Privilegien

Über die im vorangegangenen Text dargestellten Kooperationen hinaus gibt es noch eine Vielzahl von Regelungen und Vereinbarungen zwischen den beiden Partnern Kirche und Staat. Sie haben zwar keinen direkt messbaren ökonomischen Wert, tragen aber dennoch dazu bei, den Kirchen in vielen Facetten einen gesellschaftlichen Sonderstatus einzuräumen und sie deshalb vom staatlichen Handeln abhängiger zu machen.

Die folgende kurze Übersicht ist sicherlich unvollständig. Sie beruht auf einer ersten Zusammenstellung von Johannes-Albrecht Haupt, die von verschiedenen Seiten ergänzt wurde und in alphabetischer Reihenfolge sortiert ist.

Um es zu verdeutlichen: Zusätzlich zu den im Text dieses Buches bereits ausführlicher behandelten Kirchensteuern, dem staatlichen Einzug der Kirchensteuer, den Staatsdotationen, den Steuer- und Gebührenbefreiungen, den Theologischen Fakultäten und Kirchlichen Fachhochschulen, der Kirchlichen Begabtenförderung, den Kindertagesstätten, dem Religionsunterricht, den Konfessionsschulen, der Militärseelsorge, Anstaltsseelsorge und Notfallseelsorge, der kirchlichen Auslandsarbeit, den Hilfs- und Missionswerken, Bauzuschüssen, Kirchentagen, Kulturförderung und dem Arbeitsrecht sind noch als Privilegien zu nennen:

Amtsbezeichnungen der Kirche und kirchliche Amtskleidung: Besonderer strafrechtlicher Schutz. (Strafgesetzbuch [StGB] § 132a III und Gesetz über Ordnungswidrigkeiten [OwiG] § 126)

Archäologische Funde: Werden bei Grabungen Gegenstände gefunden, die auf eine frühere liturgische Verwendung schließen lassen (z. B. im Gottesdienst), so sind diese den Kirchen auf Antrag als Dauerleihgaben zu überlassen. (Denkmalschutzgesetz [DSchG] Rheinland-Pfalz: Vierter Abschnitt: Besondere Bestimmungen für Kirchen und Religionsgemeinschaften)

Bestattungsrecht: Bestattungs- und Totengedenkfeiern und die Gestaltung der Grabstätten dürfen das religiöse Empfinden der Kirche oder Religionsgemeinschaft nicht verletzen. (Bestattungsgesetz [BestG] Bayern Art. 8, 4)

Baurecht: Dem Gottesdienst gewidmete Räume sind von den Vorschriften über Versammlungsstätten ausgenommen (z. B. Versammlungsstättenverordnung Baden-Württemberg § 1 III 1)

Beichtgeheimnis: Geistliche sind zur Aussageverweigerung darüber berechtigt, was ihnen bei Ausübung der Seelsorge anvertraut worden ist. (Strafprozessordnung [StPO] § 53 I 1 sowie Zivilprozessordnung [ZPO] § 383 I 4). Das gilt auch für das Nichtanzeigen der Kenntnis von geplanten Straftaten, sei es Hochverrat, Mord u. a. m. Es bleibt für Seelsorger straffrei. (Strafgesetzbuch [StGB] § 139,2)

Bundesprüfstelle für jugendgefährdende Medien: Vertretung im Beirat. (Jugendschutzgesetz [JSchG] § 19)

Bundeswehr darf christlich-religiöse Symbole beim Großen Zapfenstreich verwenden („Helm ab zum Gebet"). (OVG Münster 19.9.2005 NJW 2006, 1228)

Datenschutz: Die Bundes- und Landesdatenschutzgesetze gelten nicht für die KdöR, wohl aber für andere Religionsgemeinschaften (z. B. Bundesdatenschutzgesetz [BDSG] § 1 Abs. 2; Niedersächsisches Datenschutzgesetz [NdsDSG] § 2), letztere können aber wegen Art. 137 Abs. 3 WRV (Selbstverwaltungsrecht der Religionsgemeinschaften) „Freistellung vom staatlichen Datenschutzrecht begehren" (Lorenz *Personenstandswesen, Meldewesen, Datenschutz,* in: HStKR Bd. 1, 2. Aufl. 1994, S. 737f.), ein bemerkenswerter Fall von freier Rechtschöpfung.

Denkmalschutz (I): Bei Maßnahmen des Denkmalschutzes sind liturgische Vorstellungen der Kirchen zu berücksichtigen. (Denkmalschutzgesetz)

Denkmalschutz (II): Sonderstellung der Kirchen, gelegentlich auch anderer Religionsgemeinschaften: Besondere Veto- oder Mitwirkungsrechte kirchlicher Behörden. (z. B. DenkmalschutzG Baden-Württemberg § 11 oder DenkmalschutzG Rheinland-Pfalz § 23 oder DenkmalschutzG Schleswig-Holstein § 38)

Doyen des Diplomatischen Corps: Der Wortführer der Botschafter (des Diplomatischen Corps) und ihr Vertreter bei feierlichen Anlässen ist der Doyen. Er vermittelt auch bei Konflikten innerhalb des diplomatischen Korps. In Deutschland, Österreich und der Schweiz ist der jeweilige Apostolische Nuntius (Gesandter des Vatikans, „Heiliger Stuhl") Doyen (seit dem „Wiener Kongress", 1815).

Eidesformel: Bei Amtseiden kann auf die religiöse Schlussformel „..., so wahr mir Gott helfe" verzichtet werden. Im Strafprozess spricht der Richter zu den gläubigen Zeugen die Worte: „Sie schwören bei Gott dem Allmächtigen und Allwissenden, dass Sie nach bestem Wissen die reine Wahrheit gesagt und nichts verschwiegen haben" und der Zeuge spricht hierauf die Worte: „Ich schwöre es, so wahr mir Gott helfe." (Strafprozessordnung [StPO] § 64) In der Praxis (z. B. Beamtenvereidigung) wird häufig zunächst die religiöse Eidesformel vorgelegt und erst auf Nachfragen eine Formel ohne Gott.

Einsegnung: Immer noch werden öffentliche Gebäude anlässlich staatlicher offizieller Akte wie automatisch mit religiösen Ritualen (Segensworte, Weihwasser etc.) kirchlich „eingesegnet".

Enteignungen: Zur Entschädigung in Land dürfen nicht enteignet werden: Grundstücke, die durch ihre Verwendung unmittelbar den Aufgaben der Kirchen, der Religions- oder Weltanschauungsgemeinschaften des öffentlichen Rechts oder deren Einrichtungen dienen oder zu dienen bestimmt sind. (Niedersächsisches Enteignungsgesetz [NEG] § 6 II 2 e)

Ersatzunterricht: Sofern auf den Besuch des schulischen Religionsunterrichts verzichtet wird, ist in den meisten Bundesländern der Besuch eines Ersatzunterrichts „Philosophie" oder „Ethik" vorgesehen. In Niedersachsen heißt dieser Unterricht „Werte und Normen" und kann seinen Religionsersatz nicht verleugnen: „Im Fach Werte und Normen sind religionskundliche Kenntnisse, das Verständnis für die in der Gesellschaft wirksamen Wertvorstellungen und Normen und der Zugang zu philosophischen, weltanschaulichen und religiösen Fragen zu vermitteln." (Niedersächsisches Schulgesetz [NSchG] § 128 II)

Feiertagsschutz: An kirchlichen Feiertagen, insbesondere an „stillen Feiertagen" (wie Karfreitag) ist Musik in der Öffentlichkeit (Gaststätten, Theater, Jahrmärkte etc.) verboten. (Art. 139 WRV und Feiertagsgesetze der Länder) Es sind nicht erlaubt: Öffentliche Versammlungen unter freiem Himmel und öffentliche Aufzüge, die nicht mit dem Gottesdienst zusammenhängen (das Grundrecht der Versammlungsfreiheit wird insoweit eingeschränkt); Veranstaltungen, die der Unterhaltung oder dem Vergnügen dienen, bei denen nicht ein höheres

Interesse der Kunst, der Wissenschaft oder der Volksbildung vorliegt; sowie Veranstaltungen und Handlungen, soweit sie religiöse oder weltanschauliche Feiern stören oder den Besucherinnen oder Besuchern dieser Feiern den Zugang erschweren. (Niedersächsisches Gesetz über die Feiertage [NFeiertagsG] § 5)

Finanzgerichte: Das staatliche Finanzgericht lädt in kirchenrechtlichen Abgabeangelegenheiten diejenige Religionsgesellschaft ein, deren Interessen durch die Entscheidung als Abgabenberechtigter unmittelbar berührt werden. (z. B. Gesetz zur Ausführung der Finanzgerichtsordnung in Baden-Württemberg [AGFGO] § 3)

Friedhöfe: Kirchen, Kirchengemeinden und Kirchengemeindeverbände sowie andere Religionsgemeinschaften und Weltanschauungsgesellschaften, die Körperschaften des öffentlichen Rechts sind, können eigene Friedhöfe anlegen, erweitern und wiederbelegen sowie Leichenhallen errichten. Grabstätten in Kirchen sind als Bestattungsplätze zu genehmigen, wenn keine gesundheitlichen Gefahren bestehen. (Bestattungsgesetz Rheinland-Pfalz [BestG] § 3)

Feuerschutz: Die strengen Bestimmungen der Bundesländer, was die Sicherheit der Besucher einer Veranstaltung betrifft (Feuerschutz, Fluchtwege etc.) gilt u. a. nicht für Räume, die überwiegend für Gottesdienste genutzt werden, also alle Kirchen, auch wenn dort nicht-liturgische Konzerte oder Tagungen stattfinden. (Versammlungsstättenverordnungen [VStättV] der Länder).

Freistellungen: „An religiösen Feiertagen ihres Bekenntnisses ist den in einem Ausbildungs- oder Beschäftigungsverhältnis stehenden Angehörigen einer Kirche oder Religionsgemeinschaft auf Antrag unbezahlt Freistellung zu gewähren, soweit betriebliche Notwendigkeiten nicht entgegenstehen." (Gesetz über die Sonn- und Feiertage Sachsen-Anhalt [FeiertG LSA] § 6)

Gerichtsbarkeit: In Deutschland besteht neben den staatlichen Gerichten auch eine Kirchengerichtsbarkeit, damit die Kirchen ihre eigenen Angelegenheiten aus eigener Rechtsmacht ordnen und verwalten können. (Grundgesetz [GG] Art. 140 in Verbindung mit 137,3 WRV) Eine Besonderheit des kirchengerichtlichen Verfahrens besteht u. a. darin, dass die Richter nicht nur „an Recht und Gesetz", sondern auch an „Schrift und Bekenntnis" gebunden sind.

GEMA-Gebühren: Die Kirchen haben mit der GEMA Pauschalvereinbarungen, dass alle Musik, die bei Veranstaltungen der Kirchen gespielt wird (Gottesdienste, Konzerte, Gospelmusik, aber auch bei Gemeindeabenden, Sommerfesten und Jugendveranstaltungen) pauschal abgerechnet wird. So braucht nicht jede Kirchengemeinde selbständig urheberrechtlich relevante Tatbestände melden und abrechnen, und ein bedeutender finanzieller und verwaltungstechnischer Aufwand wird damit vermieden. (Urheberrechtgesetz [UrhG] § 52 und z. B. „Urheberrecht in der evangelischen Kirche")

Glockenläuten: Das Läuten von Kirchenglocken ist als liturgisches/sakrales Läuten (zu Gottesdiensten, Hochzeiten, Beerdigungen) erlaubt. (Grundrecht der Religionsfreiheit, Grundgesetz Art. 4,2) „Geräuschimmissionen durch liturgisches Glockengeläute der Kirchen im herkömmlichen Rahmen sind keine erhebliche Belästigung im Sinne des Art. 3 Abs. 1 BImSchG, sondern eine zumutbare, sozialadäquate Einwirkung." (Bundesverwaltungsgericht, BVerwGE 68, 62) Der Uhrschlag der Kirchturmsuhr (Zeitschlag) unterliegt dagegen den Bestimmungen des Lärmschutzes. (Technische Anleitung zum Schutz gegen Lärm [TA Lärm] 06:00 bis 20:00 Uhr max. 55 db[A] in Allgemeinen Wohngebieten)

Gotteslästerungsparagraph: Besonderer Schutz gegen die öffentliche Beschimpfung von Inhalten des religiösen oder weltanschaulichen Bekenntnisses, die den öffentlichen Frieden stören kann. (Strafgesetzbuch [StGB] § 166)

Grundstücksverkehr: KdöR bedürfen keiner Genehmigung für die Eigentumsübertragung oder Belastung von Grundstücken. (Grundstücksverkehrsgesetz [GrdstVG] § 4 Nr. 2)

Jugendhilfeausschüsse und Landesjugendhilfeausschüsse, Vertreter in diesen Gremien. (Sozialgesetzbuch VIII [SGB VIII – Jugendhilfe] §§ 71, 75)

Kirchenaustritt: Mitglieder von KdöR können diese (anders als die privatrechtlicher Religionsgemeinschaften oder sonstiger Vereinigungen) nur in einer vorgeschriebenen Form (persönliches Erscheinen vor einer Behörde oder notariell beglaubigte Erklärung) und dadurch (in den meisten Bundesländern) verursachter Zahlung einer staatlichen Gebühr (bis zu 60 €) verlassen. Vom Bundesverfassungsgericht gebilligt. (Beschluss vom 2.7.2008, NJW 2008, 2978)

Konkordatsschulen: Ersatzschulen in kirchlicher Trägerschaft, die aus öffentlichen Schulen hervorgegangen sind und die staatlich besser finanziert werden als andere Privatschulen (Niedersächsisches Schulgesetz [NSchG] §§ 154f.)

Konkurs: KdöR sind konkursunfähig (BVerfG Beschl. v. 13.12.1983 BVerfGE 66,1) und brauchen sich daher auch an der Aufbringung der Mittel für das Insolvenzgeld (früher: Konkursausfallgeld) nach § 358 Abs. 1 SGB III (Arbeitsförderung) nicht zu beteiligen.

Korruptionsbekämpfung: Das „Gesetz zur Verbesserung der Korruptionsbekämpfung und zur Errichtung und Führung eines Vergaberegisters in Nordrhein-Westfalen" (Korruptionsbekämpfungsgesetz – KorruptionsbG) gilt für alle staatlichen Einrichtungen und Behörden, für die Mitglieder der Landesregierung etc. Absatz (2): „Die Regelungen gelten nicht für die Kirchen, Religionsgemeinschaften und Weltanschauungsgemeinschaften."

Kreuze/Kruzifixe: Entgegen der Entscheidung des Bundesverfassungsgerichts (BVerfG) vom 16.5.1995 (BVerfGE 93,1) wird das Anbringen von Kruzifixen in öffentlichen Schulen und teilweise in anderen staatlichen oder kommunalen Gebäuden praktiziert, in Bayern in Schulen sogar auf Grund eines Gesetzes in jedem Klassenzimmer. (Bayerisches Gesetz über das Erziehungs- und Unterrichtswesen [BayEUG] § 7 Abs. 3)

Melderecht: Besondere Datenübermittlungen an KdöR nach dem Melderecht (Meldrechtsrahmengesetz [MRRG] § 19). Die staatliche Meldebehörde darf einer öffentlich-rechtlichen Religionsgesellschaft folgende Daten ihrer Mitglieder übermitteln: 1. Familiennamen, 2. Vornamen, 3. frühere Namen, 4. Doktorgrad, 5. Ordensnamen oder Künstlernamen, 6. Tag und Ort der Geburt, 7. Geschlecht, 8. Staatsangehörigkeiten, 9. gegenwärtige und letzte frühere Anschrift, Haupt- und Nebenwohnung, bei Zuzug aus dem Ausland auch die letzte frühere Anschrift im Inland, 10. Tag des Ein- und Auszugs, 11. Familienstand, beschränkt auf die Angabe, ob verheiratet oder eine Lebenspartnerschaft führend oder nicht; zusätzlich bei Ehegatten oder Lebenspartnern: Tag der Eheschließung oder der Begründung der Lebenspartnerschaft, 12. Zahl der minderjährigen Kinder, 13. Übermittlungssperren, 14. Sterbetag und -ort. (Meldegesetz [MG] Baden-Württemberg, § 30) Und zwar nicht nur für den Zweck der Kirchensteuererhebung: „Das kirchliche Auskunftsrecht und damit die Datenübermittlung an die Kirchen nach § 19 MRRG ist auch für seelsorgerische, karitative, kulturelle und missionarische Zwecke zulässig." (D. Lorenz, Personenstandswesen, Meldewesen, Datenschutz, in: HStKR Bd. 1, 2. Aufl. 1994 S. 717/732)

Notstands- und Verteidigungsfall: Keine Leistungspflicht für KdöR nach dem Bundesleistungsgesetz (BLG), § 4 II 4.

Personenstandsregister: Besondere Auskunftsrechte der KdöR. (Personenstandsgesetz [PersStG] § 65)

Rechnungsprüfung: Werden staatliche Zuschüsse / Subventionen gewährt, so findet keine Rechnungsprüfung der Haushalts- und Wirtschaftsführung der Kirchen und ihrer Einrichtungen (z. B. Caritas und Diakonie) durch die staatlichen Rechnungshöfe statt. (Gesetz über die Grundsätze des Haushaltsrechts des Bundes und der Länder [HGrG], § 55; im Einzelnen streitig).

Religionsausübung: Bestraft wird, wer den Gottesdienst oder eine gottesdienstliche Handlung einer im Inland bestehenden Kirche oder anderen Religionsgesellschaft absichtlich und in grober Weise stört. (Strafgesetzbuch [StGB] § 167 „Störung der Religionsausübung")

Religionsvermerk auf der Lohnsteuerkarte, der im Widerspruch dazu steht, dass niemand verpflichtet ist, seine religiösen Überzeugungen gegenüber nicht-staatlichen Stellen zu offenbaren, schon gar nicht einem Arbeitgeber. (Grundgesetz [GG] Art. 140 in Verbindung mit Art. 136,3 WRV)

Rundfunk- und Fernsehräte: Vertreter in den Rundfunk- und Fernsehräten von ARD und ZDF sowie in den Aufsichtsgremien für private Rundfunk- und Fernsehsender. (z. B. § 17 NDR-Staatsvertrag oder § 21 Abs. 1 ZDF-Staatsvertrag oder § 21 LandesmedienG Niedersachsen)

Sammlungen: Erlaubnisfreiheit für kirchliche Sammlungen, soweit die Sammlungsgesetze nicht generell aufgehoben worden sind.

Schutzbereich: Der Schutzbereich dient zum Schutz und zur Erhaltung der Wirksamkeit von Verteidigungsanlagen. Dabei gilt eine besondere Rücksichtnahme für kirchliche Grundstücke. (Gesetz über die Beschränkung von Grundeigentum für die militärische Verteidigung [Schutzbereichsgesetz] § 7)

Sendezeiten in Radio und Fernsehen. (z. B. Art. 4 Abs. 2 Nr. 3 Bayerisches Rundfunkgesetz. Hier ist – wie auch sonst gelegentlich in Gesetzen – von „anerkannten Religionsgemeinschaften" die Rede. Was das bedeutet, ist unklar, da es ein Anerkennungsverfahren für Religionsgemeinschaften in Deutschland nicht gibt) Auch im privaten Rundfunk und Fernsehen (z. B. § 19 Abs. 4 Rundfunkgesetz Nordrhein-Westfalen).

Sonderurlaub: Teilnahme von Angehörigen des öffentlichen Dienstes an Gremiensitzungen der Religionsgemeinschaften, soweit diese KdöR sind, und an Kirchen- und Katholikentagen (ähnlich auch für Sportverbände, Parteien, Gewerkschaften) (Sonderurlaubsverordnung § 7 Nr. 7), nicht aber z. B. für Kongresse der Zeugen Jehovas (OVG Koblenz 19.6.2009, DÖD 2009, 262).

Sonntagsschutz: Der Sonntag und staatlich anerkannte Feiertage bleiben als Tage der Arbeitsruhe und der seelischen Erhebung gesetzlich geschützt. (Grundgesetz [GG] Art. 140 in Verbindung mit Art. 139 Weimarer Reichsverfassung)

Sozialhilfe: Sonderstellung der Kirchen und Religionsgesellschaften des öffentlichen Rechts sowie der Verbände der freien Wohlfahrtspflege. (Sozialgesetzbuch XII [SGB XII – Sozialhilfe] § 5)

Stiftung „Flucht, Vertreibung, Versöhnung": Vertretung der beiden Kirchen. (§ 19 Gesetz zur Errichtung einer Stiftung „Deutsches Historisches Museum" vom 21.12.2008, BGBl. I S. 2891)

Stiftungen: Die kirchlichen Stiftungen unterstehen der Aufsicht der betreffenden Kirche. Der Erlass allgemeiner Vorschriften über Namen, Sitz, Zweck, Vertretung, Verwaltung und Beaufsichtigung kirchlicher Stiftungen ist Aufgabe der Kirchen. (z. B. Bayerisches Stiftungsgesetz [BayStG] Art. 22)

Unterrichtsbefreiung: Die Teilnahme an einer Rüstzeit oder an Einkehrtagen in Vorbereitung der evangelischen Konfirmation oder der katholischen Firmung ist auf Antrag der Eltern bis zu zweimal für zwei Unterrichtstage zu gewähren. (Thüringer Schulordnung [ThürSchulO] § 7 Abs. 1 Satz 1)

Urheberrecht: Veröffentlichte Texte können in Sammlungen für den Kirchengebrauch verwendet werden, ohne dass dafür eine Zustimmung des Rechteinhabers (wie bei Schulbüchern) erforderlich ist. Es besteht jedoch ein gesetzlicher Vergütungsanspruch. (Gesetz über Urheberrecht und verwandte Schutzrechte (Urheberrechtsgesetz – UrhG) Abschnitt 6: Schranken des Urheberrechts, § 46)

Versammlungen: Keine Anmeldepflicht und Genehmigungspflicht nach dem Versammlungsgesetz für kirchliche Versammlungen, Gottesdienste unter freiem Himmel, kirchliche Prozessionen, Bittgänge und Wallfahrten, gewöhnliche Leichenbegängnisse, Züge von Hochzeitsgesellschaften und hergebrachte Volksfeste (Gesetz über Versammlungen und Aufzüge [VersG] § 17), soweit diese Vorschrift nach der Föderalismusreform zunächst noch weiter gilt.

Wehrpflicht: Befreiung katholischer und evangelischer Geistlicher sowie vergleichbarer hauptamtlich tätiger Geistlicher anderer Bekenntnisse vom Wehr- und Zivildienst. Studierende der Theologie sind auf Antrag vom Wehrdienst zurückzustellen. (Wehrpflichtgesetz [WehrPflG] §§ 11,1-3 und 12,2 sowie Zivildienstgesetz [ZivilDG], §§ 10,1 und 12,2)

Zwangsmittel: Nach dem Verwaltungsvollstreckungsrecht können gegen KdöR keine Zwangmittel eingesetzt werden. (z. B. Verwaltungsvollstreckungsgesetz [VwVG] § 17 des Bundes)

Zwangsvollstreckung: Besonderer Schutz der KdöR wegen einer Geldforderung nach der Zivilprozessordnung (ZPO) § 882a und wegen rückständiger Abgaben (Finanzgerichtsordnung [FGO] § 151).

213. „Das sind keine Privilegien"

Das alles stellt aus der Sicht der Kirchen jedoch keine Privilegierung dar. Ende Januar 2010 fanden die 4. Berliner Gespräche über das Verhältnis von Staat, Religion und Weltanschauung zum Thema „Die Privilegien der Kirchen und das Grundgesetz" statt. Eingeladen hatten die *Friedrich-Naumann-Stiftung* und die *Humanistische Union*.[215]

Die angefragten Podiumsteilnehmer der katholischen und der evangelischen Kirche hatten eine Teilnahme abgesagt. Das war aber insofern kein Nachteil, da drei der Podiumsteilnehmer, egal welche Berufsbezeichnung ihnen beigegeben war, explizit die Positionen ihrer jeweiligen Religionsgemeinschaft vertraten.

Man könnte sagen, die katholische Position wurde vertreten durch den Bundesrichter a. D., Hans-Jürgen van Schewick, die evangelische durch einen Bundestagsabgeordneten der FDP, den Theologen und Pfarrer Pascal Kober, und die muslimische Position durch die Islamwissenschaftlerin und Juristin Nahed Samour. Die *Humanistische Union* war mit Johann-Albrecht Haupt auf dem Podium. Die Moderation lag bei Alfred Eichhorn vom *rbb Inforadio*.

Die Positionen wurden sehr schnell deutlich. Auf die einleitende Frage des Moderators, was denn bei dieser Tagung eine „ideologische Luftnummer" wäre, betonte der Jurist und Katholik, dass das gesamte

Thema der Tagung eine Luftnummer sei, denn „welche Privilegien hat denn die Kirche?" Der evangelische Bundestagsabgeordnete und Pfarrer bekräftigte diese Auffassung, denn „alle Religionsgesellschaften können sich so verfassen, dass sie die gleichen Rechte wie die Kirchen bekommen." Die Einwände des Bürgerrechtlers und seine erste Aufzählung wichtigster Privilegien wurden höflich übergangen. Zusammengefasst bedeutet das erstens: Was nicht organisiert ist, existiert nicht. Zweitens: Alle haben die Freiheit, sich in die gegebenen rechtspolitischen Strukturen hinein zu organisieren und jeder habe die Freiheit das auch *nicht* zu tun.

Das alles beruhe auf korrekt vereinbarten demokratischen Gesetzen und Verträgen und insofern haben die Kirche auch keine Privilegien. Alle Organisationen, die sich entsprechend wie die Kirchen organisieren, erhalten die gleichen Rechte und Finanzierungen. Und jede Organisation habe die Freiheit, sich *nicht* zu „verkirchlichen". Wenn also beispielsweise die Muslime sich nicht in Mitgliedschaftsgesellschaften wie die christlichen Kirchen organisieren wollten, dann sei das eben ihre freie Entscheidung. Ein Schelm, der sich Böses dabei denkt.

Anhang

1. Staatsdotationen der Bundesländer 2009
2. Religionsunterricht in den Bundesländern 2008/2009
3. Zusammenfassung staatliche Zuwendungen

1. Staatsdotationen der Bundesländer 2009

Land	katholische Kirche	evangelische Kirche	Summe
	in 1000 EUR		
Baden-Württemberg	49.341	49.628	98.969
Bayern	65.247	21.434	86.682
Berlin	2.889	7.694	10.583
Brandenburg	1.000	10.100	11.100
Bremen	0	0	0
Hamburg	0	0	0
Hessen *)	12.437	30.041	42.479
Mecklenburg-Vorp.	355	9.312	9.667
Niedersachsen	7.653	30.496	38.149
Nordrhein-Westfalen	12.417	8.290	20.707
Rheinland-Pfalz	26.743	21.098	47.841
Saarland	605	65	670
Sachsen **)	773	18.553	19.327
Sachsen-Anhalt	4.339	21.081	25.420
Schleswig-Holstein	202	11.798	12.000
Thüringen	4.500	14.600	19.100
Summe	**188.500**	**254.190**	**442.691**

Recherche: Johann-Albrecht-Haupt
*) Auskunft des Hessischen Kultusministeriums, aus dem Haushaltsplan nicht ersichtlich.
**) Eigene Berechnung: Vom Gesamtetat entfallen 725.000 Euro auf die jüdischen Gemeinden, der Rest verteilt sich zu rund 96 v. H. auf die evangelischen Kirchen und zu rund 4 v. H. auf die katholische Kirche. (Auskunft des Sächsischen Staatsministeriums für Kultus)

2. Religionsunterricht in den Bundesländern 2008/2009

Bundesland	Schüler im Religions- unterricht	VZE 1)	Gestellungs- gelder 2) in 1.000 €	entspr. kirchl. VZE	ergibt staatl. VZE	Kosten staatliche Lehrer	Gesamt- kosten in 1.000 €
1	2	3	4	5	6	7	8
Baden-Würt.	934.853	3.561	38.400	640	2.921	175.281	213.681
Bayern	1.431.131	5.452	80.125	1.335	4.117	246.991	327.116
Hamburg 3)	146.800	559			559	33.554	33.554
Hessen	547.831	2.087	20.052	334	1.753	105.167	125.219
Meckl.-Vorp.	53.567	204	686	11	193	11.558	12.244
Nieders.	621.395	2.367	13.090	218	2.149	128.943	142.033
NRW 4)	1.849.310	7.045	29.100	485	6.560	393.599	422.699
RLP	465.211	1.772	19.355	323	1.450	86.979	106.334
Saarland	84.200	321	3.110	52	269	16.136	19.246
Sachsen	87.263	332	6.500	108	224	13.446	19.946
Sachsen-A.	30.927	118	2.612	44	74	4.457	7.069
S-H.5)	308.000	1.173	3.200	53	1.120	67.200	70.400
Thüringen	59.584	227	3.353	56	171	10.266	13.619
Summe	6.620.072	25.219	219.583	3.660	21.560	1.293.576	1.513.159
			An Kirchen				
Berlin 6)	110.151	647	33.660	(647)			33.660
Brandenb. 7)	36.194	121	4.266	(121)			4.266
Gesamt	**6.766.417**	**25.987**	**257.509**	**4.428**	**21.560**	**1.293.576**	**1.551.085**

Quellen: (Spalte 2) Schüler im Religionsunterricht: Schul-/Bildungsministerien der Bundesländer
(Spalte 4) Gestellungsgelder: Haushaltspläne der Bundesländer

1) Umrechnungsformel: Teilnehmende Schüler/innen durch (Schüler-Klassenfrequenz) 21 mal 2 (Fach-Wochenstunden) durch 25 (Stunden Lehrdeputat Vollzeitlehrereinheit) ergibt xx Vollzeit- lehrereinheiten (VZE). Für eine Vollzeitlehrereinheit wurden als Jahresfinanzierung 60.000 Euro angesetzt.

2) So die Ansätze der Zahlungen in den Haushaltsplänen / geteilt durch 60.000 Euro ergibt die Vollzeitlehrereinheiten für Gestellungslehrer der Kirchen.

3) In Hamburg sind keine Teilnehmerzahlen erfasst, daher Schätzung 60 % aller Schüler. Es gibt in Hamburg zudem keinen klassischen Religionsunterricht sondern einen „Religionsunterricht für alle". Der davon abgesonderte katholische Religionsunterricht befindet sich in der 'Pilotphase'.

4) In NRW finden sich die Angaben zu Gestellungsverträgen nicht im Haushalt sondern in der Landtagsdrucksache 14/2806 (Erläuterungen).

5) In Schleswig-Holstein sind keine Teilnehmerzahlen erfasst. Die Gesamtzahl wurde aus Schülerzahl minus Teilnehmer im Ethik-/Philosophieunterricht ermittelt.

6) In Berlin gibt es einen freiwilligen Religions- und Weltanschauungsunterricht, also auch keine Gestellungsgelder. Die Förderungsformel wird zudem in der Lerngruppengröße anders berechnet: Anzahl Schüler / 15 (Lerngruppengröße) = xx (Lerngruppen). Für jede Lerngruppe x 2 Unterrichtsstunden / 25 Lehrerpflichtstunde je Lehrerplanstelle = Lehrerplanstellenzahl x 90 % von BAT III (West) im Jahre 2002 (50.346 €).

7) In Brandenburg werden die Gestellungsverträge sehr kompliziert und auf anderer Basis berech- net als nach Anmerkung 2). Zudem zahlt die Landeskirche etwa die Hälfte der VZE für den Religionsunterricht selbst, da die Mindestteilnehmerzahlen häufig nicht erreicht werden.

3. Zusammenfassung staatliche Zuwendungen

Zuwendungen aus Steuergeldern zugunsten der Kirchen, ihrer Einrichtungen und ihrer Mitglieder (ohne Caritas und Diakonie) pro Jahr. (2009)

Einnahmeverzicht (durch KiSt als Sonderausgabe)	3.000.000.000
Ersparnis durch staatlichen Einzug der KiSt	1.800.000.000
Arbeitgeberabrechnung KiSt	280.000.000
Dotationen der Bundesländer	442.000.000
plus Staatliche Verwaltungskosten (ca.)	8.000.000
Kirchenbaulasten	101.000.000
Steuerbefreiungen	2.270.000.000
Steuerliche Absetzbarkeit von Spenden etc.	600.000.000
Ausbildung des Nachwuchses	509.000.000
Kindertageseinrichtungen	3.915.000.000
Religionsunterricht	1.700.000.000
Konfessionsschulen	2.264.000.000
Familie und Jugendhilfe	357.000.000
Erwachsenenbildung, kulturelle Betreuung	100.000.000
Militärseelsorge	31.000.000
Anstaltsseelsorge etc.	12.000.000
Polizeiseelsorge	1.800.000
Auslandsarbeit der Kirchen	270.000.000
Senderechte in Medien	83.000.000
Denkmalpflege	18.800.000
Bauzuschüsse	270.000.000
Kommunale Zahlungen	61.000.000
Kirchentage	7.100.000
Bußgelder	5.300.000
Zivildienst, Freiwilligendienste	522.000.000
Kirchliche Kulturarbeit (2003)	662.000.000
Insgesamt	19.290.000.000

Nachwort

Dieses Buch hat einen Vorgänger: das Sachbuch *Finanzen und Vermögen der Kirchen in Deutschland*,[216] erschienen im Januar 2002. Über die Jahre wurde es immer drängender, die Zahlenangaben zu aktualisieren. Das vorliegende *Violettbuch* ist nicht die Aktualisierung dieses umfangreichen, als Standardwerk bezeichneten Buches. Es ist vielmehr ein „Streifzug" durch verschiedenste Aspekte des Themas Kirche und Staat in Deutschland, manchmal sehr detailreich, andere Male eher skizzenhaft. Das Buch ist als lesbare und sachgerechte Einführung in das Thema der finanziellen Verflechtungen von Kirche und Staat in Deutschland gedacht – einer Thematik, deren Facettenreichtum kaum bekannt ist.

Diese Arbeit erscheint zudem in einer Zeit, in der die Debatten um die Einsparungen im Bundeshaushalt und die beginnenden Diskussionen zu den Gemeindefinanzen Emotionen aufwühlen. Vielleicht wird bei diesen Fragen auch das Bewusstsein dafür geschärft, welche Akteure den Staat schon seit langem zur Kasse bitten.

Bücher dieses Aufwands entstehen selten im Alleingang, so wie das erste Buch. Aufgrund der seitdem entstandenen Vernetzung enthält dieses Buch viele Informationen, Anregungen und Korrekturen von Kollegen und Freunden, die im Text nicht einzeln genannt werden. Deshalb möchte ich an dieser Stelle insbesondere Gerhard Czermak, Corinna Gekeler, Johann-Albrecht Haupt, Matthias Krause und Johanna Paul erwähnen, die mit ihrer Kompetenz mit dafür gesorgt haben, dass dieses Buch sachbezogen geworden ist. Ebenso ist es mit Heike Jackler, Frank Navissi, Oliver-Martin Rapsch und last but not least Elke Schäfer, die manche meiner verschachtelten Gedanken sortiert und das Manuskript sachlich, stilistisch und technisch Korrektur gelesen haben. Evelin Frerk hat die Monate der Arbeit mit Ermunterung, Gesprächen und Kritik geduldig begleitet und befördert.

Ihnen allen, aber auch den Pressestellen der Kultusministerien der Länder und den Mitarbeitern des Statistischen Bundesamtes, die meine Fragen stets freundlich und sachgerecht beantwortet haben, gilt mein herzlicher Dank.

Berlin, im Spätsommer 2010 Carsten Frerk

Anmerkungen

1   http://www.ekd.de/kirchenfinanzen/startseite_kirchenfinanzen.html
2   http://www.humanistische-union.de/index.php?id=1376&type=123
3   Bernhard Krawietz: „Verschiedene Fragen zur finanziellen Förderung der evangelischen und der katholischen Kirche durch Bund, Länder und Gemeinden", Wissenschaftlicher Dienst des Bundestages, Ausarbeitung WD 4 – 3000 – 005/09 vom 27. Januar 2009, 7 Seiten.
4   Carsten Frerk: Caritas und Diakonie in Deutschland. Aschaffenburg: Alibri 2005, 366 Seiten.
5   Ergänzend und mit weiteren rechtlichen Details: Gerhard Czermak, Religion und Weltanschauung in Gesellschaft und Recht. Ein Lexikon für Praxis und Wissenschaft, Aschaffenburg: Alibri 2009, 400 Seiten. Artikel Kirchensteuer I – IV, S. 182ff.
6   http://www.bundesfinanzministerium.de/nn_35360/DE/BMF__Startseite/Service/Glossar/K/008__Kirchensteuer.html
7   Michael Droege: Staatsleistungen an Religionsgemeinschaften im säkularen Kultur- und Sozialstaat, Berlin: Duncker & Humblot 2003, S. 56-57. Das Zitat im Zitat („finanzverfassungsrechtliches Unikum") stammt von Josef Isensee aus einem Aufsatz in: Juristische Schulung (JuS) 1980, S. 94.
8   http://www.news-adhoc.com/rabatte-bei-der-evangelischen-kirche-id-na2009091651897/
9   http://www.ekd.de/kirchenfinanzen/assets/wer_entrichtet.pdf
10   http://www.mainpost.de/lokales/main-spessart/Steuerschulden-Kirche-pfaendet-Konto-eines-Rentners;art776,5710505
11   Dr. Jens Petersen: Die Kirchensteuer - eine kurze Information, unter: http://www.ekd.de/kirchenfinanzen/assets/kirchliche_aufgaben.pdf
12   http://www.diag-mav-muenster.de/Dokumentationen/Jubilaeumsbegegnungstag/Presse/Pressedienst%20Bistum%20Muenster%2024.%20Oktober%202007.pdf
13   Norbert Feldhoff: „Wo bleibt die Kirchensteuer?", in: Wolfgang Ockenfels / Bernd Kettern (Hrsg.) Streitfall Kirchensteuer. Paderborn: Bonifatius 1993, S. 27-60.
14   Darstellung und Beispiel so bei www.parmentier.de/steuer/kirchst.htm
15   http://www.helmut-zenz.de/hzkircs3.htm
16   http://www.ekd.de/kirchenfinanzen/pdfs/ausserordentliche_einkuenfte.pdf
17   http://www.taz.de/index.php?id=archivseite&dig=2004/01/19/a0180
18   http://www.wiwo.de/unternehmen-maerkte/3-tag-ackermann-schweigt-esser-redet-weiter-337529/
19   siehe den Artikel im Humanistischen Pressedienst: http://hpd.de/node/7310
20   http://hpd.de/node/655 . Dort auch eine ausführliche Darstellung der Entwicklung des Verhältnisses von Staat und Kirche in der DDR.
21   Emnid-Umfrage für den Spiegel; 28. bis 30. November 1994, in: Der SPIEGEL 50/1994.
22   z. B. Bericht der Bundesregierung über die Entwicklung der Finanzhilfen des Bundes und der Steuervergünstigungen für die Jahre 2005 bis 2008 (21. Subventionsbericht)

23   http://www.oekt.de/aktuell_2010/religion_kirche/freitag/154nr_ekd_kirchensteuer.html

24   http://www.bmi.bund.de/DE/Themen/PolitikGesellschaft/KirchenReligion/
      StaatReligion/StaatReligion_node.html

25   http://eur-lex.europa.eu/LexUriServ/LexUriServ.do?uri= CELEX:31995L0046:de:html

26   Hermann Weber: „Kirchenfinanzierung im religionsneutralen Staat –
      Staatskirchenrechtliche und rechtspolitische Probleme der Kirchensteuer", in: NVwZ
      2002, Heft 12, S. 1453, im Internet zu lesen unter: http://pimoe.wikispaces.com/file/
      view/Kirchensteuer.pdf

27   BverfGE 44, 103 = Neue Juristische Wochenschrift (NJW) 1977, 1282

28   BVerfGE 49, 375

29   Papier von Artur Osenberg, in: http://ibka.org/artikel/miz81/kirchensteuereinzug.html

30   BVergE 19, 206 = ZevKR 12, 1966/67, S. 374-382, hier S. 375

31   http://www.kirchgeld-niedersachsen.de/VE/06.html

32   Darstellung und Beispiel so bei http://www.bistum-eichstaett.de/fileadmin/ homepage-
      bilder/bistum/kirchensteueramt/abgeltungssteuer.pdf

33   Ein Teil der Überlegungen folgt den Ausführungen von Friedrich Halfmann: http://
      www.phil.uni-sb.de/projekte/imprimatur/2007/imp070306.html

34   http://www.steuerberatung-hermanns.de/aktuelles/sachzuwendungen/index.html

35   vgl. Der Tagesspiegel vom 20.8.2009

36   In voller Länge: „Der freiheitlich säkularisierte Staat lebt von Voraussetzungen, die
      er selbst nicht garantieren kann. Das ist das große Wagnis, das er, um der Freiheit
      willen, eingegangen ist. Als freiheitlicher Staat kann er einerseits nur bestehen, wenn
      sich die Freiheit, die er seinen Bürgern gewährt, von innen her, aus der moralischen
      Substanz des einzelnen und der Homogenität der Gesellschaft, reguliert. Andererseits
      kann er diese inneren Regulierungskräfte nicht von sich aus, das heißt mit den Mitteln
      des Rechtszwanges und autoritativen Gebots, zu garantieren suchen, ohne seine
      Freiheitlichkeit aufzugeben." (Ernst-Wolfgang Böckenförde: Die Entstehung des
      Staates als Vorgang der Säkularisation [1967], in: Ders., Recht, Staat, Freiheit. Studien
      zur Rechtsphilosophie, Staatstheorie und Verfassungsgeschichte, Frankfurt am Main
      1991, S. 92-114.)

37   Wolfgang Böckenförde: Der Staat als sittlicher Staat, Berlin: Duncker & Humblot
      1978, S. 22, 31; zit. nach Bernd Jeand'Heur/Stefan Korioth: Grundzüge des
      Staatskirchenrechts, Stuttgart: Boorberg, 2000, S. 53. Zum instrumentalisierenden
      Charakter des Kurzzitats und seiner Bedeutung, vgl. Gerhard Czermak auf http://hpd.
      de/node/8543

38   BVerfGE 19, 206/216, Urteil vom 14.12.1965

39   Vgl. Gerhard Czermak: Das Kruzifix als verfassungsrechtliches Streitobjekt
      oder: Christliche Schule im weltanschaulich neutralen Staat?; in: Materialien und
      Informationen zur Zeit (MIZ) 1/92. Das Zitat von H. Rupp ist aus: H. H. Rupp, in:
      ANSTÖSSE. Bericht aus der Arbeit der evangelischen Akademie Hofgeismar Heft 1/2
      (1969) S. 9f.

40   Zeitschrift für evangelisches Kirchenrecht, Bd. 53 (2008) S. 235, unter: http://www.
      mohr.de/fileadmin/user_upload/Zeitschriften/PDF-Probehefte/ZevKR_53-3.pdf

41   Zu den rechtlichen Strukturen ausführlicher: Gerhard Czermak: Religion und
      Weltanschauungsrecht. Eine Einführung. In Kooperation mit Prof. Dr. Dr Eric
      Hilgendorf. Berlin / Heidelberg: Springer, 2008, S. 101-106.

42   Bernhard Vogel: Zum Beispiel Thüringen. Das Verhältnis von Kirchen und Staat nach
      der Wiedervereinigung. Bayerische Akademie der Wissenschaften, München, 18. Juli

2008, Konrad Adenauer Stiftung, unter: http://www.kas.de/wf/doc/kas_14203-544-1-30.pdf

43 Alexander Hollerbach: „§ 139 Der verfassungsrechtliche Schutz kirchlicher Organisation", in: Josef Isensee (Hrsg.): Handbuch des Staatsrechts der Bundesrepublik Deutschland. Heidelberg: Müller 1989, Bd.6, S. 557-593, hier S. 587.

44 http://www.eo-bamberg.de/eob/dcms/sites/bistum/erzbistum/bistum_allgemein/ bistumsgruendung.html

45 http://www.landesrechnungshof-sh.de/index.php?seid=56

46 http://www.landesrechnungshof-sh.de/index.php?getfile= ergebnisbericht2010.pdf

47 http://www.rundschau-online.de/html/artikel/1229432322580.shtml (23.12.2008)

48 Der Spiegel 13/1969, S. 57.

49 Haushaltsplan Bayern 2009/2010, Kap. 05 50 ff., S. 254ff.

50 http://www.sueddeutsche.de/w5Q38C/3085108/Flurbereinigung-zwischen-Staat-und-Kirche.html

51 http://www.orh.bayern.de/index.php?option=com_content&task=view&id=153& Itemid=158

52 http://www.bistum-fulda.de/bistum_fulda/kunst_musik/kunst/denkmalpflege/ pdf/ Denkmalpflegeberichte/Kirchliche_Denkmalpflege_52._Jahrgang_2000.pdf

53 https://www2.landesarchiv-bw.de/ofs21/olf/struktur.php?bestand=1199&klassi=&anzei geKlassi=011.003

54 http://www.orh.bayern.de/index.php?option=com_content&task= view&id=153&Itemid=158

55 Die Rahmenvereinbarung ist abgedruckt im Anhang zu Drucksache 16/5562 des Hessischen Landtages vom 10.5.2006.

56 Urteil Bundesverwaltungsgericht (BVerwG 7 C 1.08), BVerGE 132, 358-372

57 Bernhard Felmberg: „Politik und Kirche im Superwahljahr 2009", in: Evangelische Verantwortung. Das Magazin des Evangelischen Arbeitskreises der CDU/CSU, Ausgabe 5+6 2009, S. 5.

58 http://www.ekd.de/staatskirchenrecht/suche/main.php3?selected_tab= 1&action=Suche &searchtext=Baulast (dort die # 9)

59 http://www.orh.bayern.de/files/Jahresberichte/2005/Jahresbericht2005_V3.pdf; dort Punkt 22.2.4.4., S. 76

60 Frankfurt am Main: Produkthaushalt 2010, Produktbereich: 98 Zentrale Finanzwirtschaft, Produktgruppe: 98.04 Kirchliche Angelegenheiten.

61 Michael Droege: Staatsleistungen an Religionsgemeinschaften im säkularen Kultur- und Sozialstaat, S. 540.

62 Verhandlungen der verfassungsgebenden deutschen Nationalversammlung, Berlin 1920, Band 336, S. 205. Zit. nach Notker Bakker „Subventionsabbau bei den Kirchen?", in: MIZ 3/2003. (http://www.miz-online.de/Archiv/3-03/Subventionsabbau-bei-den-Kirchen)

63 So beständig, in verschiedenen Quellen, der Senior des evangelischen „Staatskirchenrechts", Axel Freiherr von Campenhausen.

64 Alexander Hollerbach: „§ 139 Der verfassungsrechtliche Schutz kirchlicher Organisation", in: Josef Isensee (Hrsg.): Handbuch des Staatsrechts der Bundesrepublik Deutschland. Heidelberg: Müller 1989, Bd. 6, S. 557-593, hier S. 587.

65 http://dipbt.bundestag.de/dip21/btp/17/17011.pdf (S. 889)

66 http://de.wikisource.org/wiki/Hauptschluß_der_ausserordentlichen_Reichsdeputation

67 http://www.roi-president.com/bio/bio-fait-Concordat+de+1801.html

Art. XIII: „Sa Sainteté, pour le bien de la paix et l'heureux rétablissement de la religion catholique, déclare que ni elle, ni ses successeurs, ne troubleront en aucune manière les acquéreurs des biens ecclésiastiques aliénés, et qu'en conséquence, la propriété de ces mêmes biens, les droits et revenus y attachés, demeureront incommutables entre leurs mains ou celles de leurs ayant-cause."

68   Vertragstext: „Art. 7. Et comme par la suite de la cession que fait l'Empire à la République française, plusieurs Princes et États de l'Empire se trouvent particulièrement dépossédés en tout ou en partie, tandis que c'est à l'Empire germanique collectivement à supporter les pertes résultant des stipulations du présent traité, il est convenu entre S.M. l'empereur et roi, tant en son nom qu'au nom de l'Empire germanique, et la République française, qu'en conformité des principes formellement établis au congrès de Rastadt, l'Empire sera tenu de donner aux princes héréditaires qui se trouvent dépossédés à la rive gauche du Rhin, un dédommagement qui sera pris dans le sein dudit Empire, suivant les arrangements qui, d'après ces bases, seront ultérieurement déterminés." Quelle: http://www.1789-1815.com/tr_luneville_txt.htm

69   Allgemeine deutsche Real-Enzyklopädie für die gebildeten Stände. Conversations-Lexikon, Bd. 8, Leipzig (Brockhaus) 1824, S. 542; zitiert nach Hartmut Lehmann: Säkularisierung, Göttingen: Wallstein 2004, S. 39.

70   Joseph Meyer (Hrsg.): Das große Conversations-Lexikon für die gebildeten Stände, Bd. 6, Hildburghausen, 1851, S. 1021f.; zitiert nach Hartmut Lehmann, Säkularisierung, S. 40.

71   http://www.verfassungen.de/de/by/bayern1818/bayern17-konkordat.htm

72   Erwin Gatz (Hrsg.): Die Geschichte des Kirchlichen Lebens in den deutschsprachigen Ländern seit dem Ende des 18. Jahrhunderts, Bd. VI: Die Kirchenfinanzen, Freiburg: Herder 2000, S. 95.

73   Ebenda.

74   Ebenda, S. 101.

75   vgl. Christoph Link: Kirchliche Rechtsgeschichte, München: Beck 2009, S. 124-127.

76   http://fowid.de/fileadmin/textarchiv/Reichsdeputationshauptschluss_1803__Johannes_ Neumann___TA-2003-3.pdf

77   http://www.die-tagespost.de/Archiv/titel_anzeige.asp?ID=8153

78   http://de.wikipedia.org/wiki/Michael_von_Faulhaber

79   Alexander Hollerbach: „§ 139 Der verfassungsrechtliche Schutz kirchlicher Organisation", in: Josef Isensee (Hrsg.): Handbuch des Staatsrechts der Bundesrepublik Deutschland. Heidelberg: Müller 1989, Bd.6, S. 557-593, hier S. 588.

80   Johannes-Albrecht Haupt: Begründung zu These 3: Staatsleistungen, in: Trennung von Staat und Kirche. Thesen der Humanistischen Union. HU-Schriften 21, München, 1995, S. 24-26, S. 26.

81   Gerhard Czermak: Religion und Weltanschauungsrecht, S. 190 mit Verweisen auf die Arbeiten von insbesondre Ludwig Renck.

82   Michael Droege: Staatsleistungen an Religionsgemeinschaften im säkularen Kultur- und Sozialstaat, S. 540.

83   Dazu ergänzend: Johann-Albrecht Haupt, Ewige Rente für die Kirche?, in: Vorgänge 189 (Heft 1/2010), S. 86-94.

84   Dazu detailliert: Gerhard Czermak, Religion und Weltanschauung in Gesellschaft und Recht – Artikel Religionsverfassungsrecht; Privilegien der Kirchen; Neutralität. Einen ausführlichen kritischen Überblick gibt ders. in Kritische Justiz 2000, S. 229-247 (= auch in: http://fowid.de/fileadmin/textarchiv/Religionsverfassungsrecht_im_ Grundgesetz_Gerhard_Czermak_TA_2000-2.pdf

85 http://www.humanistische-union.de/themen/srw/huschrift18/referat_fischer/
86 Michael Droege: Staatsleistungen an Religionsgemeinschaften im säkularen Kultur- und Sozialstaat, S. 256.
87 http://kulturserver-hessen.de/home/zeitzeichen/konkodat.htm
88 http://www.verfassungen.de/de/preussen/konkordat29.htm
89 Statistisches Jahrbuch 2009, S. 547
90 http://www.aka-altersversorgung.de
91 http://portal.versorgungskammer.de/
92 Gerhard Czermak: Religion und Weltanschauungsrecht, S. 188.
93 Wolfgang Spree:„Kirchensteuern und die finanziellen Angelegenheiten der Kirche" (2002) (Juristisch-theologisches Seminar der Humboldt Universität: Staat - Kirche – Religion. Grundlagen und aktuelle Streitfragen. Prof. Dr. Wolfgang Huber, Prof. Dr. Bernhard Schlink), unter: http://www.grin.com/e-book/106786/kirchensteuern-und-die-finanziellen-angelegenheiten-der-kirche
94 vgl. dazu: Carsten Frerk, Finanzen und Vermögen der Kirchen in Deutschland, Aschaffenburg: Alibri 2002, S. 203ff.
95 http://www.ris-muenchen.de/RII/RII/DOK/SITZUNGSVORLAGE/622064.pdf
96 http://www.steuerzahler-hessen.info/realsteuerhebesaetze.pdf – mit Dank für diesen Hinweis in dem wikipedia-Artikel zur Grundsteuer.
97 Vgl. dazu die ausführlichen Erläuterungen und Berechnungen bei Carsten Frerk: Finanzen und Vermögen der Kirchen in Deutschland, S. 210f.
98 Alle Basis-Zahlenangaben zu den geltend gemachten Spenden aufgrund einer Sonderauswertung des Statistischen Bundesamtes, Juli 2010.
99 http://www.landtag-bw.de/wp14/drucksachen/2000/14_2283_d.pdf
100 http://www.ekhn.de/recht/bd1/992.pdf
101 So das Bundesverwaltungsgericht in seinem Urteil (2 C 31.04 vom 3.11.2005), in dem es die Klage des Professors Gerd Lüdemann abwies, der nach seinem Kirchenaustritt ein anderes Fachgebiet übertragen bekam und von der Theologenausbildung ausgeschlossen wurde.
102 http://www.rechnungshof.baden-wuerttemberg.de/fm/974/B025_2005.pdf
103 http://www.uni-protokolle.de/nachrichten/id/102668/
104 http://www.humanistische-union.de/themen/srw/vertraege/vertraege_detail/ back/ staatskirchenvertraege/article/staatskirchenvertraege-sind-ein-relikt-vergangener-zeiten/
105 Dazu detaillierter: Gerhard Czermak, Religion und Weltanschauung in Gesellschaft und Recht – Artikel Theologische Fakultäten.
106 http://www.hmdf.hessen.de
107 Haushaltsplan 2010 der Johann-Wolfgang Goethe Stiftungsuniversität Frankfurt am Main, S. 921.
108 Statistisches Bundesamt: Bildung und Kultur, Monetäre hochschulstatistische Kennzahlen (Fachserie 11, Reihe 4.3.2, 2007, S. 8)
109 http://www.bmi.bund.de/cln_174/SharedDocs/Downloads/DE/Broschueren/ DE/2010/ jahresbericht_fhbund_2009.html (dort S. 115)
110 http://www.patio13.de/studg/konzept.html
111 Dieser Abschnitt beruht weitestgehend auf Vorarbeiten und einem Artikel von Daniel Gotthardt (in: http://www.miz-online.de/Archiv/3-07/Konkordatslehrstuehle)
112 Vgl. Konkordatsprofessur, in: Axel Frhr. von Campenhausen (Hrsg.): Lexikon für Kirchen- und Staatskirchenrecht. Band 2. G-M, Paderborn 2002, S. 618-620

113 Zur Entwicklung insbesondere des bayrischen Schulwesens auch Max Liedtke: Institutionelle Relikte an Universitäten, in: Max Liedtke (Hrsg): Relikte – Der Mensch und seine Kultur, Graz 2000, S. 309-321.

114 vgl. BayVerfGH 30,10, S. 82-87

115 http://www.dfg.de/forschungsfoerderung/koordinierte_programme/exzellenzinitiative/ exzellenzcluster/liste/exc_detail_212.html

116 http://www.ritualdynamik.uni-hd.de

117 http://www.dfg.de/jahresbericht/detail_2_1_GEI_619.htm

118 http://www.dfg.de/jahresbericht/detail_3_1_GEI_1013.htm

119 https://www.uni-rostock.de/szagun/othstuff/Ausfuehrliche%20Beschreibung.pdf

120 http://www.cusanuswerk.de/

121 http://www.bmbf.de/de/294.php

122 http://www.stipendiumplus.de/de/97.php

123 http://www.verwaltung.uni-hamburg.de/vp-1/3/34/intern/mb31.pdf

124 http://www.bundesfinanzministerium.de/bundeshaushalt2010/pdf/epl05.pdf

125 http://www.ekd.de/vortraege/huber/090128_huber_bochum.html

126 http://www.lareda.hessenrecht.hessen.de

127 http://www.vgh-kassel.justiz.hessen.de/

128 http://www.bonifatiuswerk.de/index.php?id=singleausgabe_news& S=normal %20 .&tx_ttnews[tt_news]=396&tx_ttnews[backPid]=76&cHash=8e8a99e561

129 https://www-ec.destatis.de/csp/shop/sfg/bpm.html.cms.cBroker.cls?cmspath= struktur,vollanzeige.csp&ID=1024927

130 Mitteilung des Bayerischen Staatsministeriums für Arbeit und Sozialordnung, Familie und Frauen vom 15. Oktober 2009

131 http://www.ibka.org/node/591: „Immer weniger Eigenanteil, aber gleiche Rechte"

132 Bericht unter: http://hpd.de/node/9944 „Praktizierte Nächstenliebe"

133 Ernst Rudolf Huber: Deutsche Verfassungsgeschichte seit 1789, Stuttgart 1993, Band VI, S. 887.

134 http://www.religionslehrer-berlin.de/notbund/Religionsunterricht%201945ff.pdf

135 http://www.bmi.bund.de/cln_174/DE/Themen/PolitikGesellschaft/KirchenReligion/ StaatReligion/StaatReligion_node.html#doc129260bodyText5

136 Ministerium für Schule und Weiterbildung des Landes Nordrhein-Westfalen: Statistische Übersicht 371 – 2. Auflage, April 2010, S. 67

137 Statistisches Bundesamt: Bildung und Kultur, Private Schulen, Schuljahr 2007/08, Wiesbaden 2008. (Fachserie 11, Reihe 1.1)

138 Ulli Schauen: Das Kirchenhasser-Brevier. Ein verlorener Sohn rechnet ab. München: Heyne 2010, S. 111

139 Ulli Schauen: Das Kirchenhasser-Brevier, S. 103f.

140 http://www.bdkj-dv-essen.de/upload/BDKJ/Originaltext_Synodenbeschluss.pdf

141 http://www.lwl.org/lja-download/datei-download/LJA/jufoe/ljpl/1157018364_0/Ki- uJFoePl.pdf

142 Statistisches Bundesamt, Statistiken der Kinder- und Jugendhilfe. Ausgaben und Einnahmen 2008, Wiesbaden 2010

143 Statistisches Bundesamt, Statistiken der Kinder- und Jugendhilfe. Einrichtungen und tätige Personen (ohne Tageseinrichtungen für Kindern) zum 31.12.2006, Wiesbaden 2008

144 Zahlen und Prozente (keine 100%) aus der Weiterbildungsstatistik 2008.

145 http://www.humanistische-union.de/themen/srw/legitimation/detail/back/zur-reli-gioesen-legitimation-der-staatsgewalt/article/die-kirchen-als-instrumente-und-legitima-toren-der-wiederaufruestung-der-bundesrepublik-deutschland/

146 http://www.humanistische-union.de/publikationen/grundrechte_report/ ausgaben/ archiv/1997/grr_1997_detail/back/grr-1997/article/die-militaerseelsorge-eine-feste-burg-im-dunkel-der-verfassungswidrigkeit/

147 Johannes Neumann, a.a.O. (zwei Anmerkungen vorher)

148 http://www.bundeswehr.de

149 Der evangelische Militärseelsorgevertrag findet sich unter: http://www.militaerseel-sorge.bundeswehr.de/fileserving/PortalFiles/02DB090200000001/W26KSFTE679-INFODE/Militaerseelsorgevertrag_m.pdf?yw_repository=youatweb

150 http://soldatenglueck.de/2009/07/08/16488/bundeswehr-die-armee-der-ostdeutschen/

151 http://www.jesus.ch/index.php/D/article/157-Hintergrund/742-Wehruebung_mit_Bibel/

152 Alle Informationen in den entsprechenden Rubriken „Seelsorge" und „Aus- und Fortbildung" auf den Seiten der katholischen Militärseesorge, unter: http://www.milita-erseelsorge.bundeswehr.de/portal/a/milseels/

153 http://www.vatican.va/roman_curia/secretariat_state/archivio/documents/rc_seg-st_19650226_concordato-sassonia-inf_ge.html

154 http://www.bmi.bund.de/cln_156/sid_B93FB1EC9BDE7588772A6845F34F 125E/ SharedDocs/Downloads/DE/Themen/Politik_Gesellschaft/KircheReligion/ Bayern_ Evang_Kirche.html?nn=268184

155 http://www.stk.brandenburg.de/cms/detail.php?id=110691

156 http://www.ekhn.de/recht/bd1/125a.pdf

157 http://www.justizvollzugsanstalt-sehnde.niedersachsen.de/live/live.php? navigation_ id=23572&article_id=82507&_psmand=170

158 http://www.ekd.de/download/leitlinien_krankenhausseelsorge_ekd_2004.pdf

159 http://www.polizeiseelsorge.org/hp145/Polizeiseelsorge.htm

160 http://www.polizeiseelsorge.de/index2.htm

161 http://www.bundespolizei-seelsorge-katholisch.de/entstehung/index.php

162 http://www.notfallseelsorge.de/Materialien/ Masterthesis%20Nadescha%20 Arnold.pdf (S. 33)

163 Humanistischer Pressedienst (http://hpd.de/node/9501)

164 alle Zitate auf http://www.eed.de

165 http://www.ekd.de/statistik/entwicklungshilfe.html

166 http://www.diakonie-katastrophenhilfe.de/ueber-uns/174_222_DEU_HTML.php

167 http://www.bmz.de/de/was_wir_machen/wege/bilaterale_ez/akteure_ez/polstiftungen/ index.html

168 http://www.khartum.diplo.de/Vertretung/khartum/de/03/Nothilfe___Unterbereich.html

169 http://www.oekt.de/service/presse/presseservice/nachrichten.html

170 http://www.tv-ev.de/kirche_im_radio_bundesweit_1178.html

171 http://www.welterbeprogramm.de/cln_005/nn_614178/INUW/DE/Projekte/ Projekte__ Gesamtliste/Projekte__Gesamtliste__node.html?__nnn=true

172 Statistisches Bundesamt, Fachserie 14, Reihe 3.3. (2007)

173 http://fowid.de/fileadmin/textarchiv/Reichsdeputationshauptschluss_1803 __Johannes_ Neumann___TA-2003-3.pdf (S. 18)

174 ebendort, (S. 5, Anm. 18)

175 http://www.buergerhaushalt-trier.de/vorschlag/2469

176 Eigene Recherchen und vgl. dazu: http://www.badische-zeitung.de/schallstadt/wer-zahlt-fuer-den-organisten--30930738.html

177 http://www.bmi.bund.de/cln_174/DE/Themen/PolitikGesellschaft/KirchenReligion/
     ChristlicheKirchen/ChristlicheKirchen.html
178 http://www.epd.de/west/west_index_50041.html
179 http://www.hmdj.hessen.de/
180 http://www.zenit.org/article-19490?l=german
181 Frankfurter Rundschau, 5.8.2009, unter: http://www.fr-online.de/in_und_ausland/
     panorama/?em_cnt=1901207
182 http://www.katholisch.de/27725.html#top
183 Details und genauere Auswertungen im Datenarchiv von fowid: http://fowid.de/filead-
     min/ datenarchiv/Kirchenaustritt_falls_keine_Sozialkirche__2005_02.pdf
184 http://www.spiegel.de/wirtschaft/unternehmen/0,1518,druck-649991,00.html
185 http://www.kulturkirche.de/angebot.php
186 http://www.ekd.de/EKD-Texte/44646.html
187 http://www.zdk.de/data/erklaerungen/pdf/Kultur_als_Aufgabe_fuer_Staat_und
     _Kirche_pdf.pdf
188 Tätigkeitsbericht, 15. Legislaturperiode, S. 155/156, siehe: http://webarchiv.bundestag.
     de/archive/2007/0108/parlament/gremien/kommissionen/archiv15/kultur_deutsch/be-
     richt/taetigkeitsbericht_15wp.pdf
189 Tätigkeitsbericht, 15. Legislaturperiode, S. 375f., http://webarchiv.bundestag.de/
     archive/2007/0108/parlament/gremien/kommissionen/archiv15/kultur_deutsch/bericht/
     taetigkeitsbericht_15wp.pdf
190 http://www.kulturrat.de/puk_liste.php?detail=51&rubrik=puk
191 http://www.oecumene.radiovaticana.org/ted/Articolo.asp?c=92360
192 http://www.dbk.de/aktuell/meldungen/01187/print_de.html
193 http://www.dbk.de/imperia/md/content/pressemitteilungen/2006-2/4grundsatzreferat__
     prof__sternberg.pdf
194 http://www.oecumene.radiovaticana.org/ted/Articolo.asp?c=104385
195 http://www.kulturrat.de/detail.php?detail=939&rubrik=5
196 http://www.kulturrat.de/detail.php?detail=1156&rubrik=2
197 http://dip21.bundestag.de/dip21/btd/16/070/1607000.pdf
198 http://www.kulturrat.de/detail.php?detail=1213&rubrik=84
199 http://www.bundestag.de/dokumente/analysen/2006/Kulturfinanzbericht_2006.pdf
200 http://webarchiv.bundestag.de/cgi/show.php?fileToLoad=549&id=1074
201 http://deposit.ddb.de/ep/netpub/89/96/96/967969689/_data_stat/www.dbi-berlin.de/
     bib_wes/zdf/st/st_oeb/st_oeb.htm
202 http://www.borromaeusverein.de/articles/article/leitbild_koeb/
203 http://www.hbz-nrw.de/
204 http://www.stadt-muenster.de/ratsinfo/00001/pdf/00249505.pdf
205 http://www.buecherei-unkelbach.de/aktuell.htm
206 http://www.bistummainz.de/bistum/bistum/ordinariat/dezernate/dezernat_6/ buecher/
     dez6abt4/praxis/abc.html
207 http://www.domradio.de/news/64965/schneider-religion-und-kultur-gehoeren-zusam-
     men.html
208 http://www.ekd.de/aktuell_presse/news_2010_06_17-3_rv_religion_kultur.html
209 http://www.ekd.de/statistik/finanzen.html
210 Vgl. Carsten Frerk, Caritas und Diakonie in Deutschland, S. 322ff. (Anlagevermögen
     1)
211 http://fowid.de/fileadmin/datenarchiv/Welt_friedlicher_ohne_Religionen__2002.pdf

212 http://fowid.de/fileadmin/datenarchiv/Religionen_bringen_mehr_Konflikt_als_ Frieden__1998.pdf

213 Eine Tagung der Humanistischen Akademie, vgl. http://hpd.de/node/7704

214 Prof. Dr. Dr. Eric Hilgendorf ist Ordinarius für Strafrecht, Strafprozessrecht, Rechtstheorie, Informationsrecht und Rechtsinformatik an der Universität Würzburg.

215 Tagungsbericht von Frank Navissi beim Humanistischen Pressedienst, http://hpd.de/ node/8657

216 Carsten Frerk, Finanzen und Vermögen der Kirchen in Deutschland, Aschaffenburg: Alibri 2002, 434 Seiten.

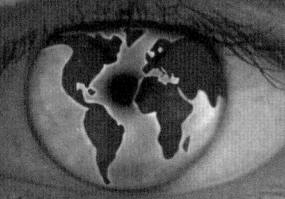

Carsten Frerk

Caritas und Diakonie in Deutschland

ISBN 3-86569-000-9, 366 Seiten, kartoniert, Euro 22,50

In den vergangenen Jahrzehnten sind Caritas und Diakonie zum weltweit größten privaten Arbeitgeberverbund aufgestiegen: Im kirchlichen Sozialbereich arbeiten alles in allem knapp 1,5 Millionen Personen, die einen Jahresumsatz von rund 45 Milliarden Euro erwirtschaften. Carsten Frerk hat über die beiden kirchlichen Sozialkonzerne umfangreiche Zahlen und Fakten zusammengetragen, die es ermöglichen, ihre Rolle im heutigen Sozialsystem einzuschätzen und eine realistische Prognose über ihre Entwicklungsmöglichkeiten abzugeben. Detailliert und veranschaulicht durch zahlreiche Tabellen und Übersichten, stellt Frerk Finanzierung und Tätigkeitsfelder der kirchlichen Sozialkonzerne dar. Dabei zeigt er, dass deren Einrichtungen weitestgehend aus öffentlichen Mitteln finanziert werden, während das karitative Engagement in der öffentlichen Wahrnehmung den Kirchen zugeschrieben wird. Ausführlich wird die Arbeitssituation der Mitarbeiter untersucht, die durch den Tendenzcharakter der Einrichtungen geprägt ist. Da die Kirchen ihre Sozialarbeit als „Verkündigung" ansehen, gilt für die Beschäftigten nicht das normale Arbeits- und Tarifrecht. In Exkursen erörtert Carsten Frerk die politisch brisanten Fragen. Dabei geht es nicht nur um das besondere kirchliche Arbeitsrecht und die Zukunft des „Dritten Wegs", sondern auch um die medizinische und soziale Versorgungssituation für Nichtgläubige in einer zunehmend säkularen Gesellschaft; um die Auseinandersetzungen über die Kontrolle der Freien Wohlfahrtsverbände durch die Landesrechnungshöfe; oder um die Risiken, die mit den Expansionsstrategien kirchlicher Sozialträger verbunden sind.

Carsten Frerk

Finanzen und Vermögen der Kirchen in Deutschland

ISBN 3-932710-39-8, 435 Seiten, kartoniert, Euro 24,50

Mit dem Buch liegt erstmals eine umfassende Darstellung zu Finanzen und Vermögen der Kirchen in Deutschland vor. Carsten Frerk hat für seine Studie die Haushaltspläne von Bund und Ländern, die Geschäftsberichte der Kirchenbanken, amtliche und kirchliche Statistiken, die Jahresberichte der Hilfs- und Missionswerke und unzählige weitere Quellen ausgewertet. Er beschränkt sich dabei nicht auf die „verfasste Kirche", sondern versucht, soweit möglich die „Wirtschaft im Raum der Kirchen" zu berücksichtigen. Viele kirchliche Rechtsträger (von der Kirchengemeinde bis zur Stiftung) verfügen über Grundbesitz, Immobilien oder Firmenbeteiligungen. Im kirchlichen Raum sind zahlreiche Unternehmen angesiedelt, sei es in der Gastronomie, der Touristikbranche oder in der Bauwirtschaft. Zudem erhalten die Kirchen staatliche Zuwendungen in einem Umfang, der die Kirchensteuereinnahmen deutlich übersteigt. Bei aller Datenfülle sorgen die detaillierte Gliederung sowie über 150 Graphiken und Schaubilder dafür, dass das Buch übersichtlich bleibt.

Alibri Verlag, Postfach 100 361, 63703 Aschaffenburg
Fon (06021) 581 734, www.alibri.de

Gerhard Czermak
Religion und Weltanschauung in Gesellschaft und Recht
Ein Lexikon für Praxis und Wissenschaft
402 Seiten, gebunden, Euro 39.-
ISBN 978-3-86569-026-5

Das Lexikon beleuchtet die Rolle der Religion in der Gesellschaft und erläutert das komplexe Verhältnis des Staats zu den Religionsgemeinschaften in tatsächlicher und rechtlicher Sicht. In längeren, alphabetisch sortierten Artikeln werden einerseits Grundlageninformationen geboten, andererseits Themen behandelt, die teilweise sehr kontrovers und emotional diskutiert werden (Kopftuch, „Sekten", Bioethik). Insofern erfüllt das Lexikon eine doppelte Funktion: es ist Nachschlagwerk, das grundlegende Fakten und Zusammenhänge enthält, und zugleich Handbuch, das Interessierte auf den aktuellen Stand der jeweiligen Debatte bringt.

Franz Buggle
Denn sie wissen nicht, was sie glauben
Oder warum man redlicherweise nicht mehr Christ sein kann
446 Seiten, kartoniert, Euro 24.-
ISBN 978-3-932710-77-0

Die Brisanz des Buches liegt in der Bestreitung der weitgehend akzeptierten Prämisse heutiger Kirchen- und Christentumskritik, dass zwar die Kirche mangelhaft sein möge, die Bibel aber als ethisches Fundament unverzichtbar sei. Franz Buggle zeigt, dass der humanitäre Standard des biblischen Gottes hinter dem seiner allermeisten heutigen Anhänger weit zurückbleibt. Seine Diagnose, dass die Bibel als Basis aller christlichen Religiosität gravierende ethisch-humanitäre und psychologische Defizite aufweist, belegt der Autor anhand zahlreicher Stellen aus den alt- und neutestamentarischen Schriften. Ausführlich setzt er sich mit den vielfältigen Rettungsversuchen renomierter theologischer und nichttheologischer Apologeten auseinander und weist ihnen intellektuelle Inkonsequenz im Umgang mit christlichen Glaubensvorstellungen nach. Indem es Gründe und Hintergründe dieses Reflexionsstopps benennt, greift das Werk Buggles weit über eine bloße Bibelkritik hinaus.

Carsten Frerk / Michael Schmidt-Salomon
Die Kirche im Kopf
Von „Ach Herrje!" bis „Zum Teufel!"
286 Seiten, kartoniert, Euro 18.-
ISBN 978-3-86569-024-1

Diese Enzyklopädie für freie Geister und solche, die es werden wollen, nimmt auf vergnüglich-böse Weise die „Kirche im Kopf" aufs Korn. Analysiert werden Begriffe, Komplexe, Redewendungen, die oftmals erst auf den zweiten Blick ihre religiöse Herkunft verraten. Dabei setzen die Autoren auf eine wohldosierte Rezeptur aus Information und Witz – denn sie sind überzeugt, dass es nicht ausreicht, die einfältige Saga vom dreifaltigen Gott allein mit vernünftigen Gegenargumenten zu entkräften. Nur wer am Ende über die intellektuellen Verrenkungen des Christentums lachen kann, hat es wirklich verstanden.

Alibri Verlag, Postfach 100 361, 63703 Aschaffenburg
Fon (06021) 581 734, www.alibri.de